Data Sharing für KMU

Petra Kugler · Martin Dobler · Jürg Meierhofer ·
Marc Strittmatter · Manuel Treiterer · Helen Vogt
(Hrsg.)

Data Sharing für KMU

Voraussetzungen und Instrumente für die
gemeinsame Nutzung von Daten

Hrsg.
Petra Kugler
OST - Ostschweizer Fachhochschule
St. Gallen, Schweiz

Jürg Meierhofer
ZHAW Zürcher Hochschule für Angewandte
Wissenschaften
Winterthur, Schweiz

Manuel Treiterer
HTWG Hochschule Konstanz Technik,
Wirtschaft und Gestaltung
Konstanz, Baden-Württemberg, Deutschland

Martin Dobler
FHV – Vorarlberg University of Applied
Sciences
Dornbirn, Österreich

Marc Strittmatter
HTWG Hochschule Konstanz Technik,
Wirtschaft und Gestaltung
Konstanz, Baden-Württemberg, Deutschland

Helen Vogt
ZHAW Zürcher Hochschule für Angewandte
Wissenschaften
Winterthur, Schweiz

ISBN 978-3-662-71208-5   ISBN 978-3-662-71209-2   (eBook)
https://doi.org/10.1007/978-3-662-71209-2

Die Deutsche Nationalbibliothek verzeichnet diese Publikation in der Deutschen Nationalbibliografie; detaillierte bibliografische Daten sind im Internet über https://portal.dnb.de abrufbar.

© Der/die Herausgeber bzw. der/die Autor(en), exklusiv lizenziert an Springer-Verlag GmbH, DE, ein Teil von Springer Nature 2025

Das Werk einschließlich aller seiner Teile ist urheberrechtlich geschützt. Jede Verwertung, die nicht ausdrücklich vom Urheberrechtsgesetz zugelassen ist, bedarf der vorherigen Zustimmung des Verlags. Das gilt insbesondere für Vervielfältigungen, Bearbeitungen, Übersetzungen, Mikroverfilmungen und die Einspeicherung und Verarbeitung in elektronischen Systemen.
Die Wiedergabe von allgemein beschreibenden Bezeichnungen, Marken, Unternehmensnamen etc. in diesem Werk bedeutet nicht, dass diese frei durch jede Person benutzt werden dürfen. Die Berechtigung zur Benutzung unterliegt, auch ohne gesonderten Hinweis hierzu, den Regeln des Markenrechts. Die Rechte des/der jeweiligen Zeicheninhaber*in sind zu beachten.
Der Verlag, die Autor*innen und die Herausgeber*innen gehen davon aus, dass die Angaben und Informationen in diesem Werk zum Zeitpunkt der Veröffentlichung vollständig und korrekt sind. Weder der Verlag noch die Autor*innen oder die Herausgeber*innen übernehmen, ausdrücklich oder implizit, Gewähr für den Inhalt des Werkes, etwaige Fehler oder Äußerungen. Der Verlag bleibt im Hinblick auf geografische Zuordnungen und Gebietsbezeichnungen in veröffentlichten Karten und Institutionsadressen neutral.

Planung/Lektorat: Mareike Teichmann
Springer Gabler ist ein Imprint der eingetragenen Gesellschaft Springer-Verlag GmbH, DE und ist ein Teil von Springer Nature.
Die Anschrift der Gesellschaft ist: Heidelberger Platz 3, 14197 Berlin, Germany

Wenn Sie dieses Produkt entsorgen, geben Sie das Papier bitte zum Recycling.

Vorwort

Die Bedeutung von Daten als Treiber der Ökonomie bei der Digitalisierung unserer physischen Welt zeigt sich in den Innovationsprozessen von neuen Geschäftsmodellen und digitalen Produkt-Service-Systemen. Diese Entwicklungen sind kontingent zu einem effizienten und nachhaltigen Umgang mit Daten. Unternehmen, die Daten verfügbar machen und zur Verfügung gestellt bekommen, wirtschaften vermeintlich effizienter, sie bedienen sich gemeinsamer Datenbestände, sie schaffen oder tauschen sie, sie betreiben „Data Sharing".

In diesem Sammelband beleuchten die Autoren verschiedene Aspekte des Data Sharing aus unternehmensübergreifender und unternehmensinterner Perspektive, vorwiegend mit Blick auf KMU. Sie untersuchen, wie Unternehmen Anreize schaffen können, um erfolgreich an der Datenökonomie teilzunehmen, aber auch, welche externen Bedingungen gegeben sein sollten, um Unternehmen in die Lage zu versetzen, ihre ökonomischen Potenziale in Bezug auf Daten zu maximieren.

Der Sammelband greift die aus Sicht der Autoren relevantesten Dimensionen des Data Sharing auf: den Wert von Daten, die Strategien des Datenteilens, Bedingungen der Unternehmenskultur, rechtliche Aspekte, die Voraussetzungen von Vertrauen zwischen Akteuren sowie die IT-Sicherheit.

Die Beiträge bieten einen Überblick über verschiedene Dimensionen des Data Sharing und zeigen Wege auf, wie Unternehmen ihre digitale Reife erhöhen können, um von der Vernetzung und Kombination von Ressourcen zu profitieren.

Das vorgelegte Buch enthält Texte und Fallstudien, die im Rahmen des Forschungsprojekts „Data Sharing Framework" in Zusammenarbeit zwischen der HTWG Konstanz (D), der OST – Ostschweizer Fachhochschule (CH), der Zürcher Hochschule für Angewandte Wissenschaften (CH) und der Fachhochschule Vorarlberg (AT) sowie unter Beteiligung von Gastautorinnen und Gastautoren aus der Wirtschaft und Wissenschaft entstanden sind.

Das Projekt „ABH097 Data Sharing Framework" wurde im Rahmen des Interreg- VI-Programms „Alpenrhein-Bodensee-Hochrhein" (DE/AT/CH/LI) durchgeführt, dessen Mittel vom Europäischen Fonds für regionale Entwicklung (EFRE) und der

Schweizerischen Eidgenossenschaft bereitgestellt werden. Informationen zum Projekt: https://www.data-sharing-framework.eu/.

Wir danken allen Autorinnen und Autoren für ihre wertvollen Beiträge und hoffen, dass dieser Sammelband zu einer vertieften Diskussion und weiteren Fortschritten im Bereich des Data Sharing beiträgt.

Prof. Dr. Marc Strittmatter

Inhaltsverzeichnis

Teil I Data Sharing Framework

1 **Einleitung: Herausforderungen und Handlungsbedarf für KMU**........ 3
Helen Vogt, Jürg Meierhofer und Petra Kugler
  1.1 Projektbeschreibung und Forschungsmethode..................... 4
  1.2 Das Data Sharing Framework 5
  1.3 Der Einfluss der fünf Perspektiven lässt sich wie folgt beschreiben 6
  1.4 Ausblick... 7
  Literatur.. 7

2 **Vertrauen in Business-Ökosystemen – Grundvoraussetzung für das Teilen von Daten in B2B-Geschäftsbeziehungen**................... 9
Helen Vogt und Umut Demirez
  2.1 Datenteilung im Kontext von Industrie 4.0 9
  2.2 Treiber und Barrieren für den Aufbau von Vertrauen in einem B2B-Ökosystem... 13
    2.2.1 Vertrauensentwicklung in interorganisationalen Beziehungen ... 13
    2.2.2 Faktoren und ihre Einflüsse auf die Bereitschaft zur Datenteilung zwischen Unternehmen 16
    2.2.3 Schlüsselprinzipien zur Stärkung des Vertrauens in der Datenteilung... 18
  2.3 Handlungsempfehlungen 18
  2.4 Fazit und Ausblick 20
  Literatur... 21

3 **Datengetriebene Organisationskultur: Unternehmen neu denken und Daten im Ökosystem teilen**.................................. 27
Petra Kugler
  3.1 Herausforderung für Unternehmen 28
    3.1.1 Digitalisierung, Daten und künstliche Intelligenz funktionieren anders..................................... 28

		3.1.2	Veränderungen auf dem Markt und im Wettbewerb: Die Rolle von Technologie und Daten	29
		3.1.3	Veränderungen in Unternehmen und datengetriebene Kultur	30
	3.2	Methode		31
	3.3	Literatur		32
		3.3.1	Organisationskultur – was ist das eigentlich?	32
		3.3.2	Datengetriebene Organisationskultur	33
		3.3.3	Daten als unternehmerische Ressource – von Daten zu Wissen und Handeln	35
	3.4	Empirische Analyse und Lösungsansätze: Charakteristika einer datengetriebenen Organisationskultur		37
		3.4.1	Sensibilisierung für Daten als besondere Ressource: Daten-dominante Logik	38
		3.4.2	Notwendigkeit von durchlässigen Strukturen und „Grenzen" im Unternehmen und Ökosystem	41
	3.5	Schlussfolgerungen und Ausblick		44
	Literatur			45
4	**Den Wert von Daten bestimmen**			**51**
	Jürg Meierhofer und Rodolfo Benedech			
	4.1	Herausforderung von Unternehmen		51
	4.2	Forschungsmethode		52
	4.3	Literaturanalyse		53
	4.4	Empirische Analyse		54
	4.5	Lösungsansätze		57
		4.5.1	Konzeptionelles Modell für die Bewertung und Optimierung von Smart Services	57
		4.5.2	Der ökologische Nutzen von Smart Services im Kundenlebenszyklus	60
		4.5.3	Die besondere Bedeutung von Fernwartung	61
		4.5.4	Die besondere Bedeutung von Fernwartung	62
	4.6	Schlussfolgerungen und Ausblick		63
	Literatur			64
5	**Betrachtungen zur Sicherheit im Datenaustausch**			**67**
	Nicola Moosbrugger, Martin Dobler und Jens Schumacher			
	5.1	Rahmenbedingungen für die Sicherheit im Datenaustausch		68
	5.2	Sicherheitsstandards und State of the Art		69
		5.2.1	Risikoanalyse-Tools – Bewertung, Kategorisierung und Minimierung von IT-Sicherheitsrisiken bei Kooperation zwischen KMU	70

		5.2.2	Normen & Standards – Feststellung der Eignung von Normen und Standards.	71
		5.2.3	Sicherheitsradar und Best Practices – Zertifizierungen, Weiterbildungen, Methodenkompetenz, Best Practices.	72
		5.2.4	Sensibilisierung für Sicherheit.	73
	5.3		Sicherheitsbetrachtungen im Phasenmodell des Data Sharing Framework.	74
		5.3.1	Sensibilisierung.	74
		5.3.2	Vorbereitung.	75
		5.3.3	Implementierung.	76
		5.3.4	Adaption und Skalierung.	77
	5.4		Herausforderungen und Handlungsempfehlungen.	78
	5.5		Schlussfolgerungen und Ausblick.	81
	Literatur.			82
6	**Recht und Governance**.			85
	Marc Strittmatter, Manuel Treiterer und Johanna Meyer			
	6.1		Herausforderungen der Unternehmen.	86
		6.1.1	Entstehung eines EU-Datenwirtschaftsrechts.	86
		6.1.2	Data Governance Act und Data Act – Überblick.	86
	6.2		Forschungsmethode.	87
	6.3		Literaturanalyse.	88
		6.3.1	Fragen des Dateneigentums.	88
		6.3.2	Weitere gesetzliche Schutzmöglichkeiten von Daten.	88
		6.3.3	Fragen der vertraglichen Ausgestaltung von Datennutzungsvereinbarungen.	89
	6.4		Empirische Analyse.	90
	6.5		Lösungsansätze.	91
		6.5.1	Data Governance.	91
		6.5.2	Bausteine eines Legal Framework für den Aufbau einer unternehmensinternen Data Governance.	92
		6.5.3	Data Asset Management – Status quo.	92
		6.5.4	Data IP & Data Compliance.	95
		6.5.5	Datenlizenzverträge und Contract Management.	96
	6.6		Schlussfolgerungen und Ausblick.	102
	Literatur.			103

Teil II Gastbeiträge zum Thema Data Sharing

7 Strategische Dimensionen des Data Sharing im B2B: volkswirtschaftliche Notwendigkeiten, betriebswirtschaftliche Potenziale und Perspektiven für ein zukunftsgerichtetes Produktmanagement 109
Rainer Fuchs und Gianluca Galeno
7.1 Die Bedeutung des Datenaustauschs für die makroökonomische Entwicklung 110
7.2 Effekte des Data Sharing für B2B Unternehmen: Treiber für Innovation und wirtschaftliche Effizienz 112
7.3 Data Sharing zwischen B2B-KMU: Treiber und Voraussetzungen 114
7.4 Bedeutung des Data Sharing für das Produktmanagement 116
    7.4.1 Geteilte Daten schaffen Nutzen in allen Phasen des Produktlebenszyklus 116
    7.4.2 Von Daten zu Entscheidungen: Machine Learning als erfolgsoptimierendes Tool im strategischen Entscheidungsprozess 117
Literatur 121

8 Datenbewertung in der Praxis 125
Rigo Tietz, Wilfried Lux, Sebastian Scheler und Fabian Rudin
8.1 Daten als Schlüsselressource für Unternehmen 126
8.2 Datenbewertungsverfahren im Überblick 126
8.3 Datenbewertung in der Praxis 128
    8.3.1 Praxisbeispiel Future of Work Group AG 129
    8.3.2 Praxisbeispiel emonitor AG 134
8.4 Diskussion und Ausblick 139
Literatur 140

9 Herausforderungen und Chancen einer grenzüberschreitenden ESG-Berichterstattung 143
Benedikt Zoller-Rydzek und Michael Hellwig
9.1 Einleitung 144
9.2 Environmental, Social and Governance (ESG) – zusätzliche Indikatoren für Wirtschaftsunternehmen 145
9.3 ESG-Daten innerhalb von Unternehmen nutzen 147
9.4 Herausforderungen für grenzüberschreitende ESG-Berichterstattung.... 149
    9.4.1 Gesetzliche Regelungen 150
    9.4.2 Interoperabilität 150
    9.4.3 Ressourcen 151
    9.4.4 Herausforderungen für Finanzinstitutionen 152

		9.5	Framework für einen erfolgreichen Austausch von ESG-Daten	154
			9.5.1 Value	154
			9.5.2 Trust	156
			9.5.3 Security	156
			9.5.4 Culture	157
			9.5.5 Legal & Governance	157
		9.6	Limitationen der Forschungsarbeit	158
		Literatur		159
10	**Monetarisierung einer industriellen Datenbasis**			165
	Fabian Gast, Wolfgang Kniejski, Lukas Nagel, Felix Hoffmann, Viktor Berchtenbreiter, Daniel Fuhrländer-Völker und Matthias Weigold			
		10.1	Einleitung	166
			10.1.1 Motivation/Problemstellung	167
			10.1.2 Übergreifende Zielsetzung von EuProGigant	168
		10.2	Data-Sharing im EuProGigant-Ökosystem	169
			10.2.1 Beteiligte Stakeholder und notwendige Infrastruktur	169
			10.2.2 Der Föderator als Rückgrat des Ökosystems	173
			10.2.3 Vertrauensmodell – SSI und Gaia-X	174
		10.3	Industrielle Anwendungsfälle in EuProGigant	175
			10.3.1 Validierungsplattform	176
			10.3.2 CO_2-Fußabdruck in der Produktentstehung	180
		10.4	Zukünftige Anwendung: Data Sharing für Energieflexibilität	182
		10.5	Zusammenfassung, Fazit und Ausblick	184
		Literatur		184
11	**Large Language Models und Datenökosysteme zur Automatisierung des technischen Kundendienstes**			189
	Jochen Wulf und Jürg Meierhofer			
		11.1	Einleitung	189
		11.2	Theoretischer Hintergrund	190
			11.2.1 Large Language Models (LLMs)	190
			11.2.2 Die Rolle von KI im technischen Kundenservice	191
		11.3	Forschungsmethodik	192
		11.4	Ergebnisse	193
			11.4.1 Textkorrektur	193
			11.4.2 Textzusammenfassung	194
			11.4.3 Beantwortung von Fragen	195
		11.5	Diskussion	198
		11.6	Fazit	201
		Literatur		201

Teil III Fallstudien

12 Fallstudie ANTA SWISS AG 207
Thomas Strebel, Matthias Strebel und Rodolfo Benedech
    12.1   Vorstellung der Fallstudie ANTA SWISS AG 208
    12.2   Technologie und Blech..................................... 208
    12.3   Wert von Daten für die Ökosystemakteure 210
            12.3.1   Das Pilotprojekt Münchenbuchsee..................... 211
            12.3.2   Simulationsmodell zur Quantifizierung des Wertes der ausgetauschten Daten................................ 212
    12.4   Kultur und Vertrauen 215
    12.5   Sicherheit und Verträge 216
    12.6   Schlussfolgerung und Ausblick 216
    Literatur... 217

13 Fallstudie BHB-Personalunterkünfte für Dienstleister.................. 219
Markus Hanser und Manuel Treiterer
    13.1   Fallstudie „Personalunterkünfte für Dienstleister" 220
            13.1.1   Firmengeschichte 220
            13.1.2   Auf dem Weg zur vollautomatisierten Buchungs- und Unterkunftsverwaltung durch IoT und Cloud 220
    13.2   Beleuchtung der 5 Dimensionen des Data Sharing Framework in der Kurzzeitvermietung von Personalunterkünften an Dienstleister... 222
            13.2.1   Wert von Daten für die Ökosystem-Akteure 222
            13.2.2   Vertrauen und Datensicherheit......................... 226
            13.2.3   Kultur 226
            13.2.4   Recht und Governance 227
    13.3   Schlussfolgerung und Ausblick 227
    Weiterführende Literatur..................................... 228

14 Fallstudie Cleanfix – vernetzte Reinigungsroboter für Qualität und Effizienz 229
Remo Höppli, Roger Kaiser, Jürg Meierhofer, Petra Kugler und Helen Vogt
    14.1   Vorstellung Fallstudie Cleanfix 230
            14.1.1   Firmengeschichte 230
            14.1.2   Auf dem Weg zu smarten Reinigungsrobotern............. 230
            14.1.3   Hoch automatisierte Reinigung durch Cloud und Data Sharing 232
    14.2   Beleuchtung der 5 Dimensionen des Data Sharing Framework am Cleanfix-Ökosystem...................................... 234
            14.2.1   Wert von Daten für die Ökosystemakteure................ 234
            14.2.2   Vertrauen und Datensicherheit......................... 236

		14.2.3	Kultur	237
		14.2.4	Recht und Governance	238
	14.3	Schlussfolgerung und Ausblick		239
	Literatur			239

15 Fallstudie Daten- und Informationssicherheit 241
Martin Dobler

- 15.1 Erstellung einer exemplarischen, fiktiven Fallstudie 243
- 15.2 Beschreibung der Fallstudie 244
  - 15.2.1 Risikoanalyse – Bewertung und Kategorisierung und Minimierung von IT-Sicherheitsrisiken 245
  - 15.2.2 Implikationen aus Normen und Standards 246
  - 15.2.3 Einsatz von Best Practices 248
  - 15.2.4 Sensibilisierung für Sicherheit 249
- 15.3 Sicherheitsbetrachtungen im Phasenmodell des Data Sharing Framework 249
  - 15.3.1 Phase 1: Sensibilisierung 250
  - 15.3.2 Phase 2: Vorbereitung 251
  - 15.3.3 Phase 3: Implementierung 251
  - 15.3.4 Phase 4: Adaption und Skalierung 252
- 15.4 Schlussfolgerungen und Ausblick 253
- Literatur 254

16 Fallstudie Grüninger Mühlen 255
Philipp Marquart, Helen Vogt, Petra Kugler und Jürg Meierhofer

- 16.1 Grüninger Mühlen – ein schweizerisches Familienunternehmen 256
  - 16.1.1 Die Bedeutung von Temperaturdaten für die Qualitätssicherung in der Getreideverarbeitung 257
- 16.2 Die Mühlen werden smart 258
- 16.3 Treiber und Barrieren für das Teilen von Daten im Grüninger Ökosystem 261
  - 16.3.1 Einfluss der Kultur auf die Datenteilbereitschaft in einem Ökosystem 262
  - 16.3.2 Welchen Wert haben Daten für den jeweiligen Partner? 263
  - 16.3.3 Vertrauen in einem Ökosystem 264
  - 16.3.4 Legal, Governance, und IT Security 265
- 16.4 Die schrittweise Implementierung datenbasierter Dienstleistungen 266
- 16.5 Daten als Basis für nachhaltige Geschäftsmodelle bei Grüninger Mühlen 267
- 16.6 Innovation durch Datenteilung und Digitalisierung 268
- Literatur 269

17 Fallstudie Swiss WashTech: Daten im Ökosystem teilen, Innovationen ermöglichen und kulturellen Wandel anstoßen 271
Petra Kugler, Helen Vogt und Jürg Meierhofer
17.1 Swiss WashTech: Vom mechanischen Betrieb zum Technologieunternehmen 272
17.2 Wettbewerb zwischen Tradition und Veränderung 273
17.3 Organisationalen und kulturellen Wandel einleiten – aber wie? 274
17.4 Zusammenarbeit mit externen Partnern braucht Vertrauen 276
17.5 Daten ermöglichen Effizienz, Produkt-, Service- und Geschäftsmodellinnovationen 277
17.6 Fragen zum Wert der Daten, zur Sicherheit und zu rechtlichen Regelungen 279
17.7 Schlussfolgerungen und Ausblick 280
17.8 Methode 281
Danksagung 282
Literatur 282

Über die Herausgeber:innen

Prof. Dr. Petra Kugler beschäftigt sich als Professorin für Strategie und Management an der OST – Ostschweizer Fachhochschule in St. Gallen, Schweiz, mit der Frage, warum Unternehmen anders und erfolgreich sind. Seit 25 Jahren untersucht sie das Zusammenspiel von Strategie, Management und Innovation. Häufig spielen dabei digitale Technologien eine zentrale Rolle. Ihr aktuelles Interesse gilt Big Data und künstlicher Intelligenz in Unternehmen und wie diese in Werte transferiert werden können. Dazu braucht es ein neues Verständnis von Organisationen und wie diese wertschöpfend tätig sind. Petra Kugler promovierte an der Universität St. Gallen (HSG) und war in der Werbung tätig. Auslandsaufenthalte halfen ihr dabei, neue Perspektiven einzunehmen. Sie erhielt u. a. ein Stipendium des Schweizerischen Nationalfonds für ein Forschungsjahr an der University of California, Berkeley, und war an einer japanischen Skischule tätig.

Martin Dobler ist Informatiker mit dem Fokus auf Mobilität, insbesondere Logistik, sowie IT-Sicherheit in verteilten Netzen. Martin Dobler war an einer Vielzahl EU- geförderter Projekte (Interreg-Programme und 7. Rahmenprogramm FP7) beteiligt, unter anderem als Technical Manager und Dissemination Manager. Seit Mai 2023 leitet Martin Dobler das Innovationslabor Sustainable Mobility Lab unter Beteiligung von 18 Organisationen der Bodenseeregion (D-A-CH-LI-Gebiet). Er unterrichtete zudem an der Fachhochschule Vorarlberg und in Schloss Hofen unter anderem Softwareentwicklung, IT-Produkt- und Servicemanagement sowie Modellierung von cyberphysischen Systemen. Vor seiner Zeit an der FHV war Martin Dobler für die V-Research als Forscher und Softwareentwickler tätig, unter anderem für FFG-teilfinanzierte Projekte im Bereich der Logistik und Simulation.

Dr. Jürg Meierhofer ist Leiter der Expert Group „Smart Services" der Data Innovation Alliance und Studienleiter Industrie 4.0 (MAS) und Smart Services (CAS) an der ZHAW Zürcher Hochschule für Angewandte Wissenschaften. Die Gestaltung datengetriebener Servicewertschöpfung zieht sich als roter Faden durch seine Tätigkeit. Nach verschiedenen Führungspositionen im Dienstleistungsbereich lehrt und forscht er seit 2014 an der ZHAW. Er hat an der ETH Zürich promoviert und an der Universität Fribourg einen EMBA erworben.

Prof. Dr. Marc Strittmatter studierte Rechtswissenschaften in Konstanz, Hamburg und Montpellier, spezialisierte sich auf Wettbewerbs-, Kartell- und Europarecht und promovierte an der Universität Konstanz zum Dr. iur. In den Jahren 1997 bis 2002 arbeitete er als Rechtsanwalt bei Bartsch und Partner in Karlsruhe. Anschließend war er von 2002 bis 2011 als Rechtsanwalt und Syndikus bei der IBM Deutschland GmbH tätig, wo er Transaktionsberatung durchführte, den Rechtsbereich Global Technology Services leitete und als Leiter Recht Deutschland Mitglied der erweiterten Geschäftsführung war. Seit 2011 ist Marc Strittmatter als Professor für Wirtschaftsrecht an der Hochschule für Technik, Wirtschaft und Gestaltung in Konstanz tätig. Hier kombiniert er seine langjährige Erfahrung aus der Praxis in einem der größten IT-Konzerne der Welt mit angewandter Wissenschaft. Seine Forschungsschwerpunkte umfassen die rechtlichen Bedingungen der Digitalisierung, Verhandlungstheorie, technische Konzepte im Datenschutz, Legal Tech und die Risikosteuerung von Unternehmen. Seine Expertise und sein Ansehen im Bereich des Informationstechnologierechts wurden durch seine wiederholte Auswahl in die Liste der „Best Lawyers" im Bereich Informationstechnologierecht des Handelsblatts von 2014 bis 2024 sowie als Anwalt des Jahres 2017 gewürdigt. Er unterstützt Unternehmen als Berater bei Technologie-Einführungsprojekten im Bereich ERP, Cloud, Outsourcing oder Unternehmensvernetzung (Industrie 4.0) sowie bei regulatorischer Compliance, insbesondere im Datenschutz- und im Datenrecht.

Über die Herausgeber:innen

Manuel Treiterer hat Wirtschaftsrecht und Legal Management (LL.M.) an der Hochschule für Technik, Wirtschaft und Gestaltung in Konstanz studiert. Sein Studium beinhaltete einen Auslandsaufenthalt an der Harvard University, Boston, USA, mit dem Schwerpunkt Managerial Finance. An der HTWG Konstanz lehrt Herr Treiterer im Bereich IT- und Datenschutzrecht. Parallel zu seiner akademischen Tätigkeit ist Herr Treiterer in einer spezialisierten Boutiquekanzlei für IT- und Datenschutzrecht tätig. Dort unterstützt er Mandanten insbesondere bei der Gestaltung und Umsetzung komplexer Verträge für Technologie- und IT-Einführungsprojekte in den Bereichen ERP, IoT und XaaS (Cloud). Darüber hinaus zählen die Vertragsverhandlung sowie die betriebswirtschaftliche Betrachtung und Bewertung rechtlicher Maßnahmen zu seinen Kompetenzen.

Dr. Helen Vogt ist Dozentin für Innovations- und Produktmanagement an der Zürcher Hochschule für Angewandte Wissenschaften (ZHAW) in Winterthur. Die ausgebildete Materialwissenschaftlerin verfügt über umfangreiche Erfahrungen im Business Development und im industriellen Produktmanagement von Schweizer und internationalen Unternehmen. An der ZHAW leitet sie den Studiengang Master in Product Management und engagiert sich in der Weiterbildung im Bereich des Innovationsmanagements. Ihre Forschungsschwerpunkte sind Kreislaufwirtschaft und Entrepreneurship mit Fokus auf die Entwicklung von nachhaltigen Geschäftsmodellen.

Teil I
Data Sharing Framework

Einleitung: Herausforderungen und Handlungsbedarf für KMU

Helen Vogt, Jürg Meierhofer und Petra Kugler

Zusammenfassung

Zahlreiche Initiativen auf internationaler, EU- und regionaler Ebene beschäftigen sich mit der digitalen Transformation, also dem Wechsel von traditionellen Geschäftsaktivitäten hin zu digitalisierten Modellen. Diese Transformation treibt Innovationen voran und zielt darauf ab, traditionelle Denkweisen zu überwinden und die Zukunft strategisch mit IKT (Informations- und Kommunikationstechnologien) zu gestalten. Technische Werkzeuge wie Big Data, IoT, Smart Devices und Netzwerktechnologien sind bereits verfügbar und ermöglichen Effizienzsteigerungen und höhere Gewinne. Künstliche Intelligenz hilft z. B. bei der Vorhersage von Produktionsanomalien und der Ressourcenschonung oder im technischen Kundensupport. Industrie-4.0-Initiativen verbessern die Effizienz am Arbeitsplatz und die Produktionsmethoden. Dennoch stehen die Verknüpfung und konkrete Nutzung dieser Technologien und insbesondere der dabei anfallenden Daten im Produktions- und Arbeitsalltag noch aus. Darüber hi-

H. Vogt · J. Meierhofer (✉)
ZHAW Zürcher Hochschule für Angewandte Wissenschaften, Winterthur, Schweiz
E-Mail: juerg.meierhofer@zhaw.ch

H. Vogt
E-Mail: helen.vogt@zhaw.ch

P. Kugler
OST Ostschweizer Fachhochschule, St. Gallen, Schweiz
E-Mail: petra.kugler@ost.ch

© Der/die Autor(en), exklusiv lizenziert an Springer-Verlag GmbH, DE, ein Teil von Springer Nature 2025
P. Kugler et al. (Hrsg.), *Data Sharing für KMU*,
https://doi.org/10.1007/978-3-662-71209-2_1

naus müssen noch Organisations- und Managementstrukturen sowie rechtliche Kompetenzen geschaffen werden, um einen sinnvollen (und damit begründeten und zielgerichteten) Einsatz von Methoden der digitalen Transformation zu gewährleisten.

1.1 Projektbeschreibung und Forschungsmethode

Aus diesem Grund haben wir das Projekt „Data Sharing Framework" (Laufzeit 2020–2023) ins Leben gerufen, dessen Kern eine explorative, interdisziplinäre Feldstudie ist, die untersucht, wie und warum die Akteure eines Ökosystems Daten teilen oder dies bewusst nicht tun. Es werden treibende und hindernde Faktoren aus fünf Perspektiven analysiert: eine datenbasierte Organisationskultur, Vertrauen zwischen Akteuren, Wert der Daten, rechtliche Rahmenbedingungen und Governance sowie Methoden und Instrumente zur Gewährleistung der Sicherheit geteilter Daten. Diese Perspektiven sind sowohl in der Literatur als auch in der Praxis als relevant für Datenökosysteme identifiziert worden.

Das Projekt wurde in drei Teile gegliedert. Erstens eine Literaturrecherche, zweitens qualitative Interviews und Workshops mit Unternehmen aus der DACH-Region (Deutschland, Österreich, Schweiz) und drittens eine quantitative Onlineumfrage in derselben Region.

Der erste Schritt umfasste die Analyse der Literatur zu Big Data, Big-Data-Praktiken und Data Sharing. Dabei wurden Forschungslücken identifiziert und ein Überblick über den aktuellen Stand des Themas gewonnen. Obwohl Big Data und Data-Science-Praktiken auf großes Interesse gestoßen sind, bleibt die tatsächliche Nutzung von Daten herausfordernd. Es ist wenig über das Teilen von Daten in einem Ökosystem bekannt, und viele Unternehmen haben Schwierigkeiten, Daten in Werte zu transferieren (Vidgen et al., 2017; D'Hauwers & Walravens, 2022).

Im Frühjahr und Sommer 2021 wurden in der zweiten Phase 20 Personen aus 15 Unternehmen einzeln und in Gruppen befragt. Der Fokus lag auf Datenökosystemen im industriellen Bereich (Maschinenbau). Die Interviewpartner:innen wurden aufgrund ihrer Erfahrung mit der gemeinsamen Datennutzung in ihren Unternehmen rekrutiert und hatten führende Rollen in datenbezogenen Projekten. Die Unternehmensvertreter:innen beantworteten allgemeine Fragen zur Nutzung von Daten und Data-Science-Praktiken, zum Stand der Datennutzung in ihren Ökosystemen und zu den Voraussetzungen und Hürden dafür in Bezug auf die fünf genannten Perspektiven.

Im dritten Schritt wurden die zuvor gewonnenen Erkenntnisse überprüft und ergänzt. Eine schriftliche Onlinebefragung wurde mit 194 Firmen aus der DACH-Region durchgeführt, Zielgruppe waren Unternehmen mit mehr als zehn Mitarbeitenden, ausgenommen Landwirtschaft und öffentliche Verwaltung. Angesprochen wurden Geschäftsführer:innen, Datamanager:innen, (Chief) Digital Officer, (Chief) Technical Officer, Leiter:innen Service- und Verkaufsmanagement sowie Product Manager:innen. Die Umfrage wurde von November 2022 bis Januar 2023 durchgeführt.

1.2 Das Data Sharing Framework

Die Forschungsergebnisse bestätigten, dass alle fünf untersuchten Perspektiven sowohl Hürden als auch Treiber für Data Sharing darstellen. Um die Dimensionen ganzheitlich zu verstehen und umzusetzen, wird ein Data Sharing Framework vorgeschlagen, das sowohl in einer zusammenhängenden Schwerpunktbetrachtung (siehe Abb. 1.1, übernommen von (Benedech et al., 2023)) als auch in einer zeitabhängigen Betrachtung des Entwicklungszyklus datenbasierter Dienstleistungen und Produkte dargestellt wird (siehe Abb. 1.2, übernommen von (Benedech et al., 2023)).

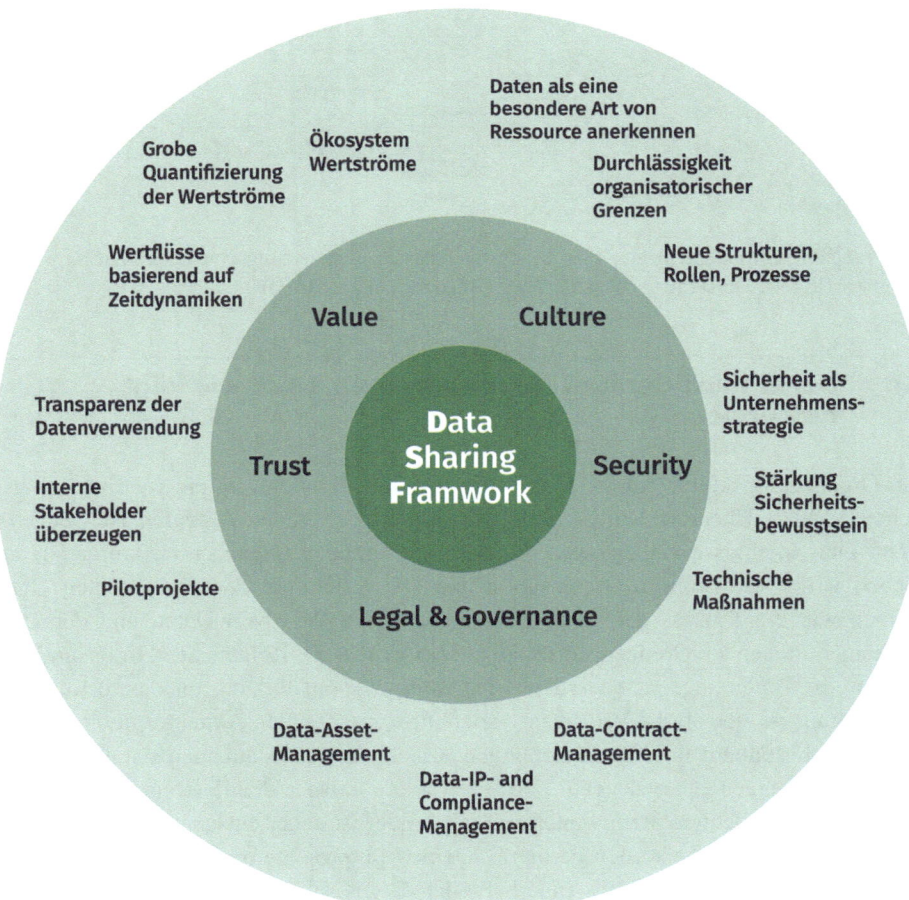

Abb. 1.1 Data Sharing Framework: Hürden und Beschleuniger für das Teilen von Daten in Ökosystemen aus fünf Perspektiven. (Eigene Darstellung, basierend auf (Benedech et al., 2023))

Phase / Perspektive	Phase 1: Sensitizing		Phase 2: Preparation		Phase 3: Implementation		Phase 4: Adaptation & Scaling	
Value	Ecosystem Mapping incl. Actor Mapping	In the ecosystem map: identification and mapping of data sources	Value analysis for selected, relevant actors of the ecosystem	Qualitative mapping and analysis of the mutual value flows in the ecosystem	High-level model enabling the rough quantification of the value flows	determination of relevant parameters for the numerical evaluation of the high-level model	Optimization of value flows in the different dimensions	If required: refinement of the value flows (e.g., by simulation models)
Trust	Kunden mit attraktiven usecases für die gemeinsame Datennutzung identifizieren	Kundenworkshop: erste Anwendungsfall für die gemeinsame Nutzung von Daten definieren	Zweck und den Wert des Datenaustauschs (innerhalb des Unternehmens und des Ökosystems) vermitteln	Schulung von Schlüsselpersonen im Unternehmen z. B. Verkaufsleitern	Validierte Rahmenbedingungen (technisch, rechtlich) für die gemeinsame Nutzung von Daten schaffen	Start eines Pilotprojekts mit Leitkunden	Referenzprojekte mit Lead-/ Pilotkunden kommunizieren	
Security	Identifikation von (Schlüssel-) partnern	Identifikation von Sicherheitsbedenken der (Schlüssel-)Partner	Identifikation von Schutzmaßnahmen	Aufsetzen eines Monitoringsystems (Kennzahlen, Abgleich, Soll-/ Ist-Schutzmaßnahmen)	Monitoringsystem in laufenden Betrieb bringen	Implementierung von Schutzmaßnahmen	Monitoringsystem anpassen & skalieren	Ggf: Prozess automatisieren
	Identifikation von Datenstakeholdern	Identifikation von Sicherheitsbedenken der Datenstakeholder						
Culture	Botschafter & Kompetenzzentren im Unternehmen einsetzen	Sensibilisierung von Stakeholdern im Unternehmen und im Ecosystem: Daten & Daten teilen ist wertvoll	Wissen & Kompetenzen imUmgang mit Daten stärken	Partner im Ecosystem überzeugen, Daten zu teilen	Plattformen zum Teilen der Daten aufsetzen	Aktivitäten zum Teilen der Daten starten	Erfolgreiche Use-Cases im Unternehmen	Gemeinsamkeiten und Kultur im Ecosystem stärken
	Daten auf die Agenda setzen			Unterstützer in der +Organisation gewinnen		Veränderungen vornehmen: Organisation, Prozesse, Rollen, Ecosystem		
Legal & Governance	Data Mapping:		Data Governance, interne Richtlinien zum Umgang mit Daten	Entwurf von Datennutzungsvereinbarungen	Vertragsverhandlungen und -abschlüsse		Vertragsabschlüsse	Vertragsmanagement
				Vereinbarkeit des Geschäftsmodells mit gesetzlichen Vorgaben?				
	Identifikation geschützter Datenbestände	Identifikation von Rohdatenbeständen	Abschluss von NDAS	„Sandbox-Vereinbarung"				Compliance-Review, Auswirkung neuer Gesetzgebung antizipieren

Abb. 1.2 Phasenmodell: In vier Phasen zur nachhaltigen Umsetzung von Data Sharing in Ökosystemen. (Eigene Darstellung, basierend auf (Benedech et al., 2023))

1.3 Der Einfluss der fünf Perspektiven lässt sich wie folgt beschreiben

Die Organisationskultur umfasst das Denken und Handeln in einem Unternehmen (Schein, 1992). Über die Kultur eines Ökosystems mit vielen Akteuren ist wenig bekannt. Die Ergebnisse zeigen, dass eine datenfreundliche Organisationskultur auf drei Ebenen wirkt: Individuum, Organisation und Ökosystem. In den untersuchten Unternehmen war ein Prozess der Sensibilisierung für den Wert von Daten und der Überwindung bestehender Grenzen notwendig. Dafür mussten Rollen, Strukturen und Prozesse an die Daten angepasst werden. Eine weitere Voraussetzung für eine erfolgreiche Datenteilung ist eine starke Vertrauensbeziehung zwischen den Akteuren in einem Ökosystem. Insbesondere in B2B-Beziehungen basiert Vertrauen auf langfristigen, persönlichen Beziehungen (Gansser et al., 2021), was die entscheidende Rolle des Vertriebes unterstreicht. Die Unterstützung interner Stakeholder ist daher entscheidend für den Aufbau von Vertrauen mit externen Partnern. Kleine Pilotprojekte mit wichtigen Interessengruppen fördern das Vertrauen innerhalb der Organisation. Klare Ziele für die gemeinsame Nutzung von Daten und eine transparente Kommunikation mit allen Partnern im Ökosystem stärken das Vertrauen weiter.

Herausforderungen für die Sicherheit im (grenzüberschreitenden) Datenaustausch – sowohl im EU-/Nicht-EU- als auch KMU-Kontext – können im strategischen Management (Sicherheitsstrategien), in der operativen Umsetzung (bswp. Mangel an Personal oder fehlende Zertifizierungen) als auch der technologischen Lösungen liegen. Im Rahmen des Data Sharing Framework betrachten wir den Einfluss und die Umsetzung von Maßnahmen in allen drei Teilbereichen, mit speziellem Fokus auf gezielte Erweiterungen von Sicherheitsstrategien im grenzüberschreitenden Fall, Nutzung von etablierten Sicherheitsstandards (inkl. Risikoanalysetools, Normen, Best Practices) im Sinne eines State of the Art, aber auch Maßnahmen am und mit Menschen, insbesondere Sensibilisierungsmaßnahmen, Weiterbildungen und Schaffung einer Unternehmenskultur sowie Methodenkompetenz hin zu einer unternehmensübergreifenden Sicherheitskultur.

Damit Daten geteilt werden, muss der Mehrwert für die beteiligten Akteure ersichtlich sein. Unternehmen schätzen jedoch das Potenzial, welches durch Datenteilung und -nutzung entsteht, oftmals nur vage und qualitativ ein. Quantitative Kenntnisse sind aber entscheidend für die Beurteilung, ob Daten geteilt werden sollten. Eine grobe Quantifizierung des Wertstroms ist oft ausreichend, während in speziellen Fällen eine detaillierte Analyse mit stochastischen, zeitdynamischen Modellen erforderlich ist. Nichtsdestotrotz werden Daten zunehmend als Vermögenswert betrachtet, der die Unternehmensbewertung beeinflusst (Spiesshofer, 2022). KMU fehlen jedoch oft das Bewusstsein und die Werkzeuge, um darauf zu reagieren. Es wird eine interne Data Governance auf drei Säulen empfohlen: (a) Data-Asset-Management zur Erfassung und Bewertung des Datenbestands, (b) Data-IP- und Compliance-Management und (c) Data-Contract-Management zur Regulierung von Datenzugang und -nutzung.

1.4 Ausblick

In Hinblick auf das neue Europäische Datenwirtschaftsrecht, das vor allem durch den Data Act geprägt wird, bieten die Projektergebnisse einen hoch aktuellen Nutzen. Der Data Act wird die relevanten Grundlagen heutiger Geschäftsmodelle grundlegend verändern und insbesondere mittelständische Unternehmen vor große Herausforderungen stellen (Europäische Kommission, 2022). Daher ist es unumgänglich, dass weitere Forschungen wichtige und notwendige Grundlagen für die Bodenseeregion schaffen müssen.

Literatur

Benedech, R. A., Vogt, H., Meierhofer, J., Kugler, P., Strittmatter, M., Dobler, M., Meyer, J., & Treiterer, M. (2023). Data Sharing Framework für KMU. https://digitalcollection.zhaw.ch/handle/11475/29572.

D'Hauwers, R., & Walravens, N. (2022). Do you trust me? Value and governance in data sharing business models. In: Proceedings of Sixth International Congress on Information and Communication Technology: ICICT 2021, London, Bd. 1, (S. 217–225). Springer.

Europäische Kommission (2022). Vorschlag für eine Verordnung des Europäischen Parlaments und des Rates über harmonisierende Vorschriften für einen fairen Datenzugang und eine faire Datennutzung (Datengesetz). https://eur-lex.europa.eu/legal-content/DE/TXT/PDF/?uri=CELEX:52022PC0068&from=EN. Zugegriffen: 03. Sept. 2022.

Gansser, O. A., Bossow-Thies, S., & Krol, B. (2021). Creating trust and commitment in B2B services. *Industrial Marketing Management, 97*, 274–285.

Schein, E.H. (1992). Organizational culture and leadership, 2. Aufl., Jossey-Bass Publishers.

Spiesshofer, B. (2022). Sustainable Corporate Governance. *Neue Zeitschrift für Gesellschaftsrecht, 10*, 435–441.

Vidgen, R., Shaw, S., & Grant, D. B. (2017). Management challenges in creating value from business analytics. *European Journal of Operational Research, 261*(2), 626–639. https://doi.org/10.1016/j.ejor.2017.02.023.

Helen Vogt ist Dozentin für Innovations- und Produktmanagement an der Zürcher Hochschule für Angewandte Wissenschaften (ZHAW) in Winterthur. Die ausgebildete Materialwissenschaftlerin verfügt über umfangreiche Erfahrungen im Business Development und im industriellen Produktmanagement von Schweizer und internationalen Unternehmen. An der ZHAW leitet sie den Studiengang Master in Product Management und engagiert sich in der Weiterbildung im Bereich des Innovationsmanagements. Ihre Forschungsschwerpunkte sind Kreislaufwirtschaft und Entrepreneurship mit Fokus auf die Entwicklung von nachhaltigen Geschäftsmodellen.

Jürg Meierhofer ist Leiter der Expert Group „Smart Services" der Data Innovation Alliance und Studienleiter Industrie 4.0 (MAS) und Smart Services (CAS) an der ZHAW Zürcher Hochschule für Angewandte Wissenschaften. Die Gestaltung datengetriebener Servicewertschöpfung zieht sich als roter Faden durch seine Tätigkeit. Nach verschiedenen Führungspositionen im Dienstleistungsbereich lehrt und forscht er seit 2014 an der ZHAW. Er hat an der ETH Zürich promoviert und an der Universität Fribourg einen EMBA erworben.

Petra Kugler beschäftigt sich als Professorin für Strategie und Management an der OST – Ostschweizer Fachhochschule in St. Gallen, Schweiz, mit der Frage, warum Unternehmen anders und erfolgreich sind. Seit 25 Jahren untersucht sie das Zusammenspiel von Strategie, Management und Innovation. Häufig spielen dabei digitale Technologien eine zentrale Rolle. Ihr aktuelles Interesse gilt Big Data und künstlicher Intelligenz in Unternehmen und wie diese in Werte transferiert werden können. Dazu braucht es ein neues Verständnis von Organisationen und wie diese wertschöpfend tätig sind. Petra Kugler promovierte an der Universität St.Gallen (HSG) und war in der Werbung tätig. Auslandsaufenthalte halfen ihr dabei, neue Perspektiven einzunehmen. Sie erhielt u. a. ein Stipendium des Schweizerischen Nationalfonds für ein Forschungsjahr an der University of California, Berkeley, und war an einer japanischen Skischule tätig.

Vertrauen in Business-Ökosystemen – Grundvoraussetzung für das Teilen von Daten in B2B-Geschäftsbeziehungen

Helen Vogt und Umut Demirez

> **Zusammenfassung**
>
> Die Bedeutung von Vertrauen im B2B-Kontext ist nicht neu, da fehlendes Vertrauen als eine der größten Barrieren für die Datenteilung gilt. Vertrauenswürdige Unternehmen profitieren von niedrigeren Transaktionskosten, besserem Informationsaustausch und höherer Innovationsleistung. Vertrauen in einem B2B-Ökosystem basiert auf mehreren Erfolgsfaktoren und kann systematisch erarbeitet werden. In diesem Beitrag werden die Treiber und Barrieren sowie die wichtigsten Prinzipien für den Aufbau von Vertrauen in B2B-Geschäftsbeziehungen erläutert und praxisbezogene Handlungsempfehlungen abgeleitet.

2.1 Datenteilung im Kontext von Industrie 4.0

Der Zugang zu Geschäftsdaten bildet für Unternehmen einen Wettbewerbsvorteil. Das Aufkommen offener Datenökosysteme wie Catena-X in der Automobilindustrie schafft neue Möglichkeiten der Wertschöpfung durch die Erweiterung bestehender oder die Schaffung neuer Geschäftsmodelle (Ehlers, 2023). Daten werden aber im Gegensatz zu

Kapital und Arbeit oftmals nicht offen im Markt getauscht (Parra-Moyano et al., 2020). „But the reality is that 80% of industrial data is still collected and never used. This is pure waste" (von der Leyen, 2020). Diese provokante Aussage von Ursula von der Leyen zeigt die Problematik auf, dass zumindest in der EU der größte Teil der Geschäftsdaten aus verschiedenen Gründen nicht geteilt oder genutzt und damit nicht wertschöpfend eingesetzt wird.

In der sich rasch entwickelnden Landschaft der modernen Fertigung hat sich das Paradigma der Wertschöpfung erheblich gewandelt. Traditionelle Modelle, die den Schwerpunkt auf interne Kompetenzen und streng gehütete Daten legen, werden nach und nach durch einen stärker kollaborativen und vernetzten Ansatz abgelöst (2018). Die gemeinsame Nutzung von Daten mit Partnern und Stakeholdern innerhalb des Ökosystems der Fertigung wird als entscheidender Motor für Innovation, Effizienz und Wettbewerbsfähigkeit angesehen (ERT, 2021).

Die Möglichkeit, auf Geschäftsdaten zuzugreifen, sie gemeinsam zu nutzen und anzureichern, bildet die Grundlage für neue Dienstleistungen und Geschäftsprozesse (Parra-Moyano et al., 2020). Geschäftsdaten werden in diesem Kontext als maschinengenerierte, nicht personenbezogene Daten definiert, als Daten, die von einem angeschlossenen Gerät, Netzwerk oder Vermögenswert aufgezeichnet, gesammelt oder erzeugt werden, ohne direktes menschliches Eingreifen aufgezeichnet, gesammelt oder erzeugt werden und die zum Zeitpunkt ihrer Erstellung keine natürliche Person identifizieren, entweder direkt oder in Kombination mit anderen Daten (Deloitte, 2018).

Neue digitale Geschäftsmodelle verlagern sich von geschlossenen, linearen Wertschöpfungsketten zu offenen, integrierten Ökosystemen, in denen die Fähigkeit zum einfachen und sicheren Datenaustausch von zentraler Bedeutung ist (Parra-Moyano et al., 2020). Produzierende Unternehmen machen sich die Datenwissenschaft zunutze, indem sie große Mengen „ansonsten geschlossener Daten innerhalb oder zwischen Organisationen" teilen. Daten können in unterschiedlichen Dimensionen geteilt werden. Bei der horizontalen Datenteilung werden Daten zwischen Organisationen auf der gleichen Wertschöpfungsstufe geteilt. Automobilhersteller teilen Daten mit anderen Automobilherstellern, um gemeinsame neue Technologien wie autonomes Fahren zu erforschen oder gemeinsame Produktionsplattformen zu entwickeln (Sturman, 2020). In der vertikalen Dimension teilen Unternehmen Daten mit anderen Unternehmen, welche in der Wertschöpfungskette vor- oder nachgelagert sind. So werden Nutzungsdaten von Produktionsanlagen der Kunden durch Hersteller erhoben, um beispielsweise Effizienz der Anlagen zu erhöhen, die Qualität der Produkte zu verbessern oder um neue Geschäftsmodelle wie Equipment-as-a-Service anzubieten (Relayr, 2024). Bei der externen Datenteilung werden Geschäftsdaten, welche von Produktnutzern generiert wurden, mit Partnern außerhalb des eigentlichen Geschäftsfeldes geteilt. So werden beispielsweise Automobilfahrdaten durch die Hersteller gesammelt und mit Stadtverwaltungen geteilt, um real-time Verkehrsdaten oder Emissionsdaten zu generieren, oder um Maßnahmen zur Erhöhung der passiven Straßensicherheit zu entwickeln (Wesemeyer et al., 2019).

In der Industrie 4.0 bilden Daten das zentrale Fundament für Innovation und Effizienz. Die Industrie 4.0 ermöglicht es Unternehmen, durch die Integration von Technologien wie Big Data, dem Internet der Dinge (IoT) und Smart Factories eine höhere Stufe der Automatisierung und Digitalisierung zu erreichen (Haseeb et al., 2019). Bevor Unternehmen die Transformation zu Industrie 4.0 abschließen konnten, stehen sie, insbesondere KMUs, vor der nächsten Herausforderung: die Integration von künstlicher Intelligenz (KI) (Lichtenthaler, 2019). Die neuesten Fortschritte in der KI unterstreichen einmal mehr die zentrale Rolle von Daten. Der Nutzen von KI-Technologien steigt erheblich für jene Unternehmen, die auf umfassende Datensätze zurückgreifen können, um operative Effizienz und Wettbewerbsvorteile zu steigern (Dubey et al., 2020).

Vertrauenswürdigkeit als Grundlage für die Datenteilung
Unternehmen neigen dazu, entweder nur mit öffentlichen Daten zu arbeiten oder mit den Daten, die sie innerhalb ihrer eigenen Organisation erzeugt haben (Parra-Moyano et al., 2020). Potenzielle Teilnehmer am Datenökosystem sehen sich zahlreichen Hindernissen gegenüber, darunter Bedenken hinsichtlich des Schutzes vertraulicher und sensibler Daten. Wichtige Herausforderungen bei der sicheren gemeinsamen Nutzung von Daten sind unzureichende gemeinsame Standards und Definitionen. Nebst den technischen und rechtlichen Barrieren ist das mangelnde Vertrauen zwischen Unternehmen eines der Haupthindernisse bei der Teilung von Geschäftsdaten (Gansser et al., 2021). Ein mangelndes Vertrauen stellt eine signifikante Barriere dar und kann Unternehmen davon abhalten, Datenteilungsinitiativen zu starten oder sich an diesen zu beteiligen (Opriel et al., 2021).

Mangelndes Vertrauen manifestiert sich in verschiedenen Befürchtungen und Ängsten, die Unternehmen davon abhalten, an Datenteilungsinitiativen teilzunehmen. Diese Ängste umfassen unter anderem

- die Sorge vor einem unautorisierten Zugriff auf sensible Unternehmensdaten,
- die Befürchtung, dass Daten für andere Zwecke als die ursprünglich vereinbarten verwendet werden,
- die Angst vor einem ungleichen Vorteil, der sich aus der Datenteilung ergibt, sodass der Datenempfänger mehr profitiert als der Datengeber (Jussen et al., 2024; Opriel et al., 2021).

Unternehmen, die eine geringe Vertrauenswürdigkeit aufweisen, stehen nicht nur vor Herausforderungen beim Zugang zu Daten, sondern sind auch mit weitreichenderen, unternehmensübergreifenden Problematiken konfrontiert. Diese können sowohl kurzfristige als auch langfristige Auswirkungen auf den Unternehmenserfolg haben. Die Literatur zeigt erhebliche Nachteile für Unternehmen mit geringer Vertrauenswürdigkeit auf, wie:

- höhere Kosten da mehr Ressourcen für Überwachung, Vertragsdurchsetzung und Absicherung gegen Opportunismus benötigt werden (Dyer & Chu, 2003),
- geringere Bereitschaft von anderen Unternehmen, in die Beziehung zu investieren und gemeinsame Ziele zu verfolgen (Humphries & Wilding, 2004),
- eingeschränkter Zugang zu wertvollen Ressourcen und Daten ein, was die Anpassungsfähigkeit eines Unternehmens erheblich einschränkt (Bstieler, 2006; Frishammar & Åke Hörte, 2005),
- größeren Bedarf an Kontrollen, Verträgen und Absicherungen, was die Transaktionskosten erhöht. Diese zusätzlichen Kosten können sowohl in finanzieller als auch in zeitlicher Hinsicht erheblich sein und die Effizienz von Geschäftsprozessen beeinträchtigen (McMackin et al., 2022). Beispiele dafür sind rechtliche Kosten, ICT-Lösungen oder Opportunitätskosten (Um & Kim, 2019).

Zudem haben Unternehmen, die nicht als vertrauenswürdig gelten, Schwierigkeiten beim Aufbau von langfristigen Geschäftsbeziehungen (Gansser et al., 2021). Fehlt es, so können sich Partnerschaften als instabil erweisen, was zu häufigen Wechseln von Geschäftspartnern und einem Mangel an Loyalität führt. Anderseits genießen Unternehmen mit einer hohen Vertrauenswürdigkeit zahlreiche Vorteile:

- Vertrauenswürdigkeit reduziert Transaktionskosten und fördert eine größere Informationsfreigabe, beispielsweise in Lieferanten-Käufer-Beziehungen, was wiederum als wichtiger Wettbewerbsvorteil gilt (Dyer & Chu, 2003).
- Vertrauen wird als signifikanter Prädiktor für positive Leistung in Geschäftsbeziehungen und als Vorläufer für höhere Leistungen in der Lieferkette identifiziert (Panayides & Venus Lun, 2009).
- Untersuchungen im Kontext von Fertigungsunternehmen belegen, dass das Management externer Informationen positiv mit Innovationsleistung korreliert (Frishammar & Åke Hörte, 2005).
- Weiterhin unterstützt die Bildung von Vertrauensnetzwerken in Projektteams die Ideengenerierung und -umsetzung, was die Innovationsfähigkeit von Unternehmen stärkt (Shazi et al., 2015).

Diese und eine Vielzahl weiterer Faktoren repräsentieren für KMUs eine signifikante Herausforderung, insbesondere im täglichen Geschäftsbetrieb, wenn es den Unternehmen nicht gelingt, eine Grundlage der Vertrauenswürdigkeit zu etablieren. Untersuchungen zeigen, dass Vertrauen und Datenaustausch einen direkten Einfluss auf die Innovationsleistung von KMUs haben und somit für deren Wettbewerbsfähigkeit und Nachhaltigkeit entscheidend sind (Games et al., 2022). Vertrauenswürdigkeit spielt demnach eine zentrale Rolle bei der Überwindung von Herausforderungen im Zugang zu und der Nutzung von Daten und bildet die Grundlage für stabile Geschäftsbeziehungen und hoher Innovationsfähigkeit.

2.2 Treiber und Barrieren für den Aufbau von Vertrauen in einem B2B-Ökosystem

In einer mehrstufigen Studie wurden die wichtigsten Treiber und Barrieren für den Aufbau von Vertrauen analysiert (Benedech et al., 2023). Auf der Grundlage einer systematischen Literaturrecherche wurden die relevanten Faktoren, die das Vertrauen in ein Ökosystem beeinflussen, identifiziert und mit Experten aus der Praxis in Einzelinterviews und gemeinsamen Workshops diskutiert. In einem zweiten Schritt wurden die Annahmen mittels einer quantitativen Befragung bei fast 200 Unternehmen aus der DACH-Region (Deutschland, Österreich, Schweiz) getestet. Auf Basis der gewonnenen Daten wurden schließlich konkrete Handlungsempfehlungen für KMU formuliert, um die Vertrauensbildung innerhalb des Ökosystems effektiv zu fördern.

2.2.1 Vertrauensentwicklung in interorganisationalen Beziehungen

Unternehmen treffen die Entscheidung zur Datenteilung basierend auf einer gründlichen Analyse von Nutzen und Risiken. Mangelndes Vertrauen wird in der Literatur als einer der zentralen Hemmnisse für den unternehmensübergreifenden Datenaustausch identifiziert (Jussen et al., 2024; Martens et al., 2020; Paroutis & Al Saleh, 2009). In der Literatur werden verschiedene Strategien diskutiert, um Vertrauen im Allgemeinen und zwischen Unternehmen und Organisationen zu fördern (Müller et al., 2020). In diesem Zusammenhang wird Vertrauen definiert als eine Reihe von Überzeugungen und Erwartungen sowie die Bereitschaft, auf der Grundlage dieser Überzeugungen zu handeln (Doney & Cannon, 1997). Dabei begünstigen verschiedene Prozesse den Aufbau von Vertrauen zwischen Parteien. Im Folgenden wird aufgezeigt, welches die grundlegenden Erfolgsfaktoren sind, um Vertrauen zwischen Unternehmen zu entwickeln und zu erhöhen.

Das Konzept von Vertrauen in interorganisationalen Beziehungen wurde in verschiedenen Disziplinen wie organisationales Verhalten und in der Betriebswirtschaft intensiv erforscht (Sahay, 2003). Es geht auf die Erkenntnis zurück, dass eine erfolgreiche Zusammenarbeit zwischen Organisationen häufig in hohem Maße vom Vorhandensein von Vertrauen zwischen den beteiligten Parteien abhängt (Singh & Teng, 2016). Dieses Konzept wurde im Zusammenhang mit strategischen Allianzen, Partnerschaften und Lieferkettenbeziehungen untersucht (Sambasivan & Nget Yen, 2010). Unternehmen müssen das Vertrauen auf verschiedenen Ebenen berücksichtigen, wie in Abb. 2.1 dargelegt: Vertrauen zwischen Individuum (interpersonales Vertrauen), Vertrauen zwischen Organisationen (institutionelles Vertrauen) und das Vertrauen zwischen Individuum und Organisation (interorganisationales Vertrauen) (Schilke & Cook, 2013). Für jede dieser Beziehungen gibt es differenzierte Barrieren und Treiber, um das Vertrauen zu erhöhen (Schilke & Cook, 2013).

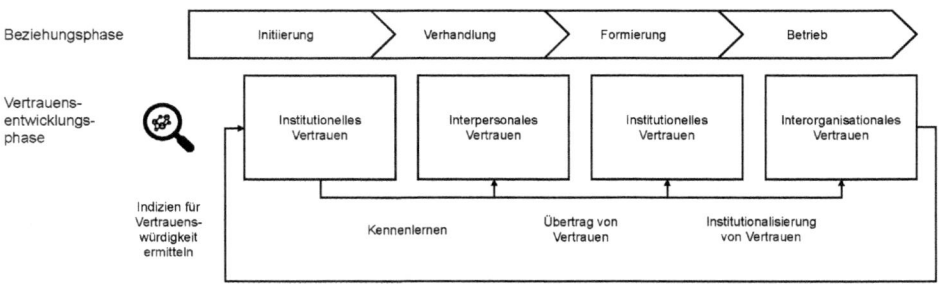

Abb. 2.1 Visualisierung der Cross-Level-Prozesstheorie zur Vertrauensentwicklung in interorganisationalen Beziehungen, angelehnt an Schilke & Cook (2013)

Abb. 2.1 veranschaulicht den prozessualen Aufbau von Vertrauen in Geschäftsbeziehungen. In der Initiierungsphase bewerten Vertrauensgeber und Vertrauensnehmer jeweils die Vertrauenswürdigkeit des anderen, basierend auf Faktoren wie früheren Interaktionen, allgemeiner Reputation und Branchenzugehörigkeit. Dies legt das Fundament für interpersonelles Vertrauen. Die Entwicklung von interpersonellem Vertrauen kann durch offene Kommunikation, gegenseitigen Respekt sowie das Teilen von Wissen und Ressourcen gefördert werden (Ma et al., 2019). Mit der Formierung der Partnerschaft entwickelt sich das Vertrauen weiter zur Phase des institutionellen Vertrauens, in der ein gemeinsames Verständnis über die Zuverlässigkeit auf Organisationsebene entsteht. Organisatorische Routinen wie regelmäßige Kommunikation und Transparenz fördern dieses institutionelle Vertrauen. In der darauffolgenden Beziehungsphase wird durch die Institutionalisierung von Vertrauen das interorganisationale Vertrauen etabliert.

In der Initiierungsphase müssen Unternehmen zunächst die Natur ihrer Beziehung zu anderen Firmen, von denen sie Daten erwarten, verstehen. Die Bereitschaft zur Datenteilung ist in etablierten Geschäftsbeziehungen tendenziell höher. Zur Vertiefung des Verständnisses, wie Vertrauen effektiv aufgebaut werden kann, erweist sich die Betrachtung des «The Cyclical Trust-Building Loop» als aufschlussreich (Vangen & Huxham, 2003), siehe Abb. 2.2.

In jeder Geschäftsbeziehung sind stets zwei Rollen präsent: der Vertrauensgeber und der Vertrauensnehmer (Doney & Cannon, 1997). Dabei übernimmt die Partei, die ihre Daten zur Verfügung stellt, die Rolle des Vertrauensgebers, während die Partei, die diese Daten empfängt, als Vertrauensnehmer agiert (Vangen & Huxham, 2003). Zunächst muss genügend Vertrauen vom Vertrauensgeber in den Vertrauensnehmer gesetzt werden, um sich auf das Risiko einer Zusammenarbeit einzulassen. Dieses initiale Vertrauen stützt sich auf die Reputation, das bisherige Verhalten oder bestehende Verträge des Vertrauensnehmers (Schilke & Cook, 2013; Vangen & Huxham, 2003).

Es wird empfohlen, dass die beteiligten Unternehmen anfangs realistische und überschaubare Projekte anstreben. Die Erfolge aus diesen Projekten verstärken die Ver-

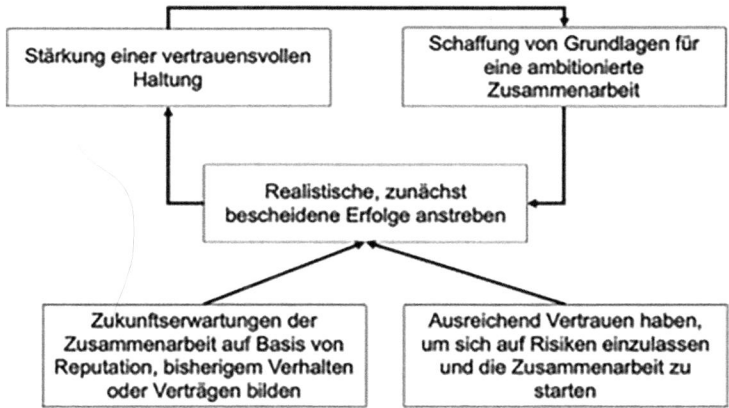

Abb. 2.2 The Cyclical Trust-Building Loop (Vangen & Huxham, 2003)

trauensbasis zwischen Vertrauensgeber und Vertrauensnehmer und legen dadurch den Grundstein für zukünftige, ambitioniertere Projekte. Der Zyklus des Vertrauensaufbaus wird dann erneut angestoßen, wodurch sich der Prozess der Vertrauensbildung kontinuierlich wiederholt und vertieft (Schilke & Cook, 2013; Vangen & Huxham, 2003).

Unternehmen zeigen eine Zurückhaltung, Daten mit anderen Unternehmen zu teilen, mit denen bisher keine Geschäftsbeziehungen bestehen (Du et al., 2012). Für Initiatoren von Dateninitiativen ergibt sich daraus die Notwendigkeit, vor dem Projektstart die Beziehung zum potenziellen Partnerunternehmen sorgfältig zu evaluieren. Abhängig vom Reifegrad der Geschäftsbeziehung sind unterschiedliche Herangehensweisen erforderlich, um eine erfolgreiche Datenkooperation zu ermöglichen.

Im Kontext der Datenarten existieren signifikante Differenzen. Unternehmungen tendieren dazu, bestimmte Datenkategorien ausschließlich in Szenarien zu teilen, in denen ein substanzielles Maß an Vertrauen vorherrscht. Dies gilt insbesondere für Daten, die aus Produktionsprozessen stammen oder Aufschluss über den aktuellen Output bieten (Müller et al., 2020). Diese Erkenntnis leitet über zu einer detaillierteren Betrachtung der spezifischen Faktoren, die das Vertrauen zwischen Geschäftspartnern beeinflussen können. Tab. 2.1 bietet einen systematischen Überblick über diese Schlüsselfaktoren und verdeutlicht, welche Faktoren Vertrauen schwächen.

Nach der Betrachtung von Risikofaktoren, die Vertrauensverlust zwischen Geschäftspartnern fördern und somit die Stabilität und Integrität interorganisationaler Beziehungen gefährden, ist es wichtig, auch positive Einflussfaktoren zu erkunden. Diese tragen zur Stärkung des Vertrauens bei und unterstützen eine solide Basis für interorganisationale Beziehungen. In Tab. 2.2 sind die wichtigsten Faktoren aufgeführt, welche das Vertrauen in interorganisationalen Beziehungen fördern.

Tab. 2.1 Negative Faktoren in Bezug auf das Vertrauen in interorganisationalen Beziehungen (Eigene Darstellung)

Faktoren	Beschreibung
Erwartungen nicht erfüllen	Wenn eine Partei die Erwartungen der anderen nicht erfüllt, insbesondere in Bezug auf Zuverlässigkeit, Kompetenz und Integrität, schwindet das Vertrauen (Nooteboom, 2019; Stevens et al., 2015; Tubin und Levin-Rozalis, 2008)
Opportunistisches Verhalten	Handlungen, die als eigennützig auf Kosten der anderen Partei wahrgenommen werden, können das Vertrauen erheblich beeinträchtigen. Dazu gehören das Zurückhalten von Informationen, die ungerechte Aufteilung von Vorteilen und die Ausnutzung von Schwachstellen (Korczynski, 1994; MacDuffie, 2011)
Unzureichende Kommunikation	Schlechte, irreführende oder unregelmäßige Kommunikation schadet dem Vertrauen, da sie Missverständnisse fördert und Unsicherheit über Intentionen und Ressourcen schafft (Butler & Cantrell, 1994; Chen et al., 2014; Seppanen & Blomqvist, 2006)
Inkonsistenz der Verhaltensweisen	Schwankungen im Verhalten in Entscheidungen tragen zur Unvorhersehbarkeit bei und machen es für die andere Partei schwierig, sich auf etablierte Interaktionsmuster zu verlassen (Connelly et al., 2018; Ha, 2020)

2.2.2 Faktoren und ihre Einflüsse auf die Bereitschaft zur Datenteilung zwischen Unternehmen

Im Rahmen der empirischen Analyse der Faktoren, die die Bereitschaft eines Unternehmens beeinflussen, Daten mit einem anderen Unternehmen zu teilen, hebt die vorliegende Untersuchung zwei Hauptfaktoren hervor, die als besonders einflussreich identifiziert wurden, sowie zwei Faktoren, die als weniger entscheidend gelten, siehe Abb. 2.3 (Benedech et al., 2023).

Die Analyse zeigt, dass die Reputation des anderen Unternehmens den signifikantesten Faktor darstellt. Eine hohe Anzahl von Befragten (63, die angeben, dass es „trifft voll und ganz zu" und 69, dass es „trifft eher zu") betrachtet die Reputation als ausschlaggebend für die Entscheidung zur Datenteilung. Dies unterstreicht, wie entscheidend ein positiver Ruf für das Vertrauen und die daraus resultierende Bereitschaft zur Zusammenarbeit ist. Ein guter Ruf signalisiert Zuverlässigkeit, Fachkompetenz und Integrität, was die Basis für eine erfolgreiche Geschäftsbeziehung bildet. Die Art der Beziehung, ob direkt oder indirekt, ist ebenfalls von zentraler Bedeutung. Mit 52 Antworten für „trifft voll und ganz zu" und 73 für „trifft eher zu" zeigt sich, dass die direkte Verbindung zu einem Unternehmen wesentlich zur Vertrauensbildung beitragen. Die direkte Interaktion ermöglicht einen besseren Informationsaustausch, ein tieferes Verständnis der Geschäftspraktiken des Partners und erleichtert somit die Entscheidung zur Datenteilung.

2 Vertrauen in Business Ökosystemen – Grundvoraussetzung …

Tab. 2.2 Positive Faktoren in Bezug auf das Vertrauen in interorganisationalen Beziehungen (Eigene Darstellung)

Faktoren	Beschreibung
Kompetenznachweis	Die konsistente Demonstration der Fähigkeit, Aufgaben effektiv zu erfüllen und Verpflichtungen zuverlässig zu erfüllen, baut Vertrauen auf, indem sie die Kompetenz der Partei bestätigt (Connelly et al., 2018; Han et al., 2021)
Integrität und Ehrlichkeit	Ein Verhalten, das transparent, ehrlich und im Einklang mit moralischen und ethischen Standards steht, fördert das Vertrauen, indem es sicherstellt, dass Handlungen vorhersehbar und in gutem Glauben sind (Han et al., 2021; Svare et al., 2020)
Effektive Kommunikation	Offene, transparente und zeitnahe Kommunikation verbessert das Vertrauen, indem sie Unsicherheiten reduziert und Erwartungen zwischen den Parteien abstimmt (Ahlf et al., 2019; Gulati & Nickerson, 2008)
Gegenseitiger Nutzen und Fairness	Die Gewährleistung, dass die Vorteile der Beziehung fair geteilt werden und dass beide Parteien ein investiertes Interesse am Erfolg des anderen haben, baut Vertrauen auf, indem sie ein Gefühl der Partnerschaft und Gleichheit schafft (Chen et al., 2014; Franklin & Marshall, 2019)
Zuverlässigkeit und Konsistenz	Die Demonstration von Konsistenz in Handlungen, Entscheidungen und Reaktionen auf Situationen versichert der anderen Partei Vorhersehbarkeit, was das Vertrauen erleichtert (Connelly et al., 2018; MacDuffie, 2011)

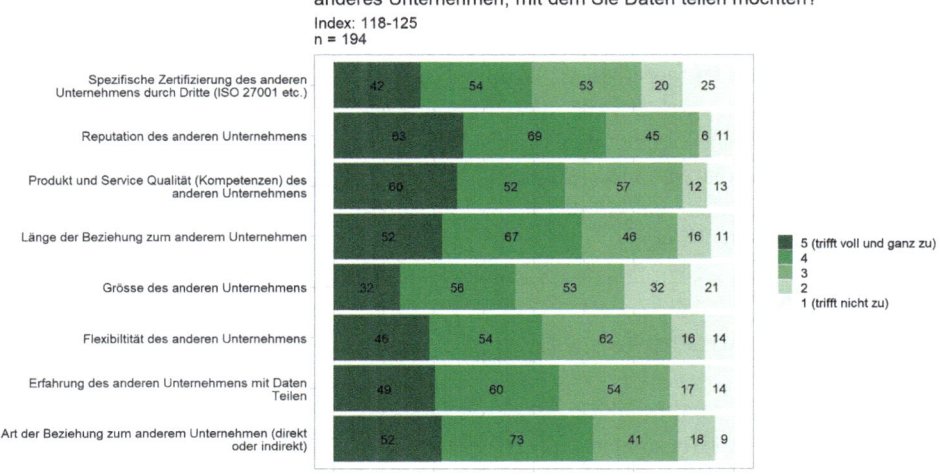

Abb. 2.3 Faktoren zur Erhöhung des Vertrauens in ein anderes Unternehmen, n = 194, (Benedech et al., 2023)

Zu den weniger entscheidenden Faktoren gehört die Größe des Unternehmens: Mit 32 Antworten für „trifft voll und ganz zu" und 56 für „trifft eher zu" zeigt sich, dass die Größe des Unternehmens als weniger entscheidend für die Bereitschaft zur Datenteilung angesehen wird. Dies lässt darauf schließen, dass quantitative Merkmale wie die Unternehmensgröße hinter qualitativen Aspekten wie Vertrauen und Reputation zurückstehen. Obwohl spezifische Zertifizierungen als Vertrauensindikator dienen können, werden sie mit 42 Antworten für „trifft voll und ganz zu" und 54 für „trifft eher zu" als weniger ausschlaggebend betrachtet. Dies deutet darauf hin, dass Zertifizierungen zwar zur Glaubwürdigkeit beitragen, aber nicht als primärer Faktor für die Entscheidung zur Datenteilung angesehen werden.

Diese Erkenntnisse verdeutlichen, dass immaterielle und beziehungsorientierte Faktoren wie die Reputation und die Art der Beziehung bei der Entscheidungsfindung im Vordergrund stehen, während messbare Größen und Zertifizierungen eine untergeordnete Rolle spielen.

2.2.3 Schlüsselprinzipien zur Stärkung des Vertrauens in der Datenteilung

Ergänzend zu den identifizierten Faktoren, die die Bereitschaft zur Datenteilung beeinflussen, unterstreicht die Analyse die kritische Rolle von Prinzipien, die das Vertrauen zwischen den Partnern erhöhen. Die Umfrageergebnisse verdeutlichen, dass Sicherheit und Datenintegrität mit der höchsten Priorität bewertet werden, gefolgt von Transparenz, siehe Abb. 2.4 (Benedech et al., 2023). Diese Prinzipien sind von entscheidender Bedeutung, da sie direkt die Sorgen hinsichtlich des Schutzes und der korrekten Nutzung von Daten adressieren. In der Untersuchung wurden die Prinzipien der Zugänglichkeit sowie Fairness und Ethik im Vergleich zu anderen Faktoren als weniger wichtig für das Vertrauen zwischen Partnern bei der Datenteilung bewertet. Diese Erkenntnis suggeriert, dass obwohl diese Aspekte wesentlich für die Datenmanagementpraxis und ethische Überlegungen sind, sie hinter den unmittelbaren Sorgen bezüglich Sicherheit, Datenintegrität und Transparenz zurückstehen. Es deutet darauf hin, dass die Befragten diese Prinzipien zwar anerkennen, sie aber nicht als primäre Treiber für das Vertrauensverhältnis in der Datenteilung sehen.

2.3 Handlungsempfehlungen

Die digitale Transformation und die Ära der Industrie 4.0 stellen KMU vor signifikante Herausforderungen, insbesondere im Kontext des Datenaustausches. Die Bereitschaft zur Teilung von Daten setzt ein solides Vertrauensverhältnis zwischen den beteiligten Unternehmen voraus, dessen Fehlen als eine der primären Hürden identifiziert wurde. Auf Basis dieser Analyse konnten folgende Handlungsempfehlungen identifiziert werden, die KMUs dabei unterstützen können, Vertrauensbarrieren effektiv zu überwinden:

2 Vertrauen in Business Ökosystemen – Grundvoraussetzung …

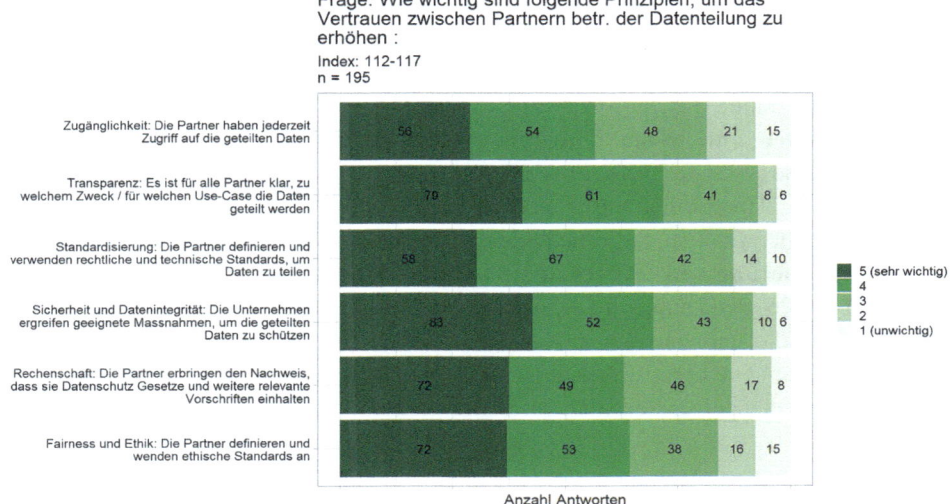

Abb. 2.4 Prinzipien zur Erhöhung des Vertrauens in ein anderes Unternehmen, n = 195. (Benedech et al., 2023)

- **Reputationsmanagement als Vertrauensgrundlage**: Die Reputation eines Unternehmens spielt eine entscheidende Rolle beim Aufbau von Vertrauen. Eine positive Wahrnehmung kann durch transparente Geschäftspraktiken, die Einhaltung ethischer Standards und die Demonstration von Zuverlässigkeit erreicht werden. Forschungen zeigen, dass eine starke Reputation Vertrauen bei potenziellen Partnern fördert und die Basis für erfolgreiche Geschäftsbeziehungen bildet.
- **Förderung direkter interorganisationaler Beziehungen**: Direkte Beziehungen zwischen Unternehmen begünstigen den Aufbau von Vertrauen. Persönliche Interaktionen und der kontinuierliche Austausch fördern ein tieferes Verständnis der jeweiligen Geschäftspraktiken und Ziele. Wissenschaftliche Studien unterstreichen die Bedeutung direkter Beziehungen für die Vertrauensbildung und die Effizienz des Datenaustausches.
- **Kompetenzdemonstration**: Die Demonstration von Kompetenz und Zuverlässigkeit durch die konsistente Erfüllung von Aufgaben und Verpflichtungen ist ein weiterer Schlüssel zum Vertrauensaufbau. Die wissenschaftliche Literatur bestätigt, dass die nachgewiesene Fähigkeit eines Unternehmens, effektiv zu handeln und Verpflichtungen zu erfüllen, Vertrauen stärkt.
- **Effektive Kommunikation**: Transparente und offene Kommunikation trägt wesentlich zur Reduzierung von Unsicherheiten und zum Aufbau von Vertrauen bei. Die Forschung zeigt, dass klare Kommunikationskanäle und regelmäßige Informationsflüsse das Verständnis zwischen den Parteien verbessern und die Grundlage für ein vertrauensvolles Verhältnis schaffen.

- **Gleichgewicht der Interessen**: Vertrauensaufbau erfordert zudem eine gerechte Verteilung der Vorteile aus der Zusammenarbeit. Wissenschaftliche Erkenntnisse deuten darauf hin, dass Fairness und gegenseitiger Nutzen zentrale Komponenten für langfristige und stabile Geschäftsbeziehungen sind.
- **Klein starten und testen**: Pilotprojekte eignen sich, um innerhalb eines Unternehmens und zwischen Partnern Vertrauen aufzubauen und erste Erfolgsgeschichten zu schaffen. Dabei sollten die Ergebnisse der Pilotprojekte regelmäßig überprüft werden, um sicherzustellen, dass alle Parteien von der Zusammenarbeit profitieren.
- **Implementierung von Sicherheits- und Datenschutzmaßnahmen**: Angesichts der zunehmenden Bedeutung des Datenschutzes müssen Unternehmen robuste Sicherheitsprotokolle implementieren, um die Integrität und Sicherheit geteilter Daten zu gewährleisten. Die Forschung unterstreicht, dass Maßnahmen zur Datensicherheit und zum Datenschutz essenziell sind, um Vertrauen in die Datenteilung zu stärken.

Die Überwindung von Vertrauensbarrieren und die Förderung des Datenaustausches stellen zentrale Herausforderungen für KMUs in der Industrie 4.0 dar. Die hier diskutierten, wissenschaftlich fundierten, praxisorientierten Lösungsansätze bieten einen Rahmen, der Unternehmen dabei unterstützen kann, diese Herausforderungen zu meistern. Durch die Implementierung dieser Strategien können KMUs nicht nur ihr Vertrauensverhältnis stärken, sondern auch ihre Innovationskraft und Wettbewerbsfähigkeit in der digitalen Wirtschaft erhöhen.

2.4 Fazit und Ausblick

Vertrauen ist eine grundlegende Komponente für den Erfolg interorganisationaler Beziehungen und manifestiert sich auf mehreren Ebenen: interpersonales Vertrauen, institutionelles Vertrauen und Vertrauen zwischen Individuum und Organisation. Die spezifischen Barrieren und Treiber für die Vertrauensbildung bestimmen die Entwicklung und Vertiefung erfolgreicher Partnerschaften. Der Aufbau von Vertrauen ist ein dynamischer und zyklischer Prozess, der mit realistischen Projekten beginnt und sich durch gemeinsame Erfolge verstärkt. Diese initiale Vertrauensbildung ist entscheidend, um das Fundament für zukünftige, ambitioniertere Projekte zu legen. Die Bereitschaft zur Datenteilung und der Aufbau von Vertrauen sind stark vom Reifegrad der Geschäftsbeziehung abhängig, wobei interpersonelles Vertrauen als fundamentale Basis für die Erweiterung auf interorganisationale Ebenen dient.

Die Analyse der Herausforderungen und Lösungsansätze für KMUs im Kontext der Industrie 4.0 verdeutlicht die zentrale Rolle von Vertrauen in der unternehmerischen Zusammenarbeit und Datenteilung. Ein Mangel an Vertrauen hemmt nicht nur den Austausch von wertvollen Informationen zwischen Unternehmen, sondern beeinträchtigt auch deren Innovationsfähigkeit und Wettbewerbsvorteile. Die präsentierten Handlungsempfehlungen unterstreichen die Bedeutung eines strategischen

Reputationsmanagements, der Pflege direkter Geschäftsbeziehungen, einer offenen Kommunikationskultur, der Implementierung von Sicherheits- und Datenschutzstandards sowie der Förderung von Kompetenz und Zuverlässigkeit.

Vor dem Hintergrund der rasanten technologischen Entwicklungen und des zunehmenden Stellenwerts von Daten in der Industrie 4.0 wird der Bedarf an robusten Mechanismen für den Vertrauensaufbau und die Datenteilung weiter steigen. KMUs stehen vor der Aufgabe, sich diesen Anforderungen anzupassen, um ihre Wettbewerbsfähigkeit und Innovationskraft zu erhalten und auszubauen.

Die zunehmende Digitalisierung und Vernetzung bieten KMUs umfangreiche Möglichkeiten, durch die Nutzung von Datenanalysen, künstlicher Intelligenz und anderen Technologien ihre Prozesse zu optimieren und neue Geschäftsmodelle zu entwickeln. Gleichzeitig erfordert dies eine fortlaufende Auseinandersetzung mit den Themen Datenschutz und Datensicherheit, um das Vertrauen der Geschäftspartner und Kunden zu wahren.

Mittelfristig ist zu erwarten, dass sich Standards und Best Practices für die Datenteilung in der Industrie 4.0 etablieren werden. Dies könnte den Prozess der Datenteilung vereinfachen und KMUs dabei unterstützen, Sicherheits- und Datenschutzanforderungen effizienter zu erfüllen. Darüber hinaus könnten staatliche Regulierungen und Förderprogramme KMUs dabei helfen, die notwendigen technologischen und organisatorischen Anpassungen vorzunehmen. Hierzu hat der Rat der Europäischen Union erst kürzlich die „Verordnung über harmonisierte Vorschriften für einen fairen Datenzugang und eine faire Datennutzung" (kurz: Data Act), verabschiedet (Europäische Union, 2023). Der europäische Gesetzgeber will mit den neuen Bestimmungen die Verfügbarkeit von Daten erhöhen, diese durchgängig gewährleisten und auch solche Unternehmen in die Datenökonomie einbeziehen (als Verpflichtete wie als Berechtigte), die hieran bislang nicht oder in zu geringem Maße partizipierten.

Abschließend lässt sich sagen, dass der erfolgreiche Umgang mit den Herausforderungen der Industrie 4.0 eine kontinuierliche Anstrengung erfordert. Es wird erwartet, dass der Austausch und die Wiederverwendung von Geschäftsdaten in einem B2B-Umfeld in naher Zukunft erheblich zunehmen werden (Europäische Kommission, 2018). KMUs, die es schaffen, ein vertrauensvolles Umfeld für die Datenteilung zu etablieren und sich gleichzeitig an die dynamischen Veränderungen des digitalen Zeitalters sowie die neuen Gesetzesbestimmungen anzupassen, werden gut positioniert sein, um die Chancen von Industrie 4.0 zu nutzen.

Literatur

Ahlf, H., Horak, S., Klein, A., & Yoon, S.-W. (2019). Demographic homophily, communication and trust in intra-organizational business relationships. *Journal of Business & Industrial Marketing, 34*(2), 474–487. https://doi.org/10.1108/JBIM-03-2018-0093

Benedech, R., Dobler, M., Kugler, P., Meierhofer, J., Meyer, J., Strittmatter, M., Treiterer, M., und Vogt, H. (2023). Data Sharing Framework für KMU. Abschlussbericht Interreg AVH.

Bstieler, L. (2006). Trust Formation in Collaborative New Product Development*. *Journal of Product Innovation Management, 23*(1), 56–72. https://doi.org/10.1111/j.1540-5885.2005.00181.x.

Butler, J. K., & Cantrell, R. S. (1994). Communication Factors and Trust: An Exploratory Study. *Psychological Reports, 74*(1), 33–34. https://doi.org/10.2466/pr0.1994.74.1.33.

Chen, Y.-H., Lin, T.-P., & Yen, D. C. (2014). How to facilitate inter-organizational knowledge sharing: The impact of trust. *Information & Management, 51*(5), 568–578. https://doi.org/10.1016/j.im.2014.03.007.

Connelly, B. L., Crook, T. R., Combs, J. G., Ketchen, D. J., & Aguinis, H. (2018). Competence- and Integrity-Based Trust in Interorganizational Relationships: Which Matters More? *Journal of Management, 44*(3), 919–945. https://doi.org/10.1177/0149206315596813.

Deloitte (2018). Realising the economic potential of machine-generated, non-personal data in the EU. Report for Vodafone Group. https://www.vodafone.com/content/dam/vodcom/files/public-policy/Realising_the_potential_of_IoT_data_report_for_Vodafone.pdf.

Doney, P. M., & Cannon, J. P. (1997). An examination of the nature of trust in buyer–seller relationships. *Journal of marketing, 61*(2), 35–51.

Du, T. C., Lai, V. S., Cheung, W., & Cui, X. (2012). Willingness to share information in a supply chain: A partnership-data-process perspective. *Information & Management, 49*(2), 89–98. https://doi.org/10.1016/j.im.2011.10.003.

Dubey, R., Gunasekaran, A., Childe, S. J., Bryde, D. J., Giannakis, M., Foropon, C., Roubaud, D., & Hazen, B. T. (2020). Big data analytics and artificial intelligence pathway to operational performance under the effects of entrepreneurial orientation and environmental dynamism: A study of manufacturing organisations. *International Journal of Production Economics, 226*, 107599. https://doi.org/10.1016/j.ijpe.2019.107599.

Dyer, J. H., & Chu, W. (2003). The Role of Trustworthiness in Reducing Transaction Costs and Improving Performance: Empirical Evidence from the United States, Japan, and Korea. *Organization Science, 14*(1), 57–68. https://doi.org/10.1287/orsc.14.1.57.12806.

Ehlers, L. (2023). The impact of Catena-X on digital business models in the automotive industry (Doctoral dissertation). https://repositorio.ucp.pt/handle/10400.14/41721.

ERT Expert Paper (2021). B2B Data Sharing, https://ert.eu/documents/ert-expert-paper-b2b-data-sharing/.

Europäische Kommission, Generaldirektion Kommunikationsnetze, Inhalte und Technologien, Berghmans, A., Pont, M., Arnaut, C., et al., *Study on data sharing between companies in Europe: Case studies*, Publications Office, 2018, https://data.europa.eu/doi/10.2759/333340.

Europäische Union (2023), Verordnung (EU) 2023/2854 des Europäischen Parlaments und des Rates vom 13. Dezember 2023 über harmonisierte Vorschriften für einen fairen Datenzugang und eine faire Datennutzung sowie zur Änderung der Verordnung (EU) 2017/2394 und der Richtlinie (EU) 2020/1828 (Datenverordnung). ELI: http://data.europa.eu/eli/reg/2023/2854/oj.

Franklin, D., & Marshall, R. (2019). Adding co-creation as an antecedent condition leading to trust in business-to-business relationships. *Industrial Marketing Management, 77*, 170–181. https://doi.org/10.1016/j.indmarman.2018.10.002.

Frishammar, J., & Åke Hörte, S. (2005). Managing External Information in Manufacturing Firms: The Impact on Innovation Performance*. *Journal of Product Innovation Management, 22*(3), 251–266. https://doi.org/10.1111/j.0737-6782.2005.00121.x.

Games, D., Hidayat, T., Fhardilha, J., Fernando, Y., & Kurnia Sari, D. (2022). The Impact of Trust, Knowledge Sharing, and Affective Commitment on SME Innovation Performance. *Journal of Governance and Integrity, 5*(2), 267–274. https://doi.org/10.15282/jgi.5.2.2022.7184

Gansser, O. A., Boßow-Thies, S., & Krol, B. (2021). Creating trust and commitment in B2B services. *Industrial Marketing Management, 97*, 274–285. https://doi.org/10.1016/j.indmarman.2021.07.005

Gulati, R., & Nickerson, J. A. (2008). Interorganizational Trust, Governance Choice, and Exchange Performance. *Organization Science, 19*(5), 688–708. https://doi.org/10.1287/orsc.1070.0345

Ha, H.-Y. (2020). Exploring the Effects of Trust and Its Outcomes in B2B Relationship Stages: A Longitudinal Study. *Sustainability, 12*(23), Article 23. https://doi.org/10.3390/su12239937.

Han, W., Huang, Y., Hughes, M., & Zhang, M. (2021). The trade-off between trust and distrust in supply chain collaboration. *Industrial Marketing Management, 98*, 93–104. https://doi.org/10.1016/j.indmarman.2021.08.005.

Haseeb, M., Hussain, H. I., Ślusarczyk, B., & Jermsittiparsert, K. (2019). Industry 4.0: A Solution towards Technology Challenges of Sustainable Business Performance. *Social Sciences, 8*(5), Article 5. https://doi.org/10.3390/socsci8050154.

Humphries, A. S., & Wilding, R. D. (2004). Long Term Collaborative Business Relationships: The Impact of Trust and C3 Behaviour. *Journal of Marketing Management, 20*(9–10), 1107–1122. https://doi.org/10.1362/0267257042405240.

Jussen, I., Möller, F., Schweihoff, J., Gieß, A., Giussani, G., & Otto, B. (2024). Issues in inter-organizational data sharing: Findings from practice and research challenges. *Data & Knowledge Engineering, 150*, 102280. https://doi.org/10.1016/j.datak.2024.102280.

Korczynski, M. (1994). Low Trust And Opportunism In Action: Evidence On Inter-Firm Relations. *Journal of Industry Studies, 1*(2), 43–64. https://doi.org/10.1080/13662719400000003.

Lichtenthaler, U. (2019). An Intelligence-Based View of Firm Performance: Profiting from Artificial Intelligence. *Journal of Innovation Management, 7*(1), Article 1. https://doi.org/10.24840/2183-0606_007.001_0002.

Ma, J., Schaubroeck, J. M., & LeBlanc, C. (2019). Interpersonal Trust in Organizations. In J. Ma, J. M. Schaubroeck, & C. LeBlanc, *Oxford Research Encyclopedia of Business and Management*. Oxford University Press. https://doi.org/10.1093/acrefore/9780190224851.013.167.

MacDuffie, J. P. (2011). Inter-organizational trust and the dynamics of distrust. *Journal of International Business Studies, 42*(1), 35–47. https://doi.org/10.1057/jibs.2010.54.

Martens, B., de Streel, A., Graef, I., Tombal, T., & Duch-Brown, N. (2020). *Business-to-Business Data Sharing: An Economic and Legal Analysis* (SSRN Scholarly Paper 3658100). https://papers.ssrn.com/abstract=3658100.

McMackin, J. F., Chiles, T. H., & Lam, L. W. (2022). Integrating variable risk preferences, trust, and transaction cost economics – 25 years on: Reflections in memory of Oliver Williamson. *Journal of Institutional Economics, 18*(2), 253–268. https://doi.org/10.1017/S1744137421000576

Müller, J. M., Veile, J. W., & Voigt, K.-I. (2020). Prerequisites and incentives for digital information sharing in Industry 4.0 – An international comparison across data types. *Computers & Industrial Engineering, 148*, 106733. https://doi.org/10.1016/j.cie.2020.106733.

Nooteboom, B. (2019). Uncertainty and the economic need for trust. In *Trust in contemporary society* (S. 60–73). Brill.

Opriel, S., Möller, F., Burkhardt, U., & Otto, B. (2021, Januar 5). *Requirements for Usage Control based Exchange of Sensitive Data in Automotive Supply Chains*. http://hdl.handle.net/10125/70662

Panayides, P. M., & Venus Lun, Y. H. (2009). The impact of trust on innovativeness and supply chain performance. *International Journal of Production Economics, 122*(1), 35–46. https://doi.org/10.1016/j.ijpe.2008.12.025

Paroutis, S., & Al Saleh, A. (2009). Determinants of knowledge sharing using Web 2.0 technologies. *Journal of Knowledge Management, 13*(4), 52–63. https://doi.org/10.1108/13673270910971824.

Parra-Moyano, J., Schmedders, K., & Pentland, A. (2020). What managers need to know about data exchanges. *MIT Sloan Management Review, 61*(4), 39–44. https://doi.org/10.2139/ssrn.3670680.

Relayr GmbH (2024). *2022 Forsa Study: Equipment as a Service adoption in the US manufacturing industry.* https://www.relayr.io/resources/2022-forsa-study-equipment-as-a-service-adoption-in-the-us-manufacturing-industry.

Sahay, B. S. (2003). Understanding trust in supply chain relationships. *Industrial Management & Data Systems, 103*(8), 553–563. https://doi.org/10.1108/02635570310497602

Sambasivan, M., & Nget Yen, C. (2010). Strategic alliances in a manufacturing supply chain: Influence of organizational culture from the manufacturer's perspective. *International Journal of Physical Distribution & Logistics Management, 40*(6), 456–474. https://doi.org/10.1108/09600031011062191.

Schilke, O., & Cook, K. S. (2013). A cross-level process theory of trust development in interorganizational relationships. *Strategic Organization, 11*(3), 281–303. https://doi.org/10.1177/1476127012472096.

Seppanen, R., & Blomqvist, K. (2006). It is not all About Trust – The Role of Distrust in Inter-Organizational Relationships. In *Network-Centric Collaboration and Supporting Frameworks* (Bd. 224, S. 181–188). Springer US. https://doi.org/10.1007/978-0-387-38269-2_19.

Shazi, R., Gillespie, N., & Steen, J. (2015). Trust as a predictor of innovation network ties in project teams. *International Journal of Project Management, 33*(1), 81–91. https://doi.org/10.1016/j.ijproman.2014.06.001

Singh, A., & Teng, J. T. C. (2016). Enhancing supply chain outcomes through Information Technology and Trust. *Computers in Human Behavior, 54*, 290–300. https://doi.org/10.1016/j.chb.2015.07.051

Stevens, M., MacDuffie, J. P., & Helper, S. (2015). Reorienting and Recalibrating Inter-organizational Relationships: Strategies for Achieving Optimal Trust. *Organization Studies, 36*(9), 1237–1264. https://doi.org/10.1177/0170840615585337

Sturman, C. (2020, 16. Mai). *Daimler and BMW further cement their partnerships in the future of mobility.* https://manufacturingdigital.com/smart-manufacturing/daimler-and-bmw-further-cement-their-partnership-future-mobility

Svare, H., Gausdal, A. H., & Möllering, G. (2020). The function of ability, benevolence, and integrity-based trust in innovation networks. *Industry and Innovation, 27*(6), 585–604. https://doi.org/10.1080/13662716.2019.1632695.

Tubin, D., & Levin-Rozalis, M. (2008). Interorganizational cooperation: The structural aspect of nurturing trust. *International Journal of Public Sector Management, 21*(7), 704–722. https://doi.org/10.1108/09513550810904523.

Um, K.-H., & Kim, S.-M. (2019). The effects of supply chain collaboration on performance and transaction cost advantage: The moderation and nonlinear effects of governance mechanisms. *International Journal of Production Economics, 217*, 97–111. https://doi.org/10.1016/j.ijpe.2018.03.025.

Wesemeyer, D., Trumpold, J., Ruppe, S., Bottazzi, M., & Bargmann, M. (2019). *Real-world Applications for Connected Vehicle Data.* https://transp-or.epfl.ch/heart/2019/abstracts/hEART_2019_paper_201.pdf.

Vangen, S., & Huxham, C. (2003). Nurturing Collaborative Relations: Building Trust in Interorganizational Collaboration. *The Journal of Applied Behavioral Science, 39*(1), 5–31. https://doi.org/10.1177/0021886303039001001.

Von der Leyen, U. (2020). State of the Union Address by President von der Leyen at the European Parliament Plenary. https://ec.europa.eu/commission/presscorner/detail/en/SPEECH_20_1655.

Helen Vogt ist Dozentin für Innovations- und Produktmanagement an der Zürcher Hochschule für Angewandte Wissenschaften (ZHAW) in Winterthur. Die ausgebildete Materialwissenschaftlerin verfügt über umfangreiche Erfahrungen im Business Development und im industriellen Produktmanagement von Schweizer und internationalen Unternehmen. An der ZHAW leitet sie den Studiengang Master in Product Management und engagiert sich in der Weiterbildung im Bereich des Innovationsmanagements. Ihre Forschungsschwerpunkte sind Kreislaufwirtschaft und Entrepreneurship mit Fokus auf die Entwicklung von nachhaltigen Geschäftsmodellen.

Umut Demirez ist Wissenschaftlicher Mitarbeiter in der Fachstelle Product Management am Institut für Marketing Management der ZHAW. Er arbeitet an Forschungs- und Dienstleistungsprojekten mit Fokus auf datengetriebene Lösungen und Automatisierung. Zudem leitet er Lehrveranstaltungen wie „Behavioral Data Science" und „Marketing Data Analytics & Controlling".

Datengetriebene Organisationskultur: Unternehmen neu denken und Daten im Ökosystem teilen

Petra Kugler

Zusammenfassung

Eine datengetriebene Organisationskultur wird oft als größte Hürde auf dem Weg zum datengetriebenen Unternehmen beschrieben. Sie ermöglicht es, mit Big Data und Data Science Praktiken im Unternehmen zu arbeiten und Daten im Unternehmen oder im Ökosystem mit Partnerorganisationen zu teilen. Der Beitrag zeigt auf, warum Big Data für Unternehmen heute ein wichtiges Thema ist, warum strategische Veränderungen für viele Organisationen so schwierig sind und welche Charakteristika Organisationskultur allgemein und eine datengetriebene Kultur auszeichnen. Eine datengetriebene Organisationskultur erfordert neue Denk- und Handlungsweisen in Organisationen. Unter anderem braucht es eine Sensibilisierung von Mitarbeitenden für die besondere Ressource „Daten" – dies sowohl im Unternehmen als auch im Ökosystem. Zudem müssen organisationale Grenzen neu und durchlässiger definiert werden – erneut im Unternehmen ebenso wie nach außen hin zu den Partnern im Ökosystem.

P. Kugler (✉)
OST Ostschweizer Fachhochschule, St. Gallen, Schweiz
E-Mail: petra.kugler@ost.ch

© Der/die Autor(en), exklusiv lizenziert an Springer-Verlag GmbH, DE, ein Teil von Springer Nature 2025
P. Kugler et al. (Hrsg.), *Data Sharing für KMU*,
https://doi.org/10.1007/978-3-662-71209-2_3

3.1 Herausforderung für Unternehmen

3.1.1 Digitalisierung, Daten und künstliche Intelligenz funktionieren anders

Daten („Big Data") und Data Analytics sind die Grundlage für die Nutzung von künstlicher Intelligenz in Unternehmen und damit Bestandteil einer neuen Grundlagentechnologie, die sowohl zu mehr Innovativität als auch zu erheblichen Effizienz- und Produktivitätssteigerungen führen kann (Aaser et al., 2020; Mariani & Fosso Wamba, 2020). Doch zeigt sich in der unternehmerischen Praxis, dass die konkrete Umsetzung und Einbettung von Daten ebenso wie von künstlicher Intelligenz mit etlichen Herausforderungen verbunden sind. Zahlreiche Unternehmen schaffen es nicht, das vorhandene Potenzial zur Schaffung und Aufrechterhaltung von Wettbewerbsvorteilen tatsächlich auszuschöpfen (Vidgen et al., 2017; Urbinati et al., 2019; Jiang et al., 2021), oder sie realisieren, dass dieser Prozess einen erheblichen Zeitaufwand und ein klares Commitment erfordert (Wavestone, 2024). Daten in Werte zu transferieren ist also häufig herausfordernder, aufwendiger und zeitintensiver als erhofft. Es zeigt sich aber auch, dass es einigen Unternehmen gelingt, eine Vorreiterrolle bei der Einführung und Nutzung von Data Analytics einzunehmen, während andere Unternehmen zu Nachzüglern werden (Diaz et al., 2018; Jiang et al., 2021). Woran liegt das?

Es lassen sich verschiedene Gründe in der Literatur finden, die sich sowohl auf Unternehmen als auch auf den Markt und Wettbewerb beziehen. Ausgewählte Hindernisse werden nachfolgend aufgezeigt. Dabei wird deutlich, dass eine durch digitale Technologien geprägte Wertschöpfung anderen Regeln folgt als eine traditionelle oder analog geprägte Wertschöpfung (Subramaniam, 2022). Eine solche Veränderung findet häufig dann statt, wenn neue Technologien zum Einsatz kommen, die es ermöglichen, wertschöpfende Aktivitäten und Prozesse neu zu ordnen, innovative Produkte oder Services auf dem Markt zu etablieren oder Märkte innovativ zu gestalten und das Unternehmen so neu im Wettbewerb zu positionieren.

Die so entstehende Wettbewerbsdynamik zeigt Adner (2021) anhand des Beispiels Kodak und den technologischen Veränderungen, die dem Übergang von der optischen zur digitalen Bildgebung (Fotografie) zugrunde liegen, plastisch auf. Die traditionelle, optische Bildbearbeitung folgt einem linearen Prozess mit klar definierten Prozessschritten. Anstelle der chemischen Fotoentwicklung braucht eine digitale Bildgebung neue (digitale) Hilfsmittel wie ein Mobiltelefon oder einen Computer, um die Bilder zu speichern oder zu bearbeiten. Die digitale Bildbearbeitung erfordert somit neue Technologien, neue Kompetenzen, neue Partnerunternehmen, neue Produkte, neue Geschäftsmodelle – also insgesamt eine neue Logik der Wertschöpfung.

Um innovative Technologien sinnvoll nutzen zu können, müssen sich Unternehmen daher auf Veränderungen einlassen, die deutlich weitreichendere Konsequenzen haben, als nur die neue Technologie im Unternehmen aufzugreifen. Sollen neue Technologien in unternehmerische Werte transferiert werden, braucht es eine grundlegend veränderte Logik für die Funktionsweise des Unternehmens. Solche Veränderungen sind im Unternehmen notwendig, weil sich oft auch neue Markt- und Wettbewerbsregeln durchsetzen, die erkannt und gestaltet werden müssen. Gerade erfolgreichen, etablierten Unternehmen fällt dies oft schwer, denn sie laufen Gefahr, ihr bisheriges, oft profitables Geschäft zu kannibalisieren. Dabei gilt: je erfolgreicher das bisherige Geschäftsmodell ist, umso größer sind die Hürden, ein neues, oft riskantes Geschäft aufzubauen. Christensen (2016) bezeichnet eine solche Situation als „Innovator's Dilemma" oder „Disruption".

3.1.2 Veränderungen auf dem Markt und im Wettbewerb: Die Rolle von Technologie und Daten

Auf dem Markt und im Hinblick auf die Wettbewerbsstrukturen zeigt sich im Zusammenhang mit neuen Technologien oft eine zunehmende Beschleunigung von Prozessen. So waren für die Beta-Version des Open.AI Chatbots ChatGPT bereits innerhalb von 5 Tagen nach ihrer Veröffentlichung Ende November 2022 mehr als 1 Mio. aktive Nutzer registriert, nach zwei Monaten waren es bereits mehr als 100 Mio. Nutzer. Nach einem Jahr waren es bereits 180 Mio. registrierte Nutzer mit mehr als 1,7 Mrd. monatlichen Besuchen der Website – was eine noch nie dagewesene Geschwindigkeit in der Verbreitung eines technologischen Werkzeugs darstellte (DeVon, 2023). Ein halbes Jahr nach der Einführung von ChatGPT wurde im Juli 2023 bereits ein weiterer, neuer Rekord aufgestellt. Der Meta Kurznachrichtendienst Threads erzielte bereits nach 5 Tagen (technisch bedingt) 100 Mio. aktive Nutzer, obwohl dieser in der Europäischen Union oder der Schweiz zu diesem Zeitpunkt noch nicht verfügbar war (Anz, 2023). Wir können insgesamt also von einer zunehmenden (häufig sogar exponentiellen) Beschleunigung im Zusammenhang mit der Verbreitung neuer digitaler Technologien oder Werkzeuge ausgehen, die wiederum zu einer Verstärkung der Unsicherheit im Wettbewerb führt (Dyer et al., 2011).

Eine große Marktdynamik ist typisch für digitale Plattformen, Netzwerkeffekte oder disruptive Innovationen, die auf eine starke Vernetzung von Unternehmen im dem Markt aufbauen (Parker et al., 2017; McAffee & Brynjolfsson, 2018). Nicht nur die große Dynamik der Märkte ist dabei neu, es geht zudem auch um ein neues Ausmass der Marktkapitalisierung von Unternehmen, die sich ebenfalls im Kontext von Technologieunternehmen zeigt. So hat Microsoft im April 2024 einen Unternehmenswert von mehr als 3 Billionen USD, was mehr als 3,5 Mal dem Bruttoinlandsprodukt der Schweiz entspricht. Unternehmen sind also „wertvoller" und damit möglicherweise auch mächtiger als Länder. Zahlreiche erfolgreiche Technologieunternehmen sind darüber hinaus durch einige gemeinsame Charakteristika gekennzeichnet, welche zu den hohen Unternehmenswerten beitragen. Sie sind Teil eines Business Ökosystems, sie nutzen Plattformen und Daten, Data Analytics Praktiken oder neu auch künstliche Intelligenz spielen dabei häufig eine zentrale Rolle in ihrem Wertschöpfungs- oder Geschäftsmodell.

Business Ökosysteme vernetzen verschiedene wirtschaftliche Akteure, die zwar eigenständig sind, aber die gemeinsam Werte schaffen, welche keiner der Akteure unabhängig von den anderen erstellen kann (gemeinsame Nutzenhypothese, Jacobides et al., 2018). Die Unternehmen sind daher wechselseitig voneinander abhängig und sie tauschen gegenseitig Werte aus (Lusch & Vargo, 2014). Unter anderem können Daten solche Tauschwerte darstellen, die im Mittelpunkt eines Datenökosystems stehen. Häufig entstehen neue Kombinationen von Daten und daraus erzeugte Werte sogar erst an der Schnittstelle zwischen den Partnerorganisationen in einem Ökosystem (Parra-Moyano et al., 2020), oder es ist ein Austausch von Daten zwischen den Akteuren erforderlich, um den Wert der Daten überhaupt erst zu ermöglichen (Cui et al., 2020; Stalla-Bourdillon et al., 2020). Zu diesen Werten gehören Effizienzsteigerungen oder innovative Geschäftsoptionen wie neue Produkte, Services, Geschäftsmodelle oder Märkte. Um Werte in einem Ökosystem zu ermöglichen, brauchen einzelne Unternehmen ein Bewusstsein dafür, wie ein Ökosystem und wie die gemeinsame Wertschöpfung mehrerer Partnerunternehmen funktioniert. Unternehmen sind dann mit einer größeren Komplexität konfrontiert als individuell agierende Einzelunternehmen (siehe auch Kugler et al., 2024).

3.1.3 Veränderungen in Unternehmen und datengetriebene Kultur

Digitale Technologien und die Nutzung von Daten erfordern darüber hinaus auch Veränderungen innerhalb von Organisationen. So zeigt eine Studie, dass gerade organisationale, „weiche" Faktoren von Unternehmen in der DACH-Region (Deutschland, Österreich, Schweiz) als die größte Hürde genannt werden, um Daten wertschöpfend zu nutzen. Zu solchen weichen Faktoren gehören unter anderem fehlendes Wissen, organisationale Faktoren oder eine fehlende Vision, wohin die Reise zur Nutzung von Daten gehen soll. Erst an zweiter Stelle werden sogenannte „harte Faktoren" genannt, wie beispielsweise Sicherheitsbedenken oder technische Voraussetzungen, zu hohe Kosten sowie vor der Datenqualität und -Verfügbarkeit (Kugler et al., 2020a). Die tiefste Hürde wird darin gesehen, dass die vorhandenen Daten nicht zum angestrebten Zweck der Datenauswertung „passen". Doch wie genau sollen sich Organisationen aufstellen, um Daten wertschöpfend zu nutzen? Einige Aspekte kristallisieren sich aus der Literatur heraus.

Digitale Technologien ermöglichen (und erfordern) es, dass sich Unternehmen stärker öffnen – dies sowohl im Innern der Organisation als auch nach außen (Kugler et al., 2020b). Ehemals klar definierte organisationale Grenzen werden dann durchlässig, um einen Fluss an Wissen, Daten oder Ideen zu ermöglichen, sie werden zu sogenannten offenen Organisationen. Diese zeigen Charakteristika, die auch in Start-ups oder in ganz anderen Organisationstypen, wie beispielsweise Open Source Software Projekten, zu finden sind. Unter anderem werden formelle Organisationsstrukturen, eine gemeinsame Arbeitsumgebung oder formelle Führungsinstrumente nur sehr spärlich eingesetzt, um mehr Flexibilität der Organisation, schnellere Entscheide oder mehr Innovationskraft zu ermöglichen. Mehr Offenheit führt jedoch auch zu einer Verringerung der Stabilität von Organisationen, sodass es alternative Mechanismen zur Koordination des Unternehmens braucht. So kommen einerseits dem hergestellten Produkt (z. B. Software) und einer gemeinsamen Organisationskultur eine erheblich größere Rolle als in traditionellen Unternehmen zu – sie sorgen für Orientierung und für die Definition eines Handlungsrahmens in Organisationen. Eine genauere Darstellung findet sich in Kugler et al., 2020b.

Auch wenn es konkret um die wertschöpfende Arbeit mit Daten, Data Science oder künstlicher Intelligenz geht, deuten Studien darauf hin, dass Organisationskultur eine zentrale, wenn nicht sogar die wichtigste Rolle einnimmt, um Werte zu schaffen (Kugler, 2020a, b, 2023; Waller, 2020). Oft ist jedoch unklar, was eigentlich unter einer Datenkultur oder einer datengetriebenen Organisationskultur zu verstehen ist und wie diese in Unternehmen konkret etabliert werden kann. Dies liegt nicht zuletzt daran, dass Daten eine besondere Ressource für Unternehmen darstellen, die sich grundlegend von anderen physischen und nicht-physischen Ressourcen unterscheidet. Unternehmen müssen daher zunächst verstehen, welche Besonderheiten mit Daten verknüpft sind und wie sich diese von Wissen unterscheidet, um abschätzen zu können, wie sie mit dieser Ressource sinnvoll umgehen können.

Dieser Beitrag fokussiert sich im weiteren Verlauf darauf, aufzuzeigen, was unter einer datengetriebenen Organisationskultur verstanden wird und wie Unternehmen eine solche Kultur ermöglichen können. Die besonderen Charakteristika von Daten spielen dabei eine zentrale Rolle und sie werden weiteren Verlauf des Beitrags aufgegriffen. Zuvor wird kurz auf die Methode zur Gewinnung der beschriebenen Erkenntnisse eingegangen.

3.2 Forschungsmethode

Der Beitrag fasst ausgewählte Erkenntnisse zusammen, die im Rahmen des explorativen, interdisziplinären und durch Interreg geförderten Forschungsprojektes „Data Sharing Framework für KMU" gewonnen wurden (siehe auch Kugler et al. 2024; Benedech et al., 2023). Ziel des Projektes (Laufzeit 2020–2023) war es zu untersuchen, warum Unternehmen, die Bestandteil eines Business Ökosystems um produzierende Unternehmen sind, Daten teilen oder dies nicht tun. Die Betrachtung fand aus fünf sich wechselseitig ergänzenden Perspektiven (datengetriebene Kultur, Vertrauen, Datenwert, Sicherheit, rechtliche Bestimmungen) statt, die für das Teilen von Daten einzeln und in Kombination relevant sind. Dieser Beitrag konzentriert sich auf die Perspektive einer datengetriebenen Organisationskultur. Im Anschluss an eine Literaturrecherche wurden qualitative und quantitative empirische Daten in der DACH-Region (Österreich, Deutschland, Schweiz) erhoben und analysiert:

Im Frühjahr und Sommer 2021 wurden halbstrukturierte Leitfadeninterviews mit 20 Personen aus 15 Unternehmen geführt. Die Befragten waren Vertreter von Datennutzern (produzierende Unternehmen), Datenanbietern (Kunden dieser Unternehmen) und unterstützende Unternehmen (Plattformen, Software, Hardware), die jeweils einem Datenökosystem angehören. Alle Interviewpartner nehmen führende Rollen in datenbezogenen Projekten in den jeweiligen Unternehmen ein. Die Interviews wurden aufgezeichnet, transkribiert und anhand einer qualitativen Inhaltsanalyse (gemäß Mayring, 2022; Atteslander et al., 2023) analysiert und es wurden verallgemeinernde Hypothesen gebildet.

Eine quantitative Online-Umfrage, die zwischen November 2022 und Januar 2023 ebenfalls in der DACH-Region durchgeführt wurde, ergänzt diese Erkenntnisse. Insgesamt wurden 288 Fragebögen ausgefüllt, von denen 96 aufgrund der zu kurzen Bearbeitungszeit aus der Analyse ausgeschlossen wurden. Anhand der Ergebnisse wurden die Erkenntnisse aus der qualitativen Erhebung geprüft und ergänzt. Der Beitrag greift ausgewählte Erkenntnisse auf, die im Rahmen des Projektes und der Datenanalyse gewonnen wurden.

3.3 Literaturanalyse

3.3.1 Organisationskultur – was ist das eigentlich?

Organisationskultur ist ein Begriff, der im unternehmerischen Alltag häufig fällt. Und doch ist es schwierig, konkret zu beschreiben, was genau unter einer Organisationskultur verstanden wird. Der Begriff bleibt somit ein schwer zu greifendes und damit auch schwer zu erkennendes oder zu veränderndes Phänomen. Die wissenschaftliche Literatur charakterisiert Organisationskultur als ein Konstrukt, also ein Phänomen, das nicht oder nur teilweise direkt beobachtet werden kann (z. B. Peters & Waterman, 1982; Smircich, 1983; Schein, 1992) und das sowohl Denken als auch Handeln umfasst (Jarzabkowski, 2001, insbesondere dominante Logik). Organisationskultur zeigt sich indirekt in den *impliziten und informellen* Routinen, Ritualen, Denk- Handlungs- und Verhaltensweisen der Mitglieder einer Organisation (March & Simon, 1958; Nelson & Winter, 1982; Prahalad & Bettis, 1986; Weick & Roberts, 1993). Zudem wird Organisationskultur deutlich in *expliziten und formellen* Strukturen, Prozessen oder Strategien (Mintzberg, 1979; Schein, 1992) eines Unternehmens. Insofern spiegelt Organisationskultur die sichtbare und unsichtbare Logik und Funktionsweise eines Unternehmens wider. Sie kann zudem als organisationales Koordinationsinstrument betrachtet werden, welches stabilisierend in Organisationen wirkt. Denn Organisationskultur leitet das Verhalten der Mitarbeitenden, indem sie wie selbstverständlich vorgibt, was im Unternehmen als erwünscht oder unerwünscht bzw. als richtig oder falsch betrachtet wird (Schein, 1992). Mitarbeitende passen daher ihre individuellen Denk- und Handlungsweisen sowie kollektive Verhaltens- und Kommunikationsmuster an die Organisationskultur an oder die Mitarbeitenden werden bereits konform zur vorherrschenden Kultur rekrutiert und sozialisiert. Insofern kann Organisationskultur Routinen stärken oder im Rahmen von Entscheidungen Hilfestellung bieten, da sie Hinweise auf erwünschte oder weniger erwünschte Ergebnisse liefert.

Verschiedene Modelle der Organisationskultur machen das Konstrukt greifbarer und damit auch (zumindest teilweise) sichtbar und veränderbar, indem Stellhebel für eine Veränderung aufgezeigt werden. Hall (1976) bedient sich zur Beschreibung von Organisationskultur beispielsweise der Analogie eines Eisbergs, bei dem ein großer Teil des Eises unter Wasser liegt (implizite, informelle Elemente) und nur ein kleiner Teil aus dem Wasser ragt und sichtbar ist (explizite, formelle Elemente). Diese Konzeption findet sich auch im Schichtenmodell der Organisationskultur (Schein, 1992) wieder. Nach diesem Modell besteht Organisationskultur aus drei Hauptelementen: Erstens, leicht erkenn- und veränderbaren *Artefakten* wie Bürogestaltung, Dresscode und Fahrzeuggröße von Organisationsmitgliedern. Zweitens, offiziell vermittelte *Werte und Normen* wie Strategien und Unternehmensmission, die teilweise sichtbar und beeinflussbar sind, deren Umsetzung durch Mitarbeiter jedoch variiert. Drittens, tief liegende, oft unbewusste *Grundüberzeugungen*, die das Handeln der Organisationsmitglieder leiten, aber nur selten oder gar nicht hinterfragt werden, wie beispielsweise Einstellungen zu sozialen Rollen. Letztere sind nur schwer und längerfristig veränderbar. Oft ist es dazu notwendig, die unbewussten Überzeugungen offenzulegen.

Aufgrund dieser Bestandteile ist Organisationskultur zudem durch Reihe von Charakteristika gekennzeichnet, welche ihr einerseits Flexibilität, aber andererseits Stabilität, manchmal auch Starrheit verleihen (Kugler, 2020b). Dies klingt zunächst nach einem Widerspruch, ist jedoch durch die beschriebene Zusammensetzung der Kultur begründet. Denn Organisationskultur ist *erstens* eng mit Personen und Werten oder mit unbewussten Annahmen verbunden, die zeitlich stabil und nur schwer veränderbar sind. Daher stiftet Organisationskultur *zweitens* Identität, aber sie verhindert gleichzeitig auch eine Reflexion der Mitglieder einer Organisation. Dies, indem diese sich zu den Normen und Werten einer Organisation bekennen und diese häufig internalisieren. Vieles wird dann als selbstverständlich wahrgenommen und nicht mehr hinterfragt. *Drittens* kann Organisationskultur zwar beeinflusst, aber kaum vollständig neu gestaltet werden, vor allem im Hinblick auf die unbewussten, zugrunde liegenden Annahmen. Meist sind Veränderungen eher länger- denn kurzfristig möglich. Daher kann Organisationskultur in der Folge eine Eigendynamik entwickeln. Es ist daher schwerer, die bestehende Kultur eines Unternehmens zu verändern als eine Kultur in einem jungen Unternehmen zu beeinflussen.

3.3.2 Datengetriebene Organisationskultur

Eine datengetriebene Organisationskultur nimmt eine zentrale Rolle in Organisationen ein, welche mit Daten oder Data Science Praktiken arbeiten und diese in Werte transferieren möchten (Gupta & George, 2016; Upadhyay & Kumar, 2020). Einige Autoren gehen sogar davon aus, dass eine solche Organisationskultur in diesem Prozess sogar die wichtigste Rolle (neben weiteren Faktoren) spielt (Kugler et al., 2024). Denn Unternehmen, die mit Daten arbeiten und diese teilen möchten, müssen Daten einen größeren

Stellenwert einräumen als in Organisationen, in denen dies nicht der Fall ist. Organisationen brauchen sowohl eine Denkweise (Selbstverständlichkeiten) als auch Handlungen (Umsetzung in Aktivitäten), welche Daten als wertvoll im Wertschöpfungsprozess betrachten oder Daten sogar ins Zentrum der Wertschöpfung rücken.

Eine solche Kultur berücksichtigt Daten und die Arbeit mit Daten sowohl im unternehmerischen Denken als auch Handeln auf implizite und explizite Weise. Gleichzeitig gehört eine sogenannte Datenkultur auch zu denjenigen Faktoren, die noch das größte Potenzial zur Umsetzung in Unternehmen besitzen. So zeigt eine weitere aktuelle Studie, dass weniger als die Hälfte der befragten Unternehmen eine solche Kultur bereits umgesetzt haben, obwohl in den vergangenen Jahren beträchtliche Fortschritte zu verzeichnen waren (Wavestone, 2024: 2024: 42.6 %; 2019: 28.3 %).

Der Umgang mit Daten erfordert Denk- und Handlungsweisen, die es ermöglichen, Daten und Analytics selbstverständlich in organisationale Prozesse einzubeziehen. Dies sollte sich über alle unternehmerischen Funktionen und Hierarchieebenen erstrecken und nicht nur auf ausgewählte Positionen beschränkt sein. Der Umgang mit Daten ist dann nicht mehr auf eine Abteilung oder eine Stabsfunktion beschränkt (Yu et al., 2021). Vielmehr wirkt sich eine datengetriebene Kultur auf die Mitglieder aller Hierarchieebenen aus und sie ermöglicht den nahtlosen Zugang und die Bereitstellung von Daten in der gesamten Organisation (Kremser & Brunauer, 2019). Daten und Analyseergebnisse oder -Interpretationen werden dann im Unternehmen gezielt für Entscheidungen herangezogen, weshalb eine datengetriebene Organisationskultur auch als „Entscheidungskultur" bezeichnet wird (Vidgen et al., 2017). Datengetriebene Entscheidungen finden strukturiert auf der Grundlage von Daten und Analysen, und weniger auf der Intuition (gelerntes und implizites Wissen, Erfahrungswissen) von Managern und Managerinnen statt. Denkbar ist, dass auf Daten und Analytics aufbauende Entscheide der menschlichen Intuition sogar widersprechen, denn anhand von Daten können erheblich mehr Informationen oder solche, die bislang noch gar nicht in Erwägung gezogen wurden, in einen Entscheid fließen.

Dies zeigt sich etwa am aktuellen Beispiel des Unternehmens Notco (Notco.com, 2024), welches mithilfe von Daten und künstlicher Intelligenz versucht, tierische Lebensmittel vollständig durch pflanzliche Produkte zu ersetzen, die vom tierischen Original kaum mehr zu unterscheiden sind (z. B. Milch, Burger, Hühnerfleisch). Dazu müssen Bestandteile und Aromen pflanzlicher Lebensmittel neu kombiniert werden. Eines der bereits im Handel erhältlichen Produkte ist Notmilk, eine vegane Milch, die nach Kuhmilch tierischen Ursprungs schmeckt, so aussieht und auch über eine vergleichbare Textur verfügt. Die Bestandteile der Milch sind unter anderem Ananassaft und Saft, der aus Kohlköpfen gewonnen wird. Was zunächst kurios klingt, war ein Vorschlag des genutzten KI-Algorithmus und der vorhandenen Daten, welche dem Unternehmen zur Verfügung standen. Intuitiv würden Menschen eine solche Lösung wohl eher nicht wählen, erst der Einsatz der künstlichen Intelligenz „Giuseppe", die das Unternehmen entwickelt hat, führte zu der Kombination der erwähnten Ingredienzen. Ein solches Ergebnis erfordert, dass die beteiligten Menschen sich auch auf unerwartete Ergebnisse aus den

Daten einlassen anstatt solcher Ergebnisse, die zunächst befremdlich klingen, unmittelbar abzulehnen.

Daher erfordern datengetriebene Entscheide eine grundlegende Datenkompetenz von Mitarbeitenden und Führungskräften (Storm und Borgman, 2020). In der Literatur wird in diesem Zusammenhang von sogenannten „Big Data Analytics" Kompetenzen (Big Data Analytics Capabilities, BDAC, Gupta & George, 2016) gesprochen. Diese Kompetenzen decken mehrere Dimensionen ab und sie beziehen sich sowohl auf technologische als auch auf Management-Kompetenzen. Beide Kompetenzarten sind erforderlich, um Rohdaten in Handlungswissen (Weisheit) zu transferieren und so Daten eine Bedeutung zuzumessen (Gupta & George, 2016). Der Wert von Daten äußert sich häufig gerade dann, wenn Daten und Erkenntnisse aus sonst nicht unmittelbar verknüpften Unternehmensbereichen oder unabhängigen Unternehmen (Ökosystem) zusammengeführt werden. Dies erfordert häufig das Teilen von Daten, die Verbindung oder den Austausch von Daten in einem Unternehmen oder über die Grenzen mehrerer Unternehmen hinweg. Im Zusammenhang mit einer datengetriebenen Organisationskultur fällt dabei auf, dass sich Autoren bislang meist nur auf die Organisationskultur eines einzelnen Unternehmens beziehen, jedoch kaum von einer gemeinsamen Kultur auf der Ebene eines Ökosystems gesprochen wird.

3.3.3 Daten als unternehmerische Ressource – von Daten zu Wissen und Handeln

Daten sind eine besondere Ressource. Doch was kennzeichnet Daten im Einzelnen? Ackoff (1989) unterscheidet im Rahmen des Wissensmanagements zwischen Daten, Informationen, Wissen und Weisheit bzw. Handeln. Obwohl diese Begriffe im Alltag weitgehend als Synonyme genutzt werden, charakterisieren sie aus wissenschaftlicher Perspektive unterschiedliche Dinge. Die Begriffe sind Bestandteil der sogenannten „Wissenspyramide" (Ackoff, 1989), die aufzeigt, wie Wissen aus Daten entsteht und in Handlungen übersetzt werden kann:

Daten bilden das Fundament der hierarchisch aufgebauten Pyramide. Sie geben einen Sachverhalt wieder, jedoch weitgehend ohne Erkenntnis. Erst indem Daten miteinander vernetzt und so in einen Kontext (z. B. eine bestimmte Situation oder Perspektive) gesetzt werden, werden sie zu *Informationen*. Diese bilden die zweite Ebene der Pyramide. Durch die Verknüpfung mehrerer Informationen entstehen erkennbare Muster und Strukturen, die, ergänzt durch einen bestimmten Kontext und Erfahrung von Menschen, in *Wissen* übergehen. Dieses Wissen bildet schließlich die Grundlage für zielgerichtete menschliche *Entscheidungen und Handlungen*, die als vierte Ebene in der Pyramide stehen. Aus Daten wird also schrittweise Wissen, das in Handlungen transferiert werden kann. Wissen ist zugleich deutlich komplexer als Daten.

Daten als unterste Stufe der Wissenspyramide, insbesondere unbearbeitete Rohdaten haben daher keinen oder nur einen geringen Wert für Unternehmen. Rohdaten reichen also nicht aus, um aus Daten Werte zu generieren (Gupta & George, 2016; Bumblauskas et al., 2017). Denn Daten sind ein immaterielles Gut, dessen Nutzung nicht exklusiv ist (Parra-Moyano et al., 2020). Das heißt, jedes Individuum oder jedes Unternehmen, welches Zugriff auf einen bestimmten Datensatz hat, kann diese nutzen, es gibt kein alleiniges Nutzungsrecht. Der zu Beginn des Jahres 2024 verabschiedete EU Data Act definiert zudem, dass Unternehmen ab September 2025 unter bestimmten Umständen erfasste Daten and Dritte zwingend herausgegeben müssen (z. B. European Comission, 2024). Rohdaten sind daher nicht einzigartig und sie genügen daher nicht den Anforderungen an nachhaltige Wettbewerbsvorteile (Kugler & Plank, 2021). Erst durch eine Auswertung und Analyse oder durch die Verknüpfung von Rohdaten mit einem spezifischen Unternehmenskontext können Daten in Wissen, Erkenntnisse und in Vorteile im Wettbewerb transferiert werden. Daher ist die Bearbeitungsstufe der Daten für Unternehmen entscheidend.

Der Weg von Rohdaten zu Handlungen kann konkret in einem mehrstufigen Analyseprozess vorgenommen werden (Big Data Analytics Prozess, Jagadish et al., 2014). Dieser Prozess umfasst die Schritte Datenerfassung, Informationsextraktion und -bereinigung, Datenintegration, Modellierung und Analyse, Interpretation und die Bereitstellung der Erkenntnisse. Zwar können einige der Schritte zumindest teilweise automatisiert werden, jedoch erfordern vor allem die komplexen Schritte der Datenanalyse, -interpretation und Bereitstellung der Erkenntnisse zudem auch Entscheide und Handlungen, die nur Menschen vornehmen können. Nur so kann den Daten eine Bedeutung verliehen werden oder die Daten können in einen Kontext (z. B. Unternehmenskontext) gesetzt werden. Ergebnisse, welche automatisch generiert werden, müssen verstanden oder hinterfragt werden (Constantiou & Kallinikos, 2015). Generative künstliche Intelligenz kann in diesem Prozess zumindest unterstützend wirken, zum Beispiel, um Arbeitshypothesen zu bilden. Tab. 3.1 fasst die Diskussion zusammen.

Häufig werden Daten darüber hinaus anhand von mindestens fünf „Vs" charakterisiert, denn eine allgemeingültige Definition von „Big Data" ist kaum zu finden. Um Big Data von anderen Daten zu unterscheiden, werden die englischen Begriffe volume, variety, velocity, veracity und value genannt (Fosso Wamba et al., 2015, 2017; Remane et al., 2017), um „Big Data" von einem traditionellen Verständnis einfacher Daten, wie z. B. einem Excel-Sheet, abzugrenzen. Im Einzelnen geht es um sehr große Datenmengen aus zahlreichen unterschiedlichen Quellen, die verschiedene Formate haben können (z. B. Text, Bild, Video, etc.), die Echtzeit und mit großer Geschwindigkeit generiert und gespeichert werden und die viele Erkenntnisse mit hohem Wahrheitsgehalt aufzeigen. Die gewonnenen Erkenntnisse haben einen potenziellen Wert, sofern sie Unternehmen als Grundlage für verschiedene Anwendungsbereiche dienen (siehe auch Kugler, 2023).

Tab. 3.1. Charakteristika von Daten, Informationen und Wissen; Data Analytics Prozess. In Anlehnung an Kugler & Plank, 2021, S. 9. Mit freundlicher Genehmigung von Technology Information Management Review auf Grundlage der Open Budapest License. Original auf Englisch.

Analyseebene (Ackoff, 1989)	Charakterisierung (Davenport & Prusack, 1998)	Schritt im Daten-analyseprozess (Jagadish et al., 2014)
Daten	Daten sind eine Reihe von diskreten, objektiven Fakten über Ereignisse	Datenakquisition
Information	Informationen sind Daten, denen eine Bedeutung hinzugefügt wurde, z. B. durch Kontextualisierung, Kategorisierung, Berechnung, Korrektur oder Verdichtung der Daten*	Informationsextraktion und -bereinigung Integration von Daten Modellierung
Wissen, Weisheit & Handeln	Wissen ist eine fließende Mischung aus Erfahrungen, Werten, kontextbezogenen Informationen und Expertenwissen, die einen Rahmen für die Bewertung und Einbeziehung neuer Erfahrungen und Informationen bietet. Es entsteht in den Köpfen der Wissenden und wird dort angewendet	Analyse Auswertung Einsatz der Erkenntnisse

*Kontextualisiert: Wir wissen, zu welchem Zweck die Daten erhoben wurden; kategorisiert: Wir kennen die Analyseeinheiten oder Schlüsselkomponenten der Daten; berechnet: Die Daten können mathematisch oder statistisch analysiert worden sein; korrigiert: Fehler wurden aus den Daten entfernt; verdichtet: Die Daten können in einer prägnanteren Form zusammengefasst worden sein (Davenport & Prusack, 1998).

3.4 Empirische Analyse und Lösungsansätze: Charakteristika einer datengetriebenen Organisationskultur

Die Analyse der im Rahmen des Projektes „Data Sharing Framework" gewonnenen empirischen Daten zeigt, dass sich eine Organisationskultur, welche eine datenbasierte Wertschöpfung und das Teilen von Daten ermöglicht, durch zwei Hauptmerkmale charakterisieren lässt: *Erstens*, die Sensibilisierung für die Bedeutung von Daten als eine besondere Ressource sowohl im eigenen Unternehmen als auch bei Partnern im Ökosystem; *Zweitens* die Notwendigkeit von durchlässigen Strukturen und „Grenzen" innerhalb und zwischen den Unternehmen des Ökosystems. Im Folgenden werden ausgewählte Merkmale und Erkenntnisse zu diesen Charakteristika zusammengefasst.

3.4.1 Sensibilisierung für Daten als besondere Ressource: Daten-dominante Logik

Ein erstes Merkmal einer datengetriebenen Organisationskultur setzt direkt an den besonderen Charakteristika von Daten als Ressource an, die sich von anderen Ressourcen und unternehmerischen Werten grundlegend unterscheidet und die vorausgehend aufgezeigt wurden. Diese Charakteristika erfordern nicht nur einen angepassten Umgang mit der Ressource im Unternehmen, sondern es ist zudem auch eine Sensibilisierung der Mitarbeitenden auf allen Hierarchiestufen im Unternehmen und bei den Partnerunternehmen im Ökosystem notwendig, um bewusst mit diesen Unterschieden im Hinblick auf die Ressource und ihre Rolle im Rahmen der Wertschöpfung umgehen zu können.

Insofern ist ein erstes Merkmal einer datengetriebenen Organisationskultur das Mindset oder die dominante Logik, mit welcher Mitarbeitende im Unternehmen Daten als relevanten Wert wahrnehmen (oder dies nicht tun). Unter einer dominanten Logik werden allgemein die Denk- und Handlungsweisen einer Gruppe von Managern, Managerinnen oder Mitarbeitenden eines Unternehmens bezeichnet, die Parallelen aufweisen (Prahalad & Bettis, 1986). Manager und Managerinnen denken und entscheiden dann ähnlich, da sie eine bestimmte Situation ähnlich wahrnehmen, diese ähnlich kategorisieren (z. B. keine Gefahr für den Wettbewerb vs. große Gefahr für den Wettbewerb) und wie sie darauf aufbauend in vergleichbarer Weise entscheiden und handeln. Eine dominante Logik deckt also sowohl das Denken als auch das daraus folgende Handeln in Unternehmen ab (Jarzabkowski, 2001). Konkret geht es darum, wie Personen in Unternehmen „conceptualize the business and make critical resource allocation decisions – be it in technologies, product development, distribution, advertising, or in human resource management" (Prahalad & Bettis, 1986, S. 490).

Manager und Managerinnen fokussieren sich im Alltagsgeschäft auf einige (vermeintlich) relevante Aspekte, während andere ausgeblendet, gar nicht wahrgenommen oder als irrelevant kategorisiert werden. Diese Verhaltensweisen helfen dabei, komplexe Situationen zu vereinfachen und sich in einer informations-überladenen Arbeitswelt zu fokussieren. Sofern Unternehmen keinen Veränderungen ausgesetzt sind, kann auf diese Art und Weise effizient und zielgerichtet agiert werden, es kristallisieren sich Routinen im Arbeitsalltag heraus. Ist ein Unternehmen jedoch mit grundlegenden Veränderungen konfrontiert, wie zum Beispiel technologische Neuerungen oder (disruptive) Innovationen, dann sind die etablierten und vertrauten Handlungsweisen möglicherweise nicht mehr angemessen und sie können zu grundlegenden strategischen Fehlern führen, da eine veränderte Situation auch neue Handlungsweisen erfordert. Gerade erfolgreiche, etablierte Unternehmen sind häufig betroffen und auch intelligente, gut ausgebildete Manager und Managerinnen tun sich schwer damit, strukturelle Veränderungen in ihrem Kerngeschäft, auf zentralen Märkten oder in der Wertschöpfung wahrzunehmen und anzupassen (Prahalad & Bettis, 1986). Denken (bzw. Wahrnehmen) und Handeln in Organisationen sind dann eng miteinander verknüpft.

Die Literatur unterscheidet zwischen den grundlegenden Logiken einer Produkte-dominanten Logik und einer Service-dominanten Logik (Vargo & Lusch, 2004, 2006). Vereinfacht gesagt, je nachdem, ob der Kern der unternehmerischen Wertschöpfung physische Produkte oder nicht-physische Services bilden, werden unterschiedliche Schwerpunkte in der Wertschöpfung gesetzt. So wird ein Service beispielsweise immer gemeinsam im Rahmen eines Co-Creation Prozesses mit dem Kunden erbracht, während ein physisches Produkt beim Hersteller produziert und nach Fertigstellung ausgeliefert wird. Diese Unterschiede in der Wertschöpfung erfordern ebenfalls Unterschiede beim Denken und Handeln in Organisationen. Die Projektergebnisse deuten darauf hin, dass eine Wertschöpfung, die auf Daten aufbaut oder diese sogar in den Mittelpunkt der Wertschöpfung stellt, darüber hinaus eine dritte dominante Logik benötigt (Kugler, 2020a, 2023). Denn es geht darum, Daten als einen zentralen (wenn nicht sogar den wichtigsten Teil) des Wertschöpfungsprozesses zu betrachten. Die Wertschöpfung muss dann so konzipiert werden, dass die benötigten Daten überhaupt generiert und gesammelt und dann ausgewertet werden, um Veränderungen und Verbesserungen anstoßen zu können. Oder anders ausgedrückt: Daten müssen ins Zentrum der Wertschöpfung rücken und die Organisationsmitglieder müssen sich der bedeutenden Rolle der Daten ebenso wie ihrer Entscheidungen zur Gewinnung und Nutzung der Daten bewusst werden. Andere organisationale Ressourcen rücken dann möglicherweise in den Hintergrund. So kann ein physisches Produkt beispielsweise zum Träger der Datengewinnung werden (eine Maschine, die mit Sensoren ausgestattet ist und Daten generiert).

Für viele Organisationsmitglieder sind die im vorausgehenden Abschnitt genannten Charakteristika von Daten als Grundlage für wertschöpfende Tätigkeiten wenig vertraut oder sie haben kaum eine Bedeutung im Tagesgeschäft. Insofern besteht die Notwendigkeit, Mitarbeitende im Unternehmen und bei den Ökosystem-Partnern für die Bedeutung und die besonderen Charakteristika der Daten zunächst zu sensibilisieren.

Sobald es um das Teilen von Daten zwischen verschiedenen Partnern im Ökosystem geht, braucht es eine solche Sensibilisierung nicht nur im eigenen Unternehmen, sondern auch bei den Partnerorganisationen. Nur dann können Daten gemeinsam genutzt werden. Transparenz zur Erhebung, Analyse und Nutzung der Daten helfen dabei, die Partnerunternehmen zu sensibilisieren und den potenziellen Nutzen der Datengewinnung und des Datenaustauschs abzuschätzen. Zudem legen gemeinsam definierte Regeln zur Handhabung der Daten die Rahmenbedingungen fest und sorgen für mehr Sicherheit für die beteiligten Unternehmen. Dies ist insbesondere dann erforderlich, wenn es um strategische Daten geht, die Vorteile im Wettbewerb begründen können und deren Missbrauch gravierende Folgen für die beteiligten Unternehmen nach sich ziehen kann.

Die im Rahmen dieses Projekts durchgeführte quantitative Umfrage bei Unternehmen aus der DACH-Region offenbart, dass sich die befragten Unternehmen allgemein in zwei Gruppen einteilen lassen. Etwa die Hälfte der Unternehmen scheint schon eine starke oder sehr starke Sensibilisierung für die Bedeutung und den Umgang mit Daten im Rahmen der Geschäftsaktivitäten zu haben. Die andere Hälfte der Unternehmen ist noch vorsichtiger oder zögerlicher im Hinblick auf Daten im Unternehmen und es scheint an einer Sensibilisierung, an Wissen und Kompetenzen im Umgang mit den Daten (noch) zu fehlen. In einer vorausgehenden Studie (Kugler et al., 2020a) wurde eine vergleichbare Beobachtung gemacht. Dabei zeigte sich insbesondere ein Unterschied in Bezug auf die Unternehmensgröße, sowohl KMU als auch Großunternehmen erkennen zwar die große Bedeutung von Daten für ihr Geschäft, aber Großunternehmen ergreifen mehr Maßnahmen, um Daten aktiv im Unternehmen zu nutzen. KMU laufen dann Gefahr, denn Anschluss in einer neuen Art des (digitalen, daten- und KI-getriebenen) Wettbewerbs zu verlieren.

Im Rahmen der Studie „Data Sharing Framework" zeigt sich beispielsweise (siehe Abb. 3.1), dass der *Stellenwert von Daten* in etwa 67 % der teilnehmenden Unternehmen sehr stark oder stark gestiegen ist, wobei diese jeweils die höchsten Bewertungen (jeweils 4 oder 5 auf einer Skala von maximal fünf, dies gilt für alle nachstehend genannten Werte) erhielten. Darüber hinaus berichtet ungefähr die Hälfte der befragten Unternehmen, dass sie bereits *datengetriebene Entscheidungen* treffen. Zudem hat sich die *Unternehmenskultur* infolge der intensiven Datenarbeit bei etwa 50 % der befragten Unternehmen *signifikant verändert*. Etwa 60 % der antwortenden Unternehmen berichten von einer oder mehreren Personen im Unternehmen, die sich für die Arbeit mit Daten kontinuierlich einsetzen. Solche „*Botschafter*" sind häufig in der Geschäftsleitung, in KMU auch unter den Eignern der Unternehmen zu finden, da sie eine zentrale Rolle bei der Definition von relevanten Themen im Unternehmen spielen. Dabei geht es häufig darum, bei den Mitarbeitenden vorhandene Bedenken oder Ängste im

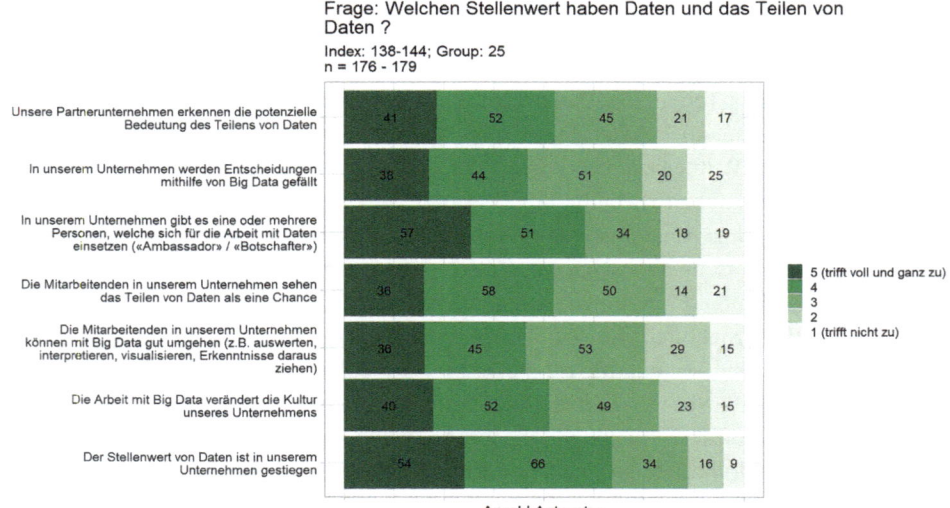

Abb. 3.1 Daten werden im Unternehmen und im Ökosystem als wichtige Ressource erkannt. Eigene Darstellung

Umgang mit Daten und Statistiken zu nehmen. Dies spiegelt sich in der Umfrage wider, denn ca. 53 % der Befragten sehen das *Teilen von Daten primär als Chance* und nicht als Gefahr für das Unternehmen. Leicht zurück hinter den gezeigten Werten steht dabei die *Data Literacy* im Unternehmen, also die vorhandenen Kompetenzen, um mit Daten im Unternehmen auch umgehen zu können (z. B. analysieren, interpretieren, in Handlungen übersetzen). Etwa 45 % der Befragten geben an, dass die Mitarbeitenden im Unternehmen bereits über solche Kompetenzen verfügen. Ein deutlich höherer Anteil der Unternehmen äußert sich positiv über ihre Partner im Ökosystem, indem sie anerkennen, dass diese die potenzielle Bedeutung des Teilens von Daten wahrnehmen und schätzen (ca. 54 %). Diese Ergebnisse unterstreichen die wachsende Erkenntnis über den strategischen Wert von Daten in der Unternehmensführung und in der Schaffung von neuen Kooperationsmöglichkeiten innerhalb des Ökosystems.

3.4.2 Notwendigkeit von durchlässigen Strukturen und „Grenzen" im Unternehmen und Ökosystem

Ein zweites Charakteristikum einer datengetriebenen Organisationskultur, welches insbesondere für das Teilen von Daten innerhalb einer Organisation oder zwischen Unternehmen im Ökosystem relevant ist, betrifft organisationale Grenzen und Strukturen. Formelle und informelle Strukturen definieren, welche organisationalen Einheiten im Austausch miteinander stehen oder sich als eine Einheit wahrnehmen. Es geht also darum, wie Unternehmen ihre eigene Organisation verstehen und wie rigide sie die organisationalen Grenzen sowohl innerhalb ihrer eigenen Struktur als auch im Umgang mit Partnerunternehmen im Ökosystem festlegen. Traditionelle organisationale Grenzen sind häufig Abteilungen und hierarchische Ebenen im Unterehmen oder organisationale Grenzen nach außen, die eine Organisation von einer anderen abgrenzen. Sofern Daten geteilt werden sollen, müssen solche etablierten Grenzen, die sich sowohl in den Köpfen der Mitarbeitenden (Wahrnehmung, Mindset, dominante Logik), als auch bei konkreten Handlungen zeigen, überwunden werden oder sie müssen zumindest durchlässiger werden. Es braucht also ein neues, verändertes Organisationsverständnis hin zu einer verstärkt offenen Organisation. Dies zeigt sich sowohl im Inneren einer Organisation als auch im Ökosystem, an dem mehrere Unternehmen beteiligt sind.

Im *Inneren eines spezifischen Unternehmens* verbleibt der Schwerpunkt des Denkens, der Identifikation oder auch der Handlungen oft innerhalb der horizontalen Abteilungsgrenzen. Anreize und Erfolgsgrößen beziehen sich ebenfalls meist auf formell definierte Organisationseinheiten. Ähnliches lässt sich vertikal über Hierarchiestufen feststellen. Daten, Informationen oder Wissen fließen nur teilweise über die Hierarchiestufen hinweg und werden nicht selten als Machtinstrument eingesetzt: Wer über entscheidendes Wissen verfügt, hat die Entscheidungsmacht oder Deutungshoheit über einen bestimmten Sachverhalt.

Das Teilen von Daten verlangt ein verändertes Organisationsverständnis in der das gesamte Unternehmen (bzw. die Gesamtheit der Partnerunternehmen im Ökosystem) als eine Einheit gesehen wird, in der traditionelle organisationale Grenzen an Bedeutung verlieren. Dabei braucht es eine Ausweitung des traditionellen organisationalen Horizonts. Erneut stehen Rohdaten im Zentrum der Logik, die nur wenig oder keinen Wert besitzen. Erst die Verknüpfung von unterschiedlichen Wissens- und Datenarten, insbesondere technisches Wissen, wirtschaftliches Wissen und Wissen zu einem bestimmten Thema (Domain), z. B. Marketing, ermöglicht es, die vorhandenen Daten in einen klaren Business Case zu transferieren. Das heißt, Rohdaten müssen nicht nur analysiert, sondern auch mit bereits vorhandenem organisationalem Wissen (oder mit Daten) verknüpft werden. Dann erst entsteht das Potenzial, konkrete Veränderungen vorzunehmen. Dies ist besonders relevant, wenn es darum geht, ein tragfähiges Wertversprechen oder ein Geschäftsmodell zu definieren, das die geteilten Daten zielgerichtet nutzt. Oftmals erfordert dies eine geschickte Kombination aus geteilten Daten, technischem Sachverstand und Management-Wissen. Daten zur tatsächlichen Nutzung einer Maschine durch die Kunden können dabei helfen, eine innovative Funktion der Maschine oder ein neues Geschäftsmodell für diese Kunden anzubieten – dies erfordert *Management-Wissen*. Zugleich ist das *technische Wissen* notwendig, um die Maschine mit technischen Mitteln innovativ zu verändern. *Domain-Wissen* bezieht sich auf einen konkreten Kontext, z. B. indem es um Waschmaschinen (also Reinigung von Textilien) geht.

Über hierarchische Ebenen im Unternehmen hinweg braucht es Transparenz im Hinblick auf die erhobenen und vorhandenen Daten, um deren Nutzung überhaupt zu ermöglichen. Zudem sollte deren Nutzung nicht nur möglichst vielen Personen offenstehen, die einen direkten Nutzen aus den Erkenntnissen für das Unternehmen aus den Daten ziehen können, sondern es braucht auch einen Zugang zu den Erkenntnissen selbst. Dies erfordert ausreichend Kompetenzen im Umgang mit den Daten, aber auch zu deren möglicher Bedeutung im Wettbewerb und zur potenziellen Generierung von Wettbewerbsvorteilen. Es wird somit mehr Verantwortung weg von der Unternehmensspitze in der Organisation verteilt, die formellen Strukturen werden flacher.

Im *Ökosystem, an dem mehrere Unternehmen beteiligt sind*, verlangt das Teilen von Daten eine intensive Kooperation mit den Partnerunternehmen, um mögliche Vorteile oder Anwendungen der Daten auszuloten. Es ist dabei von entscheidender Bedeutung, dass alle am Datenaustausch beteiligten Parteien von dieser Kooperation profitieren können. Ein prägnantes Beispiel hierfür sind Daten dazu, wie Kunden ein Produkt oder Gerät tatsächlich verwenden. Häufig unterscheidet sich die tatsächliche Nutzung erheblich von der erwarteten Nutzung, oder die Kunden bedienen ein Gerät auf vielfältige Weise. Erst wenn solche Daten mit umfassendem Wissen über Geschäftsmodelle und die technischen Eigenschaften des Produkts verbunden werden, ist es möglich, innovative neue Leistungen wie Dienstleistungen, Produktinnovationen oder neue Anwendungsfälle zu entwickeln.

Häufig stehen einem Austausch von Daten über organisationale Grenzen hinweg die Befürchtung entgegen, dass wettbewerbsrelevante Daten (Geschäftsgeheimnisse) Preis gegeben werden. Dies ist insbesondere dann relevant, wenn im Ökosystem auch Wettbewerber integriert sind und Daten mit diesen ausgetauscht werden sollen. Dabei hilft es einerseits, unterschiedliche Datentypen zu unterscheiden, z. B. operative, strategische und monetarisierbare Daten, die unterschiedliche potenzielle Werte für das Unternehmen besitzen (ausführliche Diskussion siehe Kugler & Plank, 2021).

Zentral ist das Erkennen des potenziellen Wertes der Daten für operative Verbesserungen von Unternehmensprozessen (*operative Daten*: z. B. Effizienz, tiefere Kosten) oder für strategisch relevante innovative Aktivitäten, die es ermöglichen, künftig neue Geschäfte, Zielgruppen oder Märkte zu bedienen (*strategische Daten*: z. B. durch das Erkennen von Kundenwünschen aus Daten oder die Art und Weise, wie Kunden Produkte nutzen können neue Produkteigenschaften, neue Services oder ganz neue Geschäftsmodelle entwickelt werden). Strategische Daten haben einen deutlich höheren Wert für Unternehmen, der sich oft erst durch künftige Handlungen (z. B. ein innovatives Produkt entwickeln) ergibt. Zusätzliche Erträge können sich zudem aus dem Sammeln (und Aufarbeiten) von Daten ergeben, die für das eigene Unternehmen kaum von Bedeutung, aber für andere Unternehmen wertvoll sind. Diese Daten lassen sich gewinnbringend verkaufen (*monetarisierbare Daten*, siehe auch Kugler & Plank, 2021). Das Teilen von operativen oder monetarisierbaren Daten ist folglich weniger riskant als das Teilen von strategischen Daten. Es hilft also, wenn Unternehmen eine Klassifizierung der vorhandenen Daten vornehmen, um zu entscheiden, wer Zugriff zu diesen Daten erhält bzw. mit wem die Daten geteilt werden können. Hilfreich kann auch eine neutrale Drittpartei sein, wie ein Software-Unternehmen oder eine Plattform, die Daten von verschiedenen Unternehmen (darunter auch Wettbewerber) anonymisiert und zugänglich macht. So kann Vertrauen zwischen den unterschiedlichen Partnern im Ökosystem hergestellt werden.

Die Auswertung der quantitativen empirischen Daten im Rahmen des Projektes „Data Sharing Framework für KMU" zeigt erneut zwei Gruppen von Unternehmen auf, die erste Gruppe interpretiert organisationale Grenzen bereits deutlich flexibler als die zweite Gruppe und ermöglicht so den Transfer und Austausch von Daten im Unternehmen und innerhalb des Ökosystems. Jedoch sind die Ergebnisse weniger konsistent und teilweise weniger deutlich im Vergleich zur Sensibilisierung für Daten (siehe vorausgehender Anschnitt). Erneut werden die Bewertungen „4" und „5" auf einer 5-stufigen Skala zusammengefasst, welche die stärkste Zustimmung der Befragten spiegelt (5 bedeutet: trifft voll und ganz zu, siehe Abb. 3.2). Im Hinblick auf die *Situation innerhalb der befragten Unternehmen* erkennen etwa 65 % der Befragten Personen, dass unterschiedliche Wissensarten, vor allem *technisches Wissen und Managementwissen verknüpft* werden müssen, um Daten in Werte zu transferieren. Dies wird in 57 % der befragten Unternehmen zumindest teilweise bereits umgesetzt, indem *verschiedene Abteilungen oder Bereiche im Unternehmen zusammenarbeiten*, um die Daten zu nutzen. In etwas weniger Unternehmen etwa 54 % wird zudem bereits *kommuniziert, ob und wie Daten erhoben und genutzt* werden. Die tiefsten Werte zeigen sich darüber hinaus jedoch beim konkreten Zugang der Mitarbeitenden zu Big Data, dies ist bei den befragten Unternehmen erst bei etwa 41 % der Fall. *Im Ökosystem, über organisationale Grenzen hinweg* nutzen bereits etwa 54 % der befragten Unternehmen *Plattformen* zum Nutzen

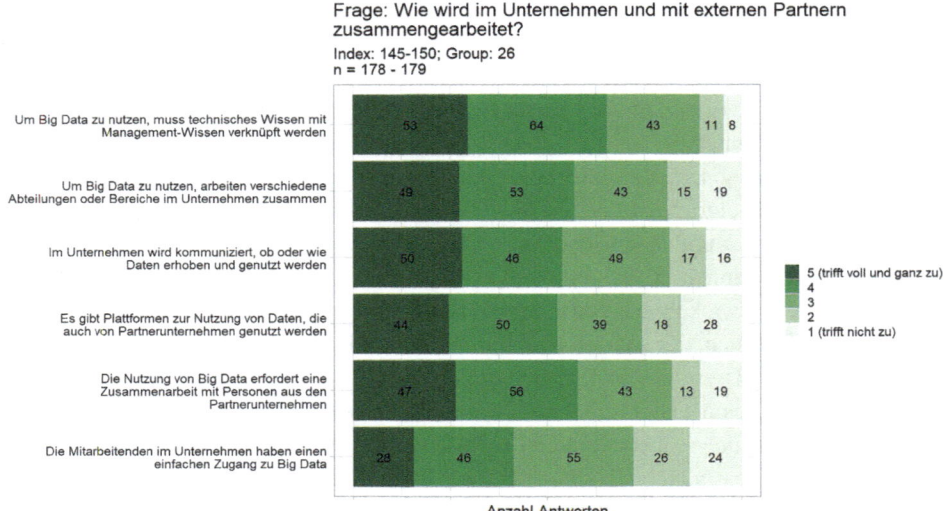

Abb. 3.2 Zusammenarbeit über Grenzen im Unternehmen hinweg oder mit externen Partnern im Ökosystem. Eigene Darstellung

und Teilen von Daten, die auch von *Partnerunternehmen* genutzt werden. Zudem erkennen etwa 48 % der Unternehmen, dass das Teilen von Daten auch eine *verstärkte Zusammenarbeit mit* Personen aus den *Partnerunternehmen* erfordert.

Es zeigt sich also, dass in Organisationen bereits kulturelle und strukturelle Hürden und Grenzen abgebaut werden, jedoch noch weiteres Potenzial zur Umsetzung einer datenbasierten Organisationskultur besteht. Insgesamt scheint es einfacher und intuitiver, zunächst Daten im eigenen Unternehmen zu teilen als mit Partnerunternehmen im Ökosystem. Oft geht es dabei um wettbewerbsrelevante Daten, deren potenzielle künftige Bedeutung nur schwer eingeschätzt werden kann.

3.5 Schlussfolgerungen und Ausblick

Ziel dieses Beitrages war es, ausgewählte Charakteristika einer datengetriebenen Organisationskultur aufzuzeigen. Der Beitrag geht zudem noch einen Schritt weiter, indem auch die Bedeutung von Daten und Data Science Praktiken für Unternehmen sowie Rahmenbedingungen zum Teilen von Daten dargestellt werden. Wie so oft im Strategischen Management geht es um die Wahrnehmung und Umsetzung von Veränderungen in Unternehmen, die wie aktuell sowohl in Organisationen als auch auf den Märkten und im Wettbewerb beobachten. Trotz des vorhandenen Wissens unter anderem zu disruptiven Technologien oder zu verschiedenen dominanten Logiken fällt es

Unternehmen nach wie vor schwer, Veränderungen zu erkennen und in ihre etablierten Denk- und Handlungsweisen zu übersetzen. Dies zeigt sich auch beim Thema „Daten" und „Daten teilen". Die beschriebenen qualitativen und quantitativen Ergebnisse aus dem Projekt „Data Sharing Framework für KMU" deuten darauf hin, dass es zwei Gruppen von Unternehmen gibt, eine Gruppe hat den potenziellen Wert von Daten für das eigene Geschäft bereits erkannt und setzt schrittweise notwendige Veränderungen im Unternehmen und im Ökosystem um. Eine andere Gruppe ist zögerlicher und scheint sich mit dem Thema Daten schwerer zu tun oder es wird als weniger relevant für das eigene Geschäft betrachtet. Für beide Gruppen von Unternehmen wäre es spannend, weitere empirische Erhebungen durchzuführen, um die jeweiligen Motive und Handlungen besser einzuschätzen und Empfehlungen abzugeben.

Darüber hinaus zeigt sich, dass Organisationskultur ein schwer zu greifendes Konstrukt bleibt, welches formelle und informelle ebenso wie explizite und implizite Elemente abdeckt und sich sowohl im Denken als auch Handeln in und von Organisationen manifestiert. Viele etablierte Unternehmen haben im Zeitverlauf eine Unternehmenskultur aufgebaut (bzw. diese hat sich herausgebildet). Die Entwicklung einer Organisationskultur, die Datenarbeit unterstützt, benötigt generell Zeit und kann nicht erzwungen werden. Unternehmen sollten daher schrittweise auf den Umgang mit und das Teilen von Daten vorbereitet werden. Ein erster Schritt ist die Sensibilisierung der Mitarbeiter für die potenzielle Bedeutung von Daten. Weiterhin ist es wichtig, die Fähigkeiten und das Wissen der Mitarbeiter zu schulen, um einen effektiven Umgang mit Daten zu gewährleisten. Schließlich sollten Zugang und Fluss von Daten im Unternehmen und zwischen den Unternehmenspartnern durch die Etablierung durchlässiger Strukturen erleichtert werden. So können Unternehmen eine Basis sowohl für den Umgang mit Daten als auch für den logischen nächsten Schritt, den gezielten Einsatz von künstlicher Intelligenz, legen.

Danksagung Das Projekt „ABH097 Data Sharing Framework" wurde im Rahmen des Interreg VI-Programms „Alpenrhein-Bodensee-Hochrhein" (DE/AT/CH/LI) unterstützt, dessen Mittel vom Europäischen Fonds für regionale Entwicklung (EFRE) und der Schweizerischen Eidgenossenschaft bereitgestellt werden. Die Geldgeber haben keinen Einfluss auf das Studiendesign, die Datenerhebung und -analyse, die Entscheidung zur Veröffentlichung oder die Erstellung des Beitrags. Informationen zum Projekt siehe https://www.data-sharing-framework.eu/.

Literatur

Aaser, M., Kanagasabai, K., Roth, M., & Tavakoli, A. (2020). Four ways to accelerate the creation of data ecosystems. *McKinsey Analytics*. https://doi.org/10.1049/ic.2014.0031

Ackoff, R. L. (1989). From data to wisdom. *Journal of Applied Systems Analysis, 16*(1), 3–9.

Adner, R. (2021). *Winning the right game: How to disrupt, defend, and deliver in a changing world*. The MIT Press.

Anz, P. (2023). Nach 5 Tagen: Threads bricht den Nutzerrekord von ChatGPT. Inside IT. https://www.inside-it.ch/nach-5-tagen-threads-bricht-den-nutzerrekord-von-chatgpt-20230710. Zugegriffen: 02. Apr. 2024.

Atteslander, P., Ulrich, G.-S., & Hadjar, A. (2023). Methoden der empirischen Sozialforschung, (14., neu bearbeitete und erweiterte Auflage). Erich Schmidt Verlag.

Benedech, R., Dobler, M., Kugler, P., Meierhofer, J., Meyer, J., Strittmatter, M., Treiterer, M., & Vogt, H. (2023). Data Sharing Framework für KMU. Abschlußbericht. Konstanz: Hochschule für Technik und Wirtschaft HTWG (Hrsg.).

Bumblauskas, D., Nold, H., Bumblauskas, P., & Igou, A. (2017). Big data analytics: Transforming data into action. *Business Process Management Journal, 23*(3), 703–720.

Burns, T., & Stalker, M. (1961). *The management of innovation*. Tavistock.

Christensen, C. (2016). *The innovator's dilemma: When new technologies cause great firms to fail*. Harvard Business Review Press.

Constantiou, I. D., & Kallinikos, J. (2015). New games, new rules: Big data and the changing context of strategy. *Journal of Information Technology, 30*, 44–57.

Cui, Y., Kar, S., & Chan, K. C. (2020). Manufacturing big data ecosystems: A systematic literature review. *Robotics and Computer Integrated Manufacturing, 62*, 101861. https://doi.org/10.1016/j.rcim.2019.101861

Davenport, T., & Prusack, L. (1998). *Working knowledge: How organizations manage what they know*. Harvard Business School Press.

DeVon, C. (2023). On ChatGPT's one-year anniversary, it has more than 1.7 billion users—here's what it may do next. CNBC, https://www.cnbc.com/2023/11/30/chatgpts-one-year-anniversary-how-the-viral-ai-chatbot-has-changed.html. Zugegriffen: 02. Apr. 2024.

Diaz, A., Rowshankish, K., & Saleh, T. (2018). Why data culture matters. McKinsey Quarterly, September.

Dyer, J., Gregersen, H., & Christensen, C. (2011). *The innovator's DNA: Mastering the five skills of disruptive innovators*. Harvard Business Review Press.

Europen Comission (2024). Data Act. https://digital-strategy.ec.europa.eu/en/policies/data-act#:~:text=The%20Data%20Act%20gives%20individuals,this%20data%20with%20third%20parties. Zugegriffen: 16. Mai 2024.

Fosso Wamba, S. F., Gunasekaran, A., Akter, S., Ren, S. J., Dubey, R., & Childe, S. J. (2017). Big data analytics and firm performance: Effects of dynamic capabilities. *Journal of Business Research, 70*, 356–365. https://doi.org/10.1016/j.jbusres.2016.08.009

Fosso Wamba, S. F., Akter, S., Edwards, A., Chopin, G., & Guanzou, D. (2015). How ‚big data' can make big impact: Findings from a systematic review and a longitudinal case study. *International Journal of Production Economics, 165*, 234–246. https://doi.org/10.1016/j.ijpe.2014.12.031

Gupta, M., & George, J. F. (2016). Toward the development of a big data analytics capability. *Information and Management, 53*(8), 1049–1064. https://doi.org/10.1016/j.im.2016.07.004

Jacobides, M. G., Cennamo, C., & Gawer, A. (2018). Towards a theory of ecosystems. *Strategic Management Journal, 39*, 2255–2276. https://doi.org/10.1002/smj.2904

Jagadish, H. V., Gehrke, J., Labrinidis, A., Papakonstantinou, Y., Patel, J. M., Ramakrishnan, R., & Shahabi, C. (2014). Big data and its technical challenges. *Communications of the ACM, 57*(7), 86–94. https://doi.org/10.1145/2611567

Jarzabkowski, P. (2001). Dominant logic: An aid to strategic action or a predisposition to inertia? Working Paper of Aston Business School Research Institute, RPO 110.

Jiang, Z., Thieullent, A.L., Jones, S., Perhirin, V., Baerd, M.C., Shagrithaya, P., Cecconi, G., Isaac-Dognin, L., Buvat, J., Khadikar, A., Khemka, Y., & Nath, S. (2021). Data sharing masters. How smart organizations use data ecosystems to gain an unbeatable competitive edge. Capgemini Research Institute.

Kremser, W., & Brunauer, R., et al. (2019). Do we have a data culture? In P. Haber (Hrsg.), *Data Science – Analytics and Applications* (S. 83–87). Springer Fachmedien.

Kugler, P. & Plank, T. (2021). Coping with the double-edged sword of data sharing in ecosystems. *Technology Innovation Management Review, 11*(11/12), 5–16. https://doi.org/10.22215/timreview/1470

Kugler, P. (2020a). Approaching a data-dominant Logic. *Technology Innovation Management Review, 10*(10), 16–28. https://doi.org/10.22215/timreview/1393

Kugler, P. (2020b). Gefangen im Dilemma der New Work Kultur. Wörwag, S.; A. Cloots (Hrsg.): Arbeitskulturen im Wandel: Der Mensch in der New Work Culture. Springer Fachmedien, 71–89. https://doi.org/10.1007/978-3-658-30451-5_3

Kugler, P. (2023). Aus Big Data wird Big Value: Warum es eine Daten-dominante Logik braucht. Schallmo, D.R.A.; K. Lang; T. Werani; B. Krumay (Hrsg.): Digitalisierung: Fallstudien, Tools und Erkenntnisse für das digitale Zeitalter. Springer Fachmedien, 553–568. https://doi.org/10.1007/978-3-658-36634-6

Kugler, P., Vogt, H., Meierhofer, J., Dobler, M., Strittmatter, M., Treiterer, M., & Schick, S. (2024). Daten im B2B-Ökosystem teilen und nutzen: Wie KMU Voraussetzungen schaffen und Hürden überwinden. Schallmo, D.R.A., Kundisch, D., Lang, K., & Hasler, D. (2024). Digitale Plattformen und Ökosysteme im B2B-Bereich. Fallstudien, Ansätze, Technologien und Tools. Springer Fachmedien, 209–240. https://doi.org/10.1007/978-3-658-43130-3

Kugler, P., Meierhofer, J., & Etschmann, R. (2020). Daten und Data Science in KMU und Grossunternehmen: Wo stehen wir? In: Meierhofer, J., & Kugler, P. (Hrsg.): Data Science für KMU leicht gemacht: Aktuelle Erkenntnisse und Lösungen, Winterthur, 14–33.

Kugler, P., Arnold, R., & Meichsner, C. (2020). Praxisbericht: Wenn „offen" auch innovativ ist: Arbeiten in einem Software-Start-up und in einem Open-Source-Projekt. In: S. Wörwag; A. Cloots (Hrsg.), Zukunft der Arbeit – Perspektive Mensch, Springer Fachmedien, 2. Aufl., 75–85. https://doi.org/10.1007/978-3-658-26796-4_5

Lusch, R. F., & Vargo, S. (2014). *Service-dominant logic: Premises, perspectives, possibilities.* Cambridge University Press.

March, J. G., & Simon, H. A. (1958). *Organizations.* Wiley.

Mariani, M. M., & Fosso Wamba, S. (2020). Exploring how consumer companies innovate in the digital age: The rore of big data analytics companies. *Journal of Business Research, 121*, 338–352. https://doi.org/10.1016/j.jbusres.2020.09.012

Mayring, P. (2022). *Qualitative Inhaltsanalyse: Grundlagen und Techniken* (13. Aufl.). Beltz Verlagsgruppe.

McAffee, A., & Brynjolfsson, E. (2018). *Machine, platform, crowd. Harnessing our digital future.* Norton.

Mintzberg, H. (1979). *The structuring of organizations.* Prentice-Hall.

Nelson, R. R., & Winter, S. G. (1982). *An evolutionary theory of economic change.* The Belknap Press of Harvard University Press.

Notco.com (2024). Unternehmenswebsite. Zugegriffen: 20 Apr. 2024.

Parker, G. G., Van Alstyne, M. W., & Choudary, S. P. (2017). *Platform revolution: How networked markets are transforming and how to make them work for you.* Norton.

Parra-Moyano, J., Schmedders, K., & Pentland, A. (2020). What managers need to know about data exchanges. *MIT Sloan Management Review, 61*(4), 39–44.

Peters, T. J., & Waterman, R. H. (1982). *In search of excellence: Lessons from America's best-run companies.* Harper & Row.

Prahalad, C. K., & Bettis, R. (1986). The dominant logic: A new linkage between diversity and performance. *Strategic Management Journal, 7*, 485–501. https://doi.org/10.1002/smj.4250070602

Remane, G., Hanelt, A., Nickerson, R. C., & Kolbe, L. M. (2017). Discovering digital business models in traditional industries. *Journal of Business Strategy, 38*(2), 41–51. https://doi.org/10.1108/JBS-10-2016-0127.praha

Schein, E. H. (1992). *Organizational culture and leadership* (2. Aufl.). Jossey-Bass Publishers.

Smircich, L. (1983). Concepts of culture and organizational analysis. *Administrative Science Quarterly, 28*(3), 339–358.

Stalla-Bourdillon, S., Thuermer, G., Walker, J., Carmichael, L., & Simperl, E. (2020). Data protection by design: Building the foundations of trustworthy data sharing. *Data & Policy, 2*(c4), 1–10. https://doi.org/10.1017/dap.2020.1

Storm, M., & Borgman, H.P. (2020). Understanding challenges and success factors in creating a data-driven culture. Proceedings of the 53rd Hawaiian International Conference on System Sciences HICSS.

Subramaniam, M. (2022). *The future of competitive strategy: Unleashing the power of data and digital ecosystems.* The MIT Press.

Upadhyay, P., & Kumar, A. (2020). The intermediating role of organizational culture and internal analytical knowledge between the capability of big data analytics and a firm's performance. *International Journal of Information Management, 52*, 102100. https://doi.org/10.1016/j.ijinfomgt.2020.102100

Urbinati, A., Bogers, M., Chiesa, V., & Frattini, F. (2019). Creating and capturing value from big data: A multiple-case study analysis of provider companies. *Technovation, 84*, 21–36. https://doi.org/10.1016/j.technovation.2018.07.004

Vargo, S. L., & Lusch, R. F. (2004). Evolving to a new dominant logic for marketing. *Journal of Marketing, 68*(1), 1–17. https://doi.org/10.1509/jmkg.68.1.1.24036

Vargo, S. L., & Lusch, R. F. (2006). Service-dominant logic: What it is, what it is not, what it might be. The service dominant logic of marketing: Dialog debate and directions. *Journal of the Academy of Marketing Science, 6*(3), 281–288.

Vidgen, R., Shaw, S., & Grant, D. B. (2017). Management challenges of creating value from business analytics. *European Journal of Operational Research, 261*, 626–639. https://doi.org/10.1016/j.ejor.2017.02.023

Waller, D. (2020). 10 Steps to creating a data-driven culture. Harvard Business Review Online, 06 February. https://hbr.org/2020/02/10-steps-to-creating-a-data-driven-culture. Zugegriffen: 24. Nov. 2021.

Wavestone (2024). 2024 Data and AI leadership executive survey: Executive summary of findings. The state of data and AI in leading companies 2024. New York: Author. https://www.wavestone.com/app/uploads/2023/12/DataAI-ExecutiveLeadershipSurveyFinalAsset.pdf

Weick, K. E., & Roberts, K. H. (1993). Collective mind in organizations: Heedful interrelating on fight decks. *Administrative Science Quarterly, 38*(3), 357–381.

Yu, W., Wong, C. Y., Chavez, R., & Jacobs, M. A. (2021). Integrating big data analytics into supply chain finance: The roles of information processing and data-driven culture. *International Journal of Production Economics, 236*, 108135. https://doi.org/10.1016/j.ijpe.2021.108135

Petra Kugler beschäftigt sich als Professorin für Strategie und Management an der OST – Ostschweizer Fachhochschule in St. Gallen, Schweiz, mit der Frage, warum Unternehmen anders und erfolgreich sind. Seit 25 Jahren untersucht sie das Zusammenspiel von Strategie, Management und Innovation. Häufig spielen dabei digitale Technologien eine zentrale Rolle. Ihr aktuelles Interesse gilt Big Data und künstlicher Intelligenz in Unternehmen und wie diese in Werte transferiert werden können. Dazu braucht ein neues Verständnis von Organisationen und wie diese wertschöpfend tätig sind. Petra Kugler promovierte an der Universität St.Gallen (HSG) und war in der Werbung tätig. Auslandsaufenthalte halfen ihr dabei, neue Perspektiven einzunehmen. Sie erhielt u. a. ein Stipendium des Schweizerischen Nationalfonds für ein Forschungsjahr an der University of California, Berkeley, und war an einer japanischen Skischule tätig.

Den Wert von Daten bestimmen

Jürg Meierhofer und Rodolfo Benedech

Zusammenfassung

Unternehmen möchten den potenziellen Wert ihrer Daten genau verstehen, bevor sie sich für Investitionen in deren Nutzung entscheiden. Allerdings zeigt die empirische Analyse, dass dieser Wert häufig unklar ist. In diesem Kapitel beschreiben wir daher Berechnungsmodelle für die Abschätzung des Wertes von Daten, wenn diese für datengetriebene Services eingesetzt werden. Die Bewertung erfolgt in einer abgestuften Form in zunehmend feiner quantifizierter Form und unterstützt somit den Entscheidprozess für Investitionen.

4.1 Herausforderung von Unternehmen

Die Nutzung von Daten für innovative Services ist für produzierende Unternehmen von strategischer Bedeutung. Datengetriebene Services, auch als „Smart Services" bezeichnet, werden zu einem wichtigen Differenzierungsmerkmal für produzierende Unternehmen, insbesondere für KMU (kleine und mittlere Unternehmen), da damit eine Differenzierung am Markt sowie gesteigerte Kundenbindung erreicht werden können. Zu diesen Services gehören beispielsweise vorausschauende Wartung, Leistungsoptimierung, Qualitätskontrolle,

---

J. Meierhofer (✉) · R. Benedech
ZHAW Zürcher Hochschule für Angewandte Wissenschaften, Winterthur, Schweiz
E-Mail: juerg.meierhofer@zhaw.ch

R. Benedech
E-Mail: R.benedech@protonmail.ch

© Der/die Autor(en), exklusiv lizenziert an Springer-Verlag GmbH, DE, ein Teil von Springer Nature 2025
P. Kugler et al. (Hrsg.), *Data Sharing für KMU*,
https://doi.org/10.1007/978-3-662-71209-2_4

Prozessüberwachung oder optimierte Logistik und Planung. In industriellen Umgebungen werden Daten in der Regel zur Entscheidungsfindung oder Entscheidungsunterstützung verwendet. Wenn Entscheidungen datenbasiert getroffen werden, können die Konsequenzen besser vorhergesehen werden (Meierhofer et al., 2022).

Die Umsetzung datengetriebener Services erfordert die Sammlung und Verarbeitung von Daten aus Anlagen und Prozessen sowie die Entwicklung von Analysemodellen und die Interpretation der Ergebnisse. Dies erfordert von Unternehmen erhebliche Investitionen in technische und personelle Ressourcen sowie in neue Kompetenzen und neuartige Wertschöpfungsprozesse. Bei der Bereitstellung und Verarbeitung von Daten müssen Unternehmen sich daher für große unternehmerische Veränderungen entscheiden, oft ohne von vorab zu wissen, ob sich daraus am Ende genügend Wert ergeben wird. Der potenzielle Nutzen aus der Verwendung der Daten kann oft erst a posteriori zuverlässig abgeschätzt werden, nachdem die Algorithmen und Services implementiert wurden. Insbesondere für KMU stellt dies nebst den Hürden der anderen Perspektiven (Kultur, Vertrauen, Recht, Sicherheit) eine große Herausforderung dar. Die mitunter hohen Kosten für die Entwicklung müssen bereits im Vorfeld zu einem wesentlichen Teil investiert werden, bevor ein Projekt umgesetzt wird. Das ist insbesondere im Vergleich zu Großunternehmen wichtig, da Ressourcen in KMU knapper sind.

Die Unternehmen und insbesondere KMU benötigen eine Methode, mit der die potenzielle Wertschöpfung durch Daten in Form von Smart Services zuverlässig abgeschätzt werden kann, ohne dass die für die Implementierung erforderlichen Investitionskosten bereits vorab anfallen. Diese Einschätzung muss unter Einbezug der zeitlichen Ausdehnung der Serviceerbringung über den Kundenlebenszyklus erfolgen und die vielfältigen Wirkungsformen der Serviceerbringung (z. B. Steigerung der Verfügbarkeit, der Leistung oder der Qualität) berücksichtigen. Ebenso in Betracht gezogen werden müssen die Kosten für die Erbringung der Services, die in Relation zum potenziellen Nutzen gesetzt werden müssen. Zudem ist die betriebswirtschaftliche Wirkung der Services stochastischen Schwankungen unterworfen, die sich z. B. in Form von zufällig auftretenden Servicenachfragen infolge schwankender betrieblicher Prozesse bei den Kunden (z. B. zufällige Störungen oder zeitlich fluktuierende Produktionsmengen) äußern.

4.2   Forschungsmethode

Vor diesem Hintergrund hat das Projekt die Entwicklung von Methoden zur Bestimmung des Wertes von Daten in Form von Smart Services zum Ziel. Dazu wurde in einem ersten Schritt nach Datenbewertungsmethoden und Hürden bei dieser Bewertung in der wissenschaftlichen Literatur gesucht. Daraus wurden bekannte Methoden für die Datenbewertung ermittelt und eine Auswahl von Methoden getroffen, welche sich für die Bewertung von Smart Services im industriellen Kontext eignet, womit das Thema auf die Nutzung von Daten für Services und Geschäftsprozesse fokussiert wurde. Nachfolgend wurden in einer qualitativen Erhebung in Form von Interviews mit spezialisierten Personen aus 13 Unternehmen (davon 10 KMU) ermittelt, wie die Unternehmen mit den Herausforderungen der Datenbewertung umgehen. Darauf aufbauend wurden Hypothesen und Fragestellungen für eine quantitative Umfrage entwickelt. Aufbauend auf diesen Erkenntnissen wurden quantitative Modelle und Methoden für die Datenbewertung entwickelt und in gezielten Fallstudien angewandt und getestet.

4.3 Literaturanalyse

Der positive Einfluss von Daten für den Unternehmenserfolg ist bedeutend und gut untersucht (Côrte-Real et al., 2019; Grover et al., 2018). Die Literatur aus dem Bereich der servicedominanten Logik (S-D L) zeigt, wie Daten und Analytics Wertschöpfung durch Services ermöglichen (Vargo et al., 2018). Daten sind nach der S-D L eine sogenannte operante Ressource, die aktiv zur Wertgenerierung beiträgt (Akaka et al., 2019). Für die Ermittlung des Werts von Daten wird üblicherweise ein Vergleich einer Geschäftssituation mit und ohne Dateneinsatz verwendet (Chen et al., 2017). Laut (Moody & Walsh, 1999) gibt es drei Betrachtungsweisen, über die der Wert von Daten erschlossen werden kann:

1. Marktwert
2. Kostenbasierter Wert für die Erzeugung und Verarbeitung
3. Wert aus einer Verwendung der Daten, unter anderem für Services („Nutzwert")

Für die Bestimmung des Wertes, den Daten in ihrer Nutzung für Smart Services erzeugen, ist die Perspektive des Nutzwertes am besten geeignet (Moody & Walsh, 1999). Eine Herausforderung dabei stellt der ungenügende Einblick in den möglichen Wert datengetriebener Dienstleistungen. Die Henne-Ei-Situation ist dabei ein typisches Phänomen, das in Unternehmen beobachtet werden kann. Diese sind nicht bereit, in datengetriebene Services wie „Remote Monitoring" oder „Predictive Maintenance" zu investieren, solange deren Nutzen nicht quantifiziert werden kann. Dies ist jedoch oft vor einer Umsetzung nicht möglich. Es besteht daher ein Bedarf an Modellen, die schrittweise verbessert werden können, um den Wert von Daten zu bestimmen. Grobe Bewertungsmethoden können dabei als Startpunkt dienen, um später genauere Modelle zu entwickeln.

Aus der Literatur wird somit insgesamt ersichtlich, dass fehlende Modelle für die Datenbewertung eine Forschungslücke darstellen.

Bei der Bewertung der Daten wird besonderes Augenmerk den Informationsfluss entlang des Lebenszyklus des Kunden gelegt (Meierhofer & Heitz, 2023). Für den Lebenszyklus wird ein Modell mit vier Phasen verwendet, wobei die Phase „Initiate" die Produktberatung und den Verkauf umfasst, „Expand" die Phase, in der der Kunde die neue Anlage kennenlernt und noch nicht die maximale Leistung erreicht, „Stabilize" die

Tab. 4.1 Beispiele für Datennutzen durch Smart Services in den Phasen des Kundenlebenszyklus (basierend auf (Meierhofer & Heitz, 2023))

Phase	Ökonomischer Nutzen
Initiate	Mit Kenntnis (aus Daten) über die Kundenwünsche passende Angebote erstellen und dadurch höhere Verkaufserfolge und niedrigere Akquisitionskosten erzielen
Expand	Steigerung der Leistung durch gezielte Ausbildung für den Kunden in der Nutzung der Anlage auf Grundlage von Daten, schnellere Lernkurve
Stabilize	Steigerung der Performance für die Kunden durch Smart Services (u. a. Leistungsoptimierung, zustandsabhängige oder vorausschauende Wartung, Fernwartung, Maschinenüberwachung)
Terminate	Upgrading/Lifetimeerweiterung/Kundenbindung auf Grundlage von Informationen (Daten) über das Nutzungsverhalten

möglicherweise jahrelange Phase, in der die Anlage läuft und Werte generiert, aber auch instandgehalten werden muss. In der Phase „Terminate" will der Kunde die Anlage außer Betrieb nehmen. Mit Smart Services kann hier erreicht werden, Material oder Komponenten zu recyceln oder den Kunden von einer Weiterverwendung der Anlage zu überzeugen (Lifetimeverlängerung). In jeder dieser vier Phasen kommen potenziell Smart Services zum Einsatz, die den Kunden und den Anbietern Wert bieten (vgl. Tab. 4.1).

4.4 Empirische Analyse

In der empirischen Studie des Projekts „Data Sharing Framework", an der mehr 13 Unternehmen teilgenommen haben, ergab sich, dass die Unternehmen in der Regel recht gute Vorstellungen vom qualitativen Wert der Daten haben (z. B., dass Ausfälle vermieden oder reduziert werden können). Es wurde aber auch klar, dass es in der Praxis tatsächlich kaum Methoden zur Bestimmung dieses Wertes gibt, die für die Unternehmen mit wenig Aufwand einsetzbar sind. Wenn quantitative Methoden verwendet werden, erfordern sie sehr spezielle Fähigkeiten und viel Aufwand. Um eine fundierte Entscheidung über Investitionen treffen zu können, sollten die Unternehmen aber tatsächlich in der Lage sein, den möglichen Ertrag ihrer Investitionen zu ermitteln. Für die Überwindung dieser Schwierigkeit starten sie oft mit kleinen und weniger aufwendigen Pilotprojekten, die einen Teil dieses Wertes zeigen. Zudem werden in der Praxis oft auch vergleichbare Referenzbeispiele oder eine grobe Abschätzung für den Wert der Daten angewandt. Die Interviews lassen insgesamt darauf schließen, dass Unternehmen Vermutungen über das Potenzial der Wertströme im Ökosystem haben, die durch das Teilen und Nutzen ihrer Daten ermöglicht werden könnten. Dennoch bleibt die Vorstellung von diesem Wertpotenzial unklar und qualitativ. Das quantitative Verständnis dieses Wertes wäre aber zugleich eine Bedingung für die Investitionsentscheidung in das Teilen und Nutzen der Daten. Je nach den Entscheidungsbedürfnissen ist eine grobe Bestimmung des Wertflusses genug, in besonderen Fällen hingegen ist eine genauere Analyse nötig, die auf stochastischen, zeitdynamischen Modellen der Dienstleistungsprozesse beruht.

An der übergeordneten quantitativen Umfrage beteiligten sich ca. 100 Personen, wobei die Zahl der Antworten auf die spezifischen Fragen zur Datenbewertung 23 betrug. Die gestellten Fragen sowie die Häufigkeiten der Antworten sind in den Abb. 4.1, Abb. 4.2 und Abb. 4.3 dargestellt. Um den Fragebogen für die Befragten zu vereinfachen, wurden die Phasen „2 Expand" und „3 Stabilize" zu einer Frage zusammengefasst (Abb. 4.2). Es zeigt sich, dass die Unternehmen der Schaffung von Servicewert in allen Phasen eine recht große Bedeutung beimessen. In der Phase „1 Initiate" gilt dies für Dienstleistungen für gezielte, individualisierte Kundenberatung und Angebote. In „2 Expand" und „3 Stabilize" erhalten alle Dienstleistungen hohe Beachtung, wobei Produkt- und Serviceüberwachung noch etwas höher bewertet sind. In der Phase „4 Terminate" werden insbesondere Dienstleistungen für die Kundenbindung und die Verlängerung des Lebenszyklus als wichtig erachtet. Auf die Frage nach der Fähigkeit, den Wert der Daten für die Unternehmen selbst oder ihre Kunden zu quantifizieren, zeigen die Antworten, dass diese Fähigkeiten zwar vorhanden sind, aber dennoch viele der Unternehmen über mittlere oder eher schwache Kompetenzen in diesem Bereich verfügen. Die Umfrage zeigt, dass die Unternehmen daran interessiert sind, Daten für die Wertschöpfung zu nutzen, dass aber auch ein Bedarf an erweiterten Instrumenten und Kompetenzen dazu vorhanden ist.

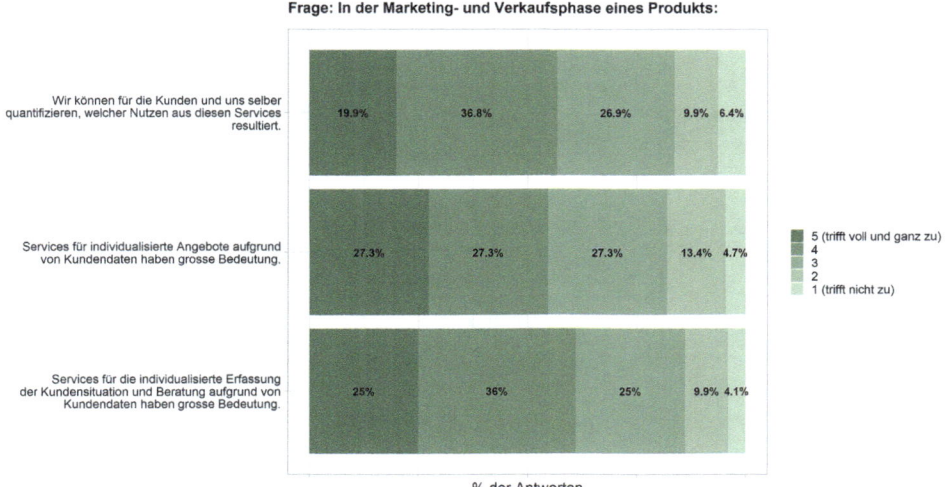

Abb. 4.1 Ergebnis der quantitativen Erhebung: Relevanz der Daten und Fähigkeit der Unternehmen, ihren Wert in der Phase „1 Initiate" zu quantifizieren. (Eigene Darstellung, basierend auf (Benedech et al., 2023))

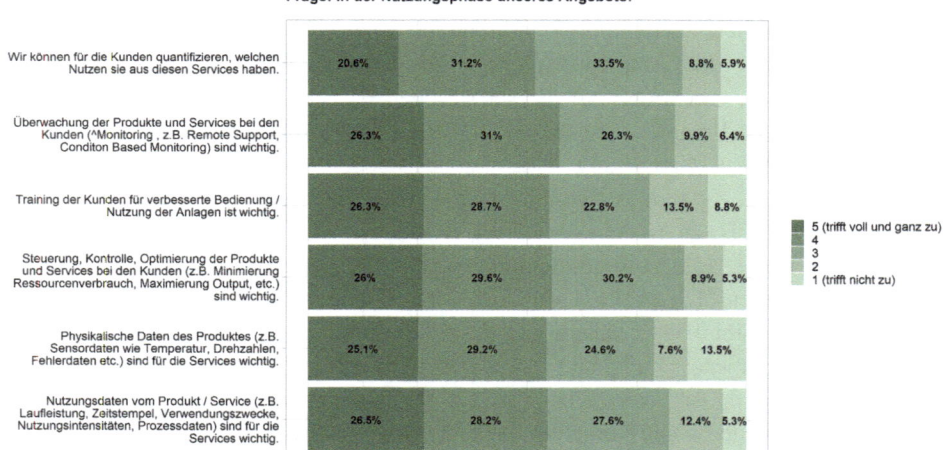

Abb. 4.2 Ergebnis der quantitativen Erhebung: Relevanz der Daten und Fähigkeit der Unternehmen, ihren Wert in den Phasen „2 Expand" und „3 Stabilize" zu quantifizieren (gemeinsame Betrachtung beider Phasen). (Eigene Darstellung, basierend auf (Benedech et al., 2023))

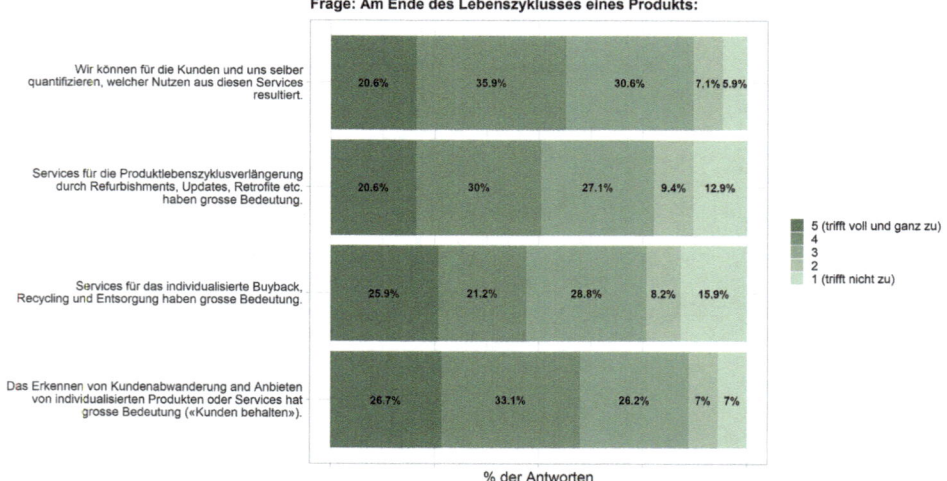

Abb. 4.3 Ergebnis der quantitativen Erhebung: Relevanz der Daten und Fähigkeit der Unternehmen, ihren Wert in der Phase „4 Terminate" zu quantifizieren. (Eigene Darstellung, basierend auf (Benedech et al., 2023))

4.5 Lösungsansätze

4.5.1 Konzeptionelles Modell für die Bewertung und Optimierung von Smart Services

Ein einfacher, quantitativer Modellierungsansatz für die grobe Bestimmung des Wertes von Daten in Services wird in Meierhofer & Heitz, 2023 vorgeschlagen. Falls die Funktionsweise des Service detaillierter analysiert werden soll, bietet sich ein aufwendigerer Ansatz wie in (Meierhofer et al., 2022) diskutiert an. Dabei werden konkrete Serviceprozesse mithilfe detaillierter Simulationsmodelle nachgebildet mit entsprechend verfeinerter Aussagekraft, aber auch erheblich höherem Aufwand.

Die Anbieter schaffen mit datenbasierten Services Wert für ihre Kunden („Value Creation") und gewinnen einen Teil dieses Wertes für sich selbst zurück („Value Capture") (Windsor, 2017). In der Anbieter-Kunden-Situation, die in Abb. 4.4 dargestellt ist, wurde im Rahmen des Projekts „Data Sharing Framework" ein konzeptionelles, quantitatives Modell entwickelt. Dieses Modell ermöglicht die Berechnung des funktionalen und finanziellen Werts der Daten mithilfe weniger relevanter Parameter. Es erlaubt auch, verschiedene Intensitäten der Datennutzung zu vergleichen und zu optimieren, wie im Beispiel von Abb. 4.5 gezeigt.

Die Geschäftskunden generieren aus dem Betrieb von Anlagen und Prozessen digitale Daten. Diese Anlagen sind Maschinen des Anbieters, die der Kunde für seine eigene Produktion nutzt. Wenn diese Maschinen mit Sensoren versehen sind, generieren sie Daten, die über das Internet der Dinge (IoT) mit dem Anbieter geteilt werden können. Ebenso können Daten von Kundenprozessen geteilt werden, die aus Tools für das Management von Prozessen oder Workflows generiert werden. Die Daten enthalten Informationen über den physischen Zustand der Anlage, deren Betrieb sowie Mengen und Zeitinformationen (z. B. Arbeitsablauf, Zeitstempel, Dauer) der Prozesse. Das daraus resultierende intelligente, vernetzte Produkt (Porter & Heppelmann, 2014) ermöglicht eine

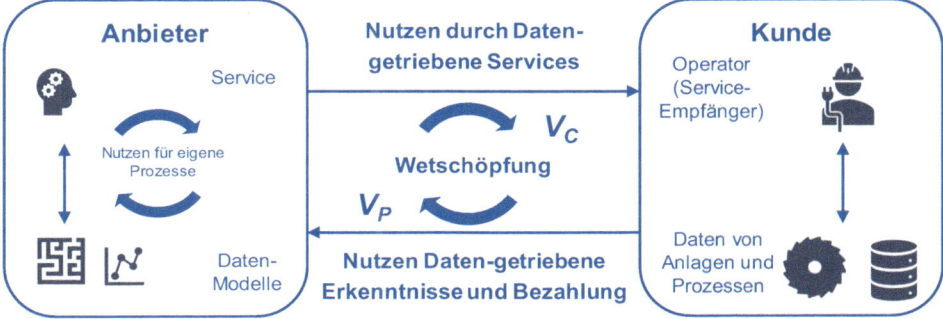

Abb. 4.4 Modell für die datengetriebene Wertschöpfung zwischen Anbieter und Kunden. (Eigene Darstellung, basierend auf (Benedech et al., 2023))

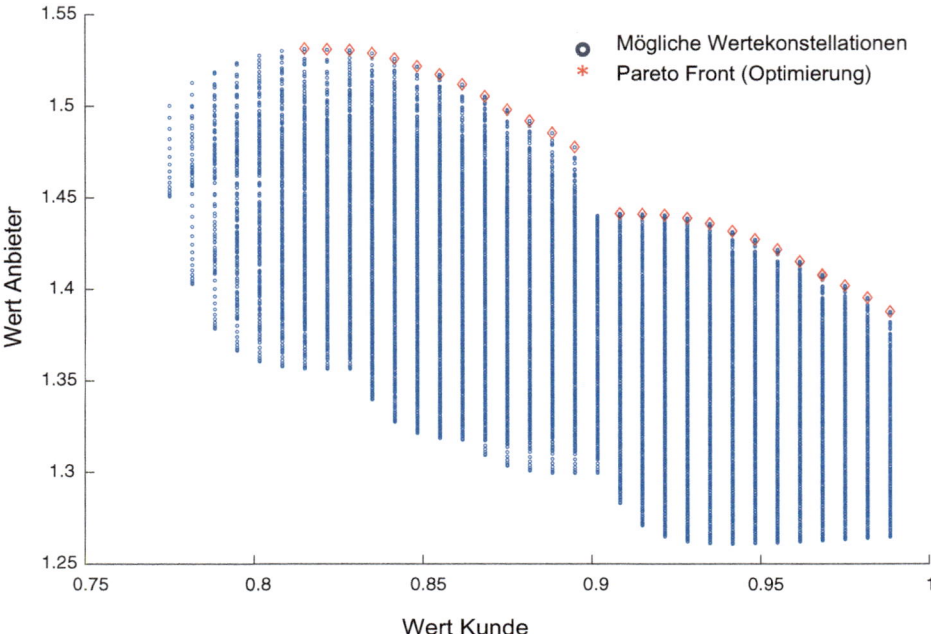

Abb. 4.5 Beispiel einer Optimierung der datengetriebenen Wertschöpfung für Anbieter und Kunden. (Eigene Darstellung, basierend auf (Meierhofer & Heitz, 2021))

gegenseitige Wertschöpfung durch Smart Services. Mit den Daten des Kunden kann der Anbieter digitale Modelle für die Produkte und Prozesse des Kunden entwickeln und darauf aufbauend dem Kunden Nutzen erbringen über Smart Services, z. B. für die eine Leistungssteigerung der Anlage oder eine Reduktion von Störungen. In Abb. 4.4 ist diese Werterbringung mit der Variablen V_C („value for customer") bezeichnet. Der Wert, den der Anbieter für sich zurück abschöpft, ist in der Abbildung mit V_P („value for provider") beschrieben. Diese Wertschöpfung besteht einerseits aus Servicegebühren, die der Kunde bezahlt. Zusätzlich kann der Anbieter auf Grundlage der Datenmodelle Einsichten für seine eigenen Prozesse erlangen, z. B. zur Verringerung von Logistikkosten oder zur Verbesserung der Prozesse im Marketing oder in der Produktentwicklung.

Betrachtet man nur die zusätzlichen Effekte durch die datengetriebenen Services (d. h. Vernachlässigung von Nutzen und Kosten, die sich aus dem Basisprodukt ergeben), berechnet sich V_C zu

$$V_C = V_{C,peformance} - P_r - C_{C,service}$$

Dabei handelt es sich um die beim Kunden zusätzlich erbrachte Leistung $V_{C,performance}$, die zusätzlichen Kosten $C_{C,service}$, die dem Kunden durch die Dienstleistung entstehen, und den Preis P_r, den der Kunde für die Dienstleistung bezahlt. Die Leistung kann z. B. sowohl die Verfügbarkeit als auch die Ausfallrate betreffen.

In umgekehrter Richtung wird der Wert vom Anbieter beschrieben durch V_P

$$V_P = V_{P,peformance} + P_r - C_{P,service}$$

mit den Leistungsgewinnen $V_{P,peformance}$ für den Anbieter durch die Nutzung der Daten. Dazu gehören Effekte wie reduzierte Kosten, z. B. durch Remote Service oder durch effizientere Problemidentifikationsprozesse, sowie anbieterinterne Prozesse wie eine bessere Marketingeffektivität durch datengetriebenes, zielgerichtetes Marketing oder besser informierte neue Serviceentwicklungsprozesse durch Daten aus der installierten Basis. Zu V_P hinzu kommen die vom Kunden erhaltenen Servicegebühren P_r, reduziert wird V_P um die zusätzlichen Kosten $C_{P,service}$, die für die Bereitstellung des Dienstes anfallen.

Da die gegenseitige Wertschöpfung über die zeitliche Erstreckung des Kundenlebenszyklus entsteht, sind die Variablen in diesen Gleichungen zeitvariabel. Um diese Zeitabhängigkeit über den Lebenszyklus in der Wertberechnung zu berücksichtigen, betrachten wir den aufgelaufenen Wert über die Dauer T_L des Kundenlebenszyklus („customer lifetime value"):

$$V_{P,tot} = \int_{T_L} V_P \cdot dt \text{ und } V_{C,tot} = \int_{T_L} V_C \cdot dt T_L$$

Details und Hintergründe zu diesen Berechnungen sind beschrieben in (Meierhofer & Heitz, 2023).

Damit wird nun die gegenseitige Wertschöpfung V_C und V_P für unterschiedliche Servicekonstellationen gemäß Tab. 2.1 berechnet und soll gemeinsam optimiert werden. Das Standardverfahren zur Optimierung des gemeinsamen Wertes wäre, V_C und V_P durch eine gewichtete Summe zu einer gemeinsamen Zielgröße zu kombinieren und die Servicekonstellation zu finden, die diese Summe maximiert. Im Falle der hier vorliegenden Service-Ökosystem-Situation sind V_C und V_P jedoch nicht direkt vergleichbar, da die völlig unterschiedlichen Wertkontexte des Kunden und des Anbieters zu unterschiedlichen, nicht vergleichbaren Bewertungsschemata führen (Leroi-Werelds, 2019).

Ein alternativer Ansatz für diese Situation ist das Konzept der multikriteriellen Optimierung (z. B. (Miettinen, 2008)). Bei diesem Ansatz werden die verschiedenen möglichen Servicekonstellationen bewertet und die beiden Zielvariablen werden in einem Scatter-Diagramm dargestellt, wie in Abb. 4.5 dargestellt. Jeder der Punkte im Diagramm und die entsprechende Wertkonstellation (V_P, V_C) stellt einen Punkt für eine mögliche Servicelösung dar. Die obere rechte Grenze des Lösungsbereichs definiert die sogenannte Pareto-Front (s. (Miettinen, 2008)). Wie in der Abbildung zu sehen ist, ist die Mehrheit möglicher Lösungen so beschaffen, dass sie unterhalb der Pareto-Front liegen und somit nicht optimal sind. Bei den Lösungen auf der Pareto-Front kann eine Verbesserung einer Wertkomponente (z. B. V_P) nur durch eine Verschlechterung der anderen (d. h. V_C) erreicht werden kann. Somit stellt die Pareto-Front die optimale Teilmenge möglicher Konfigurationen der datengetriebenen Wertschöpfung dar, aus der der Anbieter auswählen sollte. Aus Sicht des Servicedesigns lassen sich die möglichen Lösungen also auf die Lösungen an der Pareto-Front reduzieren. Innerhalb dieser Teilmenge muss jedoch ein Trade-off zwischen Werterfassung und Wertschöpfung für den Kunden in Kauf genommen werden.

Für Fälle, in denen eine detailliertere Analyse auf Ebene der Serviceprozesse erforderlich ist, wurde zusätzlich ein Simulationsmodell entwickelt, mit dessen Hilfe auf einfache Art berechnet werden kann, wie sich die Nutzung von Daten auf die Prozesse der Kunden und des Anbieters auswirkt. Das Simulationsmodell ist so aufgebaut, dass es sich mit relativ geringem Aufwand an verschiedene Unternehmen anpassen lässt (siehe Abb. 4.6).

In der Anbieter-Kunden-Situation, die in Abb. 4.4 dargestellt ist, wurde im Rahmen des Projekts „Data Sharing Framework" ein konzeptionelles, quantitatives Modell entwickelt. Dieses Modell ermöglicht die Berechnung des funktionalen und finanziellen Werts der Daten mithilfe weniger relevanter Parameter.

4.5.2 Der ökologische Nutzen von Smart Services im Kundenlebenszyklus

Smart Services optimieren die Effizienz der Anlage über den gesamten Lebenszyklus hinweg. Die ökologische Wirkung wird durch Effizienzsteigerung, Verlängerung der Materiallebensdauer und Schließung des Kreislaufs erreicht (Stichwort: Zirkulärwirtschaft).

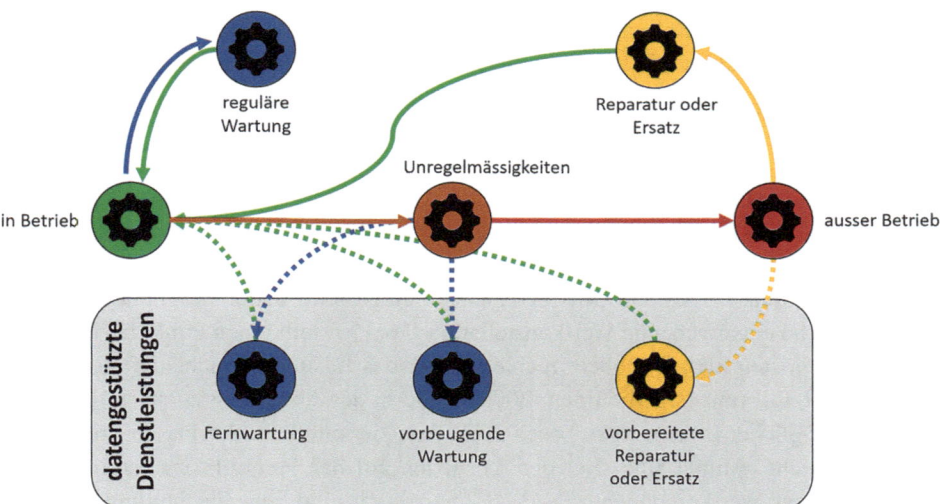

Abb. 4.6 Grundkonzept der Simulation mit Zustandsmodell der Anlagen. (Eigene Darstellung, basierend auf (Benedech et al., 2023))

Besonders wichtig sind Dienstleistungen, die den wirtschaftlichen Nutzen für Anbieter und Kunden verbessern, z. B. durch mehr Leistung pro Zeit oder geringere Betriebskosten. Sie verbessern auch das Kundenerlebnis (z. B. weniger Ausfälle) und senken den Material- und Energieverbrauch (z. B. durch effiziente Wartungsreisen oder mehr Leistung pro eingesetztem Material oder Energie). Ein Beispiel dafür ist die vorausschauende Wartung. Weitere konkrete Beispiele für den ökonomischen und ökologischen Nutzen in den vier Phasen sind in der Tab. 4.2 beschrieben.

Smart Services zur Verlängerung der Lebensdauer spielen am Ende des Produktlebenszyklus eine wichtige Rolle. Durch IoT-Infrastruktur und Datenanalyse können z. B. einzelne Komponenten aufgerüstet, überholt oder ersetzt werden, um die Lebensdauer des gesamten Geräts zu verlängern und so mehr Ertrag aus materiellen und finanziellen Ressourcen zu erzielen. Außerdem können Komponenten, Teile oder Rohmaterial durch gezielte und spezifische Dienstleistungen für die Rückwärtslogistik zur Wiederverwendung recycelt werden.

4.5.3 Die besondere Bedeutung von Fernwartung

Die Fernwartung bietet großen Nutzen bei überschaubaren Kosten. Dabei überwacht sie den Zustand einer Anlage beim Kunden über das Internet der Dinge (IoT). Wenn ein Zustand eintritt, der Aktionen an der Anlage erfordert (z. B. Anpassung der Drehzahl oder Aktivierung von Softwareupdates), kann eine spezialisierte Fachperson des Anbieters diese sofort und ohne Zeitverzögerung ausführen. Falls vor Ort beim Kunden manuelle Eingriffe notwendig sind (z. B. Nachfüllen von Material oder mechanische Umstellungen), kann die Fachperson des Anbieters eine weniger geschulte Person beim Kunden z. B. über einen Videocall anleiten. Die Fernwartung bietet somit gleich dreifachen Nutzen:

Tab. 4.2 Beispiele für ökologischen Nutzen entlang des Kundenlebenszyklus (Erweiterung von Tab. 4.1, basierend auf (Meierhofer & Stucki, 2023))

Phase	Ökologischer Nutzen
Initiate	Unnötige Reisen und andere Logistikkosten vermeiden durch gezieltere Kundenakquise
Expand	Weniger Materialverlust und Ausschussteile dank steilerer Lernkurve
Stabilize	Weniger Materialverlust und Ausschussteile dank optimierter Wartung. Weniger Reisen zum Kunden und weniger Logistik
Terminate	Erhöhung der Langlebigkeit des Materials, R-Strategien (z. B. Reduce, Reuse, Recycle)

1. Schnellere Lösungen für Kunden im Vergleich zum klassischen Wartungsmodell.
2. Kosteneinsparungen für Kunden und Anbieter durch kürzere Prozesszeiten und Vermeidung von Reisen.
3. Reduzierung der ökologischen Kosten des Serviceeinsatzes.

4.5.4 Die besondere Bedeutung von Fernwartung

Mithilfe der bisher diskutierten, verschiedenen Methoden ergibt sich der in Abb. 4.7 dargestellte Weg zur schrittweisen feineren Bestimmung des Wertes von Daten (Reduktion der „Unschärfe" entlang des Trichters). Ausgehend von einer qualitativen Analyse der Wertflüsse im Ökosystem und insbesondere in der Anbieter-Kunden-Beziehung (in diesem Kapitel nicht weiter ausgeführt) erfolgt eine grobe Schätzung mithilfe der konzeptionellen Modelle auf Basis analytischer Berechnung. Damit ist bereits eine sehr nützliche grobe Nutzenabschätzung und -optimierung möglich. Die Berechnungsansätze dafür sind in den vorangehenden Formeln gezeigt mit einem Beispiel für eine Optimierung in Abb. 4.5. Mit diesen Ansätzen kann in den meisten Fällen schon abgeschätzt werden, welchen Wert eine Nutzung von Daten für Smart Services schafft. Die Abschätzung der Kosten für eine Implementierung und Erbringung der Smart Services ist nicht Gegenstand dieses Kapitels. In der Regel fällt die Kostenabschätzung den Unternehmen vergleichsweise leicht und erfolgt nach den in der IT-Entwicklung üblichen Methoden. Die Kosten umfassen insbesondere auch das Management der Datenflüsse. Die Kosten können nun in Relation zum grob abgeschätzten Nutzen gestellt werden. Dabei

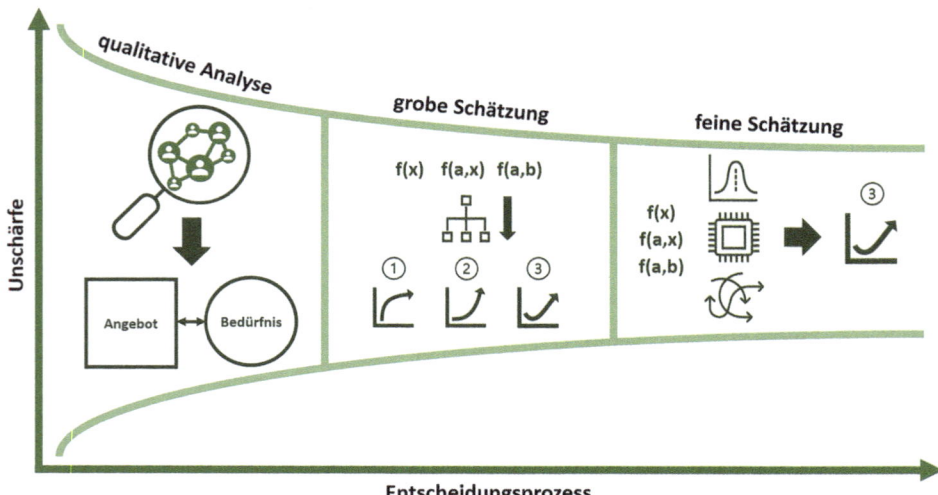

Abb. 4.7 Weg vom Groben zum Feinen zur Abschätzung des Wertes der Daten. (Eigene Darstellung, basierend auf (Benedech et al., 2023))

wird in vielen Fällen schnell klar, ob sich eine Implementierung der Smart Services grundsätzlich lohnt. Als Beispiel hat eine Grobabschätzung bei einer Anbieter-Kunden-Beziehung ergeben, dass Maschinenstillstände bei einem spezifischen Kundensegment keine speziell hohen Kosten verursachen, weil die Maschine nicht rund um die Uhr läuft und die Kunden bei einem Stillstand auch andere Arbeiten vorziehen können. In diesem Fall wurde der Wert eines potenziellen Services zur Reduktion von Stillstandszeiten als eher gering quantifiziert, was die abgeschätzten Implementierungskosten in keiner Weise rechtfertigte. Gerade gegensätzlich verhielt sich die Situation bei einem anderen Kundensegment mit industrialisiertem Schichtbetrieb, wo Stillstände unmittelbar in entgangene Stückzahlen umgerechnet werden konnten.

Bei Bedarf erfolgt mithilfe der Simulationsmodelle eine verfeinerte Abschätzung des Wertes. Dabei können z. B. detaillierte Prozesse und zeitliche Fluktuationen mitberücksichtigt werden. Diese können z. B. entscheidend sein, wenn bei knappen Kapazitäten (z. B. stark ausgelastete Servicetechniker:innen) entstehende Wartezeiten zu relevanten Veränderungen der Wertschöpfung führen. Ein weiterer Nutzen einer Simulation besteht in einer Visualisierung der Abläufe. Dabei können z. B. Standort von Kunden und Einsätze von Servicetechniker:innen auf einer Karte visualisiert dargestellt werden, was sich als sehr wirkungsvollen Kommunikationsinstrument erwiesen hat (Beispiele s. (Meierhofer et al., 2022)).

4.6 Schlussfolgerungen und Ausblick

In diesem Kapitel haben wir anhand einer Literaturanalyse gezeigt, dass es verschiedene Perspektiven für die Bewertung von Daten gibt. Durch die Dienstleistungsperspektive hat die Nutzung von Daten das Potenzial, den geschaffenen Wert auf qualitative und quantitative Weise zu erhöhen. Die empirische Analyse hat gezeigt, dass es den meisten Unternehmen an konzeptionellen und praktisch einsetzbaren Instrumenten zur Quantifizierung des Wertes der Daten in ihrem Ökosystem fehlt. Dies stellt eine Hürde für Investitionen in die Infrastruktur dar, die für Smart Services erforderlich ist. Um eine fundierte Investitionsentscheidung treffen zu können, müssen Unternehmen in der Lage sein, den potenziellen Nutzen ihrer Investitionen vorab zu quantifizieren. Um diese Hürde zu umgehen, beginnen Unternehmen oft mit kleinen und relativ kostengünstigen Pilotprojekten, die Teile dieses Wertes aufdecken, oder sie schätzen den Wert der Daten anhand vergleichbarer Best-Practice-Fälle grob ein.

Die in diesem Kapitel vorgeschlagenen Lösungsansätze modellieren den Wert von Daten in Smart Services in Produktionsökosystemen quantitativ, indem sie die Auswirkungen auf die Geschäftsprozesse bei den Kunden und Anbietern berücksichtigen. Die Nutzung der Daten hat potenziell positive Auswirkungen auf die Produktionsleistung der Maschinen, z. B. durch verbesserte Serviceprozesse. Außerdem kann der Anbieter aus den Daten potenziell einen Wert für sein eigenes Marketing oder die Entwicklung neuer Produkte schaffen. Insgesamt führt dies zu einer gesteigerten gegenseitigen Wertschöpfung.

Das vorgestellte grobe, konzeptionelle Berechnungsmodell zeigt, dass intuitiv gefundene Servicekonstellationen weit von den Optima an der Pareto-Front entfernt sind. Durch veränderte Servicekonstellationen können sowohl Anbieter wie auch Kunden insgesamt ihre Wertschöpfung erhöhen. Insbesondere kann verhindert werden, dass der Dienstleister an einer suboptimalen Konstellation unterhalb der Pareto-Front festhält. Falls erforderlich – z. B. zur Berücksichtigung stochastischer zeitlicher Fluktuationen – kann auf verfeinerte Simulationsmodelle zurückgegriffen werden, die außerdem eine wirkungsvolle Visualisierung erlauben.

Zukünftige Forschungsarbeiten können die Modelle in verschiedene Richtungen erweitern. Einerseits ist eine Erweiterung auf eine Ökosystembetrachtung von Relevanz, weil die Wertschöpfung in realen Systemen zwischen zahlreichen Akteuren stattfindet und nicht nur bilateral. Eine weitere Stoßrichtung besteht in der Ausweitung auf ökologische Wertschöpfung durch Smart Services. Zudem drängt sich vermehrt die Fragestellung nach den sozialen Auswirkungen der neuen Servicemuster auf, die einer Untersuchung bedürfen.

Literatur

Akaka, M. A., Koskela-Huotari, K., & Vargo, S. L. (2019). Further Advancing Service Science with Service-Dominant Logic: Service Ecosystems, Institutions, and Their Implications for Innovation. In P. P. Maglio, C. A. Kieliszewski, J. C. Spohrer, K. Lyons, L. Patrício, & Y. Sawatani (Hrsg.), *Handbook of Service Science, Volume II* (S. 641–659). Springer International Publishing. https://doi.org/10.1007/978-3-319-98512-1_28.

Benedech, R. A., Vogt, H., Meierhofer, J., Kugler, P., Strittmatter, M., Dobler, M., Meyer, J., & Treiterer, M. (2023). Data Sharing Framework für KMU. https://digitalcollection.zhaw.ch/handle/11475/29572.

Chen, B., He, J., Wen, X.-H., Chen, W., & Reynolds, A. C. (2017). Uncertainty quantification and value of information assessment using proxies and Markov chain Monte Carlo method for a pilot project. *Journal of Petroleum Science and Engineering, 157*, 328–339. https://doi.org/10.1016/j.petrol.2017.07.039.

Côrte-Real, N., Ruivo, P., Oliveira, T., & Popovič, A. (2019). Unlocking the drivers of big data analytics value in firms. *Journal of Business Research, 97*, 160–173. https://doi.org/10.1016/j.jbusres.2018.12.072.

Grover, V., Chiang, R. H. L., Liang, T.-P., & Zhang, D. (2018). Creating Strategic Business Value from Big Data Analytics: A Research Framework. *Journal of Management Information Systems, 35*(2), 388–423. https://doi.org/10.1080/07421222.2018.1451951.

Leroi-Werelds, S. (2019). An update on customer value: State of the art, revised typology, and research agenda. *Journal of Service Management, 30*(5), 650–680. https://doi.org/10.1108/JOSM-03-2019-0074.

Meierhofer, J., Benedech, R., Schweiger, L., Barbieri, C., & Rapaccini, M. (2022). Quantitative Modelling of the Value of Data for Manufacturing SMEs in Smart Service Provision. *ITM Web of Conferences, International Conference on Exploring Service Science (IESS 2.2), 41*, 04001. https://doi.org/10.1051/itmconf/20224104001.

Meierhofer, J., & Heitz, C. (2023). On the Value of Data in Industrial Services: How to Optimize Value Creation by Reconfiguration of Operant Resources. *Journal of Creating Value*. https://doi.org/10.1177/23949643231199002.

Meierhofer, J., & Heitz, C. (2021). Service Customization: Optimizing Value Creation and Capture by Designing the Customer Journey. *2021 8th Swiss Conference on Data Science (SDS)*, 32–38. https://doi.org/10.1109/SDS51136.2021.00013.

Meierhofer, J., Kugler, P., Vogt, H., Dobler, M., Benedech, R., Strittmatter, M., & Treiterer, M. (2022). Improving Service Value Creation for Manufacturing SMEs by Overcoming Data Sharing Hurdles in Ecosystems. *Proceedings of the Spring Servitization Conference (SSC2022)*, 86–94.

Meierhofer, J., & Stucki, M. (2023). Sustainable Value Optimization by Smart Services Along the Customer Lifecycle. In J. Meierhofer, S. West, & T. Buecheler (Hrsg.), *Smart Services Summit* (S. 23–30). Springer Nature Switzerland. https://doi.org/10.1007/978-3-031-36698-7_3.

Miettinen, K. (2008). Introduction to Multiobjective Optimization: Noninteractive Approaches. In J. Branke, K. Deb, K. Miettinen, & R. Słowiński (Hrsg.), *Multiobjective Optimization: Interactive and Evolutionary Approaches* (S. 1–26). Springer. https://doi.org/10.1007/978-3-540-88908-3_1.

Moody, D. L., & Walsh, P. (1999). Measuring the Value Of Information – An Asset Valuation Approach. *ECIS*, 496–512.

Porter, M. E., & Heppelmann, J. E. (2014, November 1). How Smart, Connected Products Are Transforming Competition. *Harvard Business Review*. https://hbr.org/2014/11/how-smart-connected-products-are-transforming-competition.

Vargo, S. L., Lusch, R. F., & Koskela-Huotari, K. (2018). *The SAGE Handbook of Service-Dominant Logic*. SAGE.

Windsor, D. (2017). Value Creation Theory: Literature Review and Theory Assessment. In *Stakeholder Management* (Bd. 1, S. 75–100). Emerald Publishing Limited. https://doi.org/10.1108/S2514-175920170000004.

Dr. Jürg Meierhofer ist Leiter der Expert Group „Smart Services" der Data Innovation Alliance und Studienleiter Industrie 4.0 (MAS) und Smart Services (CAS) an der ZHAW Zürcher Hochschule für Angewandte Wissenschaften. Die Gestaltung datengetriebener Service-Wertschöpfung zieht sich als roter Faden durch seine Tätigkeit. Nach verschiedenen Führungspositionen im Dienstleistungsbereich lehrt und forscht er seit 2014 an der ZHAW. Er hat an der ETH Zürich promoviert und an der Universität Fribourg einen EMBA erworben.

Rodolfo Benedech ist Wirtschaftsingenieur mit einem Master in Service Engineering und Experte für digitale Innovation und Geschäftsprozessoptimierung. Sein Fokus liegt auf der Entwicklung datengetriebener Lösungen, um betriebliche Abläufe zu optimieren und Unternehmen bei der Umsetzung nachhaltiger Innovationen zu unterstützen. Mit Erfahrung in der Analyse komplexer Anforderungen und kundenorientierter Softwareentwicklung kombiniert er technisches Know-how mit strategischer Weitsicht, um Effizienz, Wettbewerbsfähigkeit und Wertschöpfung nachhaltig zu steigern.

Betrachtungen zur Sicherheit im Datenaustausch

Nicola Moosbrugger, Martin Dobler und Jens Schumacher

Zusammenfassung

Eine fundierte und vertrauenswürdige IT-Sicherheitsstrategie ist eine notwendige Voraussetzung für den unternehmensübergreifenden Datenaustausch. Der laufende operative Abgleich mit anderen Akteuren allein reicht jedoch nicht aus, um die vielschichtigen Herausforderungen der technischen und operativen Datensicherheit zu meistern. Eine Voraussetzung für den (grenzüberschreitenden) Datenaustausch zwischen Unternehmen ist die Bereitstellung von Methoden zur Gewährleistung der technischen sowie operativen Sicherheit, der Privatsphäre und der Integrität der gemeinsam genutzten Daten. Im Idealfall gibt es einen kollaborativen Co-Creation-Ansatz, der die einschlägigen Sicherheitsstandards berücksichtigt und IKT-Expert:innen und Praktiker:innen einbezieht, um die Anforderungen an die Komplexität und Feinheiten einer integrierten Datenkette umzusetzen. Dies kann insbesondere dann eine Herausforderung darstellen, wenn Produkte oder Dienstleistungen schnell auf den Markt gebracht werden sollen. In diesem Beitrag beleuchten wir zuerst die Herausforderungen an die Sicherheit im (grenzüberschreitenden) Datenaustausch, stellen Hintergründe

N. Moosbrugger · M. Dobler (✉) · J. Schumacher
FHV Fachhochschule Vorarlberg, Dornbirn, Österreich
E-Mail: martin.dobler@fhv.at

N. Moosbrugger
E-Mail: nicola.moosbrugger@fhv.at

J. Schumacher
E-Mail: jens.schumacher@fhv.at

© Der/die Autor(en), exklusiv lizenziert an Springer-Verlag GmbH, DE, ein Teil von Springer Nature 2025
P. Kugler et al. (Hrsg.), *Data Sharing für KMU*,
https://doi.org/10.1007/978-3-662-71209-2_5

im EU- und KMU-Kontext dar und betrachten die Rolle von unternehmensinternen Sicherheitsstrategien. Anschließend betrachten wir etablierte Sicherheitsstandards (inkl. Risikoanalysetools, Normen, Best Practices) im Sinne eines State of the Art und wie diese in ein Data Sharing Framework integriert werden können. Abschließend gibt der Beitrag eine detaillierte Übersicht über die Sicherheitsbetrachtungen im Kontext des Phasenmodells des Data Sharing Framework und Handlungsempfehlungen.

5.1 Rahmenbedingungen für die Sicherheit im Datenaustausch

Für den unternehmensübergreifenden Datenaustausch ist eine fundierte und vertrauenswürdige IT-Sicherheitsstrategie die notwendige Bedingung, erst jedoch der operative laufende Abgleich mit anderen Akteuren ist zur Zielerreichung hinreichend. Die meist unterschiedlichen Strategieansätze der Akteure auf einen gemeinsamen Nenner zu bringen, ist unverzichtbarer Bestandteil eines Data Sharing Framework. Eine Voraussetzung für den Datenaustausch zwischen Unternehmen ist die Bereitstellung von Methoden zur Sicherstellung der Sicherheit, Privatsphäre und Integrität freigegebener Daten. Bei IKT-Sicherheit geht es um den Schutz von IT-Systemen und -Infrastruktur vor einer Vielzahl von Bedrohungen wie Malware und Hackerangriffen. Datensicherheit hingegen konzentriert sich spezifisch auf den Schutz von Daten vor unbefugtem Zugriff, Änderung oder Diebstahl. Idealerweise existiert ein kollaborativer Co-Creation-Ansatz, der relevante Sicherheitsstandards berücksichtigt und IKT-Expert:innen und Praktiker:innen einbezieht, um die Anforderungen an die Komplexität und Feinheiten einer integrierten Datenkette umzusetzen. Zu Beginn könnten Best Practices zur Erreichung dieser Ziele ausreichen, insbesondere unter Zeitdruck (vor allem bei rascher Markteinführung).

In der digitalen Agenda der Europäischen Kommission wird Sicherheit als zentrales Thema bezeichnet und füllt ein eigenes Kapitel – Strengthening Trust and Security – in welchem es heißt: „The European Commission's initiatives improve security while surfing the web and enhances trust and inclusion. It boosts the overall level of cybersecurity and fosters digital privacy in Europe." Eingebettet in die European Agenda on Security und die EU Cybersecurity Strategy werden Anstrengungen der Mitgliedstaaten verlangt, um das Vertrauen in digitale Systeme zu erhöhen, da eine hohe Akzeptanz in der Bevölkerung eine der Grundvoraussetzungen für die erfolgreiche Umsetzung der digitalen Transformation ist.

Aus diesem Grund ist es wichtig, dass auch KMU im Programmgebiet eine fundierte und vertrauenswürdige IT-Sicherheitsstrategie für den unternehmensübergreifenden Datenaustausch besitzen und diese auch mit anderen Akteuren abgleichen können. Die möglicherweise unterschiedlichen Strategieansätze von Akteuren einen gemeinsamen Nenner anzubieten, ist ein unverzichtbarer Teil eines Data Sharing Framework.

Der Umfang der oben genannten Herausforderungen und erweiterte Forschungsfragen bei der Analyse von Unternehmensschnittstellen finden sich im Personalmanagement

(Mangel an IKT-Fachleuten, Fachleuten für Informationssysteme sowie Geschäftsprozesse, Mitarbeitendenschulungen), in technischen Herausforderungen (insbesondere Kompatibilität von Software, Umsetzungsgrad von Standards), in der Strategieentwicklung (organisatorischer Wandel sowie Änderungsmanagement), im Vertragsmanagement und in der Skalierung von Lösungen – insbesondere wenn man die unterschiedliche Komplexität von IKT-Lösungen von (Mikro-)KMU im Vergleich zu etablierten, größeren Unternehmen in der Bodenseeregion betrachtet.

5.2 Sicherheitsstandards und State of the Art

Der Umfang und die Herausforderungen für das Data Sharing Framework wurden in einem ersten Schritt aus der internationalen (d. h. englisch- und deutschsprachigen) Literatur abgeleitet, um sie anschließend in den quantitativen und qualitativen Umfragen des Projektes zu bestätigen. Herausforderungen der IKT-Sicherheit und aktuelle Themenfelder, Anwendungsbereiche und Technologiemanagement finden sich in Latzenhofer et al., 2021, aber auch Akhgar & Arabnia, 2014; politische Implikationen in Venkatraman, 2011; spezifische Herausforderungen für unterschiedliche Industrien und die Digitalisierung in Gadatsch & Mangiapane, 2017.

Viele weitere Literaturquellen, insbesondere jene, die sich mit den (technischen) Besonderheiten der IKT-Sicherheits- und KMU-Landschaft beschäftigen, sind jedoch nicht in einem wissenschaftlichen Kontext entstanden, sondern stellen gezielte Handlungsempfehlungen für Unternehmen dar und bieten in der Regel Prozesse zur Umsetzung, Analyse oder Überwachung der IKT-Sicherheit an. Prominente Beispiele hierfür sind die Sicherheitsrichtlinien des BSI (Bundesamt für Sicherheit in der Informationstechnik) in Deutschland oder das österreichische Informationssicherheitshandbuch (Österreichisches Bundeskanzleramt & A-SIT, 2022). Der Umfang der beiden letztgenannten Sicherheitsrichtlinien ist für die praktische und nachhaltige Umsetzung von Sicherheitsthemen sehr wohl erschöpfend und vollständig, kann aber für kleinere Teams (kleinere KMU) zu umfangreich erscheinen. Die ist nicht nur der Vielzahl der enthaltenen Themen geschuldet, sondern auch der Tatsache, dass eine Informationssicherheitsrichtlinie nicht mit einmaligem Personaleinsatz ohne weiterführende laufende Überwachung implementiert werden kann. Vielmehr ist ein kontinuierlicher Personaleinsatz zur Aufrechterhaltung des gewünschten Sicherheitsstandards und zur Betreuung der dazugehörenden Prozesse notwendig.

Weiterführend sind hier auch die Bestrebungen der Informationssicherheit zu nennen, welche sich mit sogenannter kritischer Infrastruktur beschäftigen. Kritische Infrastruktur wird laut Richtlinien der EU als „[…] ein System oder ein Teil davon, das von wesentlicher Bedeutung für die Aufrechterhaltung wichtiger gesellschaftlicher Funktionen, der Gesundheit, der Sicherheit und des wirtschaftlichen oder sozialen Wohlergehens der Bevölkerung sind" betrachtet (Rat der Europäischen Union, 2008). Falls die Einbettung eines KMU in kritische Infrastruktur, z. B. als Zulieferer oder gar Betreiber, vorliegt, sind gegebenenfalls Standards und Normierungen des Sicherheitsbereichs zu beachten (Rudel & Lechner, 2018).

Unsere Untersuchungen, aber auch weitere Projekte, wie zum Beispiel der Abschlussbericht des österreichischen Regierungsprojekts Cybersecurity: Systematisierung, Forschungsziele und Innovationspotenziale (Latzenhofer, 2021), zeigen deutlich, dass Unternehmen generell Wert darauf legen, eine:n Informationssicherheitsexpert:in im Unternehmen zu haben, Mitarbeitende für das Thema zu sensibilisieren und ein fixes Budget für Maßnahmen zur Informationssicherheit bereitzustellen. Es zeigt sich jedoch, dass das Bewusstsein in größeren Unternehmen und insbesondere in Unternehmen, die kritische Infrastrukturen betreiben, stärker ausgeprägt ist als in anderen Unternehmen (d. h. KMU und vor allem Mikro-KMU). Darüber hinaus betonen viele Unternehmen, dass es einen Mangel an Expert:innen in diesem Bereich gibt, was dazu führt, dass eine Vielzahl von Projekten nicht wie erforderlich vorangetrieben werden kann. Schlussendlich wird bei Informationssicherheit primär an das eigene Unternehmen gedacht – eine Sensibilisierung für die Sicherheit in unternehmensübergreifenden Geschäftsprozessen, Datenketten und komplexen Supply Chains ist ausständig.

Für die Bewertung und Bereitstellung von grenzüberschreitenden und unternehmensübergreifenden Sicherheitskonzepten wurden die nachfolgend aufgeführten Vorgehensmodelle und Tools analysiert. Zusätzlich wird auf die Sensibilisierung für Sicherheit in grenzüberschreitenden Datenökosystemen eingegangen, welches kein separates Vorgehensmodell darstellt, jedoch als Kernprozess einer ganzheitlichen Informationssicherheitsstrategie gedacht werden muss.

5.2.1 Risikoanalyse-Tools – Bewertung, Kategorisierung und Minimierung von IT-Sicherheitsrisiken bei Kooperation zwischen KMU

Risikoanalysen dienen der Bewertung, Kategorisierung und Minimierung von IT-Sicherheitsrisiken im Rahmen der Kooperation zwischen KMU (Seibold, 2014). Empfohlen wird dabei, eine klare Strategie zur Risikoanalyse für das gesamte Unternehmen festzulegen und einzuführen (Österreichisches Bundeskanzleramt & A-SIT, 2023). Je nach Bedarf und verfügbaren Ressourcen kann ein Grundschutzansatz, eine detaillierte Risikoanalyse oder ein kombinierter Ansatz als Strategie gewählt werden (Österreichisches Bundeskanzleramt & A-SIT, 2023). Beim Grundschutzansatz werden mit minimalem Aufwand Standard-Schutzmaßnamen aufgebaut und implementiert, dadurch können Minimalanforderungen an die IT-Sicherheit erfüllt, nicht jedoch ein umfassender Schutz garantiert werden (Österreichisches Bundeskanzleramt & A-SIT, 2023). Im Gegensatz dazu beinhaltet die detaillierte Risikoanalyse einen tiefer gehenden Prozess zur Identifizierung, Bewertung und Behandlung von Risiken innerhalb einer Organisation. Dieser Ansatz erfordert oft eine umfassende Analyse und Bewertung aller relevanten Faktoren, einschließlich potenzieller Bedrohungen, Schwachstellen, und möglicher Schadensszenarien (Österreichisches

Bundeskanzleramt & A-SIT, 2023). Dabei kommen verschiedenste Analysetools zum Einsatz, wie Wertanalyse, Bedrohungsanalyse oder Schwachstellenanalyse. Aufgrund dieser Tiefe bietet die detaillierte Risikoanalyse eine genauere und umfassendere Bewertung der Sicherheitslage einer Organisation, was es ermöglicht, maßgeschneiderte Sicherheitsmaßnahmen zu entwickeln, die speziell auf die identifizierten Risiken zugeschnitten sind.

Nicht alle Risiken sind gleich, daher ist es wichtig, Risiken nach Prioritäten zu ordnen, damit Geld- und Personalressourcen auf die wichtigsten Risiken konzentriert sind (Seibold, 2014). Eine Risikobewertung kann auch Teil eines dokumentierten Verfahrens sein und helfen, Vorschriften und Zertifizierungen zu erfüllen.

5.2.2 Normen & Standards – Feststellung der Eignung von Normen und Standards

Neben der Bewertung, Kategorisierung und Minimierung von IT-Sicherheitsrisiken kann eine gezielte Zertifizierung der Informationssicherheit eine wertvolle Ergänzung für den wettbewerblichen Vorteil eines Unternehmens darstellen. Die Umsetzung (eines Teiles) von Informationssicherheitsrichtlinien kann eine Basis für den Abgleich mit Sicherheitskonzepten anderer Unternehmen sein.

Der ISO/IEC 27002 beispielsweise bietet Organisationen Leitlinien, um ein Informationssicherheitsmanagementsystem (ISMS), welches sich auf Cybersicherheit konzentriert, zu etablieren, umzusetzen und zu verbessern (ISO, 2022). Der Standard bietet bewährte Verfahren und Kontrollziele zu wichtigen Aspekten wie Zugriffskontrolle, Kryptographie, Sicherheit des Personals und Incident Response (ISO, 2022). Der Standard dient auch als praktische Richtlinie, um Informationen vor Cyberbedrohungen zu schützen, indem Unternehmen einen proaktiven Ansatz für das Risikomanagement in der Cybersicherheit verfolgen (ISO, 2022).

Der IT-Grundschutz des Bundesamtes für Sicherheit in der Informationstechnik (o. J.) bietet ebenso ein solides Fundament und umfassende Werkzeuge für die Absicherung von Daten, Systemen und Informationen. Er ermöglicht einen ganzheitlichen Ansatz zur Informationssicherheit, deckt technische, infrastrukturelle, organisatorische und personelle Aspekte ab und erleichtert die Identifizierung und Umsetzung von Sicherheitsmaßnahmen. Die BSI-Standards und das IT-Grundschutz-Kompendium bieten bewährte Verfahren und konkrete Anforderungen für die Implementierung eines Managementsystems für Informationssicherheit (ISMS) mittels Basis-, Standard- und Kernabsicherung (Bundesamt für Sicherheit in der Informationstechnik, o. J.).

Das österreichische Sicherheitshandbuch ist ein weiteres Standardwerk, welches eine Anleitung zur Implementierung eines ganzheitlichen Informationssicherheitsmanagementsystems (ISMS) in Unternehmen und der öffentlichen Verwaltung bietet (Österreichisches Bundeskanzleramt & A-SIT, 2023). Neben der Beschreibung spezifischer ISMS-Verfahren enthält es allgemeine Informationen zur Informationssicherheit sowie detaillierte Abschnitte zu Themen wie Smartphonenutzung, Clouddiensten und

Social-Media-Anwendungen, die auch für Privatpersonen relevant sind (Österreichisches Bundeskanzleramt & A-SIT, 2023). Das Sicherheitshandbuch stützt sich vorwiegend auf die ISO/IEC 27001 und 27002 und soll bei der Implementierung dieser Standards unterstützen (Österreichisches Bundeskanzleramt & A-SIT, 2023).

Auf europäischer Ebene wurde die Agentur der Europäischen Union für Cybersicherheit eingerichtet (*ENISA*, o. J.). Diese legt den Fokus auf die operative Zusammenarbeit der Mitgliedsstaaten in Cybersicherheit-Angelegenheiten sowie auf den aktiven Beitrag von Sicherheitsthemen zur aktuellen Gesetzgebung (*ENISA*, o. J.). In der ENISA wird stark zukunftsorientiert gearbeitet, um mögliche Bedrohungen sowie Risiken frühzeitig zu identifizieren und passende Maßnahmen zu ergreifen und so die Europäische Union vor Sicherheitsrisiken zu schützen. Die Agentur veröffentlicht zudem regelmäßig Berichte, Artikel und Standards zu sicherheitsrelevanten Themen. Die Standards umfassen dabei Themen wie 5G, Digital Identity, aber auch Risikomanagement oder Standardisierung zur Unterstützung der Cybersicherheit-Zertifizierung.

Die genannten und weitere verfügbare Standards haben viele Parallelen und unterscheiden sich aber vor allem in ihrem Fokus, Gültigkeitsbereich sowie der Adressaten. Standards wie ISO oder ENISA sind international (oder europaweit) anwendbar und umfassen deshalb breiter gefasste Gesetzgebungen und Handlungsanweisungen. Nationale Standards wie die BSI-Standards oder das österreichische Sicherheitshandbuch beinhalten hingegen länderspezifische Vorgaben und Gesetze und richten sich direkt an die für das Land typischen Unternehmen. Zudem variieren die Standards auch in ihrem Fokus. Einige Berichte befassen sich spezifisch mit Themengebieten wie Cybersicherheit, 5G oder Digital Literacy, andere sind weiter gefasst und umspannen das gesamte Themengebiet IT-, Cyber- und Datensicherheit. Zudem sind einige Standards speziell zur Nutzung von KMU ausgerichtet und beinhalten an die Zielgruppe angepasste Maßnahmen und Handlungsempfehlungen. Andere Standards hingegen beschreiben stark die Problemstellungen und Sichtweisen großer Unternehmen, was sich folglich auch auf die darin vorgeschlagenen Handlungsempfehlungen auswirkt.

5.2.3 Sicherheitsradar und Best Practices – Zertifizierungen, Weiterbildungen, Methodenkompetenz, Best Practices

Nicht immer muss ein offizieller Standard für die Umsetzung von Informationssicherheit im Unternehmen herangezogen werden, auch Best Practices, Frameworks oder Sicherheitsradare können als Unterstützung dienen. Ein bekanntes Framework für Cybersicherheit mit spezifischer Relevanz für KMU ist beispielsweise das NIST Cybersecurity Framework („NIST Cybersecurity Framework", 2019). Dieses besteht aus sechs High-Level-Funktionen: Govern, Identify, Protect, Detect, Respond und Recover, die sich wiederum in verschiedene Kategorien und Unterkategorien aufteilen (National Institute of Standards und Technology, 2024). Die Funktion Govern deckt die Risikomanagementstrategie und -richtlinien ab, die als Grundlage für die Priorisierung der anderen Funktionen dienen.

Identify erfasst aktuelle Risiken und identifiziert Verbesserungsmöglichkeiten, während Protect Schutzmaßnahmen zur effektiven Risikoverwaltung implementiert (National Institute of Standards und Technology, 2024). Detect findet und analysiert Cybersicherheitsbedrohungen, Respond ergreift Maßnahmen bei Vorfällen und Recover stellt betroffene Anlagen und Abläufe wieder her (National Institute of Standards und Technology, 2024). Dieses Framework kann von Unternehmen herangezogen werden, um die eigene Sicherheitsstrategie damit abzugleichen oder um von Grund auf eine neue Strategie zu entwickeln. Jede High-Level-Funktion hat mehrere dazugehörige Kategorien, die noch detaillierter darstellen, welche Handlungsfelder beachtet und welche Maßnahmen in diesen ergriffen werden können/sollen (National Institute of Standards und Technology, 2024). So besteht beispielsweise die Funktion Govern aus sechs Kategorien (Organizational Context; Risk Management Strategy; Roles, Responsibilities, and Authorities; Policy; Oversight und Cybersecurity Supply Chain Risk Management) die aufzeigen, in welchen Bereichen Risikomanagementstrategien bedacht und implementiert werden sollten (National Institute of Standards und Technology, 2024). Die jeweiligen Unterkategorien bestehen dann aus klaren Anweisungen, wie die einzelnen Kategorien (Sicherheitsschwerpunkte) umgesetzt oder überprüft werden können (National Institute of Standards und Technology, 2024).

Während des gesamten Prozesses rund um das Erstellen, Implementieren und Aktualisieren der Sicherheitsstrategie können neben solchen Frameworks, auch Best Practices oder Trendanalysen als weitere Unterstützungstools genutzt werden. Vor allem größere Beratungsunternehmen wie Gartner oder Deloitte erstellen regelmäßig Analysen und Berichte zu aktuellen Entwicklungen auf dem Markt. Diese bieten einen groben Überblick zu wichtigen Themenfeldern, Neuerungen und zukünftigen Trends.

5.2.4 Sensibilisierung für Sicherheit

Sensibilisierung für IKT-Sicherheit spielt eine entscheidende Rolle, wenn es um die Umsetzung und Wahrung von Sicherheitsstrategien geht. Menschliches Versagen ist eine der häufigsten Ursachen für erfolgreiche IT-Attacken und Datenlecks (Tenable, 2023). Risiken gehen dabei von immer mehr Quellen aus, seien es E-Mails, soziale Medien oder Cloudserver (Latzenhofer et al., 2021). Das Bewusstsein für IKT-Sicherheit muss deshalb nicht nur in Unternehmen, sondern in der gesamten Gesellschaft gestärkt werden (Latzenhofer et al., 2021). Es ist notwendig, ein Grundverständnis für die Risiken der Digitalisierung zu fördern und proaktiv Maßnahmen zu ergreifen, die sowohl die breite Bevölkerung als auch Unternehmen und Einzelpersonen aller Altersgruppen erreichen (Latzenhofer et al., 2021). Dies kann durch gezielte Aufklärungskampagnen, die Einbindung von Cybersicherheitsübungen und Trainings für Organisationen sowie die Förderung der Digital Literacy, insbesondere in der Ausbildung (Latzenhofer et al., 2021) oder die Schaffung einer IT-Sicherheitskultur (Pohlmann, 2016) erfolgen. In besonderem Hinblick auf Unternehmen wird eine Sicherheitskultur geschaffen, durch die sich Mitarbeitende der Bedeutung der Informationssicherheit bewusst sind und proaktiv und eigenständig Maßnahmen zum Schutz der Unternehmensressourcen ergreifen sowie ermutigt werden, auffälliges Verhalten zu melden. Indem Unternehmen ihre Mitarbeitenden über bewährte Verfahren und Standards aufklären, können sie neue Bedrohungen besser erkennen und darauf reagieren.

Insgesamt lässt sich feststellen, dass trotz der hohen Priorität, die der IKT-Sicherheit in Unternehmen eingeräumt wird, eine bemerkenswerte Lücke zwischen der praktischen Umsetzung und den offiziellen Leitlinien besteht. Literatur, Richtlinien und Normen bieten zahlreiche Empfehlungen und Ansätze für Organisationen, um eine starke und widerstandsfähige Informationssicherheit zu schaffen. Allerdings zeigt die praktische Erfahrung im Netzwerk der Unternehmen des Projektes, dass Unternehmen der IT-Sicherheit ihrer Geschäftspartner derzeit weniger Aufmerksamkeit schenken als der eigenen. Die zentrale Herausforderung besteht daher darin, Sicherheitsthemen breiter und über Unternehmensgrenzen hinweg zu denken sowie Maßnahmen und deren Überwachung gezielt für Datenökosysteme zu erweitern.

5.3 Sicherheitsbetrachtungen im Phasenmodell des Data Sharing Framework

Im Rahmen des Data Sharing Framework werden Sicherheitsbetrachtungen in verschiedenen Phasen durchgeführt, um eine umfassende und effektive Informationssicherheit zu gewährleisten. Dieser Abschnitt konzentriert sich auf zeitabhängige Sicherheitsbetrachtungen, beginnend mit der Sensibilisierung und weiterführend über die Vorbereitung, Implementierung bis hin zur Anpassung und Skalierung der Sicherheitsmaßnahmen. Jede Phase zielt darauf ab, die Sicherheit im Umgang mit Daten und Informationen zu verbessern und potenzielle Risiken zu minimieren. Besonders wichtig zu beachten ist zudem, alle Phasen iterativ zu durchlaufen und auf Aktualität und regelmäßige Anpassungen zu achten.

5.3.1 Sensibilisierung

In der Sensibilisierungsphase liegt der Fokus zum einen auf der Identifikation sämtlicher relevanter (Schlüssel-)Partner:innen sowie Datenstakeholdern, zum anderen auf der Identifikation der jeweiligen Sicherheitsbedenken der Partner:innen und Datenstakeholder.

Um die richtigen Schutzmaßnahmen ergreifen zu können und das gesamte Unternehmen passend zu schulen, ist es essenziell, alle Parteien, die mit den Daten in jeglicher Form in Berührung kommen, zu kennen. Dazu sollte eine umfassende Stakeholderanalyse durchgeführt werden. Je nachdem, welche zeitlichen und monetären Ressourcen zur Verfügung stehen, gibt es verschiedene Möglichkeiten, diese zu identifizieren. Eine Liste mit allen internen sowie externen Stakeholdern, die direkt oder indirekt von den

Aktivitäten des Unternehmens betroffen sind, muss erstellt werden. Dieser Schritt sollte auch dann durchgeführt werden, wenn das Unternehmen bereits eine aktuelle Liste aller wichtigen Stakeholder führt, da vor allem Datenstakeholder oft übersehen werden, sich schnell ändern oder neu dazukommen. Wenn möglich, bieten Interviews, Umfragen oder Workshops mit relevanten Stakeholdern zusätzliche Einblicke in Strukturen, Datenschnittstellen und Rollen der Partner:innen. Zusätzliche externe Recherche wie Analysen von Branchenberichten, Fallstudien und regulatorischen Anforderungen sowie aktives Benchmarking helfen dabei, Informationen zu Sicherheitsthemen zu sammeln. Darüber hinaus ist es ratsam, öffentliche Bekanntmachungen von Sicherheitsvorfällen und Datenschutzverletzungen, die (potenzielle) Stakeholder betreffen, zu berücksichtigen. Dadurch können mögliche Schwachstellen, unbekannte Datenstakeholder oder Sicherheitsbedenken anderer Unternehmen erkannt werden.

Sind alle (Schlüssel-)Partner:innen und Datenstakeholder bekannt, kann mithilfe einer Risikoanalyse identifiziert werden, welche Sicherheitsbedenken und -risiken im eigenen Unternehmen sowie bei Partner:innen und Datenstakeholdern bestehen oder zukünftig auftreten werden. Unterschiedlichste Faktoren sollten dabei berücksichtigt werden, wie die Art der Daten, die geteilt werden, oder Sicherheitspraktiken der Partner:innen. Da nicht alle Risiken gleich sind, ist es wichtig, sie nach Prioritäten zu ordnen, um sicherzustellen, dass finanzielle und personelle Ressourcen auf die wichtigsten Risiken ausgerichtet sind. Eine Risikobewertung kann Teil eines dokumentierten Verfahrens sein und dazu beitragen, gesetzliche Vorschriften einzuhalten.

5.3.2 Vorbereitung

Nachdem ein umfassendes Verständnis der involvierten und betroffenen (Daten)-Stakeholder erreicht und potenzielle Risiken identifiziert wurden, besteht der nächste Schritt darin, eine Sicherheitsstrategie zu entwickeln (oder die bestehende Strategie zu überarbeiten). Dies erfordert die Identifikation konkreter Schutzmaßnahmen, wobei ein bedeutender Teil auf präventive Maßnahmen entfällt, die sicherstellen, dass Sicherheitsprobleme von vornherein vermieden werden. Dies kann die Implementierung von Technologien, Richtlinien, Verfahren und anderen Sicherheitskontrollen umfassen, um die Vertraulichkeit, Integrität und Verfügbarkeit der Daten zu gewährleisten. Ebenso sollte eine formale Sicherheitsrichtlinie (Security Policy), die die Sicherheitsziele des Unternehmens definiert und klare Anweisungen für alle Mitarbeitenden enthält, erstellt werden. Die Richtlinie sollte unter anderem Best Practices zum Umgang mit Passwörtern, den Zugriff auf Daten, die Sicherung von Informationen, den Umgang mit Datenaustausch und andere sicherheitsrelevante Themen umfassen. Die Sicherheitsrichtlinie dient vor allem als Nachschlagewerk und sollte deshalb so genau, aber dennoch so einfach wie möglich beschrieben werden. Die Vorbereitungsphase beinhaltet ebenfalls das Aufbauen einer verstärkten Zusammenarbeit zwischen relevanten Abteilungen im Unternehmen wie beispielsweise der IT-Abteilung, dem Rechts- und Compliance-Team sowie dem Kundenservice. Durch eine verbesserte Kommunikation und Zusammenarbeit bei Sicherheitsthemen können Schwachstellen schneller erkannt, Bedenken und Feedback ausgetauscht und gemeinsam Lösungen für aktuelle Herausforderungen erarbeitet werden. Unternehmen müssen damit beginnen, Informationssicherheit als ganzheitlich und standortübergreifend zu betrachten. Neben Prävention und Security Policy spielt auch die Schulung der Mitarbeitenden eine erhebliche Rolle in der Vorbereitungsphase. Mitarbeiter:innen müssen nicht nur für IT-Sicherheit sensibilisiert, sondern auch darin trainiert werden, Sicherheitsrisiken zu erkennen und zu vermeiden. Schulungen und Trainings können dabei den Umgang mit Phishing-E-Mails, Social-Engineering-Angriffen und anderen gängigen Bedrohungen sowie die Information zu Sicherheitsrichtlinie und -verfahren beinhalten. Durch die Etablierung einer Sicherheitskultur, in der Mitarbeitende die Bedeutung der Informationssicherheit verstehen, proaktiv Maßnahmen zum Schutz der Unternehmensressourcen ergreifen und ermutigt werden, verdächtiges Verhalten zu melden, können Unternehmen ihre Risiken erheblich reduzieren.

Um die langfristige Wirkung der identifizierten Schutzmaßnahmen zu gewährleisten, besteht ein weiterer Schritt in der Vorbereitungsphase, aus der Erstellung und dem Aufsetzen eines Monitoringsystems. Mithilfe dieses Systems kann die Wirksamkeit der implementierten Sicherheitsmaßnahmen überwacht und analysiert werden. Key Performance Indicators (KPIs) und Metriken müssen definiert werden, um den Sicherheitsstatus des Unternehmens messen und mögliche Sicherheitslücken und Schwachstellen identifizieren zu können.

5.3.3 Implementierung

Die Implementierungsphase besteht zum einen aus der Umsetzung aller definierten Schutzmaßnahmen, zum anderen aus der Einführung des Monitoringsystems. Während der Implementierungsphase sollte man auf folgende Punkte speziell achten: Testen, Ressourcenallokation, Kommunikation, Compliance sowie Dokumentation. Um die geplanten Schutzmaßnahmen reibungslos einführen zu können, muss geprüft werden, ob die nötigen finanziellen sowie personellen Ressourcen verfügbar sind. Sollte besonders das notwendige Know-how nicht zur Verfügung stehen, müssen entweder neue Mitarbeitende mit entsprechender Expertise eingestellt oder weitere Schulungen und Trainings mit den bestehenden Mitarbeitenden durchgeführt werden. Nur wenn das Unternehmen über die notwendigen Mittel verfügt, können Sicherheitsziele effektiv erreicht werden. Ebenso muss sichergestellt werden, dass die geplanten Sicherheitsmaßnahmen den geltenden gesetzlichen Vorschriften und branchenspezifischen Standards entsprechen (siehe 3.1.1 und 3.1.2). Bevor Schutzmaßnahmen endgültig eingeführt werden, sollten diese noch getestet werden, um sicherzustellen, dass die Maßnahmen wie gewünscht und ordnungsgemäß funktionieren. Dies kann die Durchführung von Penetrationstests, Sicherheitsaudits und anderen Überprüfungen umfassen. Während der Implementierung sollte abermals darauf geachtet werden, alle Sicherheitsmaßnahmen und Neuerungen klar zu kommunizieren, damit alle betroffen (Daten-)Stakeholder informiert sind und wissen, wie sie mit den Änderungen korrekt umgehen müssen. Unter Kommunikationsaufwand fällt auch das regelmäßige Bereitstellen und Aufrechterhalten von Schulungen sowie Schulungsmaterialien, um das Bewusstsein und das Verständnis für die Sicherheitsverfahren langfristig zu garantieren.

Alle Schritte und Entscheidungen während der gesamten Implementierungsphase sollten sorgfältig dokumentiert werden. Das erleichtert die Rückverfolgbarkeit und ermöglicht es dem Unternehmen, bei Bedarf Nachweise über die Einhaltung der Sicherheitsanforderungen vorzulegen. Für die Dokumentation der Anforderung kann es von Vorteil sein, Konzepte der Traceability aus dem Management (technischer) Anforderungen zu übernehmen (beispielsweise wie in Ramesh et al., 1995 ursprünglich beschrieben). Pre-Traceability beschreibt hierbei die Zuordnung eines Akteurs zu einer (Sicherheits-)anforderung, für welchen oder aufgrund dessen Intervention eine Anforderung zu einer Maßnahme umgesetzt wurde. Post-Traceability beschreibt den Umstand, dass (technische) Maßnahmen in der Planung, aber auch nach der Implementation dem Akteur zugeordnet werden können. Eine Traceability-Matrix ist ein Instrument, um die Traceability zu visualisieren, zu dokumentieren und umzusetzen (Gotel & Finkelstein, 1994).

5.3.4 Adaption und Skalierung

In der vierten Phase, der Adaption und Skalierung, geht es darum, die Sicherheitsmaßnahmen kontinuierlich anzupassen und zu verbessern, um mit den sich ständig ändernden Bedrohungen und Anforderungen Schritt zu halten. Das Monitoringsystem wird in dieser Phase herangezogen, um erste Ergebnisse und Analysen auswerten zu können. Dadurch kann die Effektivität der implementierten Sicherheitsmaßnahmen regelmäßig evaluiert und KPIs sowie weitere Metriken überwacht werden. Dabei sollten Verbesserungsmöglichkeiten identifiziert werden, um Sicherheitsmaßnahmen zu optimieren und auf neue Risiken und Schwachstellen zu reagieren. Ebenso sollte nun auch das Monitoringsystem angepasst werden, um die identifizierten Risiken zu berücksichtigen und so sicherzustellen, dass das System weiterhin wirksam bleibt. Beispielsweise können neue Überwachungstechnologien integriert, Alarmgrenzen aktualisiert oder Berichtsfunktionen erweitert werden. All diese Maßnahmen tragen auch dazu bei, einen kontinuierlichen Verbesserungsprozess (KVP) zu implementieren. Mithilfe eines KVP werden nicht nur bestehende Maßnahmen verbessert, sondern es wird auch eine wirksame Iterationsschleife in den Gesamtsicherheitsprozess eingebaut. Weiters sollten auch die Schulungen oder zumindest die Sensibilisierungsmaßnahmen für das Personal fortgeführt werden. Die Mitarbeitenden werden so regelmäßig über sich ändernde Risiken und Abwehrmaßnahmen informiert. Neue Mitarbeitende werden von Beginn an mit den geltenden Maßnahmen vertraut gemacht.

Zusätzlich zu Adaption sollte in dieser Phase über eine mögliche Skalierung des Sicherheitskonzepts nachgedacht werden. Unternehmen wachsen stetig, und die Technologieumgebung verändert sich rasant. Durch ein Skalierungskonzept und die Implementierung zusätzlicher Sicherheitslösungen kann auf diese Veränderungen reagiert werden.

5.4 Herausforderungen und Handlungsempfehlungen

Die Aufgabe besteht darin, das Bewusstsein der Mitarbeitenden in den eigenen Unternehmen für alle vorgestellten Theorien, Programme und Empfehlungen zu schärfen und sie in die täglichen Geschäftspraktiken zu integrieren. Die Schaffung und Stärkung von Transparenz und Vertrauen innerhalb der Datenkette ist von größter Bedeutung. Unternehmen vernachlässigen häufig die Informationssicherheit ihrer Geschäftspartner, insbesondere besteht diese Gefahr bei der Umsetzung von Digitalisierungsprozessen sowie der Schaffung von komplexen, grenzüberschreitenden Produkten, Dienstleistungen, Lieferketten oder Geschäftsprozessen. Es ist von entscheidender Bedeutung, blinde Flecken zu identifizieren und zu beseitigen, um die Fähigkeit des Unternehmens zu gewährleisten, den Marktanforderungen effektiv zu entsprechen. In diesem Zusammenhang ist der Aufbau vertrauensvoller Beziehungen zu Geschäftspartnern von entscheidender Bedeutung, um offene und ehrliche Diskussionen über die Informationssicherheit zu ermöglichen und gegebenenfalls gemeinsame Strategien zu erarbeiten.

Im Rahmen des Projektes Data Sharing Framework für KMU wurde eine Reihe von Befragungen und Gesprächen mit Unternehmen unterschiedlicher Größe und Branchen im Bodenseegebiet geführt. Folgende Kategorien von Hindernissen und Hürden im grenzüberschreitenden IT-Sicherheitsmanagement wurden identifiziert:

- **Technische Herausforderungen und Hindernisse**
  Diese Kategorie umfasst insbesondere die Komplexität bei der Umsetzung von technischen Maßnahmen über Unternehmensgrenzen hinweg. Zusätzlich wurden hier veraltete oder inkompatible Systeme und Softwareinfrastrukturen genannt. Eine weniger oft genannte, jedoch nicht zu unterschätzende Herausforderung umfasst die Inkompatibilität von standardisierter Sicherheitssoftware, insbesondere dann, wenn regulatorische Bestimmungen in unterschiedlichen Ländern Angebote verschiedene Softwareanbieter einfordern oder ausschließen. Dies betrifft Cloud- sowie Firewall- aber auch Penetration-Testing-Lösungen prominenter Anbieter wie Microsoft oder Google, welche beispielsweise in Baden-Württemberg von der öffentlichen Hand ganzheitlich ausgeschlossen werden, in Vorarlberg und der Schweiz jedoch als De-facto-Standard gelten. Ein weiteres Beispiel sind Standards zu Single-Sign-On- (SSO)-Technologien, welche teilweise tief in die IT-Prozesslandschaft von Unternehmen integriert sind. Abschließend stellt die Automatisierung von technischen

Maßnahmen ein überwindbares Hindernis im eigenen Unternehmen dar. Sobald jedoch eine Automatisierung über Unternehmensgrenzen stattfinden soll, wirken oben genannte technische Hindernisse verstärkend auf Probleme der raschen Umsetzung von Datenaustausch.

- **Organisatorische Herausforderungen und Hindernisse**
  Die Kategorie beschreibt insbesondere ein Defizit von qualifiziertem Sicherheitspersonal. Der Mangel wird verschärft, wenn das Personal Zertifizierungen benötigt, um Software oder Ausrüstung bedienen zu können, oder wenn in einem Mehrschichtbetrieb operiert wird. Weiters wird das Fehlen von Verfahrensanweisungen oder Prozessen zu Sicherheit im Datenaustausch genannt, welche über die grundlegenden Anforderungen der Datenschutzgrundverordnung der EU hinausgehen.

- **Herausforderung und Hindernisse im Management von Sicherheitsstrategien**
  In dieser Kategorie befinden sich Managementfaktoren der Sicherheitsstrategien und auch der Hindernisse im Tagesgeschäft der Unternehmen. Als Hindernis werden komplizierte Managementprozesse in Sicherheitsstrategien für vielschichtige Datenökosysteme genannt, für welche ein Mangel an Verständnis vorherrscht oder für welche ein tieferes Verständnis im Topmanagement fehlt. Dies führt längerfristig zu einem Mangel an Managementunterstützung und einer fehlenden Sicherheitskultur im Unternehmen. Davon betroffen sind ultimativ die Effizienz und Effektivität der Prozesse, insbesondere wenn oben genannte Automatisierung der Prozesse als nicht umsetzbar erachtet wird. Dies kann zu einem Umfeld führen, in welchem Einzelpersonen mit dem Management der Sicherheit betraut sind und fehlendes Wissensmanagement eine ganzheitliche Sicherheitsstrategie behindert. Ein Mangel an Kommunikation und Zusammenarbeit innerhalb und außerhalb des Unternehmens kann diese Effekte noch verstärken und schlussendlich zu einer Unternehmenskultur führen, in welcher ein Mangel an Bewusstsein für Sicherheitsprobleme vorherrscht.

- **Externe Herausforderungen und Faktoren**
  In der Kategorie zu externen Herausforderungen und Faktoren wird hauptsächlich der Druck von außen genannt, sich in der ständig ändernden Landschaft an Bedrohungen und Sicherheitsschwachstellen zurechtzufinden. Mit geringerer Wichtigkeit werden als externe Faktoren Cyberkriminalität im Allgemeinen (vor allem Ransomwareattacken), der kontinuierliche wirtschaftliche Druck, sich durch Sicherheitsmaßnahmen einen Wettbewerbs- und Marketingvorteil zu verschaffen, sowie allgemeine politische und soziale Faktoren als externe Faktoren genannt.

Eine Übersicht über die Handlungsempfehlungen, welche sich im Data Sharing Framework für IT-Sicherheit ableiten lässt, befindet sich in Tab. 5.1.

Tab. 5.1 Übersicht zu Handlungsempfehlungen zu Datensicherheit aus dem Data Sharing Framework für KMU

Phase 1: Sensibilisierung	**Handlungsempfehlung 1.1:** *Datenakteure analysieren und sich derer Sicherheitsbedenken bewusst werden* Die Analyse der Datenakteure sollte kontinuierlich durchgeführt werden, um sich ändernde Akteure in der gesamten Datenkette entdecken zu können. Eine kontinuierliche Analyse trägt zu verbessertem Verständnis der relevanten Sicherheitsanforderungen bei, ist Teil einer vorausschauenden, präventiven Risikominimierung und erlaubt schlussendlich geordnete ressourcenschonende Sicherheitsprozesse **Handlungsempfehlung 1.2:** *Sensibilisierung für IT-Sicherheit weiter und breiter denken* Im eigenen Unternehmen müssen Mitarbeitende dahin gehend sensibilisiert werden, dass sie sich der externen Gefahren im Datenaustausch bewusst sind und ein Security-By-Design in Prozessen und Dienstleistungen wünschenswert ist, welches die eigenen Maßnahmen in Partnerunternehmen effizient nutzbar macht und somit externe Sicherheitsstrategien unterstützen kann
Phase 2: Vorbereitung	**Handlungsempfehlung 2.1:** *Schutzmaßnahmen für das gesamte Datenökosystem mitdenken* In komplexen Datenökosystemen, bestehend aus verschiedensten Systemen, Anwendungen und Akteuren, sollten alle Elemente berücksichtigt werden. In der Ermittlung der Maßnahmen sollten spezielle Kategorien eingeführt werden, welche sich mit Maßnahmen außerhalb des eigenen Unternehmens im Rahmen des Umsetzbaren beschäftigen **Handlungsempfehlung 2.2:** *Monitoring der Maßnahmen aufsetzen* Das Monitoring sollte an die eruierten Bedürfnisse sowie Risiken und der daraus abgeleiteten Maßnahmen angepasst werden. Das Monitoring erlaubt die Früherkennung von Bedrohungen, rasches Reagieren auf sich verändernde Umstände im Datenökosystem und die kontinuierliche Verbesserung der Schutzmaßnahmen, IT-Sicherheitsprozesse im eigenen Unternehmen sowie im Datenaustauschprozess
Phase 3: Implementierung	**Handlungsempfehlung 3.1:** *Implementierung in Partnerunternehmen überwachen* Die Überwachung der Implementierung von Maßnahmen in Partnerunternehmen sollte in die IT-Sicherheitsstrategie integriert werden. Neben der Erfüllung von Complianceanforderungen sollten ebenso informelle Informationsaustausche und Maßnahmen vereinbart werden, um die unternehmensübergreifende IT-Sicherheitskultur zu fördern **Handlungsempfehlung 3.2:** *Implikationen auf den Unternehmensalltag prüfen* Bei der Implementierung dürfen die Implikationen auf den Unternehmensalltag und den laufenden Betrieb nicht unterschätzt werden. Insbesondere bei der Einführung der Maßnahmen empfiehlt sich, Augenmerk auf die Akzeptanz, Umsetzung und den Reifegrad der Maßnahmen zu legen, um eine höhere Akzeptanz der neuen Maßnahmen zu bewirken, Frustration und Widerstand zu vermeiden sowie Effizienz und Effektivität zu steigern

(Fortsetzung)

Tab. 5.1 (Fortsetzung)

Phase 4: Adaption & Skalierung	**Handlungsempfehlung 4.1:** *Nicht nur Maßnahmen, sondern auch dazugehörende Kennzahlen laufend anpassen* Bei der Anpassung an technische und organisatorische Veränderungen werden notwendige Änderungen von Kennzahlen gerne übersehen. Ein aktives Change-Management der IT-Sicherheitsprozesse sollte deshalb eine regelmäßige Überarbeitung der Kennzahlen vorsehen **Handlungsempfehlung 4.2:** *Automatisierung der Maßnahmen als Chance sehen* Bei der Einführung von grenzüberschreitendem, länderübergreifendem Datenaustausch wird in der Regel eine Vielzahl von Hürden und Hindernissen genannt, weshalb die Automatisierung der Maßnahmen gerne als Herkulesaufgabe gesehen wird. Nichtsdestotrotz kann die (Teil-)Automatisierung von organisatorischen und technischen Sicherheitsmaßnahmen als Chance für eine kosteneffiziente Umsetzung nach anfänglichen Investitionskosten erachtet werden

5.5 Schlussfolgerungen und Ausblick

Zu Sicherheit im Datenaustausch gibt es noch keine konkreten Vorgaben oder Standards, welche sich ausschließlich mit dem Transfer von Daten über Ländergrenzen oder der Etablierung von Dienstleistungen oder Prozessketten beschäftigen. Es besteht jedoch eine Menge von Normen, Standards und Frameworks, die herangezogen werden können, um Datensicherheit im eignen Unternehmen zu implementieren. KMU sollten sich trotz knapper Ressourcen möglichst intensiv mit Datensicherheit und der Umsetzung von Schutzmaßnahmen beschäftigen.

Die Sicherheitsstandards und Best Practices für den Datenaustausch sind vielfältig, reichen von internationalen Normen wie ISO/IEC 27002 bis hin zu spezifischen Richtlinien nationaler Behörden wie dem BSI in Deutschland. Trotz dieser Standards und Richtlinien besteht jedoch eine Lücke zwischen theoretischen Konzepten und praktischer Umsetzung in den Unternehmen. Insbesondere kleine und mittlere Unternehmen stehen vor Herausforderungen, da sie oft über begrenzte Ressourcen und Fachkenntnisse verfügen. Um diesen Herausforderungen zu begegnen, können Sicherheitsbetrachtungen in den verschiedenen Phasen des Data Sharing Framework vorgenommen werden. Dies umfasst die Sensibilisierung für Sicherheitsrisiken, die Vorbereitung und Implementierung von Schutzmaßnahmen sowie die kontinuierliche Anpassung und Skalierung dieser Maßnahmen. Eine ganzheitliche Sicherheitsstrategie, die präventive Maßnahmen, klare Richtlinien, Schulungen für Mitarbeitende und eine kontinuierliche Überwachung umfasst, ist unerlässlich. Insgesamt sollten Unternehmen darauf abzielen, das Bewusstsein für Informationssicherheit zu schärfen, relevante Stakeholder zu identifizieren, eine umfassende Sicherheitsstrategie zu entwickeln und kontinuierlich zu verbessern. Nur durch diese ganzheitliche Herangehensweise können Unternehmen den Herausforderungen im Datenaustausch erfolgreich begegnen und das Vertrauen in digitale Systeme stärken.

Literatur

Akhgar, B., & Arabnia, H. (Hrsg.). (2014). *Emerging trends in ICT security*. Morgan Kaufmann/Elsevier.

Bundesamt für Sicherheit in der Informationstechnik. (o. J.). *IT-Grundschutz*. Bundesamt für Sicherheit in der Informationstechnik. Abgerufen 13. März 2024, von https://www.bsi.bund.de/DE/Themen/Unternehmen-und-Organisationen/Standards-und-Zertifizierung/IT-Grundschutz/it-grundschutz.html?nn=128656.

ENISA. (o. J.). [Plone Site]. ENISA. Abgerufen 26. März 2024, von https://www.enisa.europa.eu.

Gadatsch, A., & Mangiapane, M. (2017). IT-Sicherheit: Digitalisierung der Geschäftsprozesse und Informationssicherheit. *Springer Fachmedien Wiesbaden*. https://doi.org/10.1007/978-3-658-17713-3.

Gotel, O., & Finkelstein, A. (1994). *An analysis of the requirements traceability problem* (S. 94–101). IEEE Computer Society Press. https://discovery.ucl.ac.uk/id/eprint/749/.

ISO. (2022). *ISO/IEC 27002:2022*. ISO. https://www.iso.org/standard/75652.html.

Latzenhofer, M., Schauer, S., Sommerer, N., & Zieser, M. (2021). *Cybersecurity: Systematisierung, Forschungsstand und Innovationspotenziale* (Institut für Technikfolgen-Abschätzung (ITA) & AIT Austrian Institute of Technology, Hrsg.). https://www.parlament.gv.at/dokument/fachinfos/zukunftsthemen/Cybersecurity-Endbericht_2021-12-17.pdf.

National Institute of Standards and Technology. (2024). *The NIST Cybersecurity Framework (CSF) 2.0* (NIST CSWP 29; S. NIST CSWP 29). National Institute of Standards and Technology. https://doi.org/10.6028/NIST.CSWP.29.

NIST Cybersecurity Framework. (2019). *NIST*. https://www.nist.gov/itl/smallbusinesscyber/nist-cybersecurity-framework-0.

Österreichisches Bundeskanzleramt & A-SIT (Hrsg.). (2023). *Österreichisches Informationssicherheitshandbuch* (4.4.0). https://www.sicherheitshandbuch.gv.at/#all.

Pohlmann, N. (2016). Zur Entwicklung einer IT-Sicherheitskultur: Wie das IT-Sicherheitsgesetz den gesellschaftlichen Umgang mit IT-Risiken fördern kann. *Datenschutz und Datensicherheit – DuD, 40*(1), 38–42. https://doi.org/10.1007/s11623-016-0540-y.

Ramesh, B., Powers, T., Stubbs, C., & Edwards, M. (1995). Implementing requirements traceability: A case study. *Proceedings of 1995 IEEE International Symposium on Requirements Engineering (RE'95)*, 89–95. https://doi.org/10.1109/ISRE.1995.512549.

Rat der Euroäischen Kommission (2008). RICHTLINIE 2008/114/EG DES RATES vom 8. Dezember 2008 über die Ermittlung und Ausweisung europäischer kritischer Infrastrukturen und die Bewertung der Notwendigkeit, ihren Schutz zu verbessern.

Rudel, S., & Lechner, U. (Hrsg.). (2018). IT-Sicherheit für Kritische Infrastrukturen – State of the Art: Ergebnisse des Förderschwerpunkts IT-Sicherheit für Kritische Infrastrukturen ITS/KRITIS des BMBF (1. Aufl.). Professur für Wirtschaftsinformatik, Universität der Bundeswehr München.

Seibold, H. (2014). *IT-Risikomanagement*. De Gruyter. https://books.google.at/books?id=I2LpBQAAQBAJ.

Tenable. (2023, Februar). *Anteil der Cybersicherheitsverletzungen nach Ursachen 2022*. Statista. https://de.statista.com/statistik/daten/studie/1422401/umfrage/cybersicherheitsverletzungen-nach-ursache/.

Venkatraman, S. (2011). A Framework for ICT Security Policy Management. In E. E. Adomi (Hrsg.), *Frameworks for ICT Policy: Government, Social and Legal Issues*. IGI Global. https://doi.org/10.4018/978-1-61692-012-8.

5 Betrachtungen zur Sicherheit im Datenaustausch

Nicola Moosbrugger ist eine Wirtschaftsinformatikerin, die sich auf die digitale Transformation in verschiedenen Bereichen spezialisiert hat. Sie hat an zahlreichen von der EU geförderten Projekten mitgewirkt und war dabei auch als Projektleiterin tätig. Neben ihrem starken Fokus auf die Digitalisierung von Regionen sowie digitale Dienstleistungen von Städten und Gemeinden hat sie sich intensiv mit Themen wie Remote Work und Coworking auseinandergesetzt. Darüber hinaus widmet sich Nicola Moosbrugger zunehmend Themen wie Mobilität, Logistik und innovativen Konzepten wie Industry 5.0.

Martin Dobler ist Informatiker mit dem Fokus auf Mobilität, insbesondere Logistik, sowie IT-Sicherheit in verteilten Netzen. Martin Dobler war an einer Vielzahl EU geförderter Projekte (Interreg-Programme und 7. Rahmenprogramm FP7) beteiligt, unter anderem als Technical Manager und Dissemination Manager. Seit Mai 2023 leitet Martin Dobler das Innovationslabor Sustainable Mobility Lab unter Beteiligung von 18 Organisationen der Bodenseeregion (D-A-CH-LI-Gebiet). Er unterrichtete zudem an der Fachhochschule Vorarlberg und in Schloss Hofen unter anderem Programmierung, IT-Produkt- und Servicemanagement sowie Modellierung von cyberphysischen Systemen. Vor seiner Zeit an der FH Vorarlberg war Martin Dobler für die V-Research als Forscher und Softwareentwickler tätig, unter anderem für FFG-teilfinanzierte Projekte im Bereich der Logistik und Simulation.

Prof. (FH) Dr.-Ing. Jens Schumacher ist Diplom-Informatiker und hat in der Produktionstechnik an der Universität Bremen promoviert. Seit 2005 ist er als Forschungsprofessor an der FH Vorarlberg tätig. Er leitet das Forschungszentrum Business Informatics, ist Dozent im Studiengang Internationale Betriebswirtschaft und wissenschaftlicher Leiter des berufsbegleitenden Studiengangs Nachhaltiges Innovations- und Produktmanagement (Schloss Hofen).

Recht und Governance

Marc Strittmatter, Manuel Treiterer und Johanna Meyer

Zusammenfassung

Unternehmen stehen vor der Herausforderung, dass sie aus der Rechtsunsicherheit wegen bisher fehlender Regulierung im Umgang mit nicht personenbezogenen Daten nun ein reguliertes EU-Datenwirtschaftsrecht bewältigen müssen. Insbesondere kleinen und mittleren Unternehmen fehlt es oft an Data-Governance-Strukturen, um in diesem Umfeld effektiv und selbstbewusst Data Sharing zu betreiben, was ihre Bereitschaft zur Datenteilung stark hemmt. Der vorliegende Beitrag schlägt Grundsäulen einer rechtlich orientierten Data Governance vor, bestehend aus Dateninventarisierung (Daten als Asset), rechtlichen Schutzmöglichkeiten (IP-Management, insbesondere von Geschäftsgeheimnissen) und der vertraglichen Ausgestaltung der Datennutzung (Datenlizenzen).

M. Strittmatter (✉) · M. Treiterer · J. Meyer
HTWG – Hochschule Konstanz Technik, Wirtschaft und Gestaltung Konstanz, Konstanz, Deutschland
E-Mail: strittma@htwg-konstanz.de

M. Treiterer
E-Mail: manuel@treiterer.de

J. Meyer
E-Mail: jmeyer@htwg-konstanz.de

6.1 Herausforderungen der Unternehmen

Unternehmen müssen angesichts der Entstehung eines regulierten EU-Datenwirtschaftsrechts verstärkt darüber nachdenken, wie sie Data Sharing in Zukunft in einem Umfeld gestalten können, das in die Vertragsfreiheit wesentlich eingreift und sogar behördliche Sanktionen für Verstöße gegen die neuen Regelungen vorsieht. Bevor der Ansatz einer unternehmensinternen Data Governance als Voraussetzung eines Lösungsansatzes skizziert wird, soll zunächst das neue EU-Datenwirtschaftsrecht kurz umrissen werden.

6.1.1 Entstehung eines EU-Datenwirtschaftsrechts

Das Potenzial von Daten wird in Europa noch zu wenig genutzt (Specht-Riemenschneider, 2023, 638). Daten können zur langfristigen Stärkung von Produktivität und Wachstum beitragen, aber viele EU-Länder investieren im internationalen Vergleich zu wenig in diesen Bereich, während gleichzeitig Konzentrationstendenzen in der Datenökonomie zu Machtungleichgewichten zwischen Unternehmen, der Gesellschaft und dem Staat führen (Fries & Scheufen, 2019, S. 726).

Dies hat der europäische Gesetzgeber erkannt und eine **Europäische Datenstrategie** (COM(2020)66 final) verabschiedet. Ziel dieser Strategie ist es, einen einheitlichen europäischen Datenraum als Binnenmarkt für Daten zu schaffen (Wiebe, 2023b, 1569). Die Umsetzung dieser Strategie basiert auf mehreren Säulen, wie die Schaffung gemeinsamer europäischer Datenräume, die Etablierung eines Rechtsrahmens für den Zugang zu und die Nutzung von Daten, Investitionen zur Stärkung der europäischen Kapazitäten und Infrastrukturen für Hosting, Datenverarbeitung und -nutzung sowie die Sicherstellung der Interoperabilität von Daten und Systemen. Die Europäische Kommission hat also die Initiative ergriffen, um den Zugang, die Handelbarkeit, die Qualität und die kommerzielle Verwertung von personenbezogenen und nicht personenbezogenen Daten zu regulieren, durchaus mit dem Ziel, Märkte zu designen.

Das **Europäische Datenwirtschaftsrecht** wird maßgeblich auf dem **Data Governance Act** (DGA) (COM(2020) 767) sowie dem **Data Act** (DA) (COM(2022) 68) fußen, die beide einen wichtigen Beitrag zur Schaffung eines Governance-Rahmens für Datenzugang und -nutzung darstellen.

6.1.2 Data Governance Act und Data Act – Überblick

Im Rahmen der europäischen Datenstrategie wurde durch die Verabschiedung des **Data Governance Act** (DGA) im Mai 2022 bereits eine Regulierungsmaßnahme getroffen, die die Grundlage für einen sicheren und souveränen Datenaustausch zwischen Unternehmen, Privatpersonen und der öffentlichen Hand bilden soll. Hierbei bedient sich der DGA bestimmter Verfahren und Strukturen, um die gemeinsame Datennutzung und das

Teilen von Daten nicht nur zu vereinfachen, sondern auch zu fördern. Insbesondere soll damit ein verbesserter Zugang zu **Daten des öffentlichen Sektors** und die entgeltliche gemeinsame Datennutzung von Unternehmen, ebenso wie ein gemeinnütziges Verhalten beim Datenteilen (Datenaltruismus) bewirkt werden (Spießhofer, 2022, S. 435).

Ergänzend zum DGA wollte die EU-Kommission mit dem im Februar 2022 vorgelegten Entwurf des **Data Act** durch gezielte Regulierung den Zugang zu und die Nutzung von Daten, insbesondere auch für KMU, verbessern und das Verhältnis zwischen Datenproduzenten, Dateninhabern und Dateninteressenten von Grund auf neu austarieren (Hennemann & Steinrötter, 2022, S. 1481). Der Data Act (DA) soll die Grundlage für einen interessengerechten Zugang zu Daten bilden.

Der DA ist am 11. Januar 2024 in Kraft getreten, er wird ab 12. September 2025 Anwendung finden. Er hat die Aufgabe, die breitere Nutzung des Potenzials von Gerätedaten und Daten hiermit verbundener digitaler Dienste zu ermöglichen und auch Hilfestellungen zu geben, wie der Zugang technisch sowie vertraglich ausgestaltet werden muss und kann.

In der Schweiz sind – soweit ersichtlich – keine vergleichbaren Rechtsakte geplant. Allerdings können Schweizer Unternehmen ebenso von den Bestimmungen des DA betroffen sein, soweit sie ihre im Anwendungsbereich des DA liegenden Dienstleistungen und Waren im Binnenmarkt anbieten, denn es gilt das Marktortprinzip: Unternehmen, die ihre Produkte und Leistungen im Markt der EU anbieten wollen, unterliegen – verkürzt gesagt – den Regeln des Marktortes, auch unabhängig von ihrem Sitz (Wiebe, 2023a, S. 777).

6.2 Forschungsmethode

Vor diesem Hintergrund lag es nahe, im Rahmen des Projekts eine Entwicklung von empfohlenen Bausteinen anzustreben, die für eine effektive rechtliche Data Governance essenziell sind. Ziel war es, den Akteuren Vorschläge zu unterbreiten, wie sie den gesetzlichen Anforderungen entsprechen, eine geordnete Datenlandschaft innerhalb des Unternehmens etablieren und schließlich zu einer handlungsfähige Position nach außen kommen könnten.

Im ersten Schritt wurden Ansätze für die Entwicklung einer internen Data Governance aus einschlägiger Literatur recherchiert und zusammengeführt, wobei auch die bestehenden tatsächlichen und rechtlichen Hürden identifiziert wurden. Dies umfasste auch eine eingehende Recherche zu Fragen der Dateninventarisierung, um abstrakt diejenigen Datenbestände auszumachen, die Gegenstand eines Datenaustausch sein könnten. Hierbei wurden Abgrenzungen zwischen strikt nicht teilbaren Daten (bspw. aufgrund eines zu wahrenden Geschäftsgeheimnisses) und potenziell teilbaren Daten unternommen. Zudem wurden Regeln für das Dateninventar aufgestellt, wobei der Fokus insbesondere auf die Verwaltung von Daten als strategische Vermögenswerte, ihre Klassifizierung, Priorisierung und Strukturierung gelegt wurde.

Im nächsten Schritt wurden die rechtlichen Schutzmöglichkeiten für die Datenbestände von KMUs untersucht. Angesichts lückenhafter gesetzlicher Schutzpositionen für nicht personenbezogene Daten lag ein besonderes Augenmerk auf der vertraglichen Ausgestaltung der Datennutzung, da diese als maßgebliches rechtliches Instrument gilt (Strittmatter et al., 2023, S. 33). Dabei wurde auch die Frage nach den Auswirkungen des Data Act auf das Rechtsverhältnis zwischen den Vertragsparteien eingehend beleuchtet.

Die Ergebnisse qualitativer Experteninterviews mit spezialisierten Personen aus 13 Unternehmen, darunter 10 KMUs sowie einer breit angelegten Umfrage (s. u. 4.) bestätigten, dass Hürden auf allen drei Ebenen der hier vorgeschlagenen rechtlichen Data Governance (s. u. 5.2) auftreten. Insbesondere wurde festgestellt, dass ein Mangel an internen Handlungsleitlinien zu Rechtsunsicherheit führt und die Bereitschaft zur Datenteilung daher gehemmt wird. Basierend auf diesen Erkenntnissen wurde der Forschungsansatz zur rechtlichen Betrachtung des Daten-Sharing weiterentwickeln.

6.3 Literaturanalyse

Die Literaturanalyse zu Fragen des Dateneigentums, den gesetzlichen Schutzmöglichkeiten von Daten und der vertraglichen Ausgestaltung von Datennutzungsvereinbarungen eröffnet ein facettenreiches Panorama der breiten Diskussionen und Herausforderungen im Bereich der Datenökonomie.

6.3.1 Fragen des Dateneigentums

Der Schutz von Maschinendaten und Datenbeständen ist ein seit Jahrzehnten viel diskutiertes Thema, das jedoch an Fahrt verloren hat, da sich mittlerweile ein einheitliches Meinungsbild gefestigt hat und obendrein sich der europäische Gesetzgeber spätestens durch den Data Act bewusst gegen ein Dateneigentum entschieden hat (Steinrötter, 2021, S. 483). Stattdessen regelt nun der Data Act unter anderem das Recht der Nutzer auf Zugang und Nutzung der von ihnen generierten Daten und das Verbot unangemessener Vertragsklauseln (spezifisches **Daten-AGB-Recht**) in standardisierten Datenlizenzverträgen. Im Ergebnis bleibt der Vertrag das maßgebliche Instrument zur Regelung der Datennutzung zwischen den Parteien eines Datenökosystems (Wiebe, 2023, S. 779).

6.3.2 Weitere gesetzliche Schutzmöglichkeiten von Daten

Der gesetzliche Schutz von nicht personenbezogenen Daten ergibt sich nur lückenhaft aus gesetzlichen Regelungen, insbesondere aus Regelungen des UrhG und des Gesetzes zum Schutz von Geschäftsgeheimnissen (GeschGehG). Diese Gesetze bieten unterschiedliche

Schutzmöglichkeiten, je nachdem, ob es sich um strukturierte (Kundendatenbanken, Finanzinformationen oder Inventarlisten) oder unstrukturierte Daten (nicht kontextualisierte Sensordaten im Maschinen- oder Gerätespeicher) handelt, und ob die Daten als Geschäftsgeheimnisse eingestuft werden können.

Für den **Schutz von Datenbanken** ist insbesondere § 87a UrhG relevant. Eine Datenbank im Sinne dieser Norm ist eine Sammlung von Werken, Daten oder anderen unabhängigen Elementen, die systematisch oder methodisch angeordnet und einzeln mit elektronischen Mitteln oder auf andere Weise zugänglich sind. Der Schutz betrifft die Struktur der Datenbank (Datenbankherstellerrecht), nicht aber den der enthaltenen Einzeldaten (!), und setzt eine wesentliche Investition in die Beschaffung, Überprüfung oder Darstellung des Inhalts voraus, wobei die Investition in die Generierung der Daten als solcher kein Schutzrecht auslöst. Dies bedeutet, dass strukturierte Datenbestände, deren Zugänglichmachung eine wesentliche Investition erfordern, nach dem Urhebergesetz geschützt sein können (sog. „Sui-generis-Schutzrecht"), während unstrukturierte Datenansammlungen nicht geschützt sind. Potenzielle Konflikte zwischen den Nutzungsrechten des Nutzers i. S. d. Data Acts und den Rechten des Datenbankherstellers (bspw. des Dateninhabers) werden im Data Act durch Art. 43 klargestellt: Danach findet das Sui-generis-Recht keine Anwendung auf Datenbanken, die Daten enthalten, die mittels eines vernetzten Produkts oder verbundenen Dienstes erlangt oder erzeugt wurden (Antoine, 2024, S. 77). Dies ist folgerichtig, da der Aufwand für die Generierung von Daten bei der Bewertung, ob eine wesentliche Investition nach § 87a UrhG vorliegt, wie schon dargestellt, nicht zu berücksichtigen ist.

Das GeschGehG, das die EU-Richtlinie 2016/943 umsetzt, bietet einen Rahmen für den **Schutz von Geschäftsgeheimnissen**. Ein Geschäftsgeheimnis kann jede Information sein, die nicht allgemein bekannt oder leicht zugänglich ist, einen wirtschaftlichen Wert besitzt und Gegenstand angemessener Schutzmaßnahmen durch ihren rechtmäßigen Inhaber ist, um ihre Geheimhaltung zu bewahren (Ohly, 2019, S. 443).

Unstrukturierte Daten fallen demnach nicht unter den Schutz des Urheberrechts, können aber unter bestimmten Umständen als Geschäftsgeheimnisse nach dem GeschGehG geschützt sein. Der Schlüssel zum Schutz dieser Daten, der in erster Linie **Zugangsschutz** gewährt, liegt in der Implementierung von Maßnahmen, die in der Regel aus einer Mischung aus technischen, organisatorischen und rechtlichen Vorkehrungen besteht (von Ditfurth, 2024, S. 59).

6.3.3 Fragen der vertraglichen Ausgestaltung von Datennutzungsvereinbarungen

Die unvollständige und stark einzelfallabhängige rechtliche Absicherung nicht-personenbezogener Daten wie Maschinen- und Sensordaten führt zu beträchtlicher Rechtsunsicherheit für Unternehmen. Diese Unsicherheit kann sich negativ auf ihre Bereitschaft auswirken, Daten zu teilen (Podszun, 2021, S. 125). Obwohl die EU den freien

Fluss nicht personenbezogener Daten durch verschiedenste, vor allem regulatorische Schritte propagiert, zögern Unternehmen nach wie vor, ihre Daten zu teilen. Dies liegt an technischen und rechtlichen Hürden, aber auch an einem Mangel an Bewusstsein für den Nutzen von Daten und die fehlende Kenntnis über Möglichkeiten, ihre Nutzung vertraglich zu steuern. Vertragsrechtliche Regelungen können hierbei genauso unterstützen wie gesetzliche Maßnahmen, die Data Sharing zwischen Unternehmen fördern, etwa durch ein standardisiertes Vertragsrecht für Datenverträge (Fries & Scheufen, 2023, S. 425). Dazu sieht die europäische Kommission im Data Act vor, bis zum 12. September 2025 (Anwendbarkeitsdatum der Verordnung) unverbindliche Musterklauseln für den Datenzugang und die Datennutzung bereitzustellen (Schwamberger, 2024, S. 99).

Denn bisher hatten Unternehmen die Freiheit, die Übertragung, Nutzung und den Zugang zu Daten nach eigenem Ermessen vertraglich zu regeln. (Hennemann, 2021, S. 63). Die einzige Ausnahme bestand im Falle personenbezogener Daten, wo datenschutzrechtliche Bestimmungen, insbesondere das Prinzip des Verbots mit Erlaubnisvorbehalt der DSGVO, beachtet werden müssen (Hennemann, 2021, S. 61). Mit dem Data Act werden, unbeschadet des Regimes der DSGVO, neue gesetzliche Bedingungen vorgesehen, die erstmals den Zugang zu und die Nutzung von Daten regeln. Dazu wird im Rahmen des Data Act in Art. 4 Abs. 13 ein bedeutender Regelungsgegenstand eingeführt: Der Inhaber der Daten darf nicht personenbezogene Daten, die durch die Verwendung eines vernetzten Produktes oder eines damit verbundenen Dienstes anfallen, nur dann nutzen, wenn ein Vertrag mit dem Nutzer besteht (Schmidt-Kessel, 2024, S. 76). Dies erfordert also eine Datenlizenz, d. h. eine ausdrückliche Zustimmung des Nutzers zur Nutzung seiner Daten durch den Dateninhaber. Das primäre Rechtsinstrument des Data Act ist somit der Vertrag, was wiederum bedeutet, dass der Dateninhaber den wirtschaftlichen Wert der Daten nur durch eine vertragliche Vereinbarung mit dem Nutzer realisieren kann (Witzel, 2022, S. 526, Schwamberger, 2024, S. 96).

6.4 Empirische Analyse

Um das übergeordnete Ziel – die Unterstützung von kleinen und mittleren Unternehmen (KMU) bei unternehmens- und grenzübergreifenden datenbasierten Kooperationen und dem damit einhergehenden Datenaustausch – zu verfolgen, wurden in der ersten Phase des Projekts „Data Sharing Framework" zunächst Recherchetätigkeiten und Unternehmensumfragen unter KMU durchgeführt (siehe Abb. 6.1).

Insbesondere die Auswertungsergebnisse zur Frage, ob Unternehmen eine interne Verfassung, Richtlinien o. Ä. über den Umgang mit nicht-personenbezogenen Daten vorhalten, zeigen deutlich, dass die überwältigende Mehrheit der Unternehmen in diesem Bereich unzureichende interne Strukturen aufweist (Strittmatter et al., 2023, S. 34). Dies deutet auf einen dringenden Handlungsbedarf in Bezug auf die Data Governance hin.

Unternehmen, welche erfolgreich Data Sharing betreiben, zeichnen sich durch einen systematischen Ansatz in Bezug auf ihre Datenbestände, mit klaren Verantwortlichkeiten und

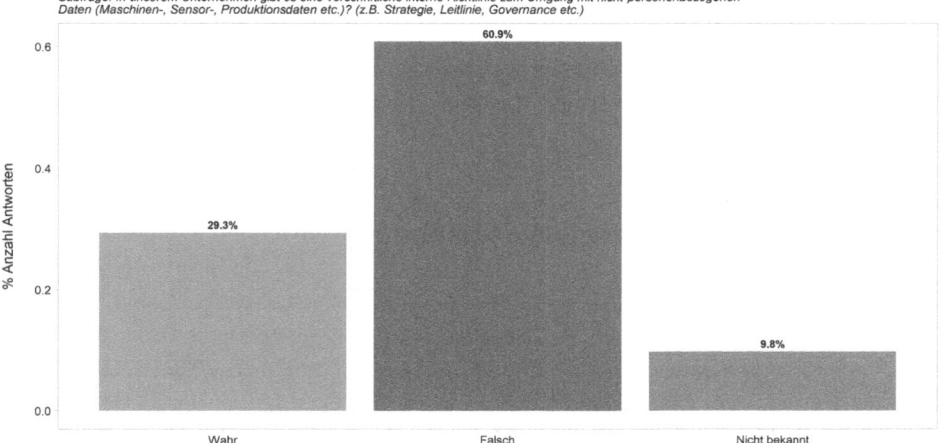

Abb. 6.1 Ergebnisse der Unternehmensumfrage. Abbildung entnommen aus: Strittmatter et. al. 2023, Data Sharing Framework für KMU

definierten Prozessen aus, basierend auf einer gut etablierten internen Data Governance. Empfohlen wird daher die Etablierung einer internen Data Governance, die wirtschaftliche Potenziale definiert, rechtliche Rahmenbedingungen berücksichtigt und effizientes sowie zielgerichtetes Data Sharing ermöglicht. Unternehmen sind zudem mehr als je zuvor gefordert, nicht nur derartige interne Data Governance-Strukturen aufbauen, sondern auch das **EU-Datenwirtschaftsrecht** genau im Auge behalten, da es sowohl zahlreiche Anforderungen stellt als auch erhebliche Potenziale für die Entwicklung und Verbesserung datenbasierter Geschäftsmodelle bietet.

6.5 Lösungsansätze

6.5.1 Data Governance

Data Governance ist eine **interne Unternehmensverfassung zu Daten**. Es handelt sich dabei um eine Ansammlung von Prozessen, Rollen, Richtlinien, Standards und Kennzahlen, die eine effektive Nutzung von Daten regeln soll. Dadurch soll es möglich sein, Geschäftsentscheidungen treffen zu können, Compliance-Anforderungen zu erfüllen und das Risiko von Datenverstößen und Datenlecks zu minimieren (von Ditfurth, 2024, S. 24). Eine gut durchdachte Data Governance deckt strategische, taktische und operative Rollen und Verantwortlichkeiten ab (Spießhofer, 2022, S. 440).

6.5.2 Bausteine eines Legal Framework für den Aufbau einer unternehmensinternen Data Governance

Aus rechtlichen Blickwinkel sollte eine Data Governance insbesondere die drei nachfolgend beschriebenen allgemeinen Handlungsstränge mindestens implizit aufweisen (siehe Abb. 6.2).

6.5.3 Data Asset Management – Status quo

Das Data Asset Management, das strukturierte Organisieren, Speichern und Teilen von Daten innerhalb eines Unternehmens, bildet den Startpunkt für effiziente Geschäftsprozesse und fundierte Entscheidungsfindung (Sattler, Sassenberg & Faber, 2020, S. 69 ff.). Ähnlich dem **Digital Asset Management** zielt es darauf ab, Daten zentralisiert vorzuhalten, um deren Auffindbarkeit und potenzielle Nutzbarkeit auszuschöpfen und umfangreiche Datenmengen effektiv zu teilen. Dies erfordert ein durchdachtes Datenmanagement, das oft als

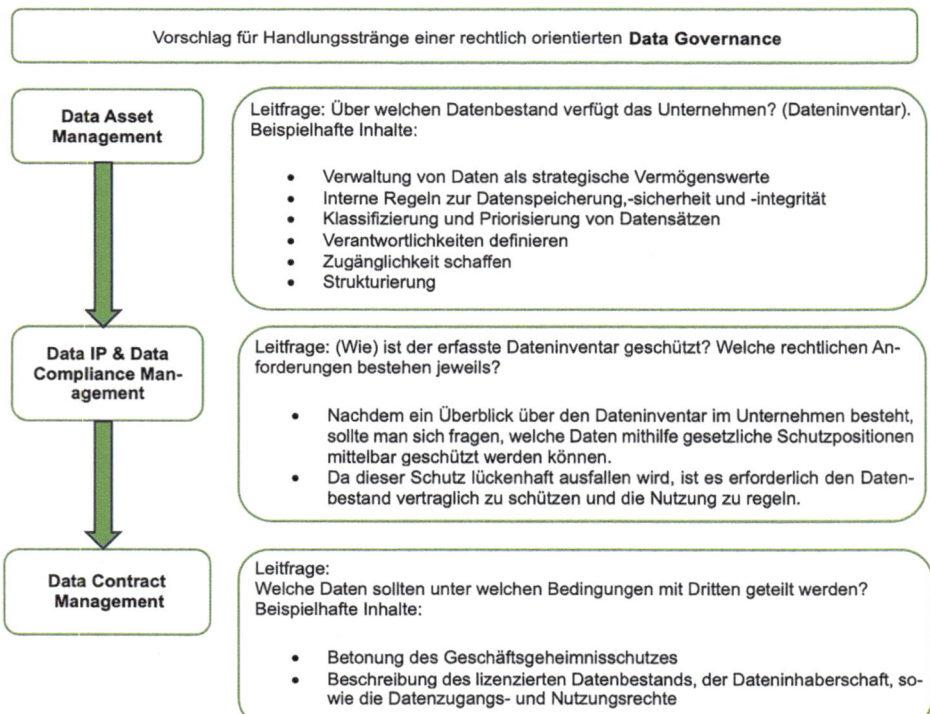

Abb. 6.2 Vorschlag für Handlungsstränge einer rechtlich orientierten Data Governance. Eigene Darstellung

interne Datenwertschöpfungskette beschrieben wird. In dieser Wertschöpfungskette wird der Wert der Daten durch eine Abfolge von Arbeitsschritten realisiert. Bevor Daten für unternehmerische Entscheidungsprozesse genutzt werden können, müssen sie zunächst erfasst, gespeichert, vorbereitet und analysiert werden (von Ditfurth, 2024, S. 23).

Bevor ein Datenaustausch vollzogen wird, durchlaufen Daten drei Stadien: Dateneingang, Datenbestand, Datenausgang. Es sollte für jedes Datum jederzeit einsehbar sein, in welchem Stadium es sich befindet und wie darauf zugegriffen werden kann, wobei folgende Aspekte berücksichtigt werden können (eigener Vorschlag):

- **Datenquellen:** die Identifizierung der Herkunft von Daten, inklusive der zugrunde liegenden Geschäftsfälle, Systeme und Prozesse.
- **Datenbestand**: gründliche Bestandsaufnahme (Dateninventar) vorhandener Daten, einschließlich deren Kategorisierung.
- **Datennutzer**: Erstellung einer Nutzermatrix um die Frage, welche Daten von welchen Abteilungen für welche Zwecke genutzt werden, zu beantworten.
- **Speicherorte**: die Lokalisierung von Datenspeicherorten, einschließlich der Unterscheidung zwischen On-Premises- und Cloud-Speicherung.
- **Altersstruktur und Aktualisierung**: Definition von „veraltete Daten", sowie die Festlegung der Verantwortlichkeit für Updates, um die Relevanz der Daten einzuordnen.
- **Daten-Ownership:** Es sollten Zuständigkeiten und Genehmigungsbefugnisse für Eingriffe in den Datenbestand klar regelt werden.
- **Zugriffsrechte**: Wer darf auf welche Daten zugreifen? Eine Matrix mit abgestuften Zugriffsrechten, wie „Voller Zugriff", „Lesen und Schreiben", „Nur Lesen" und „Kein Zugriff", kann angedacht werden, um Aspekte der Datensicherheit zu berücksichtigen.
- **Data Compliance:** die Zusammenführung und Überprüfung von Regelwerken, die für das Unternehmen gelten, wie etwa die DSGVO und Vorschriften des EU-Datenwirtschaftsrechts. Außerdem interne Geheimhaltungsrichtlinien, Verträge mit Kunden und andere verbindliche Vorschriften sollten gebündelt und aufbereitet werden. Zudem sollte die Frage geklärt werden, wer dafür verantwortlich ist.
- **Optimierungsbedarf**: Eine umfassende Ermittlung des Optimierungsbedarfs aus verschiedenen Perspektiven (aus der Sicht der Datennutzer, der Dateninhaber und IT-Fachleuten) fördert eine zielgerichtete Weiterentwicklung des Data Asset Management.

Um wesentliche rechtliche Aspekte nicht aus den Augen zu verlieren, hilft zudem eine **Checkliste für die Klärung der Fragen des Data Asset Management** (vgl. Tab. 6.1).

Tab. 6.1 Beispiele für einen Leitfaden zur Analyse des Datenbestands aus einer rechtlichen Perspektive (eigener Vorschlag)

Personenbezogene Daten	• Wo werden personenbezogene Daten innerhalb des Unternehmens gesammelt? • Wie werden personenbezogene Daten verarbeitet und gespeichert? • Wer hat Zugriff auf personenbezogene Daten? • Wie lange werden personenbezogene Daten aufbewahrt? • Handelt es sich um sensible Daten gem. Art. 9 DSGVO? • Liegt eine Einwilligung der betroffenen Person vor? Gibt es eine andere Rechtsgrundlage für die Verarbeitung gem. DSGVO? • Sind die personenbezogenen Daten auf dem aktuellen Stand?
Nicht personenbezogene Daten	• Welche Arten von nicht personenbezogenen Daten sammelt das Unternehmen? (z. B.: Maschinenauslastungsdaten, Umsatz- und Finanzdaten, Websitestatistiken, geografische Daten, Produktions- und Bestandsdaten, technische Daten von Produkten oder Systemen, Forschungs- und Entwicklungsdaten) • Können diese Daten auf eine Person zurückgeführt werden? • Wie werden nicht personenbezogene Daten verarbeitet und gespeichert? • Wer hat Zugriff auf nicht personenbezogene Daten? • Wie lange werden nicht personenbezogene Daten aufbewahrt? • Gibt es in ihrem Unternehmen spezielle Regelungen, die für bestimmte Arten von nicht personenbezogenen Daten gelten?
Daten mit Unternehmensbezug	• In welchem Zusammenhang werden Daten gesammelt? • Handelt es sich um unternehmensbezogene Daten bzw. lassen sich Rückschlüsse daraus ableiten? Z. B. auf Betriebs- oder Geschäftsgeheimnisse • Sind diese Daten vertraulich oder können sie offengelegt werden? • Wie werden Daten innerhalb des Unternehmens genutzt? • Wer hat Zugriff auf Unternehmensdaten? • Bestehen die notwendigen technischen und organisatorischen Maßnahmen, die die Sicherheit der Daten gewährleisten? • Wie lange werden Unternehmensdaten aufbewahrt?
Geheimhaltung Vertraulichkeit	• Wie werden Daten an Dritte weitergegeben? • Gibt es Vertraulichkeitsvereinbarungen für die verarbeiteten Daten? • Sind die Datensätze vertraglich genau beschrieben? • Unterliegen diese Daten vertraglichen Verpflichtungen oder gesetzlichen Regelungen, die die Geheimhaltung bestimmter Daten vorschreiben • Wurden die notwendigen technischen und organisatorischen Maßnahmen ergriffen, um die Geheimhaltung sicherzustellen?
Nutzungsrechte	• Sind alle notwendigen Genehmigungen für die Nutzung von Daten vorhanden? • Welche Nutzungsrechte liegen für die Daten vor? (z. B. Urheberrechte, Lizenzen) • Ist die Nutzung der Daten mit den rechtlichen Anforderungen vereinbar? • Gibt es Rechte von Dritten an diesen Daten? • Wer hat Nutzungsrechte für diese Daten? • Ob und wenn ja, wie werden Nutzungsrechte an Daten an Dritte weitergegeben?

(Fortsetzung)

Tab. 6.1 (Fortsetzung)

Potenziell teilbare Daten	• Welche Daten können potenziell an Dritte weitergegeben werden? • Welche rechtlichen Anforderungen müssen für die Weitergabe von Daten erfüllt werden? • Dürfen oder können die Daten geteilt werden? • Wie wird sichergestellt, dass Daten nur an berechtigte Personen weitergegeben werden? • Gibt es vertragliche Vereinbarungen mit Dritten, die die Weitergabe regeln? (Datenvertrag, Datenlizenz) • Wurden die notwendigen technischen und organisatorischen Maßnahmen ergriffen, um eine sichere Weitergabe der Daten sicherzustellen?
Strikt nicht teilbare Daten	• Gibt es Daten, die auf keinen Fall geteilt werden dürfen? (z. B. Geschäftsgeheimnisse, strategische Pläne, Entwicklungspläne, kritische IT-Systeme und Datenbanken, Kundendaten, Mitarbeiterdaten, Verträge und Vereinbarungen) • Sind die notwendigen technischen und organisatorischen Maßnahmen ergriffen worden, um sicherzustellen, dass diese Daten nicht versehentlich weitergegeben werden? • Wie wird sichergestellt, dass keine Daten unbefugt weitergegeben werden? • Welche Maßnahmen werden ergriffen, um die Vertraulichkeit dieser Daten zu gewährleisten? • Sind die Daten entscheidender Wettbewerbsvorteil? • Sind die Daten entscheidend für den Geschäftszweck? • Sind die Daten entscheidend für die Sicherheit des Unternehmens?

6.5.4 Data IP & Data Compliance

Wurde im vorangegangenen Data Asset Management der Datenbestand identifiziert, welcher potenziell grundsätzlich unbedingt oder nur bedingt im Außenverhältnis teilbare Daten enthält, sollte im nächsten Schritt sorgfältig untersucht werden, ob an diesen Data Assets Rechtspositionen bestehen. Diese umfassen neben gesetzlichen Schutzrechten auch andere, insbesondere schuldrechtlich wirkende Nutzungsbeschränkungen, die dem Daten haltenden Unternehmen selbst zugeordnet sein könnten oder die Datennutzung durch das Unternehmen untersagen. Spätestens an dieser Stelle wäre zu prüfen, ob und ggf. welche Schutzrechte Dritter an den vorliegenden Daten bestehen. Sollten dem Daten haltenden Unternehmen außerdem, z. B. durch vertragliche Vereinbarung, die Verwendung der Daten nur für bestimmte Nutzungsarten- oder -zwecke gestattet sein, könnte ein Data Sharing dieser Daten entweder von vornherein ausgeschlossen werden oder der mögliche Rahmen der in Frage kommenden Data-Sharing-Sachverhalte dadurch stark eingeschränkt sein.

Ziel des Data IP-Managements ist es, den potenziell extern teilbaren Datenbestand effizient auf die naheliegendsten Schutzrechte zu überprüfen, um die gewonnenen Erkenntnisse anschließend auch, bspw. auf vertraglicher Ebene, berücksichtigen und abbilden zu können (vgl. Podszun, 2021, S. 55). Dieser Schritt ließe sich, angesichts der Bedeutung von Daten und des Datenrechts, zudem in den **Sorgfaltsanforderungen** an die Geschäftsleitung begründen. Sie hat sich bietende Geschäftschancen zu nutzen, andererseits das im Unternehmen vorhandene Vermögen zu schützen.

Es ist gängige Praxis, vor dem eigentlichen Datennutzungsvertrag eine **Geheimhaltungsvereinbarung (GHV)** oder im Englischen ein **Non-Disclosure Agreement (NDA)** abzuschließen. Dieses dient dazu, die Vertraulichkeit sicherzustellen und stellt gleichzeitig (bei richtiger Ausgestaltung) eine angemessene Geheimhaltungsmaßnahme im Sinne des Geschäftsgeheimnisschutzes dar. Eine umfassende GHV sollte insbesondere eine präzise Definition vertraulicher Informationen und Geschäftsgeheimnisse, eine Verpflichtung zur Geheimhaltung (insbesondere hinsichtlich der Analyseergebnisse), Regelungen zur Nutzung (insbesondere Reverse Engineering), das Verhältnis zu Dritten sowie mögliche Sanktionen bei Fehlverhalten (z. B. Whistleblowing) und Hinweise auf Haftung und potenzielle Strafbarkeit umfassen (Hoeren, 2021. S. 523).

6.5.5 Datenlizenzverträge und Contract Management

Durch die neuen Regelungen des Data Act erhält die Datenlizenz ein rechtliches Korsett, innerhalb dessen Unternehmen dennoch einige Flexibilität behalten. In Anbetracht der doch sehr tief in die Vertragsautonomie der Unternehmen eingreifenden Regelungen des Data Act wird zunächst die Vertragspraxis und sodann die sich erst noch bildende Verwaltungs- und Zivilgerichtspraxis zeigen, ob sich die Akteure auf die Vermeidung der Anwendbarkeit des Data Act durch Gestaltungen verlegen oder Spielräume der „Regulierung ins Offene" (Hennemann & Steinrötter NJW, 2024, S. 1) nutzen. Häufig wird die Verhandlungsmacht der Beteiligten unterschiedlich verteilt sein, was dazu führen kann, dass wirtschaftlich schwächere Akteure in Verhandlungen nicht erfolgreich sind. Dies entspricht aber dem Marktgeschehen und bedarf keiner weiteren Korrektur. Der EU-Gesetzgeber hat sich bereits weit über ein zwingend gebotenes Maß hinaus in ein „market design" begeben. Der Rechtsrahmen wird durch den Data Act eine Weiterentwicklung erfahren und damit gleichzeitig die rechtlichen Bedingungen rund um Datenverträge beeinflussen.

Im Folgenden wird auf die Frage nach den Auswirkungen der Regelungen des Data Act auf die vertragliche Gestaltung von Datennutzungsvereinbarungen (auch „Datenlizenzen") eingegangen, wobei zunächst dessen Anwendungsbereich kurz skizziert sei:

Sachlicher Anwendungsbereich:

- „Vernetzte Produkte" = IoT-Geräte
- „Verbundene Dienste" = IoT-Services
- Daten, die durch Nutzung o. g. Produkte und Dienste generiert werden
- Personenbezogene und nicht personenbezogene Daten
- Cloud-Services (auch ohne IoT-Bezug)

Persönlicher Anwendungsbereich:

- Dateninhaber, IoT-Hersteller und -Serviceanbieter
- Verkäufer, Vermieter und Leasinggeber vernetzter Produkte
- Nutzer der IoT-Produkte
- Datenempfänger (Dritte)
- Cloud-Anbieter

Geografischer Anwendungsbereich:
Wie schon eingangs erwähnt, folgt der EU Data Act dem Marktortprinzip: Werden Angebote, für die der Data Act sachlich relevant ist, von einem Akteur, für den der persönliche Anwendungsbereich des Data Act eröffnet ist, im Markt der EU angeboten, ist der Data Act unabhängig vom Sitz des Unternehmens zu beachten.

Daher werden insbesondere Unternehmen, die IoT-fähige Produkte und verbundene Dienste entwickeln und/oder vertreiben sowie Cloud-Anbieter durch diese Verordnung angesprochen. Kleine und Kleinstunternehmen (KMU) profitieren von bestimmten Ausnahmen in Bezug auf die Pflicht, Datenzugang zu gewähren. Zudem betrifft der Data Act alle Daten, die bei der Nutzung von vernetzten Produkten oder verbundenen Diensten erzeugt werden, vor allem solche, die nicht personenbezogen sind (Schmidt-Kessel, 2024, S. 76). Dadurch geht sein Anwendungsbereich noch über den der DSGVO hinaus (Assion & Willecke, 2023, S. 806).

An dieser Stelle sei angemerkt, dass im Folgenden nicht sämtliche Regelungen zu Datenlizenzen abgedeckt werden können. Der Fokus liegt daher auf denjenigen Vertragsgegenständen, die in aller Regel Gegenstand einer Datennutzungsvereinbarung sein sollten.

6.5.5.1 Festlegung der vertragsgegenständlichen Daten und Datenbestände

Der Vertragsgegenstand in Datenverträgen muss präzise definiert werden, da Daten aufgrund ihrer immateriellen Natur schon per se schwer greifbar sind (Czychowski & Winzek, 2022, S. 86). Es ist auch zu berücksichtigen, dass Datensammlungen möglicherweise unter das Leistungsschutzrecht des Datenbankherstellers fallen (Sattler, Sassenberg & Faber, 2020, S. 45 ff.). Dieses Investitionsschutzrecht sui generis soll in Konstellationen, die unter den Anwendungsbereich des DA fallen (Datenbanken auf Basis von Daten aus vernetzten Produkten und verbundenen Diensten), gem. Art. 43 DA keine Anwendung finden. Daher muss auch der Zugang zu Datenbanken, die durch das Leistungsschutzrecht geschützt sind, ermöglicht werden (Hennemann & Steinrötter NJW, 2024, S. 6). Um den Vertrag nicht zu überladen, sollte eine detaillierte Beschreibung der Daten in einem separaten Anhang geführt werden (Straub et al., Rohde et al., 2022, S. 136).

Es gibt verschiedenste Arten von Datenobjekten, darunter Datensätze, -tabellen, -dokumente, Datenbanken, strukturierte und unstrukturierte Datenbestände und schließlich den gesamten Datenbestand eines Unternehmens, die wiederum in verschiedenste Kategorien wie z. B. Eingabedaten, Ausgabedaten, Stammdaten usw. unterteilt werden können. Die Benennung aller für die Datenlizenz relevanter Daten kann eine echte Herausforderung darstellen, daher kann es sinnvoll sein, sich auf die Datenquelle und den technischen Zugang zu konzentrieren. Eine Möglichkeit könnte also sein, die Datennutzung so zu vereinbaren, dass die lizenzierten Daten durch einen bestimmten physischen Gegenstand (Device) generiert werden, wobei die Beschreibung anhand der Einzelfälle angepasst werden muss, da die Daten möglicherweise von Dritten generiert werden und ihre Datenquelle sowie der technische Zugang und deren Verfügbarkeit nicht im Voraus festgelegt werden kann (Schur, 2020, S. 226).

Dieser technische Zugang zu Daten, die von einem Gegenstand generiert werden, ist Dreh- und Angelpunkt des Data Act. Das Zugangsrecht gem. Art. 3 Abs. 1 DA, Art. 4 Abs. 1 DA bezieht sich auf sämtliche Informationen, die ein Produkt während seiner Nutzung oder in seiner Umgebung erfasst, erzeugt oder sammelt (vgl. Datenbegriff in Art. 2 Nr. 1 DA). Damit sind insbesondere die Daten des IoT umfasst, die z. B. bei der Verwendung von privaten Haushaltsgeräten oder industriellen Maschinen generiert werden. Die Datendefinition des DA umfasst personenbezogene Daten wie auch nicht personenbezogene Daten gleichermaßen, wodurch wiederum Abgrenzungsfragen auf der Vertragsebene aufkommen (Czychowski & Winzek, 2022, S. 86). Die Unterscheidung zwischen Daten mit und ohne Personenbezug wird dazu führen, dass Dateninhaber, welche die Daten eines Nutzers verwenden möchten, zusätzliche Zuordnungs- und Sicherheitsmaßnahmen ergreifen müssen. Dies ist notwendig, um zuverlässig bestimmen zu können, welchen daten- und datenschutzrechtlichen Anforderungen in Bezug auf welche Daten nachzukommen ist. Da der Primat des Datenschutzrechts gilt (Art. 1 Abs. 5 DA), ist nicht auszuschließen, dass sich Unternehmen auch bewusst dafür entscheiden werden, einen Personenbezug zu Maschinendaten herzustellen, um bestimmten Anforderungen des DA auszuweichen.

6.5.5.2 Datenbeschaffenheit: Qualität und Format

Datenlizenzverträge sollten Festlegungen zur Qualität der Daten enthalten, denn diese ist entscheidend für die Verarbeitungsgeschwindigkeit und Genauigkeit jeglicher Ergebnisse. Diese Qualitätsbeschreibungen sind vielschichtig und können variieren je nach Verwendungszweck. Technische Anforderungen wie Datenkodierung und Feldlängen (Czychowski & Winzek, 2022, S. 87) sind dann besonders wichtig, wenn Daten über Schnittstellen übertragen werden, da selbst der fortschrittlichste Algorithmus keine brauchbaren Ergebnisse liefern kann, wenn die zugrunde liegende Datenqualität unzureichend ist. Daher gewinnen Datenqualitätsstandards an Bedeutung, wie bspw. die ISO-IEC-Norm 25.024, die zwischen fünf Qualitätsebenen von Big Data differenziert: **Availability, Usability, Reliability, Relevance und Presentation Quality.**

Es erfordert nicht nur die Genauigkeit der Inputdaten (Accuracy), sondern auch eine angemessene Strukturierung des gesamten Prozesses, angefangen beim Input der Daten bis hin zur Präsentation der endgültigen Datenkorrelationen. Im Bereich der Verfügbarkeit

(Availability) erfolgt eine Unterscheidung zwischen der Zugänglichkeit (Accessibility) der Daten und ihrer zeitlichen Aktualität (Timeliness). Die Aktualität soll durch Verfahren sichergestellt werden, die regelmäßige Updates der Inputdaten beinhalten. Auch die Usability muss sichergestellt sein, sei es durch regelmäßige Expertenaudits oder die Berücksichtigung der Herkunft der Inputdaten. Es wird dabei nicht nur die Relevanz des Outputs (Fitness for Purpose) gefordert, sondern auch ein besonderes Augenmerk auf die „Readability" gelegt wird – die Verständlichkeit des Outputs und seine Präsentation in einer Weise, die Missverständnisse vermeidet. Die Frage bezüglich des technischen Formats zur Bereitstellung gewinnt an Relevanz, insbesondere vor dem Hintergrund der aktuellen Bemühungen auf Unionsebene und nationaler Ebene zur Förderung der Datenportabilität und Interoperabilität (Hennemann, 2021, S. 68).

Es kann jedoch vorkommen, dass der Lizenznehmer aus technischen Gründen das Format der gelieferten Daten anpassen muss. Es bietet sich also an, in einer Klausel klarzustellen, dass solche Anpassungen im erforderlichen Maße zulässig sein sollen, solange der Dateninhalt nicht verzerrt oder verfälscht wird. In derartigen Regelungen sollte daher zum einen das Format der Daten sowie die Qualität dieser festgelegt werden, z. B. für Textdateien: txt, doc, für CAD-Systeme: dxf, für Tabellenkalkulationen: csv und für Web-Dateien: html.

Auch der Data Act vermittelt genaue Vorstellungen zu den Modalitäten der Datenbereitstellung. Der Dateninhaber ist nach Art. 4 Abs. 1 DA verpflichtet, dem Nutzer die Daten *„unverzüglich, einfach, sicher, unentgeltlich, in einem umfassenden, gängigen und maschinenlesbaren Format und – falls relevant und technisch durchführbar – in der gleichen Qualität wie für den Dateninhaber kontinuierlich und in Echtzeit"* zur Verfügung zu stellen. Ein bloßer kopiergeschützter Lesezugriff auf dem Gerät des Nutzers reicht daher nicht aus (Heinzke, 2023, S. 207).

6.5.5.3 Vertragliche Zuordnungsregelungen

Daten werden vom vorhandenen Rechtssystem allenfalls mittelbar über verschiedene Rechtsinstitute geschützt, die jedoch meist nicht die Rohdaten, die Gegenstand von Datennutzungsverträgen sein können, erfassen. In den meisten Fällen hat nur der Dateninhaber faktischen Zugriff auf die Daten, da nur er Zugangs- und Integritätsschutz ausüben kann und zudem allein über die technische Art und Weise der Datendisposition entscheiden kann. Diese faktischen Hoheitspositionen werden bisher i. d. R. durch sog. **Data-Ownership-Klauseln** im Vertrag festgelegt, in denen die Daten mittels Lizenz vom Schöpfer der Daten an die Nutzer übertragen werden, denn obwohl das Generieren von Daten keine urheberrechtlich relevante geistige Schöpfungsleistung darstellt, orientiert sich die Terminologie zumeist an Lizenzrechtsklauseln im Urheberrecht (Schippel, 2021, S. 1524).

Vertragliche Beschränkungen sind im Zusammenspiel von DSGVO und Data Act zu betrachten. Beiden Rechtsakten ist gemein, dass sie das faktische Monopol der Dateninhaber abbauen, indem die Nutzung eine Rechtsgrundlage (DSGVO) oder die Zustimmung des Nutzers (Data Act) erfordert. Die technische Vormachtstellung des Herstellers bleibt der

Ausgangspunkt des Regulierungsansatzes, der dadurch verwirklicht wird, dass Nutzer von ihren Zugangsrechten nach Art. 4 Abs. 1 DA Gebrauch machen.

6.5.5.4 Vertragliche Zuordnungsregelungen

Die Pflichten des Datengebers umfassen die Bereitstellung eines faktisch-technischen Zugriffs auf die vertraglich vereinbarten Daten sowie die Gewährung eines positiven **vertraglichen Nutzungsrechts**. Die Art und Weise, wie dieser Zugang gewährt wird, variiert je nach den technischen Gegebenheiten (Schur, 2020, S. 231). Es gibt standardisierte Zugänge wie Anwendungsschnittstellen und solche, die durch die Verbindung heterogener IT-Umgebungen erst hergestellt werden müssen. Je komplexer der Zugang ist, desto genauer müssen die erforderlichen Maßnahmen festgelegt werden. Während bei standardisierten Schnittstellen möglicherweise nur die Übermittlung von Zugangsdaten erforderlich ist, erfordern komplexere Zugänge umfassende technische Anpassungen. Eine empfohlene Lösung könnte darin bestehen, die Daten auf einen separaten Server zu übertragen, auf den der Lizenznehmer zugreifen kann, während der Dateninhaber die Kontrolle behält (Schur, 2020, S. 231). Es ist dabei vor allem relevant, die begleitenden Bedingungen für den Zugriff zu regeln, einschließlich *wer, wie oft, in welchem Umfang und zu welchem Zweck* auf die Daten zugreifen darf. Auch Nutzerkonten sind ein technisch-administrativer Weg, ggf. einer Mehrzahl von Nutzern kontrollierten Zugang zu gewähren, wobei sich zusätzlich Fragen der IT-Sicherheit stellen.

Die Vertragsfreiheit bezüglich der Nutzungsrechte des Dateninhabers wird durch Aspekte des Datenschutzes, des Wettbewerbsrechts und des Geschäftsgeheimnisschutzes eingeschränkt. Nach Art. 4 Abs. 13 DA Data Act wird es dem Dateninhaber beispielsweise untersagt, die Daten so zu nutzen, dass er Einblicke in die Vermögenssituation, die wirtschaftlichen Lage oder die Produktionsmethoden des Nutzers gewinnt.

Zudem ist es nach Art. 5 DA möglich, auf Anforderung des Nutzers Daten an Dritte weiterzugeben. Dabei ist zu beachten, dass Dritte kein eigenständiges Zugriffsrecht auf die Daten besitzen, sondern ihren Zugang auf das Verlangen des Nutzers hin erhalten (Louven, 2024. S. 83).

6.5.5.5 Rechte des Datennutzers

Die Gestaltung der Datenlizenz sollte zweckgebunden im Einzelfall geregelt werden. Dies kann bedeuten, dass der Dateninhaber dem Datennutzer entweder ein einfaches Nutzungsrecht oder ein ausschließliches Nutzungsrecht für ein bestimmtes Gebiet oder eine bestimmte Gebrauchsart gewährt (Czychowski & Winzek, 2022, S. 86). Daher ist die präzise Formulierung einer auf die Interessen beider Parteien abgestimmten Nutzungsklausel von entscheidender Bedeutung und sollte sich immer an den konkreten Umständen orientieren. Die Zweckgebundenheit kann beispielsweise durch die Begrenzung auf ein bestimmtes Projekt oder Einsatzgebiet erreicht werden.

Anschließend sollte das Nutzungsrecht hinsichtlich des **Inhaltes, der Dauer und in geografischer Hinsicht** eingegrenzt werden. Der Dateninhaber gewährt dem Nutzer vertraglich das Recht, die beschriebenen Daten unter bestimmten Bedingungen zu nutzen, was eine klare Aufzählung der konkreten Nutzungsarten im Vertrag erforderlich macht (Czychowski & Winzek, 2022, S. 86). Es liegt nahe, sich an Begriffen des Urheberrechts zu orientieren, selbst wenn solche Regelungen aufgrund des fehlenden urheberrechtlichen Schutzes von Daten keine dingliche Wirkung entfalten. Diese Rechte umfassen hier insbesondere die Vervielfältigung, Veränderung, Analyse und Weitergabe an Dritte (Sattler, Sassenberg & Faber, 2020, S. 73 ff.).

Dazu sieht der Data Act vor, dass dem Nutzer gem. Art. 4 Abs. 1 DA das Recht zusteht, vom Dateninhaber Zugang zu „alle(n) Daten, auf die sie (die Dateninhaber) über ein verbundenes Produkt zugreifen oder die bei der Erbringung verbundener Dienste erzeugt werden" anzufordern. Der **Zugangsanspruch** dient dazu, die vorhandene Lücke in Art. 3 Abs. 1 DA zu schließen, wonach Produkte so zu gestalten sind, dass die erzeugten Daten direkt zugänglich sind, sofern dies angemessen und relevant ist (**Data Access by Design**) (Heinzke, 2023, S. 207, Pauly et al., 2024, S. 212).

Für den Nutzer gelten dabei geringfügige Nutzungseinschränkungen: Ihm ist es nach dem Data Act ausdrücklich untersagt, die erlangten Daten zur Entwicklung eines Produkts zu verwenden, welches in Konkurrenz zu dem Produkt steht, von dem die Informationen ursprünglich stammen. Weitere Beschränkungen für den Nutzer sind jedenfalls nicht vorgesehen (Heinzke, 2023, S. 207).

6.5.5.6 Weitere Regelungsgegenstände

Neben den vorangegangen Vertragsinhalten sind weitere Regelungsgestände anzudenken, z. B.:

- Regelungen zu Authentizität und Integrität
- Exit-Regelungen, Datenlöschung und -herausgabe
- Vergütungsmodell und -höhe
- Datenschutzbestimmungen
- •IT-Sicherheitsmaßnahmen
- Geheimhaltungspflichten und -maßnahmen (technische und organisatorische Maßnahmen, TOM)

6.5.5.7 Auswahl von Regelungsgegenständen zu Beginn einer Kooperation/Sandbox-Vereinbarung

Im Rahmen des Forschungsprojekts wurde festgestellt, dass Unternehmen in der Anfangsphase des Datenaustauschs mit potenziellen Geschäftspartnern auf Herausforderungen stoßen. Um Unsicherheiten in dieser Evaluationsphase zu reduzieren, könnte eine sog. „Sandbox-Vereinbarung" hilfreich sein. Diese Testumgebung ermöglicht den Unternehmen Freiheit und Vertrauen für den Start der Zusammenarbeit, während gleichzeitig die Rechtssicherheit zwischen den Parteien erhöht wird.

Beispielhafte besondere Regelungsgegenstände, die in dieser Phase berücksichtigt werden sollten, sind:

- Absichtserklärung – Letter of Intent (LoI)
- Geheimhaltungspflichten/Geheimhaltungsvereinbarung (NDA)
- Nutzungsrechte, Sprechklausel/Vorgehen bei Erzielung erster Ergebnisse
- Regelungen zu Strategien zur Verwertung und Kommerzialisierung
- Datenschutzregelungen
- •IT-Sicherheitsmaßnahmen
- Verantwortlichkeiten und Rollenverteilung
- Intellectual-Property-Regelungen für die Testphase (Foreground IP)
- Regelungen zu Verpflichtungen/Vorgehen nach Beendigung der Zusammenarbeit
- Regelungen zu Verpflichtungen/Vorgehen nach Aufnahme der beschlossenen Zusammenarbeit

6.6 Schlussfolgerungen und Ausblick

Die Bedeutung von Data-Governance-Strukturen im Unternehmen für ein erfolgreiches Data Sharing, ohne dabei Compliance-Lücken zu generieren, steht außer Frage. In diesem Kapitel wurde empfohlen, sich dabei an drei Handlungssträngen für die internen Richtlinien zu orientieren: 1. Data Asset Management, 2. Data IP & Data Compliance Management und 3. Data Contract Management.

Um den vollen Nutzen aus diesen Maßnahmen zu ziehen, sollten Unternehmen nicht nur interne Data Governance-Strukturen aufbauen, sondern auch die Entwicklung des EU-Datenwirtschaftsrechts genau im Auge behalten. Die meisten Unternehmen weisen bislang keine oder nur unzureichende Strukturen in diesem Bereich auf, was dringenden Handlungsbedarf signalisiert.

Um die Verbreitung von Daten zu fördern, hat der EU-Gesetzgeber umfassende Maßnahmen eingeleitet. Hierbei ist der Data Act als ein Leuchtturm des europäischen Datenregimes anzusehen. Er stärkt die Strategie, Daten als wirtschaftliches Gut zu definieren, um die Innovations- und Wettbewerbsfähigkeit von Unternehmen in der EU zu fördern. Der Data Act formuliert umfassende Vorgaben für die vertragliche Ausgestaltung von Datenlizenzverträgen. Die Rechtspraxis dazu wird zeigen, ob sich die mitunter geäußerten Bedenken bezüglich der Implementierung eines zweiten AGB-Rechts und deren Auswirkungen auf die Anwendung der §§ 305 ff. BGB, bewahrheiten (Beinke & Daute, 2024, 73,). Die technischen Modalitäten der Datenbereitstellung sind noch unzureichend geregelt und könnten zu einer Fragmentierung der Zugangswege führen, was den Zielen des Data Act widerspricht. Umgekehrt sind Spielräume für die Datenpraxis der Unternehmen zu begrüßen, stellen die ausführlichen Vorgaben zu Datenlizenzverträgen doch einen intensiven Eingriff in die Vertragsfreiheit der Unternehmen dar. Letzterer Eingriff ist nur die folgerichtige die Lösung eines durch die Regulierung des Data Act selbst geschaffenen Problems: Wenn qua Gesetz Märkte designed werden, z. B. indem faktische Datensphären durch Zugangsrechte durchbrochen werden: Wie können dann Unwuchten dieser Regulierung transaktional ausgeglichen werden?

Um faire Vertragsbedingungen in Datenlizenzverträgen zu fördern, plant die EU-Kommission, den Marktteilnehmern Musterverträge bereitzustellen, um Unsicherheiten in der rechtlichen Gestaltung von Lizenzverträgen und Vertragsungleichgewichte auszugleichen. Auch hier folgen aus dem Regulierungsansatz Folgeprobleme, denen mit noch mehr Regulierung oder zumindest Handreichungen, die dann vermutlich zu Quasi-Standards werden, begegnet wird.

Grundsätzlich ist damit der Data Act ein erster Schritt, um den Zugang zu IoT-Produkten, digitalen Angeboten und den resultierenden Daten zu ermöglichen. Ob dieses Vorhaben die beabsichtigten umfassend positiven Auswirkungen haben wird, bleibt abzuwarten.

Literatur

Antoine, L. (2024). Datenzugang im Spannungsfeld zwischen DSGVO, Geschäftsgeheimnisschutz und Datenbankherstellerrecht, Computer und Recht, S. 73 ff.

Assion, S., & Willecke, L. (2023). Der EU Data Act – Die neuen Regelungen zu vernetzten Produkten und Diensten, MultiMedia und Recht, S. 805 ff.

Auer-Reinsdorff, A., & Conrad, I. (2019). *Handbuch IT- und Datenschutz* (3. Aufl.). Beck.

Beinke, L., & Daute, I. (2024). Der Fairnesstest des Data Act – Verdrängung der nationalen Klauselkontrolle? Recht Digital, S. 69 ff.

Benedech, R., Dobler, M., Kugler, P., Meierhofer, J., Meyer, J., Strittmatter, M., Treiterer, M., & Vogt, H. (2023). Data Sharing Framework für KMU. Abschlussbericht Konstanz: Hochschule für Technik und Wirtschaft HTWG (Hrsg.), abrufbar unter: https://www.data-sharing-framework.eu/DSF_Abschlussbericht.pdf, 2023, Kapitel 4.5. Recht & Governance, S. 33 ff.

Czychowski, C., & Winzek, M. (2022). Rechtliche Struktur und Inhalt von Datennutzungsverträgen, Zeitschrift für Datenschutz, S. 81 ff.

Fries, M., & Scheufen, M. (2019). Märkte für Maschinendaten – Eine rechtliche und rechtsökonomische Standortbestimmung, MultiMedia und Recht, S. 721 ff.

Fries, M., & Scheufen, M. (2023). Vertragsgestaltung beim Data Sharing, Recht Digital, S. 419 ff.

Heinzke, P. (2023). Data Act: Auf dem Weg zur europäischen Datenwirtschaft, Betriebs-Berater, S. 201 ff.

Hennemann, M. (2021). Datenlizenzverträge, Recht Digital, S. 61 ff.

Hennemann, M., & Steinrötter, B. (2022). Data Act – Fundament des neuen EU-Datenwirtschaftsrechts?, Neue Juristische Wochenschrift, S. 1481 ff.

Hennemann, M., & Steinrötter, B. (2024). Der Data Act – Neue Instrumente, alte Friktionen, strukturelle Weichenstellungen, Neue Juristische Wochenschrift, S. 1 ff.

Hoeren, T. (2021). Geheimhaltungsvereinbarung: Rechtsnatur und Vertragsprobleme im IT-Sektor – Gestaltungs- und Vertragsmuster für die Beratung, Multimedia und Recht, S. 523 ff.

Louven, S. (2024). Vorschriften im Data Act zur Ausgestaltung und Kompensation von Datenbereitstellungspflichten, MultiMedia und Recht, S. 82 ff.

Moos, F. (2018). *Datenschutz- und Datennutzungsverträge* (2. Aufl.). Schmidt.

Ohly, A. (2019). Das neue Geschäftsgeheimnisgesetz im Überblick, Gewerblicher Rechtsschutz und Urheberrecht, S. 441 ff.

Pauly, D. A., Wichert, F., Baumann, J. (2024). Schutz von Geschäftsgeheimnissen nach dem Data Act – Reichweite und Wirksamkeit, MultiMedia und Recht, S. 211 ff.

Podszun, R. (2021). *Handwerk in der digitalen Ökonomie – Rechtlicher Rahmen für den Zugang zu Daten, Software und Plattformen* (Bd. 5). Nomos Verlag.

Rohde, M., Bürger, M., Peneva, K., & Mock, J. (2022). *Datenwirtschaft und Datentechnologie – Wie aus Daten Wert entsteht.* Springer-Verlag GmbH.

Sassenberg, T., & Faber, T. (2020). *Rechtshandbuch Industrie 4.0 und Internet of Things*, 2. Aufl., München

Schippel, R. (2021). Datenlizenzen – Ausgestaltungsmittel der wertvollsten Ressource der Welt in Wettbewerb in Recht und Praxis, Seite 1521 ff.

Schmidt-Kessel, M. (2024). Heraus- und Weitergabe von IoT-Gerätedaten – Analyse des Vertragsnetzes unter dem Data Act, MultiMedia und Recht, S. 75.

Schur, N. (2020). *Die Lizenzierung von Daten – Einordnung, Grenzen und Möglichkeiten von vertraglichen Zugangs- und Datennutzungsrechten in der digitalen Ökonomie.* Mohr Siebeck.

Schwamberger, S. (2024). Die Klauselkontrolle in Art. 13 Data Act – Erste Analyse zu Anwendungsbereich, Missbräuchlichkeit und Durchsetzung, MultiMedia und Recht, S. 96 ff.

Specht-Riemenschneider, L. (2023). Datennutz und Datenschutz: Zum Verhältnis zwischen Datenwirtschaftsrecht und DSGVO, Zeitschrift für Europäisches Privatrecht, S. 638 ff.

Spießhofer, B. (2022). Sustainable Corporate Governance, Neue Zeitschrift für Gesellschaftsrecht, S. 435 ff.

Steinrötter, B. (2021). Gegenstand und Bausteine eines EU-Datenwirtschaftsrechts, Recht Digital, S. 480 ff.

Stender-Vorwachs, J., Steege, H. (2018). Wem gehören unsere Daten, Neue Juristische Online Zeitschrift, S. 1361 ff.

Tolks, D. (2022). Die finale Fassung des Data Governance Act – Erste Schritte in Richtung einer europäischen Datenwirtschaft, MultiMedia und Recht, S. 444 ff.

Von Ditfurth, L. (2024). *Datenmärkte, Datenintermediäre und der Data Governance Act – Eine Analyse der europäischen Regulierung von B2B-Datenvermittlungsdiensten* (Bd. 4). Verlang De Gruyter.

Wiebe, A (2023). Der Data Act als vertragsrechtlicher Rahmen für Datennutzungsverträge, Computer und Recht, S. 777 ff.

Wiebe, A. (2023). Der Data Act – Innovation oder Illusion?, Gewerblicher Rechtsschutz und Urheberrecht, S. 1569 ff.

Witzel, M. (2022). Der Entwurf des Data Act und seine Vorgaben an die Vertragsgestaltung – Missbräuchliche *Klauseln–Fairness-Standards–Schwarze* und Graue Klauseln, Computer und Recht, S. 561 ff.

Zech, H. (2015). Industrie 4.0 – Rechtsrahmen für eine Datenwirtschaft im digitalen Binnenmarkt, Gewerblicher Rechtsschutz und Urheberrecht, S. 1151 ff.

Marc Strittmatter studierte Rechtswissenschaften in Konstanz, Hamburg und Montpellier, spezialisierte sich auf Wettbewerbs-, Kartell- und Europarecht und promovierte an der Universität Konstanz zum Dr. iur. In den Jahren 1997 bis 2002 arbeitete er als Rechtsanwalt bei Bartsch und Partner in Karlsruhe. Anschließend war er von 2002 bis 2011 als Rechtsanwalt und Syndikus bei der IBM Deutschland GmbH tätig, wo er Transaktionsberatung durchführte, den Rechtsbereich Global Technology Services leitete und als Leiter Recht Deutschland Mitglied der erweiterten Geschäftsführung war. Seit 2011 ist Marc Strittmatter als Professor für Wirtschaftsrecht an der

Hochschule für Technik, Wirtschaft und Gestaltung in Konstanz tätig. Hier kombiniert er seine langjährige Erfahrung aus der Praxis in einem der größten IT-Konzerne der Welt mit angewandter Wissenschaft. Seine Forschungsschwerpunkte umfassen die rechtlichen Bedingungen der Digitalisierung, Verhandlungstheorie, technische Konzepte im Datenschutz, Legal Tech und die Risikosteuerung von Unternehmen. Seine Expertise und sein Ansehen im Bereich des Informationstechnologierechts wurden durch seine wiederholte Auswahl in die Liste der „Best Lawyers" im Bereich Informationstechnologierecht des Handelsblatts von 2014 bis 2024 sowie als Anwalt des Jahres 2017 gewürdigt. Er unterstützt Unternehmen als Berater bei Technologie-Einführungsprojekten im Bereich ERP, Cloud, Outsourcing oder Unternehmensvernetzung (Industrie 4.0) sowie bei regulatorischer Compliance, insbesondere im Datenschutz- und im Datenrecht.

Manuel Treiterer hat Wirtschaftsrecht und Legal Management (LL.M.) an der Hochschule für Technik, Wirtschaft und Gestaltung in Konstanz studiert. Sein Studium beinhaltete einen Auslandsaufenthalt an der Harvard University, Boston, USA, mit dem Schwerpunkt Managerial Finance. An der HTWG Konstanz lehrt Herr Treiterer im Bereich IT- und Datenschutzrecht. Parallel zu seiner akademischen Tätigkeit ist Herr Treiterer in einer spezialisierten Boutiquekanzlei für IT- und Datenschutzrecht tätig. Dort unterstützt er Mandanten insbesondere bei der Gestaltung und Umsetzung komplexer Verträge für Technologie- und IT-Einführungsprojekte in den Bereichen ERP, IoT und XaaS (Cloud). Darüber hinaus zählen die Vertragsverhandlung sowie die betriebswirtschaftliche Betrachtung und Bewertung rechtlicher Maßnahmen zu seinen Kompetenzen.

Johanna Meyer hat Wirtschaftsrecht an der Hochschule für Technik, Wirtschaft und Gestaltung in Konstanz mit dem Abschluss Bachelor of Laws (LL.B.) studiert. Bereits während ihres Studiums sammelte sie Praxiserfahrungen als langjährige studentische Mitarbeiterin von Prof. Dr. Marc Strittmatter. Sie wirkte an verschiedenen Forschungsprojekten mit und war Teil des Teams der Datenschutzstelle der Hochschule Konstanz. Parallel zu ihrer Tätigkeit als wissenschaftliche Mitarbeiterin in einem innovativen Forschungsprojekt, das sich mit dem europäischen Datenwirtschaftsrecht befasst, arbeitet Johanna Meyer seit 2021 in freier Mitarbeit für eine Boutiquekanzlei, die auf Technologie, IP und Medien spezialisiert ist. Ihr Schwerpunkt liegt dort vor allem im Bereich Datenschutz und IT-Recht.

Teil II
Gastbeiträge zum Thema Data Sharing

Strategische Dimensionen des Data Sharing im B2B: volkswirtschaftliche Notwendigkeiten, betriebswirtschaftliche Potenziale und Perspektiven für ein zukunftsgerichtetes Produktmanagement

Rainer Fuchs und Gianluca Galeno

Zusammenfassung

Der Beitrag „Strategische Dimensionen des Data Sharing im B2B" beleuchtet die strategischen Dimensionen des Data Sharing im KMU-B2B-Kontext und dessen zentrale Rolle für die volkswirtschaftliche Entwicklung und betriebswirtschaftliche Potenziale. Dabei wird zunächst aufgezeigt, wie unternehmensübergreifender Datenaustausch bei KMU durch die Europäische Kommission gefördert wird, um gesamtwirtschaftliche Sektoren zu stärken und die digitale Transformation voranzutreiben. Der Beitrag verdeutlicht, dass Data Sharing nicht nur das Wirtschaftswachstum und die Krisenresilienz erhöht, sondern auch Innovationen und neue Geschäftsfelder fördert. Zudem wird der Beitrag von Data Sharing zur ökologischen Nachhaltigkeit durch optimierten Ressourceneinsatz hervorgehoben. Abschließend wird die Bedeutung rechtlicher Rahmenbedingungen wie der DSGVO betont, die den sicheren und effizienten Datenaustausch ermöglichen. In einem Exkurs am Schluss werden schließlich die strategischen Vorteile von Data Sharing für das Produktmanagement und die Entscheidungsfindung mittels Machine Learning skizziert.

R. Fuchs (✉) · G. Galeno
ZHAW Zürcher Hochschule für Angewandte Wissenschaften, Winterthur, Schweiz
E-Mail: rainer.fuchs@zhaw.ch

G. Galeno
E-Mail: Gianluca.galeno@zhaw.ch

7.1 Die Bedeutung des Datenaustauschs für die makroökonomische Entwicklung

Vor dem Hintergrund der fortschreitenden Globalisierung und der allgegenwärtigen digitalen Vernetzung haben die europäischen Nationen unter der Federführung der Europäischen Kommission die kritische Bedeutung der Zugänglichkeit von Daten als Basis des Wirtschaftswachstums identifiziert (Klumpen et al., 2021). Die strategische Förderung des unternehmensübergreifenden Datenaustauschs, insbesondere unter Einbeziehung kleiner und mittlerer Unternehmen (KMU), steht im Zentrum der Bemühungen, gesamtwirtschaftlich relevante Sektoren zu fördern und die digitale Transformation der Wirtschaft zu beschleunigen. Diese Transformation geht über die Integration von Technologien in bestehende Industriesektoren hinaus und bildet die Grundlage für die Entwicklung digitaler Schlüsselkompetenzen, die angesichts des sich wandelnden geopolitischen Umfelds bedeutsam sind.

In einem sich wandelnden internationalen politischen und wirtschaftlichen Umfeld, insbesondere vor dem Hintergrund der Deglobalisierung und des zunehmenden Wettbewerbs mit Volkswirtschaften, die einen laxeren Umgang mit dem Datenschutz pflegen, nimmt die Bedeutung des Datenaustauschs stetig zu (Pfeiffer 2019). Er ist wichtig, um das Wirtschaftswachstum westlicher Volkswirtschaften zu sichern und ihre Widerstandsfähigkeit gegenüber Wirtschaftskrisen zu stärken (Mager und Kranz 2020). Die Verbesserung der Anpassungsfähigkeit und Flexibilität insbesondere von KMU fördert die Diversifizierung und trägt zur Stabilität des Wirtschaftssystems bei, was gerade in Krisenzeiten von großem Wert ist.

Die Stimulation des technologischen Fortschritts durch die Förderung des Datenaustauschs regt allgemein den Wettbewerb an und beschleunigt Innovationen und die Schaffung von Lösungen für aktuelle und zukünftige Herausforderungen (Stachová et al. 2020, Urbinati et al. 2017). Dies ist eine Voraussetzung für die Entstehung neuer Wirtschaftszweige (Richter und Slowinski 2019) und kultiviert ein Umfeld, das Unternehmertum fördert (Sedkaoui und Benaichouba 2019), was sich besonders ausgeprägt in Start-up-Ökosystemen manifestiert (Boyacioglu und Yildiz 2021). So werden nicht nur die Entwicklung und Gestaltung neuer Geschäftsmodelle und die Erschließung neuer Märkte begünstigt, sondern auch der Grundstein für die Schaffung von Arbeitsplätzen begünstigt und das Einkommenswachstum stimuliert (Martens und Duch-Brown 2020). Langfristig können so Staatseinnahmen gesteigert, die makroökonomische Stabilität erhöht und die politische Landschaft stabilisiert werden.

Ein weiterer Aspekt von Bedeutung ist der Beitrag des Datenaustauschs zur ökologischen Nachhaltigkeit. Durch die Optimierung des Ressourcenverbrauchs ermöglicht der Datenaustausch Unternehmen die Umsetzung umweltfreundlicher Prozesse und Praktiken, die sowohl die Abfallproduktion minimieren als auch den Verbrauch natürlicher Ressourcen reduzieren können (Nova und Bitencourt 2020). Der Nutzen des Datenaustauschs geht demnach weit über wirtschaftliche Vorteile hinaus und leistet einen wichtigen Beitrag zur Erreichung ökologischer Nachhaltigkeitsziele.

Vor dem Hintergrund der Bedeutung für die Stimulation eines nachhaltigen technischen Fortschritts im aktuellen Umfeld ist die aktive Förderung des Datenaustauschs von zentraler Bedeutung. Dokumente und Berichte der Europäischen Kommission, insbesondere die Strategie für einen digitalen Binnenmarkt (Europäische Kommission 2023), zeigen, dass auf dieser Stufe die Tragweite und die vielfältigen Vorteile des Datenaustauschs erkannt wurden, und führt dazu, dass Regierungen den Datenaustausch zwischen Unternehmen mittels Maßnahmen in verschiedenen Stoßrichtungen unterstützen. Dies geschieht durch eine Kombination aus Gesetzgebung, Förderprogrammen, Richtlinien und Infrastrukturmaßnahmen, die sowohl den Rahmen für einen sicheren Datenaustausch schaffen als auch Anreize für Unternehmen bieten, Daten effizienter und verantwortungsvoller zu nutzen. Tab. 7.1 fasst die Stoßrichtungen und Ausformungen dieser Maßnahmen zusammen.

Innerhalb des rechtlichen Rahmens sind allen voran Datenschutzgesetze und Gesetze zur Förderung von Open Data zu nennen. Die europäische Datenschutz-Grundverordnung (DSGVO), sieht nicht nur einen strengen Schutz personenbezogener Daten vor, sondern ermöglicht auch deren Austausch unter definierten Bedingungen und schafft so ein Gleichgewicht zwischen Privatsphäre und wirtschaftlicher Nutzung (Labadie und Legner 2019). Parallel dazu fördern Open-Data-Initiativen die Verfügbarkeit und Nutzung öffentlicher Daten als Grundlage für innovative Geschäftsmodelle und die Entwicklung neuer Dienstleistungen (Bedini et al. 2014).

Förderprogramme, die direkte finanzielle Unterstützung, Steuererleichterungen und Investitionen in Forschung und Entwicklung umfassen, zielen oft darauf ab, den Datenaustausch insbesondere in zukunftsweisenden Technologiefeldern wie künstliche Intelligenz, Big Data und Internet der Dinge zu intensivieren (Kervin und Hedstrom 2012, Priestley und Simperl 2022).

Auch Rahmenwerke zur Förderung von Standards für den Datenaustausch und öffentlich-private Partnerschaften spielen eine Rolle bei der Schaffung eines sicheren, effizienten und interoperablen Datenaustauschs (Tolstolesova et al. 2021). Sie unterstützen die

Tab. 7.1 Stoßrichtung und Ausformung staatlicher Maßnahmen, die den Datenaustausch zwischen Unternehmen fördern

Stoßrichtung	Ausformung
Gesetzgebung	Datenschutzgesetze
	Open-Data-Gesetze
Förderprogramme	Direkte finanzielle Unterstützung
	Forschungs- und Entwicklungsförderung
Richtlinien und Rahmenwerke	Standards für Datenaustausch
	Öffentlich-private Partnerschaften
	Bildungsinitiativen
Infrastruktur und Technologie	Digitale Infrastruktur
	Sicherheitsrichtlinien

Harmonisierung technischer Protokolle und fördern die Zusammenarbeit zwischen dem öffentlichen und dem privaten Sektor, um gemeinsame Ziele der digitalen Transformation zu erreichen (Fukami 2021). Ebenfalls nutzenbringend sind Bildungsinitiativen, die Kompetenzen im Bereich Datenwissenschaft und digitale Technologien fördern, um eine qualifizierte Belegschaft für die digitale Wirtschaft zu entwickeln (Kholiavko et al. 2022).

Investitionen in digitale Infrastrukturen wie Breitbandinternet und Cloud-Dienste sowie die Formulierung von Sicherheitsrichtlinien sind weitere Massnahmen staatlicher Initiativen, um die Voraussetzungen für einen reibungslosen und sicheren Datenaustausch zu schaffen (Hartmann und Steup 2015).

Diese umfassenden Ansätze zur Förderung des Datenaustauschs spiegeln das Verständnis der Bedeutung von Daten als Treiber für wirtschaftliches Wachstum und soziale Entwicklung wider. Sie veranschaulichen, wie die Politik durch die Schaffung eines günstigen Umfelds für den Datenaustausch nicht nur das wirtschaftliche Potenzial maximieren, sondern auch zur Lösung gesellschaftlicher Herausforderungen beitragen und die Grundlage für eine nachhaltige Entwicklung schaffen kann. Im Folgenden sollen daher in den nächsten Abschnitten die betriebswirtschaftlichen Implikationen des Data Sharing im B2B beleuchtet werden (Abschn. 1.2), die Voraussetzungen dafür genauer untersucht werden (Abschn. 1.3) und in einem Deep Dive in Abschn. 1.4 herausgearbeitet werden, wie speziell das Produktmanagement in B2B-Unternehmen mittels Machine Learning aus vorhanden Daten strategischen Nutzen schaffen kann.

7.2 Effekte des Data Sharing für B2B Unternehmen: Treiber für Innovation und wirtschaftliche Effizienz

Die im letzten Abschnitt dargelegte volkswirtschaftliche Bedeutung des Data Sharing zieht sich konsequenterweise auch auf betriebswirtschaftlichen Ebenen weiter durch. Das Teilen von Daten zwischen B2B-Unternehmen erhöht den betriebswirtschaftlichen Erfolg, indem es den Wettbewerb und die Innovation in nachgelagerten Märkten, wie Reparaturdiensten, fördert und die Entwicklung neuer Produkte und Dienstleistungen anregt (Krämer 2022, Ritala, et al., 2024). Der Datenaustausch wirkt als Impulsgeber für eine Vielzahl von Synergien gerade für Unternehmen im B2B, über die Tab. 7.2 einen Überblick gibt.

Die Praxis des Data Sharing ermöglicht es, durch den Austausch spezifischer Datentypen wie Nutzungs- und Performancedaten Produkte und Dienstleistungen dank gezielter Analyse genau auf die Bedürfnisse und Präferenzen der Kunden zuzuschneiden (Zhan et al. 2018). Dies führt zu einer signifikanten Steigerung der Produktqualität. Es ermöglicht zudem eine Personalisierung von Serviceangeboten, was über einen erhöhten Mehrwert und eine Effizienzsteigerung beim B2B-Kunden die Kundenzufriedenheit und -bindung erhöht (Lau et al. 2010). Anbieter profitieren von einem vertieften Verständnis der Marktdynamik und der Kundenbedürfnisse, was eine effizientere Gestaltung der Produktions- und Lieferprozesse sowie die Entwicklung zukunftsweisender Innovationen ermöglicht. Kunden

Tab. 7.2 Betriebswirtschaftlicher Nutzen des Data Sharing für Anbieter und Kunden im B2B

Nutzenkategorie	Nutzen für den Anbieter	Nutzen für den Kunden
Produktverbesserungen	Erhält direktes Feedback zu Produktnutzung und -performance, ermöglicht präzise Verbesserungen und Anpassungen	Erhält Produkte, die besser auf seine Bedürfnisse und Anforderungen zugeschnitten sind
Innovationsförderung	Zugriff auf breitere Datenmengen fördert Innovation und Entwicklung zukunftsweisender Produkte	Früher Zugang zu neuesten Technologien und Innovationen, die durch Anbieterdaten inspiriert wurden
Servicepersonalisierung	Ermöglicht die Entwicklung maßgeschneiderter Dienstleistungen, basierend auf Kundenbedürfnissen und -verhalten	Zugang zu individuell angepassten Services, die Mehrwert bieten und Effizienz steigern
Effizienz in der Lieferkette	Optimierung von Produktions- und Lieferprozessen durch besseres Verständnis der Nachfrage und Bestandsmanagement	Verringerte Wartezeiten und Kosten durch effizientere Lieferketten und Lagerhaltung
Risikomanagement	Bessere Einschätzung von Risiken und Anpassung der Strategien durch Verständnis von Kundenbedürfnissen und Marktdynamiken	Reduziertes Risiko bei der Auswahl von Lieferanten und Produkten durch transparente Informationen
Kundenspezifische Preismodelle	Entwicklung dynamischer Preismodelle basierend auf Kundenverhalten und -bedarf, steigert Umsatz und Kundenzufriedenheit	Profitiert von flexiblen Preismodellen, die auf individuellen Verbrauch und Bedarf zugeschnitten sind

wiederum profitieren von optimierten und maßgeschneiderten Lösungen, die spezifische Herausforderungen auch ihrer Kunden adressieren und somit einen direkten Mehrwert bieten.

Generell versetzt die Förderung von Innovation durch Data Sharing Anbieter und Kunden in die Lage, frühzeitig auf zukunftsweisende Technologien zuzugreifen und diese für die Entwicklung neuer Produkte und Dienstleistungen zu nutzen (Lau et al. 2010). Dieser Prozess beschleunigt den technologischen Fortschritt und trägt zur Schaffung eines dynamischen und wettbewerbsfähigen Marktes bei.

Die Effizienzsteigerung in der Supply Chain, die beispielsweise durch den Austausch von Bestands- und Nachfragedaten ermöglicht wird, ermöglicht eine Win-Win-Situation, die durch Data Sharing entstehen kann. Anbieter können ihre Prozesse optimieren und Überproduktion sowie Engpässe vermeiden, während Kunden von kürzeren Lieferzeiten und geringeren Kosten profitieren (Guan et al. 2020). Diese Optimierung ist nicht nur betriebswirtschaftlich sinnvoll, sondern trägt auch zur Reduzierung von Verschwendung bei und fördert die Erreichung von Nachhaltigkeitszielen.

Darüber hinaus spielt die gemeinsame Nutzung von Daten eine entscheidende Rolle beim Risikomanagement und bei der Entwicklung kundenspezifischer Preismodelle. Durch den Austausch relevanter Finanz- und Betriebsdaten können sowohl auf Anbieter- als auch auf Kundenseite Risiken besser eingeschätzt und minimiert werden (Ahmed et al. 2023). Die Implementierung dynamischer Preismodelle, die auf einer detaillierten Analyse von Verbrauchsdaten und Kundenpräferenzen basieren (Zhang 2011), ermöglicht eine flexible Preisgestaltung, die sowohl den Umsatz des Anbieters steigert als auch dem Kunden faire und maßgeschneiderte Konditionen bieten kann.

Zusammenfassend lässt sich sagen, dass Data Sharing im B2B-Bereich ein wesentlicher Treiber für Innovation und Effizienz ist. Die strategische Nutzung und der Austausch von Daten ermöglichen eine intensivierte Zusammenarbeit zwischen Unternehmen, die über traditionelle Geschäftsbeziehungen hinausgeht. Voraussetzung für das Funktionieren des Data Sharing sind neben technologischen Aspekten jedoch eine Reihe von Faktoren wie Vertrauen und Sicherheit. Dies soll im nächsten Abschnitt genauer untersucht werden.

7.3 Data Sharing zwischen B2B-KMU: Treiber und Voraussetzungen

Vertrauen und Datenschutz bilden die Grundlage für jede Form des Datenaustauschs (Kumar et al. 2011, Massaro et al. 2019). In einer Zeit, in der Daten als großer Wertfaktor angesehen werden, sind Unternehmen und damit auch KMU besorgt um die Sicherheit und Vertraulichkeit ihrer Informationen. Die Schaffung eines Umfelds, in dem Geschäftspartner darauf vertrauen können, dass ihre Daten nicht missbraucht oder unbefugt weitergegeben werden, ist von großer Bedeutung. Die oben bereits erwähnte Europäische Datenschutz-Grundverordnung (DSGVO) bietet hierfür einen rechtlichen Rahmen, stellt aber auch komplexe Compliance-Anforderungen, die insbesondere für KMU eine Herausforderung darstellen können. Als anschauliches Beispiel kann hier die Zusammenarbeit eines KMU, das Spezialkomponenten für die Automobilindustrie herstellt, mit einem großen Automobilhersteller dienen. Der Austausch von Produktions- und Qualitätsdaten ermöglicht es beiden Parteien, die Effizienz zu steigern und die Produktqualität zu verbessern. Er führt aber auch zum Transfer der Daten über Schnittstellen und redundanter Speicherung der Daten, was die Risiken von Datendiebstahl strategisch relevanter Daten erhöht, und erfordert damit strenge Maßnahmen zum Schutz dieser Daten.

Die technologische Kapazität der KMU ist ein weiterer entscheidender Faktor. Die Fähigkeit, Daten nicht nur zu erfassen und zu speichern, sondern auch zu analysieren und in wertvolle Erkenntnisse umzuwandeln, erfordert eine solide IT-Infrastruktur und entsprechendes Know-how. Investitionen in moderne Technologien wie Cloud Computing, Big Data Analytics und künstliche Intelligenz sind in diesem Zusammenhang von großer Bedeutung (Ortega et al. 2008, Pilotti et al. 2021).

Auch wirtschaftliche und strategische Überlegungen spielen eine wichtige Rolle. Der erkennbare Nutzen des Datenaustauschs, wie Kosteneinsparungen durch optimierte Produktionsprozesse, verbesserte Kundenbeziehungen durch personalisierte Angebote oder die Erschließung neuer Geschäftsfelder durch datengetriebene Innovationen, motiviert KMU zur Teilnahme am Datenaustausch (Al-Bakri et al. 2010). Darüber hinaus können KMU durch die strategische Nutzung von Daten ihre Marktposition stärken und sich gegenüber größeren Wettbewerbern behaupten (Martens et al. 2020). Ein prägnantes Beispiel hierfür ist ein KMU im Bereich der erneuerbaren Energien, das durch den Austausch von Leistungsdaten seiner Anlagen mit Forschungseinrichtungen und anderen Unternehmen der Branche zur Entwicklung effizienterer Energielösungen beiträgt.

Rechtliche und regulatorische Rahmenbedingungen haben ebenfalls einen erheblichen Einfluss auf die Bereitschaft von KMU zum Datenaustausch (Zoboli 2020). Neben dem Datenschutz sind hier auch branchenspezifische Regelungen und Standards von Bedeutung, die einen sicheren und effizienten Datenaustausch erleichtern können (Martens et al. 2020). Die Entwicklung branchenübergreifender Datenstandards und die Schaffung von Anreizen zur Teilnahme am Datenaustausch durch regulatorische Maßnahmen können hier unterstützend wirken.

Auch die Unternehmenskultur und das Ökosystem, in dem KMU agieren, spielen eine Rolle (Dini et al. 2008). Eine übergreifende Kultur, die Offenheit für Innovation und Wissensaustausch fördert, ist ein wichtiger Faktor. Netzwerke und Kooperationen mit anderen Unternehmen, Forschungseinrichtungen und Start-ups können KMU dabei helfen, die notwendigen Ressourcen und Kompetenzen für einen effektiven Wissensaustausch zu entwickeln (Michna und Kmieciak 2020). Ein Beispiel hierfür könnte ein Netzwerk von KMU z. B. in der Logistikbranche sein, das gemeinsame Plattformen für den Austausch von Verkehrs- und Frachtdaten nutzt, um die Effizienz von Lieferketten zu steigern.

Zusammenfassend kann festgestellt werden, dass die Bereitschaft zum Datenaustausch im B2B-Bereich eine der Grundvoraussetzungen für die Schaffung von Synergien zwischen Unternehmen und damit für die Erreichung der gesamtwirtschaftlichen Ziele ist. Umso wichtiger ist es, dass KMU die treibenden wie auch hindernden Faktoren für die Datenteilung in einem Ökosystem kennen, welche u. a. im Projekt Data Sharing Framework (s. Einführung) identifiziert wurden. Besonders relevant wird dies im Hinblick auf das neue Europäische Datenwirtschaftsrecht, welches die Zugänglichkeit und Nutzung von Industriedaten fördern und KMU in die Lage versetzen will, selbstbewusster am digitalen Markt aufzutreten (Europäische Kommission, 2022).

7.4 Bedeutung des Data Sharing für das Produktmanagement

7.4.1 Geteilte Daten schaffen Nutzen in allen Phasen des Produktlebenszyklus

Die Bedeutung des Datenaustauschs zwischen Unternehmen im Allgemeinen und KMU im Besonderen für das Produktmanagement in allen Lebensphasen, also von der Innovation über die Wachstums- und Reifephase bis hin zur Abkündigung, wurde in diesem Beitrag mehrfach hervorgehoben. Im folgenden Abschnitt soll daher ein Überblick über die strategischen Vorteile für das Produktmanagement gegeben werden, die sich unter der Voraussetzung eines funktionierenden Datenaustauschs für Anbieter und Kunden insbesondere durch KI-basierte Technologien wie Machine Learning ergeben. Die Relevanz von Data Sharing erstreckt sich über verschiedene Phasen des Produktlebenszyklus, beginnend bei der Ideenfindung und Konzeptentwicklung, über Design und Entwicklung, bis hin zu Markteinführung, Wachstum und schließlich der Reife- und Auslaufphase.

In der Anfangsphase der Ideenfindung ermöglicht der Zugang zu Marktforschungsdaten und Wettbewerbsanalysen eine umfassende Einschätzung der Marktbedürfnisse und -lücken. Dies bildet eine solide Grundlage für die Entwicklung von Produktkonzepten, die den tatsächlichen Kundenerwartungen entsprechen und sich deutlich von Konkurrenzangeboten abheben.

Im weiteren Entwicklungs- und Designprozess tragen Kundendaten und Informationen über technologische Trends dazu bei, Produkte zu gestalten, die nicht nur dem neuesten Stand der Technik entsprechen, sondern auch die spezifischen Bedürfnisse und Wünsche der Zielgruppe adressieren. Dies legt den Grundstein für eine erfolgreiche Markteinführung und anschließendes Wachstum durch das Angebot von Produkten, die sowohl innovativ als auch kundenorientiert sind.

Während der Einführungs- und Wachstumsphase tragen Absatz- und Leistungsdaten entscheidend zur Optimierung von Marketing- und Vertriebsstrategien bei, die eine effektive Positionierung des Produkts im Markt und die Maximierung des Umsatzpotenzials ermöglichen. In späteren Phasen, wie der Reife- und Rückgangsphase, ermöglichen Marktanalysen und Leistungsdaten eine Anpassung der Produktstrategien, um die Lebensdauer des Produkts zu verlängern und auf sich ändernde Marktbedingungen zu reagieren.

Die gemeinsame Nutzung von Daten von KMU im B2B-Bereich stellt einen Treiber dar, der die Effizienz und Effektivität des Produktmanagements maßgeblich beeinflusst. Nachdem in diesem Artikel bereits ausführlich über die technischen und darüber hinausgehenden Voraussetzungen sowie die Potenziale geteilter Daten geschrieben wurde, soll nun ein Blick auf die Methoden zur Analyse der Daten, die die Realisierung eines strategischen Nutzens erst erlauben, erfolgen.

7.4.2 Von Daten zu Entscheidungen: Machine Learning als erfolgsoptimierendes Tool im strategischen Entscheidungsprozess

Dank Data Sharing kann das Produktmanagement auf eine immer größere Menge an Daten zurückgreifen und diese auswerten, um bessere strategische Entscheidungen zu treffen und operativ effizienter zu werden. Voraussetzung dafür ist jedoch, dass die Daten aus unterschiedlichen Quellen und Systemen auch in einer nutzbaren Form vorliegen. In der Praxis müssen Daten daher über Schnittstellen zwischen kompatiblen Systemen ausgetauscht, bereinigt und in Datenmanagementsystemen gespeichert werden. Erst dann kann der Wert des Datenschatzes gehoben werden. Dazu reichen manchmal schon einfache Visualisierungen oder statistische Methoden, die im Produktmanagement helfen, die Daten zu verstehen und z. B. strategische Produkt- oder Kundenportfolioentscheidungen zu treffen. Aufgrund der oft großen Datenmengen kommen aber auch Methoden und Modelle aus dem Bereich des maschinellen Lernens zum Einsatz, die helfen, komplexe Daten zu verstehen, Vorhersagen zu erstellen und strategische Entscheidungen im Produktmanagement zu treffen. Abb. 7.1 verdeutlicht diesen schrittweisen Weg von Daten zu strategischen Entscheidungen.

7.4.2.1 Hochdimensionale Daten im Produktmanagement verstehen

Klassische statistische Analysemethoden stoßen im Produktmanagement bei hochdimensionalen und komplexen Datensätzen, wie zum Beispiel Daten über zahlreiche Kundenattribute, die Unternehmen über eine Vielzahl Kunden haben, schnell an ihre Gren-

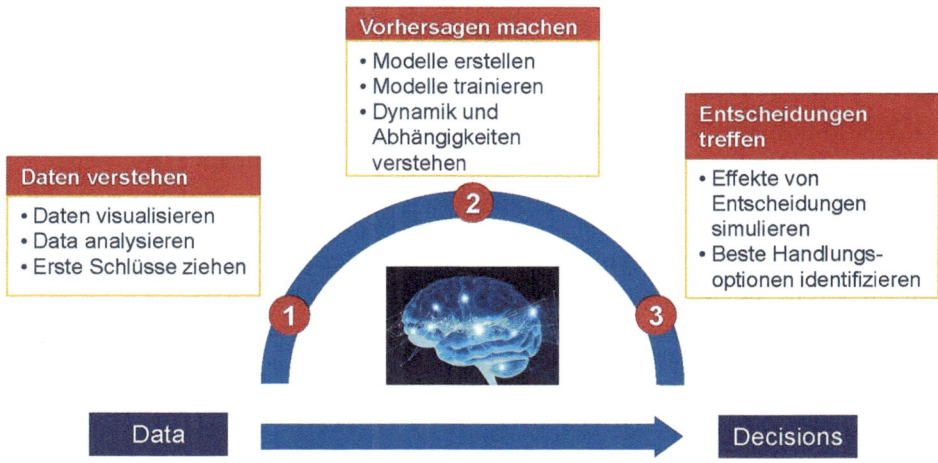

Abb. 7.1 Mit Machine Learning von produktbezogenen Daten zu strategischen Entscheidungen im Produktmanagement gelangen

zen. Um die verborgenen Strukturen und Zusammenhänge dieser Daten zu entschlüsseln, werden im modernen Produktmanagement zunehmend Verfahren des maschinellen Lernens eingesetzt. Zwei prominente Techniken in diesem Zusammenhang sind die Hauptkomponentenanalyse (Principal Component Analysis, PCA) (Kinson et al. 2020) und das K-Means-Clustering (Hung et al. 2019, Blanchard et al. 2019).

Die Hauptkomponentenanalyse ist eine statistische Technik, die darauf abzielt, die Dimensionalität eines Datensatzes zu reduzieren, indem Korrelationen und Variablen in eine geringere Anzahl von sogenannten Hauptkomponenten überführt werden. Dies ermöglicht eine vereinfachte Darstellung der Datenstruktur im Sinne einer Informationsverdichtung, die das Wesentliche hervorhebt, während redundante oder unwichtige Details weggelassen werden.

Ein anschauliches Beispiel für den Einsatz der Hauptkomponentenanalyse könnte ein Hersteller von Küchenmaschinen sein, der mit einer Fülle von Daten konfrontiert ist: Kundenfeedback, das über Onlineplattformen aggregiert wird, Verkaufszahlen aus dem Einzelhandel, Reklamationsstatistiken aus dem Kundenservice und technische Produktspezifikationen aus der Entwicklungsabteilung. Mit Hilfe der Hauptkomponentenanalyse wird dieser umfangreiche Datensatz auf wesentliche Faktoren reduziert, die die Kundenzufriedenheit und die Kaufentscheidung maßgeblich beeinflussen, wie z. B. die Motorleistung und die Lautstärke von Mixern. Auf Basis dieser datengetriebenen Erkenntnisse kann das Unternehmen strategische Anpassungen vornehmen, die sowohl in der Produktentwicklung als auch im Marketing eine gezielte Ausrichtung auf die identifizierten Schlüsselmerkmale vorsehen. Produkte, die in diesen Kriterien schwächer abschneiden, können modifiziert oder aus dem Sortiment genommen werden, um die Ressourcen auf die Aspekte zu konzentrieren, die von den Kunden besonders geschätzt werden.

K-Means-Clustering hingegen ist ein Ansatz des unüberwachten Lernens, der darauf abzielt, einen Datensatz in mehrere Gruppen (Cluster) zu unterteilen, sodass die Datenpunkte innerhalb eines Clusters eine größere Ähnlichkeit aufweisen als Datenpunkte aus anderen Clustern. Diese Methode ist vergleichbar mit dem Ordnen von Objekten in Kisten, wobei ähnliche Objekte in derselben Kiste landen.

Ein Online-Bekleidungshändler steht beispielsweise vor der Herausforderung, seine Marketingstrategien zu diversifizieren. Durch die Zusammenführung von Daten aus verschiedenen Quellen wie Kaufverhaltensdaten, demografische Informationen, Interaktionsmuster in Shops, Produktdaten des Herstellers und Kundenfeedback in Form von Ratings wird eine umfassende Datenbasis geschaffen. Die Anwendung von K-Means- Clustering auf diesen Datensatz ermöglicht es dem Unternehmen, seine Kunden in unterschiedliche Segmente zu unterteilen. Diese Segmentierung zeigt z. B. Gruppen wie premiumaffine junge Erwachsene mit niedriger Retourenquote oder preisbewusste Kunden mittleren Alters mit hoher Retourenquote. Mit diesen Erkenntnissen kann das Unternehmen maßgeschneiderte Marketingkampagnen entwickeln, die auf die spezifischen Bedürfnisse und das Kaufverhalten des jeweiligen Kundensegments abgestimmt sind. Darüber hinaus ermöglicht dieses Wissen eine zielgerichtete Produktentwicklung und ein optimiertes Bestandsmanagement, das die Beliebtheit von Artikeln innerhalb der identifizierten Segmente berücksichtigt. Dadurch wird nicht nur die Kundenzufriedenheit erhöht, sondern auch die Wirtschaftlichkeit des Unternehmens durch gezielte Lagerhaltung und personalisierte Marketingansätze verbessert.

In beiden Fällen ermöglicht maschinelles Lernen ein tieferes Verständnis der Kundenbedürfnisse und der Marktbedingungen, indem Daten von verschiedenen Parteien zusammengeführt und analysiert werden. Dies führt zu strategischen Entscheidungen, die es einem Unternehmen ermöglichen, sein Produktportfolio effizient zu verwalten, die Kundenzufriedenheit zu erhöhen und letztendlich seine Marktposition zu stärken.

7.4.2.2 Datenbasierte Vorhersagemodelle für das Produktmanagement

Im Kontext des Produktmanagements soll das Data Sharing zwischen Anbietern und Kunden in umfangreichen Datensammlungen über längere Zeiträume resultieren. Diese historischen Daten bilden eine solide Grundlage für das Training maschineller Lernmodelle, die dann in der Lage sein sollen, Vorhersagen für die Zukunft zu treffen. Solche prädiktiven Modelle sind von großem Wert, da sie es Entscheidungsträgern im Produktmanagement ermöglichen, strategische Entscheidungen auf der Grundlage datengestützter Erkenntnisse zu treffen.

Drei wichtige Ansätze des maschinellen Lernens, die in diesem Bereich typischerweise zum Einsatz kommen (Miller 2017), sind:

- Regressionsanalysen, die Beziehungen zwischen abhängigen und unabhängigen Variablen modellieren, um zukünftige Trends vorherzusagen oder zu schätzen
- Klassifikationsmethoden, die Datensätze anhand gemeinsamer Merkmale in vordefinierte Kategorien einteilen, um beispielsweise Kunden in Segmente zu gruppieren oder potenzielle Käufer zu identifizieren
- Neuronale Netze, die in der Lage sind, komplexe Muster und Beziehungen in großen Datenmengen zu erkennen, um hochpräzise Vorhersagemodelle für eine Vielzahl von Anwendungen zu erstellen

Die effektive Nutzung dieser Ansätze ermöglicht es Unternehmen, aus historischen Daten zu lernen und fundierte Prognosen über künftige Markttrends, Kundenverhalten und Produktleistungsindikatoren zu erstellen. Dadurch können Ressourcen effizienter eingesetzt werden, gezieltere Marketingstrategien entwickelt und letztlich die Wettbewerbsfähigkeit auf dem Markt gesteigert werden.

7.4.2.3 Verfahren des maschinellen Lernens zur Entscheidungsfindung im Produktmanagement

Im Bereich der künstlichen Intelligenz und des maschinellen Lernens werden Verfahren wie Model Predictive Control (MPC), Multi-Armed Bandit (MAB), Markov Decision Process (MDP) und Reinforcement Learning (RL) als Methoden zur Entscheidungsunterstützung klassifiziert. Diese Techniken, die unter dem Begriff „maschinelles Entscheidungslernen" zusammengefasst werden, zielen darauf ab, die Fähigkeit von Systemen zu optimieren, autonome Entscheidungen in komplexen Umgebungen zu treffen. Im Mittelpunkt dieser Bemühungen steht heute insbesondere das Reinforcement Learning, das es Systemen ermöglicht, durch direkte Interaktion mit ihrer Umgebung optimale Handlungsstrategien zu erlernen und anzupassen. Solche Methoden werden in einem breiten Spektrum von Bereichen eingesetzt, von autonomen Systemen bis hin zur Prozessoptimierung, und spielen eine zentrale Rolle bei der Entwicklung intelligenter, lernfähiger und autonom agierender Systeme (Larrañaga et al. 2018).

Model Predictive Control (MPC) prognostiziert die zukünftigen Zustände eines Systems, indem es vorhandene Daten nutzt, um vorauszusehen, wie sich das System unter verschiedenen Bedingungen verhalten wird. Der Machine-Learning-Algorithmus berechnet dann basierend auf diesen Vorhersagen die optimalen Handlungen, die erforderlich sind, um ein gewünschtes Ziel zu erreichen oder die Systemleistung zu maximieren. Schließlich passt der MPC-Algorithmus kontinuierlich die Steueraktionen an, indem er regelmäßig neue Daten analysiert und seine Vorhersagen aktualisiert, um die Genauigkeit und Effektivität der Steuerung zu verbessern. Eine praktische Anwendung im Produktmanagement stellt die Optimierung einer Supply Chain dar, bei der die zukünftige Nachfrage prognostiziert und die Produktions- und Lagerpläne entsprechend angepasst werden.

Der Multi-Armed-Bandit (MAB)-Ansatz hat seinen Namen aufgrund der Analogie zum Spielen auf verschiedenen Slot Machines („Einarmigen Banditen") im Casino. Er ist eine Strategie zur Entscheidungsfindung, die das Problem der Balance zwischen Erkundung (neue Optionen ausprobieren) und Ausnutzung (die beste bekannte Option wählen) adressiert. Bei jedem Versuch wählt ein Algorithmus einen „Arm" im Sinne einer möglichen Entscheidung aus, um herauszufinden, welche Option die beste Belohnung bietet, während er gleichzeitig neue Informationen über die Leistung der anderen Optionen sammelt. Über die Zeit lernt der Algorithmus, welche Optionen die wertvollsten sind, und neigt dazu, diese häufiger zu wählen, um die Gesamtbelohnung zu maximieren. Im Produktmanagement kann dies auf die Optimierung von Werbekampagnen angewendet werden, indem dynamisch entschieden wird, welche Kampagnen fortgesetzt, angepasst oder beendet werden sollen, basierend auf ihrem bisherigen Erfolg.

Markov-Entscheidungsprozesse bieten einen Rahmen für die Entscheidungsfindung in Umgebungen, die durch Zufall und Unsicherheit gekennzeichnet sind. Ein Markov Decision Process (MDP) hilft zu entscheiden, was man in einer bestimmten Situation tun sollte, um das bestmögliche Ergebnis zu erzielen. Es betrachtet die aktuelle Ausgangslage (Zustand), welche Aktionen auf dieser Basis als Nächstes denkbar wären, was das Ergebnis der Aktion im System sein könnte (nächster Zustand) und ob dieses Ergebnis im Sinne des übergeordneten Ziels einen positiven oder negativen Beitrag leistet (Belohnung oder Strafe). Ziel ist es, eine Reihe von Schritten (Strategie oder Policy) zu finden, die insgesamt die besten Ergebnisse liefern, auch wenn man nicht genau weiß, was bei jedem Schritt passieren wird. Eine Anwendung im Produktmanagement kann die Preisgestaltung sein, bei der zukünftige Marktbedingungen und mögliche Kundenreaktionen berücksichtigt werden, um den optimalen Preis für ein Produkt zu bestimmen.

Reinforcement Learning (RL) schließlich ermöglicht es einem Machine-Learning-Algorithmus (Agenten), durch Interaktion mit seiner Umgebung zu lernen, welche Aktionen in verschiedenen Situationen zu den besten Ergebnissen führen. Dabei erhält er ebenfalls Feedback in Form von Belohnungen oder Strafen, basierend darauf, wie gut eine Aktion das Ziel unterstützt. Über die Zeit lernt das System, welche Aktionen in verschiedenen Situationen die größten Belohnungen bringen, und passt sein Verhalten entsprechend an, um das bestmögliche Ergebnis zu erzielen. Im Marketingkontext wird dies beispielsweise genutzt, um personalisierte Empfehlungssysteme zu entwickeln, die lernen, welche Produkte oder Dienstleistungen einem Kunden aufgrund seines bisherigen Verhaltens und seiner Präferenzen am besten empfohlen werden sollten.

Zusammengefasst bieten diese vier Methoden leistungsstarke Werkzeuge für das Produktmanagement und Marketing, indem sie auf unterschiedliche Weise dabei helfen, fundierte Entscheidungen zu treffen, Ressourcen effizient zuzuweisen und Strategien in Echtzeit zu optimieren, um den Unternehmenserfolg in einem wettbewerbsintensiven Umfeld zu maximieren.

Im Sinne eines Fazits kann festgehalten werden, dass die zentrale Bedeutung des Datenaustauschs (Data Sharing) für die makro- und mikroökonomische Entwicklung in Europa weitgehend anerkannt ist. Auf makroökonomischer Ebene fördert der Datenaustausch das Wirtschaftswachstum und die Widerstandsfähigkeit gegenüber Krisen, während auf betriebswirtschaftlicher Ebene Innovation und Effizienz gesteigert werden. Kleine und mittlere Unternehmen (KMU) profitieren besonders von der Anpassungsfähigkeit und Flexibilität, die durch den Datenaustausch ermöglicht werden, was zur Diversifizierung und Stabilität beiträgt. Die strategische Nutzung von Daten fördert den technologischen Fortschritt und ermöglicht maßgeschneiderte Produkte und Dienstleistungen, was die Kundenzufriedenheit und Marktposition stärken. Die Rolle von Vertrauen und Datenschutz, unterstützt durch gesetzliche Rahmenbedingungen wie die DSGVO, ist entscheidend für den erfolgreichen Datenaustausch. So kann Data Sharing nicht nur wirtschaftliche Vorteile bringen, sondern auch zur ökologischen Nachhaltigkeit und zur Schaffung neuer Geschäftsfelder beitragen.

Literatur

Ahmed, W., Khan, M. A., Najmi, A., & Khan, S. A. (2023, April). Strategizing risk information sharing framework among supply chain partners for financial performance. *Supply Chain Forum: An International Journal, 24*(2), 233–250.

Al-Bakri, A. A., Cater-Steel, A., & Soar, J. (2010). The influence of B2B e-commerce on SMEs' performance and efficiency: A review of the literature. *International Journal of Liability and Scientific Enquiry, 3*(3), 213–224.

Bedini, I., Farazi, F., Leoni, D., Pane, J., Tankoyeu, I., & Leucci, S. (2014). Open government data: Fostering innovation. *JeDEM-eJournal of eDemocracy and Open Government, 6*(1), 69–79.

Blanchard, T., Behera, D., & Bhatnagar, P. (2019). *Data Science for Marketing Analytics: Achieve your marketing goals with the data analytics power of Python.* Packt Publishing Ltd.

Boyacioglu, C., & Yıldız, O. (2021). The impact of data protection regulations on start-up enterprises. In O. Yildiz (Hrsg.), *Recent developments in individual and organizational adoption of ICTs* (S. 120–133). IGI Global.

Castellanos Pfeiffer, R. A. (2019). Digital economy, big data and competition law. *Mkt. & Competition L. Rev., 3,* 53.

Dini, P., Lombardo, G., Mansell, R., Razavi, A. R., Moschoyiannis, S., Krause, P., & Len, L. (2008). Beyond interoperability to digital ecosystems: Regional innovation and socio-economic development led by SMEs. *International Journal of Technological Learning, Innovation and Development, 1*(3), 410–426.

Europäische Kommission. (2022). Vorschlag für eine Verordnung des Europäischen Parlaments und des Rates über harmonisierende Vorschriften für einen fairen Datenzugang und eine faire Datennutzung (Datengesetz). https://eur-lex.europa.eu/legal-content/DE/TXT/PDF/?uri=CELEX:52022PC0068&from=EN.

Europäische Kommission. (2023): Datengesetz: Kommission begrüßt politische Einigung über Vorschriften für eine faire und innovative Datenwirtschaft https://ec.europa.eu/commission/presscorner/detail/de/ip_23_3491.

Fukami, Y. (2021). Open and clarified process of compatibility standards for promoting data exchange. *The Review of Socionetwork Strategies, 15*(2), 535–555.

Guan, Z., Zhang, X., Zhou, M., & Dan, Y. (2020). Demand information sharing in competing supply chains with manufacturer-provided service. *International Journal of Production Economics, 220,* 107450.

Hartmann, K., & Steup, C. (2015). On the security of international data exchange services for e-governance systems. *Datenschutz und Datensicherheit-DuD, 39*(7), 472–476.

Hung, P.D., Ngoc, N.D., & Hanh, T.D. (2019). K-means Clustering Using R A Case Study of Market Segmentation. In *Proceedings of the 2019 5th International Conference on E-Business and Applications, Bangkok, Thailand – ICEBA 2019.*

Kauffman, R. J., & Mohtadi, H. (2003). Analyzing interorganizational information sharing strategies in B2B e-commerce supply chains. In *INFORMS conference on information systems and technology, Atlanta, USA.*

Kervin, K., & Hedstrom, M. (2012). How research funding affects data sharing. In *Proceedings of the ACM 2012 conference on computer supported cooperative work companion* (S. 131–134).

Kholiavko, N., Popelo, O., Melnychenko, A., Derhaliuk, M., & Grynevych, L. (2022). The role of higher education in the digital economy development. *Revista Tempos E Espaços Em Educação, 15*(34), e16773.

Kinson, C., Tang, X., Zuo, Z., & Qu, A. (2020). Longitudinal principal component analysis with an application to marketing data. *Journal of Computational and Graphical Statistics, 29,* 335–350.

Klumpen, D., Schliffka, C., & Polus, D. (2021). Die Europäische Datenstrategie – ein Binnenmarkt für Daten. *WISTA-Wirtschaft und Statistik, 73*(6), 22–30.

Krämer, J. (2022). *Improving the economic effectiveness of the B2B and B2C data sharing obligations in the proposed Data Act* (CERRE Report).

Kumar, M., Sareen, M., & Chhabra, S. (2011). Technology Related trust issues in SME B2B E-Commerce. *International Journal of Information Communication Technologies and Human Development (IJICTHD), 3*(4), 31–46.

Labadie, C., & Legner, C. (2019, February). Understanding data protection regulations from a data management perspective: A capability-based approach to EU-GDPR. In *Proceedings of the 14th International Conference on Wirtschaftsinformatik* (2019).

Larrañaga, P., Atienza, D., Diaz-Rozo, J., Ogbechie, A., Puerto-Santana, C. E., & Bielza, C. (2018). *Industrial applications of machine learning.* CRC Press.

Lau, A. K., Tang, E., & Yam, R. C. (2010). Effects of supplier and customer integration on product innovation and performance: Empirical evidence in Hong Kong manufacturers. *Journal of Product Innovation Management, 27*(5), 761–777.

Mager, S., & Kranz, J. (2020). *Stimulating economic growth by unlocking the nonrival potential of data – review, synthesis and directions for future research* (Working Paper No.2). LMU Munich. https://ssrn.com/abstract=3720114 or https://doi.org/10.2139/ssrn.3720114.

Martens, B., De Streel, A., Graef, I., Tombal, T., & Duch-Brown, N. (2020). *Business-to-Business data sharing: An economic and legal analysis*. EU Science Hub.

Martens, B., & Duch-Brown, N. (2020). *The economics of Business-to-Government data sharing*.

Massaro, M., Moro, A., Aschauer, E., & Fink, M. (2019). Trust, control and knowledge transfer in small business networks. *Review of Managerial Science, 13,* 267–301.

Medeiros Vila Nova, S. D. R., & Bitencourt, C. C. (2020). Technology capability and information sharing: Effects on the sustainable environmental performance of industrial companies. *Brazilian Journal of Management/Revista de Administração da UFSM, 13,* 1175–1192.

Michna, A., & Kmieciak, R. (2020). Open-mindedness culture, knowledge-sharing, financial performance, and industry 4.0 in SMEs. *Sustainability, 12*(21), 9041.

Miller, J. D. (2017). *Statistics for data science: Leverage the power of statistics for data analysis, classification, regression, machine learning, and neural networks*. Packt Publishing Ltd.

Ortega, B. H., Martínez, J. J., & De Hoyos, M. J. M. (2008). The role of information technology knowledge in B2B development. *International Journal of E-Business Research (IJEBR), 4*(1), 40–54.

Pilotti, F., Paolone, G., Valerio, D.D., Marinelli, M., Cocca, R., & Felice, P.D. (2021). An IT Infrastructure for Small- and Medium-sized Enterprises Willing to Compete in the Global Market. *International Conference on Enterprise Information Systems*.

Priestley, M., & Simperl, E. (2022). Open innovation programs related to data and AI: How do the entrepreneurial orientations of startups align with the objectives of public funders? *Data & Policy, 4,* e16.

Richter, H., & Slowinski, P. R. (2019). The data sharing economy: On the emergence of new intermediaries. *IIC-International Review of Intellectual Property and Competition Law, 50,* 4–29.

Ritala, P., Keränen, J., Fishburn, J., & Ruokonen, M. (2024). Selling and monetizing data in B2B markets: Four data-driven value propositions. *Technovation, 130,* 102935.

Sedkaoui, S., & Benaichouba, R. (2019). How data analytics drive sharing economy business models? In *Proceedings of International Academic Conferences* (No. 9911754). International Institute of Social and Economic Sciences.

Stachová, K., Stacho, Z., Cagáňová, D., & Stareček, A. (2020). Use of Digital Technologies for Intensifying Knowledge Sharing. *Applied Sciences, 10,* 4281.

Tolstolesova, L., Glukhikh, I., Yumanova, N., & Arzikulov, O. (2021). Digital transformation of public-private partnership tools. *Journal of Risk and Financial Management, 14*(3), 121.

Urbinati, A., Chiaroni, D., Chiesa, V., & Frattini, F.F. (2017). *The role of digital technologies in the innovation process*.

Zhan, Y., Tan, K. H., Li, Y., & Tse, Y. K. (2018). Unlocking the power of big data in new product development. *Annals of Operations Research, 270,* 577–595.

Zhang, Z. (2011). *Dynamic targeted pricing in B2B settings*. Doctoral dissertation, Columbia University.

Zoboli, L. (2020). Fueling the European digital economy: A regulatory assessment of B2B data sharing. *European Business Law Review, 31*(4), 663–692.

Prof. Dr. Rainer Fuchs Rainer Fuchs ist Professor für Produktmanagement and der ZHAW in Winterthur. Er hat Physik und Wirtschaft an der Uni Konstanz sowie der ETH Zürich studiert und war in verschiedenen Positionen in Forschung und Entwicklung und im Produktmanagement in Schweizer Unternehmen tätig. Sein Forschungsschwerpunkt liegt im Bereich Smart Connected Products sowie Machine Learning im strategischen Produktmanagement. Im Rahmen seiner Tätigkeit ist er regelmäßig als Moderator von Konferenzen und Berater für Unternehmen und Organisationen tätig.

Gianluca Galeno Gianluca Galeno ist wissenschaftlicher Mitarbeiter am Institut für Marketing Management (IMM) der ZHAW und hat einen Master in Biochemie. Sein Fokus liegt auf der Entwicklung von innovativen Lösungen, die Unternehmen bei der Optimierung von datenbasierten Entscheidungsprozessen unterstützen. Er verfügt über umfangreiche Erfahrungen in der Analyse komplexer Datensätze und der Anwendung von Machine Learning. Ziel seiner Forschung ist es, die Schnittstelle zwischen Technologie und Produktmanagement zu stärken und neue Ansätze für eine zukunftsorientierte Wertschöpfung zu schaffen.

Datenbewertung in der Praxis

Rigo Tietz, Wilfried Lux, Sebastian Scheler und Fabian Rudin

Zusammenfassung

Daten spielen nicht nur für die großen Technologieunternehmen wie Google, Amazon & Co. eine zentrale Rolle, sondern werden auch für viele kleine und mittlere Unternehmen immer wichtiger. Die Bewertung und das Management von Daten stellen in der Praxis Neuland dar. In der Fachliteratur werden verschiedene Ansätze für die Datenbewertung abgegrenzt. Hierzu zählen nichtfinanzielle Verfahren wie die qualitative Bewertung sowie finanzielle Methoden wie die kosten-, markt- und nutzenorientierte Bewertung. Dieser Beitrag veranschaulicht anhand der beiden Praxisbeispiele Future of Work Group AG und emonitor AG die Anwendung unterschiedlicher Verfahren zur Datenbewertung. Es stellte sich heraus, dass für die Bewertung von Daten verschiedene Anlässe abgegrenzt werden müssen und sich die jeweiligen Anforderungen unterscheiden. Bei der Unternehmensbewertung können Daten ein wichtiges Asset sein, das maßgeblich das zukünftige Wachstum und die Weiterentwicklung

---

R. Tietz (✉) · W. Lux · S. Scheler
OST – Ostschweizer Fachhochschule, St. Gallen, Schweiz
E-Mail: rigo.tietz@ost.ch

W. Lux
E-Mail: wilfried.lux@ost.ch

S. Scheler
E-Mail: sebastian.scheler@ost.ch

F. Rudin
Business Transaction AG, Zürich, Schweiz
E-Mail: fabian.rudin@businesstransaction.ch

© Der/die Autor(en), exklusiv lizenziert an Springer-Verlag GmbH, DE, ein Teil von Springer Nature 2025
P. Kugler et al. (Hrsg.), *Data Sharing für KMU*,
https://doi.org/10.1007/978-3-662-71209-2_8

bestimmt. Darüber hinaus kommen Daten bei Kooperationen mit anderen Unternehmen zum Einsatz und müssen als Eigenleistung monetär bewertet und vergleichbar gemacht werden. Daten können überdies selbst das Produkt oder Teil einer Leistung sein, sodass der gestiftete Kundennutzen bestimmt und bei der Preisfindung berücksichtigt werden muss.

8.1 Daten als Schlüsselressource für Unternehmen

Sind Daten das neue Öl des 21. Jahrhunderts? Beides sind sehr wertvolle Ressourcen. Während Öl als Schlüsselressource Fabriken, Maschinen und Kraftwerke antrieb und den Übergang ins industrielle Zeitalter ermöglichte, gelten Daten als der Schmierstoff der digitalen Transformation, ohne die das Internet der Dinge oder künstliche Intelligenz nicht funktionieren würden. Öl ist ein materielles Gut, das auf dem Weltmarkt gehandelt wird und bei dem klar berechnet werden kann, welche Mengen Benzin, Diesel oder Kerosin mit einem Barrel produziert werden können. Bei Öl handelt es sich um ein standardisiertes und genormtes Gut, für das es einen Marktwert gibt, der von Angebot und Nachfrage bestimmt wird und genau ermittelt werden kann. Daten hingegen sind nicht rivalisierende immaterielle Assets und können somit in unterschiedlichen Anwendungsfällen gleichzeitig genutzt werden. Oftmals nimmt der Wert sogar mit der Nutzung zu, da immaterielle Güter häufig von Netzwerkeffekten profitieren. Der Wert von Daten steigt außerdem, wenn sie mit anderen Daten kombiniert werden. Gleichzeitig haben viele Daten einen Lebenszyklus, sodass es sich sozusagen um verderbliche Ware handelt. Der Wert von Daten ist fast immer zeit- und kontextabhängig, sodass es keine standardisierten Verfahren für die Bewertung gibt.

Dieser Beitrag zeigt anhand von praktischen Anwendungsfällen auf, mit welchen Methoden der wirtschaftliche Wert von Daten bestimmt werden kann, welche Nutzenaspekte die einzelnen Verfahren aufweisen und in welchem Kontext sie eingesetzt werden können.

8.2 Datenbewertungsverfahren im Überblick

Hinsichtlich der wirtschaftlichen Bewertung von Daten konnte sich noch kein Verfahren als Standard durchsetzen. In der Fachliteratur gibt es bereits zahlreiche Beiträge, die sich mit der Bewertung von Daten beschäftigen und verschiedene Methoden und Verfahren vorstellen [3–5, 10]. Dazu zählen sowohl finanzielle als auch nichtfinanzielle Bewertungsmethoden. Das Ziel dieser Methoden ist es, entweder einen gesamten finanziellen Wert zu ermitteln oder einen qualitativen Wert anhand verschiedener, nichtfinanzieller Wertkriterien zu bestimmen. Die finanziellen Bewertungsmethoden lassen sich in kosten-, marktpreis- und nutzenbasierte Verfahren einteilen.

8 Datenbewertung in der Praxis

Qualitative Bewertung

Bei der qualitativen Datenbewertung werden die wichtigsten Einflussfaktoren untersucht, die den Wert der Daten erhöhen oder verringern können. Diese Faktoren werden auch Werttreiber, Qualitätskriterien oder Risikofaktoren genannt und umfassen Aspekte wie Exklusivität, Vollständigkeit oder Sicherheit. Es gibt viele verschiedene Faktoren, die in der Fachliteratur diskutiert werden [4, 10]. In diesem Kontext bestehen außerdem verschiedene Annahmen darüber, wie die Werttreiber und Risikofaktoren den Wert von Daten beeinflussen. Zum Beispiel wird angenommen, dass Daten wertvoller sind, wenn sie exklusiv, aktuell und frei von Nutzungsbeschränkungen sind [8]. Allerdings fehlt es an empirischen Studien, die diese kausalen Zusammenhänge zwischen den Einflussfaktoren und dem wirtschaftlichen Wert der Daten untersucht und entsprechend bestätigt haben. Die qualitative Bewertung ist eine flexible Methode, die an verschiedene Situationen angepasst werden kann. Es können jeweils die Faktoren ausgewählt werden, die für einen spezifischen Kontext relevant sind. Ein Nachteil ist aber, dass die Bewertungsergebnisse nicht standardisiert und daher schwer vergleichbar sind.

Kostenorientierte Bewertung

Das kostenorientierte Verfahren ist eine einfache Methode, die auf den tatsächlichen Kosten basiert, die im Unternehmen für die Erzeugung oder Wiederbeschaffung der Daten anfallen. Diese Methode wird oft in der Betriebswirtschaft verwendet [7]. Beispielsweise könnte ein Unternehmen die Kosten für die Datenerfassung, -speicherung, -analyse und -nutzung berechnen, um den Wert seiner Daten zu schätzen. Hierbei muss zwischen Einmalkosten (z. B. Infrastruktur) und laufenden Kosten (z. B. Arbeitsstunden) unterschieden werden. Es können auch die Kosten berücksichtigt werden, die entstehen würden, wenn die Daten verloren gehen und wiederbeschafft werden müssten. Das kostenorientierte Verfahren ist einfach, objektiv und transparent und liefert valide Bewertungsergebnisse. Das Verfahren hat aber auch einen Nachteil: Es ignoriert den Nutzen, den die Daten in der Zukunft erbringen können. Beispielsweise könnte ein Unternehmen mit seinen Daten neue Produkte oder Dienstleistungen entwickeln, die einen deutlich höheren Wert haben als die Kosten. Das Verfahren spiegelt daher meist nicht den wirklichen Wert wider und unterschätzt diesen eher. Das Bewertungsergebnis kann als Ausgangsbasis für die Bewertung von Daten dienen, sollte aber durch weitere Methoden ergänzt werden.

Marktorientierte Bewertung

Eine weitere Möglichkeit, den Wert von Daten zu schätzen, ist das marktpreisorientierte Verfahren. Dieses Verfahren basiert auf den Preisen, die für ähnliche Daten auf einem Markt gezahlt werden. Beispielsweise kann der Wert von Adressdaten anhand der Preise verglichen werden, die andere Unternehmen für ähnliche Daten verlangen oder bezahlen. Dieses Verfahren setzt jedoch voraus, dass es einen funktionierenden Markt für Daten gibt, auf dem sich ein Preis durch Angebot und Nachfrage bildet. Leider sind solche Märkte für Daten noch nicht sehr weit verbreitet. Es gibt zwar einige Datenmarktplätze und Plattformen, wie z. B. Advaneo, die den Handel mit Daten erleichtern wollen, aber diese befinden sich noch in der Entwicklungs- und Aufbauphase. Es gibt noch zu wenige Anbieter und Nachfrager von Daten, die bereit sind, ihre Daten zu teilen oder zu verkaufen. Die meisten Marktplätze sind noch nicht attraktiv oder nützlich genug, um viele Nutzer anzuziehen und zu binden. Dies führt zu einem Henne-und-Ei-Problem: Ohne genügend Nutzende gibt es keine Netzwerkeffekte und kein Wachstum, aber ohne Wachstum gibt es nicht genügend Nutzende [3, 10].

Nutzenorientierte Bewertung
Die Besonderheit von Daten als nicht rivalisierende Assets besteht darin, dass die gleichen Daten für verschiedene Anwendungsfälle gleichzeitig genutzt werden können. Das nutzenorientierte Verfahren bemisst den Wert von Daten anhand ihres Nutzens und eignet sich besonders für Daten, die einen speziellen oder zukünftigen Nutzen haben, der sich nicht einfach aus dem Markt oder den Kosten ableiten lässt. Das Verfahren erfordert einen hohen Aufwand und eine hohe Expertise, um den Nutzen zu definieren und zu quantifizieren. Der erste Schritt besteht darin, den Nutzen für einen konkreten Anwendungsfall zu bestimmen. Das können z. B. der zusätzliche Gewinn, die eingesparten Kosten oder das reduzierte Risiko sein. Der zweite Schritt umfasst die Umrechnung des Nutzens in eine finanzielle Größe, die den Wert widerspiegelt. Das kann z. B. der Cashflow, der Residualwert oder der Mehrgewinn sein. Im dritten Schritt wird der ermittelte Wert auf den Bewertungsstichtag diskontiert. Das erfordert die Wahl eines angemessenen Diskontierungszinssatzes, der das Risiko und die Unsicherheit des Nutzens berücksichtigt. Der vierte Schritt besteht darin, den Wert der Daten für verschiedene Szenarien und Annahmen zu berechnen, um die Sensitivität und die Robustheit der Bewertung zu prüfen [10].

8.3 Datenbewertung in der Praxis

Für die Datenbewertung fehlt es an konkreten Beispielen, die die Anwendung dieser Methoden in der Praxis veranschaulichen. Um diese Lücke zu schließen, wurde im Rahmen des anwendungsorientierten Forschungsprojektes „Datenbilanz für KMU" ein einfaches, praxistaugliches Vorgehensmodell für die Bewertung von Daten definiert und mit fünf Unternehmen in der Praxis angewendet (siehe Tab. 8.1). Im folgenden Abschnitt wird anhand von zwei konkreten Anwendungsfällen beleuchtet, wie die unterschiedlichen Datenbewertungsverfahren eingesetzt werden und welchen Mehrwert diese jeweils leisten können.

8 Datenbewertung in der Praxis

Tab. 8.1 Vorgehensmodell für die Datenbewertung

Geschäftsmodellanalyse	Welche Rolle spielen Daten für die Wertschöpfung und das Geschäftsmodell? Inwieweit stellen Daten einen Wettbewerbsvorteil dar?
Qualitative Bewertung	Was sind die wichtigsten Werttreiber und Risikofaktoren? Wie werden diese Einflussfaktoren bewertet und welche Relevanz haben sie für das Geschäftsmodell?
Kostenorientierte Bewertung	Wie hoch sind die Kosten für die Herstellung oder Wiederherstellung der Daten? Welche einmaligen und laufenden Kosten fallen an?
Marktorientierte Bewertung	Gibt es einen Markt für die vorhandenen Daten? Wie hoch ist der Wert für vergleichbare Daten?
Nutzenorientierte Bewertung	Welche weiteren Anwendungsfälle könnten mit den Daten realisiert werden? Wie groß wäre das Nutzenpotenzial?

Quelle: Eigene Darstellung

8.3.1 Praxisbeispiel Future of Work Group AG

Ausgangssituation

Die Future of Work Group AG aus Thalwil im Kanton Zürich ist eine Unternehmensgruppe mit unterschiedlichen Tochtergesellschaften und Beteiligungen und eine führende Anbieterin in den Bereichen E-Recruiting, Talentmanagement und Arbeitsmarktdaten. Das Angebot umfasst datenbasierte Services für Arbeitgebende, Arbeitnehmende und Intermediäre und basiert auf der Analyse und Nutzung von Arbeitsmarktdaten, die u. a. von namhaften Institutionen wie der Konjunkturforschungsstelle an der ETH Zürich oder der Schweizerischen Nationalbank für ihre volkswirtschaftlichen Analysen und Prognosen genutzt werden. Seit rund zehn Jahren werden alle in der Schweiz publizierten Stelleninserate erfasst, inhaltlich aufbereitet und archiviert. Auf Grundlage dieser einzigartigen Datenbasis konnten bereits mehrere innovative Unternehmen mit unterschiedlichen Anwendungen aufgebaut werden (siehe Abb. 8.1). So bietet die Future of Work Group AG z. B. smarte Services für die Personalgewinnung, die Karriereplanung oder die Marktbeobachtung an. Die Daten spielen für die Unternehmensgruppe eine zentrale Rolle und kommen z. B. bei der Entwicklung neuer Produkte und Business Cases, Kooperationen und Joint Ventures mit externen Partnern oder beim Kauf und Verkauf von Unternehmen bzw. Beteiligungen zum Einsatz. Zur Steuerung der Unternehmensentwicklung sollen Daten als zentrales Asset genauer bewertet werden.

Geschäftsmodellanalyse

Die Data Value Chain beschreibt den vollständigen Datenlebenszyklus von der Erhebung bis zur Analyse und Nutzung. Sie kategorisiert alle Schritte, die erforderlich sind, um Rohdaten in nützliche Erkenntnisse zu verwandeln. Autoren grenzen zumeist vier oder

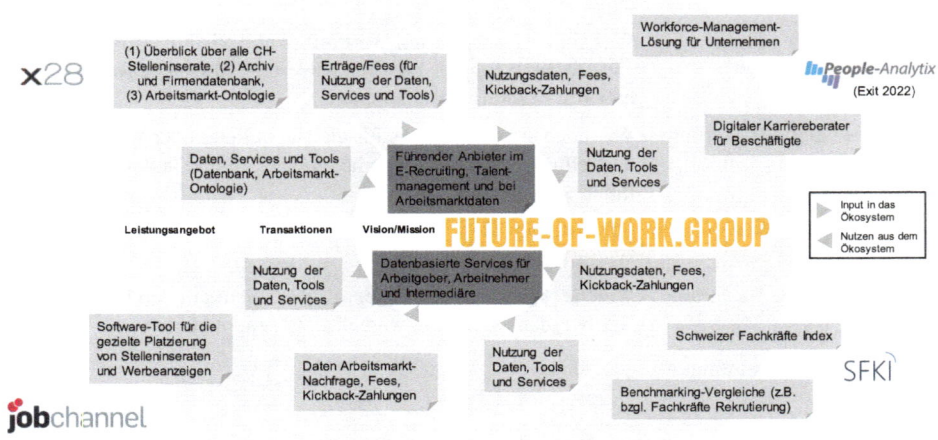

Abb. 8.1 Geschäftsmodellökosystem der Future of Work Group AG (Eigene Darstellung)

Daten-beschaffung	Daten-aufbereitung	Daten-anreicherung	Daten-auswertung	Daten-nutzung
Crawling aller Stelleninserate in der Schweiz	Extraktion und Normalisierung, Aktualisierung der Arbeitsmarkt-Ontologie	Semantische Anreicherung, Verknüpfung mit Arbeitsmarktdaten und Firmeninformationen	Matching von Angebot und Nachfrage, Benchmarking-Analysen	Bestandteil der Leistungen, Entwicklung neuer Use Cases, Datenverkauf

Abb. 8.2 Data Value Chain der Future of Work Group AG (Eigene Darstellung)

fünf Schritte ab [1, 2]. Bei der Future of Work Group AG wird in allen Schritten der Data Value Chain eine hohe Wertschöpfung generiert. Die Unternehmen der Gruppe sind hierbei mit unterschiedlichen Tätigkeiten involviert, die von dem jeweiligen Geschäftszweck abhängig sind (siehe Abb. 8.2). Für die Datenbeschaffung crawlt die Gruppe alle Stelleninserate in der Schweiz von verschiedenen Quellen, in erster Linie direkt auf den Firmenwebseiten (und falls notwendig) auf Jobportalen und sozialen Medien. Die Datengrundlage ist nahezu vollständig und sehr aktuell. Im Archiv befinden sich mittlerweile rund 20 Mio. Inserate. Im nächsten Schritt werden die Daten extrahiert und normalisiert, um z. B. die nachgefragten Stellenbezeichnungen und die erforderlichen Skills vergleichbar zu machen. Die Daten werden semantisch angereichert und mit Arbeitsmarktdaten sowie Firmeninformationen verknüpft. Bei der Datenauswertung werden Angebot und Nachfrage abgeglichen und Benchmarkinganalysen durchgeführt. Die Daten sind zentraler Bestandteil aller Leistungen der Unternehmensgruppe. Darüber hinaus werden kontinuierlich neue Use Cases entwickelt und in konkreten Fällen auch Daten verkauft.

Die Data Value Chain der Future of Work Group AG ist ein Beispiel für ein datenbasiertes Geschäftsmodell. Die Besonderheit der Datenbasis besteht darin, dass sowohl die Aufgaben der Arbeitgebenden (Tasks) als auch die Kompetenzen und Fähigkeiten der Arbeitsuchenden (Skills) bekannt sind. Aus der Kombination zwischen Angebot und Nachfrage bzw. Skills und Tasks ergibt sich eine einzigartige Datengrundlage. Darüber hinaus stellt die selbst entwickelte Ontologie eine Wissensbasis dar, die alle relevanten Begriffe, Definitionen und Zusammenhänge im Arbeitsmarktbereich klar bestimmt und strukturiert. Dies ermöglicht den Einsatz im Bereich der künstlichen Intelligenz, um semantische Strukturen zu definieren, die es ermöglichen, Informationen und Wissen automatisiert zu verstehen und zu verarbeiten.

Qualitative Bewertung
Bei der qualitativen Datenbewertung stehen die wichtigsten Werttreiber und Risikofaktoren und deren Relevanz für die unterschiedlichen Daten (Data Cases) der Future of Work Group AG im Mittelpunkt. Der erste Teil der Bewertung fokussierte auf die Ausprägungen der relevanten Daten, wobei vereinzelte Unterschiede aufgefallen sind, beispielsweise beim Werttreiber Vollständigkeit/Umfang (siehe Abb. 8.3). Dieser Aspekt beschreibt, in welcher Breite und Tiefe sowie in welchem Umfang die Daten vorliegen. Die meisten Einflussfaktoren wurden relativ hoch bewertet. Im zweiten Schritt der Bewertung wurde die Relevanz der Werttreiber und Risikoparameter für das eigene Geschäftsmodell untersucht (hier nicht abgebildet). In der Gesamtbetrachtung haben die Werttreiber Mehrwert/Relevanz und Vollständigkeit/Umfang sowie Exklusivität und Aktualität/ Zeitnähe die höchste Bedeutung für das Geschäftsmodell. Die Risikofaktoren Sicherheit und Datenschutz sowie Nutzungsbeschränkungen weisen die geringste Relevanz auf.

Kostenorientierte Bewertung
Bei der Future of Work Group AG machen alle Schritte der Data Value Chain mittlerweile einen hohen Anteil an der Wertschöpfung aus. In der Vergangenheit entfielen die größten Kostenpositionen auf die Schritte Datenbeschaffung, -aufbereitung und -anreicherung. Der Gesamtaufwand für die Erstellung der Datenbasis belief sich in dem untersuchten Zeitraum inklusive Investitionen auf mehr als CHF 5 Mio. Der Hauptanteil entfiel hierbei mit rund 85 % auf die Personalkosten. Im Falle eines Datenverlusts wäre eine Wiederherstellung nicht möglich, da es sich um historische Daten handelt. Es gibt

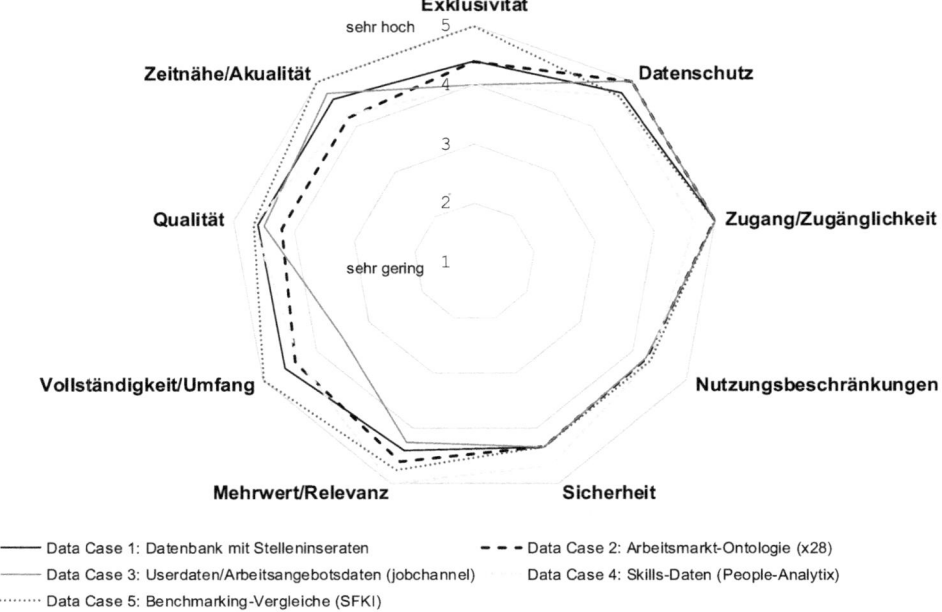

Abb. 8.3 Qualitative Datenbewertung bei der Future of Work Group AG (Eigene Darstellung)

auch keine Konkurrenten, welche diese Daten hätten. Insofern können etwaige Wiederherstellungskosten nicht bestimmt werden.

Marktorientierte Bewertung

Neben der Nutzung der Daten im Kerngeschäft der Unternehmensgruppe werden auf Anfrage einzelne Datenpakete verkauft, die individuell entsprechend den Bedürfnissen ausgewählt und beispielsweise für wissenschaftliche Studien eingesetzt werden. Dies führt zu einem substanziellen Mehrumsatz, der in der Tendenz steigend und ausbaufähig ist. Für die Preisfindung wäre grundsätzlich das marktorientierte Verfahren relevant, jedoch lassen sich derzeit für die sehr spezifische und einzigartige Datengrundlage der Future of Work Group AG keine Vergleichsobjekte finden. Die Preisfindung erfolgt daher momentan kundenspezifisch. Für die Future of Work Group AG wäre es interessant, den Nutzen bzw. den Mehrwert, den die Daten beim Kunden stiften, quantifizieren und beim Pricing berücksichtigen zu können.

Nutzenorientierte Bewertung

Bei der Future of Work Group AG bestand bereits eine umfangreiche Übersicht an wichtigen Stakeholdern (siehe Abb. 8.4). Auf dieser Grundlage wurde bei der nutzenorientierten Bewertung bestimmt, welche weiteren Use Cases mit den vorhandenen

8 Datenbewertung in der Praxis

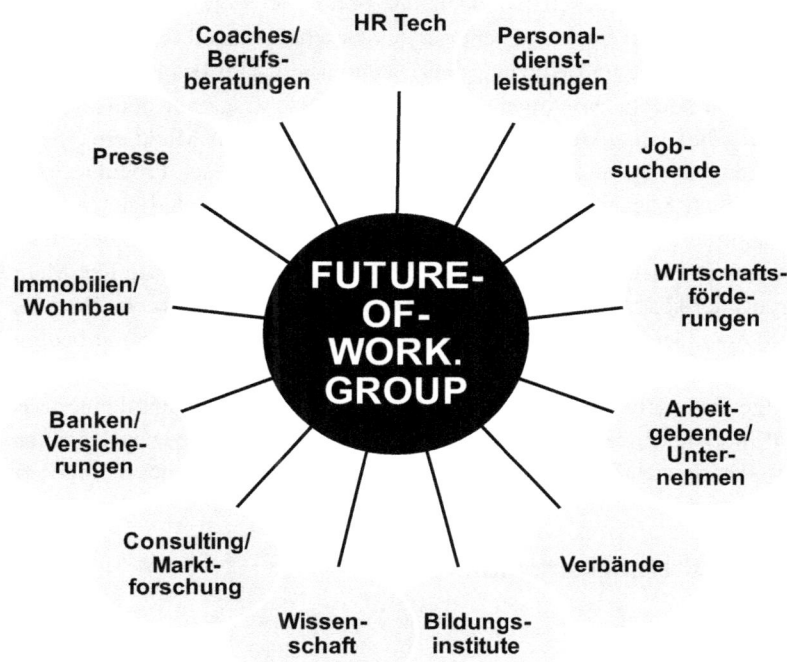

Abb. 8.4 Stakeholder der Future of Work Group AG (Eigene Darstellung)

Daten realisiert werden könnten. Im Unterschied zu klassischen Formaten bei Bewerbungen und Einstellungen (z. B. Lebenslauf, Zeugnisse etc.) sollten die für eine Position erforderlichen und bei einer Person vorhandenen «Skills» im Mittelpunkt stehen. Eine Stoßrichtung betrifft Bildungsinstitute, die ihr Studienangebot stärker an den in der Praxis tatsächlich nachgefragten Skills orientieren könnten. Im Bereich der Weiterbildung wäre es möglich, auf der Skills-Ebene ein Berufschancen-Bildungsprofil zu erstellen und mit diesem Hilfsmittel z. B. «Bildungsunwillige» als Zielgruppe ins Visier zu nehmen. Eine Analyse der Skills, die in einem spezifischen Unternehmen oder einer Branche in der Zukunft aufgebaut werden, könnte im Bereich der Strategieberatung eingesetzt werden, um z. B. die Wettbewerbssituation zu untersuchen. Im Immobilienbereich ist eine Verknüpfung von Job- und Wohnungsangeboten denkbar, da ein Jobwechsel oftmals auch einen Wohnungswechsel nach sich zieht. Die Analyse brachte zahlreiche neue Use Cases hervor, jedoch konnte der konkrete Nutzen noch nicht bestimmt werden.

Fazit
Daten spielen für das Geschäftsmodell der Future of Work Group AG eine zentrale Rolle. Es handelt sich um ein datenbasiertes Geschäftsmodell, das auf der Sammlung, Verarbeitung, Analyse und Nutzung von Daten basiert. Die Besonderheit besteht darin, dass die Daten sowohl das Angebot als auch die Nachfrage auf dem Arbeitsmarkt abbilden – und dies tagesaktuell. Dies stellt für den Schweizer Markt ein Alleinstellungsmerkmal dar. Die Daten kommen bei der Entwicklung neuer Produkte und Business Cases oder beim Kauf und Verkauf von Unternehmen bzw. Beteiligungen zum Einsatz. Die Herausforderung besteht jeweils darin, den monetären Wert der Daten zu bestimmen. Die verwendeten Methoden konnten diesbezüglich keinen substanziellen Mehrwert bieten. Nur aus der kostenorientierten Bewertung resultierte ein konkreter Wert für die Herstellungskosten, der jedoch für etwaige Projekte und Verhandlungen nur bedingt relevant ist. Die marktorientierte Bewertung konnte nicht angewendet werden, weil es für die einzigartige Datengrundlage keine Referenzwerte gibt. Die nutzenorientierte Bewertung sollte auf die Kundenseite der Future of Work Group AG ausgeweitet werden, um den Mehrwert der eigenen Daten zu bestimmen und beim Pricing berücksichtigen zu können.

8.3.2 Praxisbeispiel emonitor AG

Ausgangssituation
Die emonitor AG mit Sitz in St. Gallen und Zürich digitalisiert und automatisiert den gesamten Vermarktungsprozess bei Immobilienprojekten. Zu den Kunden des 2014 gegründeten Unternehmens zählen große Immobilienverwaltungen, Wohnungsbaugenossenschaften, Immobilienplattformen, Eigentümer und Investoren sowie Städte und Gemeinden. Durch die Nutzung der selbst entwickelten Softwarelösung können sämtliche Vermarktungsaktivitäten effizienter durchgeführt, Wohnungen schneller vergeben und Kosten eingespart werden. Es werden kontinuierlich Daten zu Bewerbungsprofilen und Transaktionen generiert, die neue Erkenntnisse über den Immobilienmarkt ermöglichen. Zur Fortsetzung des zukünftigen Wachstumskurses sollen neue, datenbasierte Geschäftsmodellansätze entwickelt und umgesetzt werden. Hierfür ist eine ökonomische Bewertung der Daten notwendig, um Investoren überzeugen und die Finanzierung erleichtern zu können.

Geschäftsmodellanalyse
Die Data Value Chain der emonitor AG beschreibt die unterschiedlichen Schritte von der Datenbeschaffung bis zur Nutzung (siehe Abb. 8.5). Ausgangspunkt bei der Datenbeschaffung sind die vom Kunden bereitgestellten Objektdaten und definierten Auswahlkriterien (z. B. ESG-Kriterien). Nach der systematischen Erfassung und Aufbereitung aller Daten in der Softwarelösung kann der gesamte Vermarktungsprozess digitalisiert werden (z. B. Anbindung an Onlinemarktplätze), sodass dieser Schritt eine hohe Wertschöpfung generiert. Nach der Anreicherung und Verknüpfung mit weiteren Daten können

Daten-beschaffung	Daten-aufbereitung	Daten-anreicherung	Daten-auswertung	Daten-nutzung
Objektdaten vom Auftraggeber (Grundrisse, Fläche, Bilder, Preise, Ausbaustandard, etc.) Kundenspezifische Auswahlkriterien (z.B. gemäss ESG-Kriterien)	Systematische Erfassung und Strukturierung aller Objektdaten in der Softwarelösung	Interessenten- und Bewerbungsprofile Transaktionsdaten über tatsächlich realisierte Verkäufe/ Vermietungen Externe Daten (demografische Strukturmerkmale, Angebotsmieten, Preisstruktur, etc.)	Matching zwischen Angebot und Nachfrage (gemäss der Auswahlkriterien) Differenzierte Preisschätzungen für jedes einzelne Objekt (Verkaufspreise und Mieten)	Matching und Preisschätzungen sind wichtige Bausteine für die aktuelle Lösung

Abb. 8.5 Data Value Chain der emonitor AG (Eigene Darstellung)

unterschiedlichste Auswertungen erstellt werden, mit denen z. B. der Vermietungsprozess automatisiert wird. Preisschätzungen ermöglichen die marktnahe Berechnung von Mieten und Verkaufspreisen. Die Interessenten- und Bewerbungsprofile entstehen im Zuge des Vermarktungsprozesses aus der Interaktion mit den Immobiliensuchenden. Die Verknüpfung der Auswahlkriterien mit den Suchprofilen führt zu Matchingergebnissen, welche die Grundlage für die Transaktionen sind, d. h. für alle abgeschlossenen Mietverhältnisse und Verkäufe. Im Unterschied zu Immobilienportalen, die einen Überblick über das aktuelle Angebot ermöglichen, bilden die Marktdaten der emonitor AG die tatsächliche Nachfrage ab.

Qualitative Bewertung

Bei der qualitativen Datenbewertung stehen die wichtigsten Werttreiber und Risikofaktoren und deren Relevanz für das Geschäftsmodell der emonitor AG im Mittelpunkt (siehe Abb. 8.6). Der erste Teil fokussierte auf die Ausprägungen der identifizierten Daten. In der Gesamtbetrachtung wiesen die Ergebnisse punktuelle Unterschiede auf. Data Case 1 (Interessenten-/Bewerbungsprofile) und Data Case 2 (Marktsegmente/Nachfragesegmente) wurden im Durchschnitt höher bewertet als Data Case 3 (Transaktionsdaten) und Data Case 4 (Marktdaten vs. Angebotsdaten). Viele Aspekte wurden relativ hoch bewertet. Beim Werttreiber Vollständigkeit fällt die Bewertung insgesamt geringer aus, da die generierten Daten nicht die gesamte Schweiz abdecken. Der Risikoparameter Nutzungsbeschränkungen wurde unterschiedlich bewertet, weil die Personendaten, die im Zuge der Softwarenutzung generiert werden, nicht direkt genutzt werden können. Diese Daten dürfen nur in anonymisierter und aggregierter Form weiterverwendet werden. Im zweiten Schritt wurde die Bedeutung bzw. Relevanz der Werttreiber und Risikoparameter für das Geschäftsmodell der emonitor AG untersucht (hier nicht abgebildet). Die wichtigsten Kriterien stellen Mehrwert und Sicherheit sowie Qualität und Datenschutz dar. Die Aspekte Vollständigkeit und Nutzungsbeschränkungen bewegen sich am unteren Ende mit der geringsten Bedeutung. Die Bewertungen sind insgesamt relativ ausgeglichen.

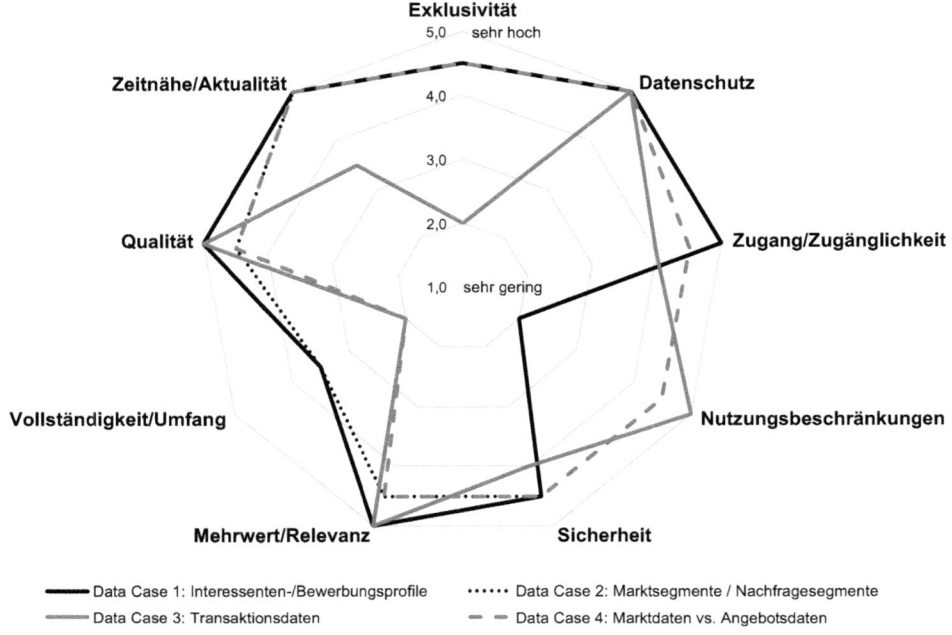

Abb. 8.6 Qualitative Datenbewertung bei der emonitor AG (Eigene Darstellung)

Kostenorientierte Bewertung

Für die Sammlung von Daten braucht es zwingend die Softwarelösung der emonitor AG. Ohne die Nutzung durch Kunden mit den entsprechenden Interaktionen und Transaktionen (z. B. Anmeldung, Bewerbung, Matching) entstehen keine relevanten Daten. Insofern sind für die Gesamtbetrachtung auch die Softwareentwicklungskosten sowie die Aufwände für Marketing und Sales relevant. Die Transaktionsdaten stellen ein wichtiges Asset für das Unternehmen dar und standen daher auch bei der Kostenanalyse im Mittelpunkt, die Kosten in Höhe von CHF 42 pro Datensatz und CHF 67 pro Transaktion ergab. Eine offene Frage besteht darin, ob es hierfür geeignete Vergleichsgrößen (Benchmarks) gibt, um die Werte einordnen zu können. Die Aktivierung der Kosten in der Bilanz stellte einen weiteren wichtigen Aspekt dar, um Daten als wertvolles immaterielles Asset sichtbar zu machen. Hierbei können nur die Entwicklungskosten der jeweils laufenden Periode berücksichtigt werden [9].

Marktorientierte Bewertung

Für die marktorientierte Bewertung der Daten der emonitor AG konnten keine geeigneten Datenmarktplätze gefunden werden, die über ähnliche Daten verfügen und einen Vergleich ermöglicht hätten. Da die Investorensicht bei der Unternehmensbewertung für die emonitor AG eine zentrale Rolle spielt, beispielsweise im Zuge der nächsten Finanzierungsrunde, wurde ein alternativer Ansatz entwickelt und umgesetzt, der die Bewertung von Daten aus Management- und Investorensicht gegenübergestellt (siehe Abb. 8.7).

Das intellektuelle Kapital eines Unternehmens ergibt sich aus dem Marktwert (z. B. Marktkapitalisierung bei börsennotierten Unternehmen) abzüglich des Buchwerts und der stillen Reserven [10]. Bei der emonitor AG macht der Wert des intellektuellen Kapitals 94 % des Marktwertes aus, der auf Grundlage der letzten Finanzierungsrunde bestimmt wurde. Der hohe Anteil des intellektuellen Kapitals am Gesamtwert spiegelt den Trend wider, dass materielle Vermögenswerte bei der Bewertung von Unternehmen immer unwichtiger werden. Beispielsweise hat sich der Anteil materieller Vermögenswerte am Marktwert der 500 größten börsennotierten US-Unternehmen von 1975 bis 2020 von 83 % auf 10 % verringert [6].

Für das intellektuelle Kapital wurden literaturgestützt die Dimensionen Human-, Markt- und Kunden-, Organisations-, Technologie-, Daten- und Informations- sowie sonstiges Kapital abgegrenzt. Im Folgenden wurde die Relevanz dieser Bestandteile auf Basis einer Delphi-Befragung des Managements und der Investoren ermittelt. Aus der Sicht des Managements sind das Technologiekapital (50 %) und das Daten- und Informationskapital (40 %) die zentralen Bestandteile des intellektuellen Kapitals. Bei der ersten Finanzierungsrunde machten das Humankapital und Markt- und Kundenkapital aus Investorensicht jeweils rund 50 % und somit den gesamten Wert des intellektuellen

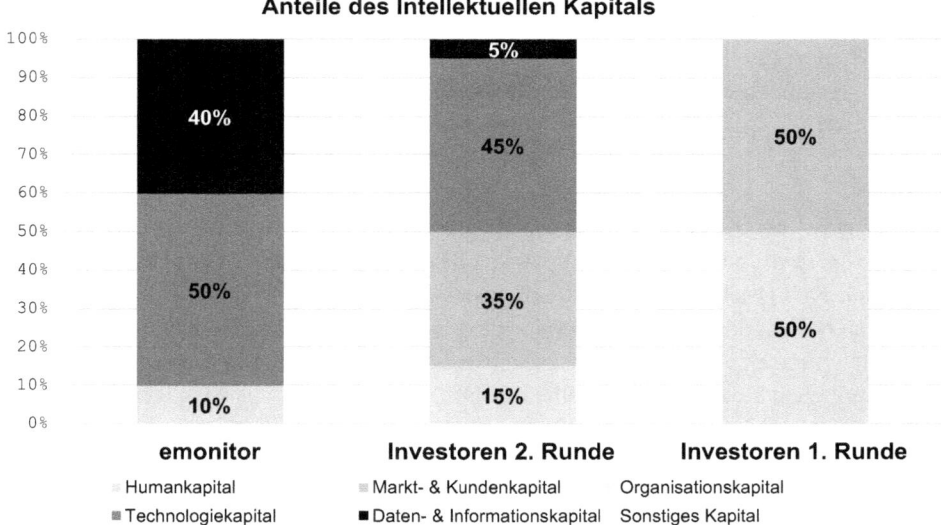

Abb. 8.7 Datenbewertung aus Management- und Investorensicht bei der emonitor AG (Eigene Darstellung)

Kapitals aus. Bei der zweiten Finanzierungsrunde war das Technologiekapital mit im Durchschnitt 45 % aus Sicht der Investoren der wichtigste Bestandteil. Die Investoren betrachteten vor allem die selbst entwickelte Software als zentrales Asset. Das Markt- und Kundenkapital (35 %) und das Humankapital (15 %) waren ebenfalls wichtige Aspekte. Hingegen entfielen auf das Daten- und Informationskapital nur 5 %. Dieser Punkt wurde von den Investoren im Unterschied zum Management nicht als zentrales Asset wahrgenommen. Die Investoren sahen in diesem Punkt noch keinen wesentlichen wirtschaftlichen Wert. Sie forderten einen schlüssigen Business Case, der aufzeigt, wie mit den Daten Erträge generiert werden können. Ohne einen solchen Business Case war es für die potenziellen Investoren schwierig, diesen Punkt zu beurteilen. Die Aussage eines Investors, «Daten können nicht einfach direkt in Gold getauscht werden.», bringt diesen Aspekt prägnant auf den Punkt.

Nutzenorientierte Bewertung
Bei der nutzenorientierten Bewertung ging es um die Fragestellungen, welche weiteren Use Cases mit den vorhandenen Daten realisiert werden könnten und wie groß das Nutzenpotenzial wäre. Ein bereits bekanntes Problem der Kundengruppe Immobilienentwickler besteht darin, dass die Nachfrage an einem bestimmten Standort nicht bekannt ist, da vorhandene Marktdaten nur das Angebot abdecken. Daher treffen realisierte Überbauungen oftmals die Nachfrage nicht optimal. Das größte Nutzenpotenzial wurde in der Vermarktung in Richtung Endkunden gesehen, da der Immobilienmarkt in vielen Bereichen (z. B. an attraktiven Lagen) von einem Nachfrageüberhang gekennzeichnet ist, der in der Regel nicht über den Marktpreis ausgeglichen werden kann. Eine Monetarisierung wäre z. B. möglich, wenn Immobiliensuchende frühzeitig exklusiv über neue Angebote informiert werden könnten, die ihren Bedürfnissen entsprechen («Early Access»). Weiteres Potenzial wurde in der Verknüpfung von Immobilien- und Arbeitsmarkt gesehen, da ein Arbeitsplatzwechsel oftmals auch mit einem Wechsel des Wohnortes verbunden ist. Eine Quantifizierung des Nutzens konnte nicht vorgenommen werden.

Fazit
Daten werden bei der emonitor AG durch die Nutzung der selbst entwickelten Softwarelösung generiert und stellen ein sehr wertvolles «Nebenprodukt» dar, dessen Potenziale jedoch im Kerngeschäft noch nicht voll ausgeschöpft werden können. Die Besonderheit der Daten besteht darin, dass sie die Nachfrageseite auf dem Immobilienmarkt abdecken. Die Datengrundlage weist in Ballungszentren bereits eine hohe Abdeckung auf, während es in ländlichen Regionen Nachholbedarf gibt. Daten stellen aus Managementsicht das wichtigste Asset dar (vor allem für das Wachstum und die weitere Unternehmensentwicklung). Investoren nehmen Daten aktuell jedoch noch nicht als zentrales Asset wahr. Die größten Nutzenpotenziale für die Entwicklung neuer Use Cases bestehen derzeit in der Monetarisierung mit Immobiliensuchenden und der Verknüpfung mit dem Arbeitsmarkt. Für die emonitor AG ist die Bewertung von Daten als Asset im Zuge der Unternehmensbewertung relevant (z. B. Finanzierungsrunde). Daher besteht die Frage, wie

der Wert und das Potenzial der Daten gegenüber Investoren besser kommuniziert werden können. Eine Möglichkeit besteht in der Aktivierung in der Bilanz, wenngleich hierbei nur die entstandenen Entwicklungskosten berücksichtigt werden können. Dies erhöht zwar die Sichtbarkeit, reflektiert allerdings nicht den tatsächlichen Wert. Eine zweite Möglichkeit besteht darin, konkrete datenbasierte Business Cases zu entwickeln, die das zukünftige Wachstums- und Skalierungspotenzial aufzeigen.

8.4 Diskussion und Ausblick

Daten sind in der heutigen Zeit ein wichtiger Faktor für den Erfolg von Unternehmen. Dies gilt nicht nur für die großen Technologieunternehmen wie Google, Amazon & Co., sondern auch für viele kleine und mittlere Unternehmen. Daher gewinnen die Bewertung und das Management von Daten als wichtige immaterielle Assets auch für diese Unternehmen zunehmend an Bedeutung. In der Fachliteratur gibt es jedoch nur äußerst wenige Beiträge, die konkrete Fallbeispiele für die Datenbewertung aufzeigen. Die erläuterten Beispiele Future of Work Group AG und emonitor AG zeigen einerseits auf, welche Rolle Daten für die Wertschöpfung und das Geschäftsmodell spielen können. Während bei emonitor AG die generierten Daten ein wertvolles Nebenprodukt darstellen, das in Zukunft für die Entwicklung neuer Business Cases genutzt werden soll, basiert das gesamte Geschäftsmodellökosystem der Future of Work Group AG auf der einzigartigen Datengrundlage, die in den letzten zehn Jahren aufgebaut wurde.

Andererseits verdeutlichen die beiden Beispiele, dass die in der Literatur diskutierten Bewertungsansätze unterschiedlich gut geeignet sind und ein ganz konkreter, universell gültiger «Marktwert der Daten» kaum bestimmt werden kann. Es stellte sich heraus, dass für die Bewertung von Daten verschiedene Anlässe abgegrenzt werden müssen. Bei der emonitor AG besteht das zentrale Motiv darin, für zukünftige Investoren in einer weiteren Finanzierungsrunde den Wert der Daten sichtbar zu machen, um eine höhere Unternehmensbewertung und somit bessere Finanzierungskonditionen erzielen zu können. Bei der Future of Work Group AG steht hingegen nicht primär die Unternehmensbewertung im Mittelpunkt. Auf der einen Seite werden die Daten kontinuierlich bei gemeinsamen Projekten und Kooperationen mit anderen Unternehmen eingesetzt und können in der Folge zur Lancierung neuer Produkte oder dem Aufbau neuer Unternehmen führen. Hierbei geht es jeweils um die Frage, wie Daten als Beitrag monetär bewertet und mit anderen Eigenleistungen, wie z. B. Kapital oder Arbeitsstunden, vergleichbar gemacht werden können. Darüber hinaus werden immer häufiger einzelne Datensätze nachgefragt – beispielsweise von Forschungseinrichtungen für Arbeitsmarktstudien oder von Wirtschaftsförderungen für Standortanalysen. Für die Bestimmung eines fairen Marktpreises können die üblichen Verfahren aufgrund fehlender Vergleichsobjekte nicht eingesetzt werden. Daraus resultiert die Fragestellung, wie der generierte Mehrwert der Daten aufseiten der Kunden gemessen und bei der Preisfindung berücksichtigt werden kann.

Tab. 8.2 Anlässe und Nutzen der Datenbewertung

Unternehmensbewertung	Projektbewertung	Pricing
Verkauf, M&A, Nachfolge, Finanzierung	Joint Ventures, Unternehmensgründung, Kooperation	Data/Analytics-as-a-Service, Daten als Produkt/«Rohstoff» (z. B. Adressbroker)
Daten als Asset und wichtiger Teil des Firmenwertes	Daten als Beitrag bzw. Eigenleistung	Daten als Produkt bzw. Teil des Leistungsangebotes
Bestimmung des Wertanteils sowie des Potenzials für Wachstum und Weiterentwicklung	Bestimmung des monetären Werts zum Vergleich mit anderen Beiträgen (z. B. Kapital oder Arbeitsstunden)	Bestimmung des gestifteten Kundennutzens zur Festlegung des Marktpreises

Quelle: Eigene Darstellung

Die unterschiedlichen Anlässe zur Datenbewertung, die bei den Fallbeispielen identifiziert werden konnten, sind in Tab. 8.2 zusammenfassend dargestellt. Bei der Unternehmensbewertung im Zuge eines Verkaufs, einer Nachfolge oder einer Finanzierung können Daten als Asset einen zentralen Teil des Firmenwertes ausmachen. Hierbei geht es darum, den entsprechenden Wertanteil sowie das zukünftige Nutzenpotenzial in Bezug auf Wachstum und Weiterentwicklung bestimmen sowie gegenüber Investoren darstellen und kommunizieren zu können. Bei Projekten, Kooperationen oder Joint Ventures mit anderen Unternehmen bringen die verschiedenen Partner in der Regel unterschiedliche Assets ein (z. B. Arbeitszeit, Kapital oder Daten). In diesem Fall müssen die jeweiligen Beiträge bzw. Eigenleistungen monetär bewertet und vergleichbar gemacht werden. Daten können darüber hinaus essenzieller Bestandteil eines Produktes oder einer Dienstleistung sein (z. B. «Data-as-a-Service») und stehen beim Pricing im Mittelpunkt. Wichtige Einflussfaktoren für die Bewertung sind hierbei der Nutzen und die Zahlungsbereitschaft der Kunden sowie die Markt- und Wettbewerbssituation.

Literatur

1. Brennan, R., Attard, J., & Helfert, M. (2018). *Management of data value chains, a value monitoring capability maturity model.* In Proceedings of the 20th International Conference on Enterprise Information Systems - Volume 2: ICEIS (S. 573–584). SciTePress
2. Curry, E. (2016). The big data value chain: Definitions, concepts, and theoretical approaches. New horizons for a data-driven economy: A roadmap for usage and exploitation of big data in Europe (S. 29–37). Springer International Publishing.
3. Fleckenstein, M., Obaidi, A., & Tryfona, N. (2023). *A review of data valuation approaches and building and scoring a data valuation modell.* Harvard Data Science Review, 5(1).
4. Krotova, A., Rusche, C., & Spiekermann, M. (2019). *Die ökonomische Bewertung von Daten: Verfahren, Beispiele und Anwendungen* (No. 129). IW-Analysen.
5. Laney, D.B. (2017). *Infonomics: How to Monetize, Manage, and Measure Information as an Asset for Competitive Advantage* (1st ed.). Routledge.
6. Ocean Tomo. (2020). *Intangible Asset Market Value Study.*

7. Otto, B. (2015). *Quality and Value of the Data Resource in Large Enterprises*. Information Systems Management, 32(3), 234–251.
8. Rea, N., & Sutton, A. (2019). *Putting a value on data*. PricewaterhouseCoopers LLP.
9. Schwarz, A. M. (2020). *Bilanzierung von Daten*. Springer Gabler Wiesbaden.
10. Zechmann, A. (2018). *Nutzungsbasierte Datenbewertung: Entwicklung und Anwendung eines Konzepts zur finanziellen Bewertung von Datenvermögenswerten auf Basis des AHP*. Doctoral dissertation, epubli.

Rigo Tietz ist Professor für Strategisches Management am Institut für Strategie und Marketing der OST – Ostschweizer Fachhochschule. Seine Forschungsinteressen liegen in den Bereichen Geschäftsmodelle, Geschäftsmodellinnovationen und Wettbewerbsstrategie. Vor seiner Tätigkeit an der Hochschule war er als Projektgeschäftsführer einer Gründungsinitiative in Dresden, Vorstandsmitglied einer überregionalen Marketingagentur in Stuttgart sowie Gründer und Inhaber des eigenen Start-up-Unternehmens in Karlsruhe tätig. Rigo Tietz hat im Bereich Strategic Entrepreneurship an der TU Dresden promoviert.

Wilfried Lux ist Professor für Rechnungswesen und Controlling an der OST – Ostschweizer Fachhochschule. Neben seiner Lehrtätigkeit führt er regelmäßig Projekte in der angewandten Forschung durch. Seine Schwerpunktthemen umfassen strategisches und operatives Controlling, Rechnungswesen und Performance Management. Am Institut für Finance und Law leitet er das Kompetenzzentrum für Accounting und Corporate Finance. Zuvor war er lange Zeit in der Industrie und Unternehmensberatung tätig. Er hat in Köln und New York studiert und an der Universität St.Gallen promoviert.

Dr. Sebastian Scheler ist wissenschaftlicher Mitarbeiter am Institut für Strategie und Marketing der OST – Ostschweizer Fachhochschule. Seine Studien führten ihn nach Italien, in die Türkei und Dänemark. Er hat im Bereich Verkehrsökonomie an der Zeppelin Universität in Deutschland promoviert und beschäftigt sich aktuell vor allem mit den Bereichen Datenanalyse und nachhaltige Mobilität, um eine grünere Zukunft zu ermöglichen. Mit seinem vielseitigen Hintergrund verknüpft er Datenanalyse, Volkswirtschaft und Betriebswirtschaft in Lehre und Praxis.

Fabian Rudin ist Gründungspartner der Business Transaction AG, einer führenden M&A-Boutique mit Fokus auf KMU-Nachfolgeregelungen. Nach seinem Wirtschaftsstudium war er maßgeblich bei der Entwicklung des damaligen Brancheninnovators beteiligt und gründete vor über 10 Jahren das Beratungsunternehmen Business Transaction AG. Seine Expertise liegt in der ganzheitlichen Abwicklung von Unternehmenstransaktionen und Nachfolgeregelungen im KMU-Umfeld.

Herausforderungen und Chancen einer grenzüberschreitenden ESG-Berichterstattung

Benedikt Zoller-Rydzek und Michael Hellwig

Zusammenfassung

In den letzten Jahren ist die Bedeutung von Sozial- und Governance-Kriterien (ESG) für Wirtschaft, Gesellschaft und Unternehmen enorm gestiegen, da sie die Nachhaltigkeitsleistung reflektieren und das Vertrauen von Investoren, Kunden und der Öffentlichkeit stärken. Dabei spielt ESG-Reporting von Unternehmen eine wichtige Rolle, welches im Jahr 2024 erstmals für viele Unternehmen in der EU und der Schweiz verpflichtend wird. Für ein effektives ESG-Reporting werden qualitativ hochwertige Daten benötigt, deren Sammlung und Austausch oft grenzüberschreitend erfolgt. Dies stellt Unternehmen vor einige Herausforderungen, wie den gesetzlichen Regelungen, der Interoperabilität zwischen Informationssystemen oder der Bereitstellung notwendiger Ressourcen zu entsprechen. Zur Bewältigung dieser Herausforderungen präsentieren wir ein Framework, das auf fünf Dimensionen basiert: Wertschöpfung, Vertrauen, Sicherheit, Kultur sowie Recht und Aufsichtsstrukturen. Es bietet konkrete Anleitungen für einen erfolgreichen grenzüberschreitenden Datenaustausch, indem es den Nutzen von ESG-Daten über das Reporting hinaus betont,

---

B. Zoller-Rydzek
International Management Institute, ZHAW School of Management and Law, Winterthur, Schweiz
E-Mail: benedikt.zoller@zhaw.ch

M. Hellwig (✉)
Josef Ressel Zentrum für Robuste Entscheidungen, Forschungszentrum Business Informatics, Fachhochschule Vorarlberg, Dornbirn, Österreich
E-Mail: michael.hellwig@fhv.at

die Bedeutung eines einheitlichen Datenstandards für Qualität und Konsistenz hervorhebt und die Rolle des Gesetzgebers bei der Verringerung von Unsicherheiten durch klare Vorgaben unterstreicht. Dieses Framework unterstützt Unternehmen dabei, den gesetzlichen Anforderungen zu entsprechen und ihre Nachhaltigkeitsleistung effektiv zu verbessern.

9.1 Einleitung

In einer Welt, die zunehmend von globalen Herausforderungen wie dem Klimawandel, sozialer Ungleichheit und dem Ruf nach stärkerer Unternehmensverantwortung geprägt ist, hat sich die Berichterstattung von Umwelt-, Sozial- und Governance-Faktoren (ESG) von einer freiwilligen Initiative zu einem zentralen Bestandteil unternehmerischen Handelns entwickelt [42]. Dabei wirkt die ESG-Berichterstattung nicht nur als ein Instrument zur Messung der Nachhaltigkeitsleistung von Unternehmen, sondern sie ist auch ein entscheidender Faktor, der das Vertrauen von Investoren, Kunden und der Öffentlichkeit stärkt. Die zunehmende Integration von ESG-Kriterien in die Investitionsentscheidungsprozesse unterstreicht die Notwendigkeit für Unternehmen, transparente, verlässliche und vergleichbare Daten bereitzustellen. Hierbei spielen Finanzinstitutionen eine entscheidende Rolle.

Mit der Einführung neuer gesetzlicher Regelungen zum ESG-Reporting in der EU [15] und der Schweiz [13] stehen viele Unternehmen vor der Herausforderung, ab dem Jahr 2024 diesen Anforderungen gerecht zu werden. Auch wenn das Reporting vorrangig große Unternehmen betrifft, die international tätig sind, sei es durch ausländische Tochtergesellschaften oder durch internationale Kunden- und Lieferantenbeziehungen, werden viele kleine und mittelständische Unternehmen (KMU) die Auswirkungen von ESG-Reporting spüren. Dies macht einen effizienten grenzüberschreitenden Datenaustausch innerhalb und zwischen Unternehmen unabdingbar. Nur so können eine konsistente Berichterstattung und eine Einhaltung internationaler Standards gewährleistet werden.

In diesem Kontext identifizieren wir drei Herausforderungen, denen Unternehmen bei einer erfolgreichen Implementierung von ESG-Reporting und grenzüberschreitendem Datenaustausch gegenüberstehen: gesetzliche Regelungen, die Gewährleistung von Interoperabilität zwischen verschiedenen Informationssystemen und die Bereitstellung der notwendigen Ressourcen. Vor diesem Hintergrund stellen wir ein Framework für den grenzüberschreitenden ESG-Datenaustausch vor, das auf fünf zentralen Dimensionen basiert [4]: Wertschöpfung, Vertrauen, Sicherheit, Kultur sowie Recht und Aufsichtsstrukturen. Mit dem Framework wollen wir Handlungshinweise für Unternehmen liefern, welche Voraussetzungen für einen erfolgreichen grenzüberschreitenden Datenaustausch notwendig sind.

Methodisch wurde ein zweigleisiger Ansatz verfolgt: eine umfassende Literaturrecherche sowie Experteninterviews. Im Zuge der Literaturrecherche wurde ein relevantes Framework [4] identifiziert, welches speziell zur Unterstützung des Austauschs von ESG-Daten angepasst wurde. Diese Anpassung erfolgte durch die Einbeziehung weiterführender Literatur, die sich spezifisch mit ESG-Daten befasst. Parallel dazu wurden qualitative Experteninterviews mit ESG-Verantwortlichen in verschiedenen Unternehmen und ESG-Reporting-Softwareherstellern geführt. Diese Interviews boten tiefe Einblicke in die Themen Interoperabilität und potenzielle Nutzungsmöglichkeiten von ESG-Daten, was zur Validierung und Erweiterung des adaptierten Frameworks beitrug.

9.2 Environmental, Social and Governance (ESG) – zusätzliche Indikatoren für Wirtschaftsunternehmen

Mit dem *Green Deal* plant die EU bis 2030 eine CO_2-Reduktion von 55 % und bis 2050 Klimaneutralität [15]. Auch die Schweiz verpflichtete sich durch das Pariser Klimaabkommen zu einer 50%igen Treibhausgasreduktion bis 2030 im Vergleich zu 1990 und zu Netto-Null bis 2050 [10]. Zur Erreichung dieser Ziele ist es wichtig, Treibhausgasreduktion nicht nur auf der Makroebene zu messen, sondern auch direkt Firmen bei der Erfassung ihrer eigenen Emissionen einzubinden. Daher gibt es in der Europäischen Union und in der Schweiz Richtlinien über die Offenlegung nichtfinanzieller Informationen für große Unternehmen [13]. Diese nichtfinanziellen Informationen umfassen ökologische Informationen (insbesondere Treibhausgasemissionen), aber auch Angaben über Sozial- und Arbeitnehmerbelange, die Achtung der Menschenrechte und die Bekämpfung von Korruption und Bestechung. Die Berichterstattung über entsprechende ökologische (environmental), soziale (social) und aufsichtsstrukturelle (governance) Unternehmensaspekte wird unter der Bezeichnung ESG-Reporting zusammengefasst. Abb. 9.1 illustriert die drei zentralen ESG-Kriterien anhand einiger Beispiele.

Während gegenwärtig besonders ökologische Aspekte im ESG-Reporting eine dominante Rolle spielen, wird in der Zukunft die Bedeutung von Social- and Governance-Aspekten wachsen. Hier spiegelt sich eine tiefgreifende Verschiebung in der globalen Geschäftslandschaft wider, die zunehmend auf Nachhaltigkeit und soziale Verantwortung konzentriert ist. Verbraucher, Investoren und Regulierungsbehörden fordern von Unternehmen nicht nur Transparenz hinsichtlich ihrer Umweltauswirkungen, sondern auch ein klares Engagement für soziale Verantwortung und ethische Unternehmensführung [42]. Die Integration von Social- und Governance-Aspekten in das ESG-Reporting ist auch eine Reaktion auf die Erkenntnis, dass langfristiger wirtschaftlicher Wert nicht isoliert von sozialen und ethischen Überlegungen geschaffen werden kann. Unternehmen, die in der Lage sind, starke Beziehungen zu ihren Mitarbeitern, Kunden und der Gesellschaft insgesamt aufzubauen, positionieren sich besser für nachhaltigen Erfolg. Diese Unternehmen sind oft widerstandsfähiger gegenüber Krisen, da sie auf das Vertrauen und die Unterstützung ihrer Stakeholder zählen können [55].

Finanzinstitutionen spielen eine zentrale Rolle bei dieser Entwicklung. Sie erkennen zunehmend, dass soziale und Governance-Faktoren direkt mit dem langfristigen Erfolg und der Risikominderung eines Unternehmens verbunden sind. Beispielsweise können

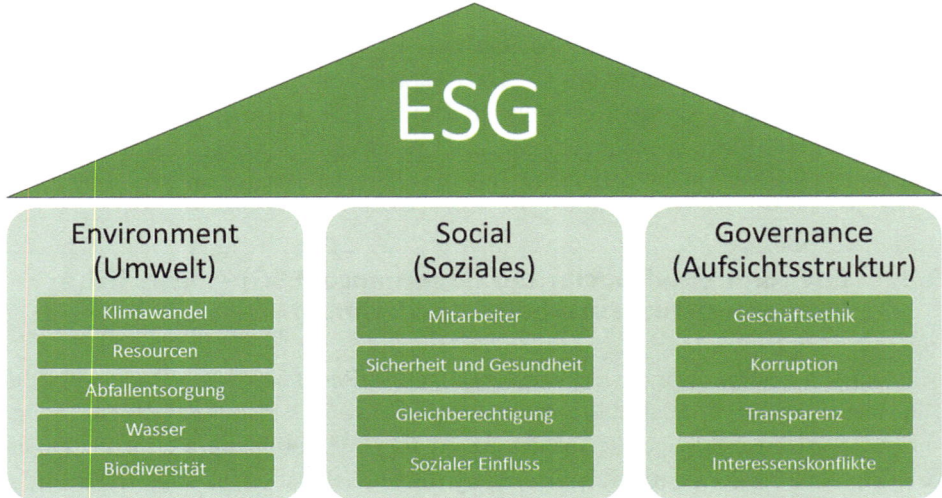

Abb. 9.1 Exemplarische Übersicht der drei ESG-Säulen

Unternehmen, die in gute Arbeitsbedingungen, Diversität und Inklusion investieren, von einer motivierteren und produktiveren Belegschaft profitieren [46]. Ebenso kann eine starke Governance-Struktur, die Aspekte wie Korruptionsbekämpfung und transparente Unternehmensführung umfasst, das Risiko rechtlicher und reputationsbedingter Schäden verringern [30].

Die Verordnung (EU) 2019/2088 für Sustainable Finance Disclosure Regulation (SFDR) erlegt seit Januar 2022 EU-Finanzinstituten die Pflicht auf, Angaben über die Gewichtung von ESG-Faktoren bezüglich ihrer Produkte, aber auch in Bezug auf das Unternehmen selbst zu machen. Die Richtlinie (EU) 2022/2464 für Corporate Sustainability Reporting Directive (CSRD), in Kraft seit Januar 2023, ist das Gegenstück für die *Nicht-Finanzwelt* und erlegt entsprechende Reportingpflichten auf. In der Schweiz tritt im Januar 2024 die Verordnung zur Klimaberichterstattung großer Unternehmen in Kraft [13]. Seit Juli 2020 gilt zudem die EU-Taxonomie für Finanzdienstleister und Großunternehmen in der EU. Die Taxonomie definiert nachhaltige Wirtschaftstätigkeiten, und Unternehmen müssen über den taxonomiekonformen Anteil des Umsatzes, der Investitionen und des Betriebsaufwands berichten.

Die EU-Taxonomie, die Corporate Sustainability Reporting Directive (CSRD) und die Sustainable Finance Disclosure Regulation (SFDR) stellen zentrale Elemente der EU-Regulierungslandschaft im Nachhaltigkeitsbereich dar und weisen eine ausgeprägte regulatorische Interdependenz auf, die sich besonders im grenzüberschreitenden Kontext manifestiert. Die EU-Taxonomie definiert Kriterien für ökologisch nachhaltige Wirtschaftsaktivitäten, was eine Grundlage für die Berichterstattungspflichten unter der CSRD und den Offenlegungsanforderungen der SFDR schafft. Die CSRD erweitert die

Berichtspflichten von Unternehmen bezüglich ihrer Nachhaltigkeitsmaßnahmen und verlangt eine detaillierte Offenlegung der Auswirkungen ihrer Tätigkeiten auf die Umwelt, die sich an der EU-Taxonomie orientieren muss. Die SFDR wiederum verpflichtet Finanzmarktteilnehmer und Finanzberater dazu, über die Nachhaltigkeitsrisiken ihrer Produkte und Dienstleistungen zu informieren, und stellt sicher, dass die Informationen transparent und vergleichbar sind, was den grenzüberschreitenden Handel und Investitionen innerhalb der EU erleichtert. Zusammen fördern diese Regelungen eine umfassende Transparenz, fördern nachhaltige Praktiken und unterstützen das Ziel der EU, einen einheitlichen Markt für nachhaltige Finanzen zu schaffen.

Für Unternehmen bedeutet dies, dass ESG-Reporting nicht nur eine Frage der Compliance oder des Risikomanagements ist, sondern zunehmend als ein wesentlicher Faktor für den Zugang zu Kapital, die Verbesserung der Marktposition und die Steigerung der Wettbewerbsfähigkeit angesehen wird [19].

Erstmals werden im Jahr 2024 eine große Anzahl von Unternehmen gesetzlich zum ESG-Reporting verpflichtet. KPMG schätzt, dass dies in der EU ca. 50.000 Unternehmen sind [28]. Obwohl vorrangig Großunternehmen betroffen sind, hat auch die Bedeutung von ESG-Reporting für kleine und mittlere Unternehmen in den letzten Jahren deutlich zugenommen. Mehr als drei Viertel (77 %) der Small und Mid Caps haben im Jahr 2020 eine formale Zweckserklärung in Bezug auf ESG veröffentlicht. Darüber hinaus nutzen fast ein Fünftel (18,5 %) der Small und Mid Caps ESG-Standards wie die UN-Ziele für nachhaltige Entwicklung (SDG), die Global Reporting Initiative (GRI) oder die Standards des Sustainability Accounting Standards Board (SASB) [56]. Dies deutet darauf hin, dass eine wachsende Anzahl von KMU nicht nur ESG-Initiativen ergreift, sondern sich auch bemüht, diese Anstrengungen durch die Anwendung anerkannter Rahmenwerke zu standardisieren und zu formalisieren.

9.3 ESG-Daten innerhalb von Unternehmen nutzen

Die für das ESG-Reporting notwendigen Daten, die jetzt erstmalig großflächig erhoben werden müssen, können auch einen über das Reporting hinausgehenden Nutzen für Unternehmen generieren. Sie können zu einem wesentlichen Element für eine nachhaltige und langfristig erfolgreiche Geschäftsführung werden. Mithilfe der Daten können Unternehmen die ESG-Prinzipien in ihre Geschäftsstrategie integrieren und langfristig ihre Wettbewerbsfähigkeit sichern [7]. Die Berücksichtigung von ESG-Aspekten hilft dabei, Risiken zu antizipieren [50], Chancen zu identifizieren [24] und sich den sich wandelnden Marktbedingungen anzupassen [38].

Durch transparente Berichterstattung und aktive Maßnahmen zur Verbesserung von Umwelt-, Sozial- und Governance-Aspekten stärken Unternehmen ihr öffentliches Image und beeinflussen die Markenwahrnehmung positiv. ESG-Daten ermöglichen ein effektives Management der Beziehungen zu Stakeholdern. Die Transparenz und Glaubwürdigkeit, die durch eine umfassende Berichterstattung über Umwelt-, Sozial- und Governance-Faktoren erreicht wird, fördert das Vertrauen und die Zufriedenheit der Stakeholder [40].

Auch können ESG-Daten als Grundlage für die Entwicklung neuer, nachhaltiger Produkte und Dienstleistungen dienen. Unternehmen, die sich aktiv mit Umwelt-, Sozial- und Governance-Faktoren auseinandersetzen, können innovative Lösungen entwickeln, die nicht nur ökonomischen, sondern auch ökologischen und sozialen Nutzen bieten [39].

Die Integration von ESG-Daten in die Risikobewertung eines Unternehmens ist ein entscheidender Schritt zur Minimierung potenzieller Risiken, die sich aus der Wertschöpfungskette und Kundenbeziehungen ergeben [24]. Durch die detaillierte Kenntnis der Lieferantenkette ermöglichen ESG-Daten eine tiefere Einsicht in mögliche Umwelt-, Sozial- und Governance-Risiken. Dies fördert eine bessere Risikomodellierung, indem es Unternehmen erlaubt, spezifische Gefahren zu identifizieren, die von einzelnen Lieferanten ausgehen könnten, sei es durch Umweltrisiken, Arbeitsbedingungen oder Governance-Praktiken. Auf der Kundenseite unterstützt die Anwendung einer „Know Your Customer"-Idee durch ESG-Daten Unternehmen dabei, die Präferenzen und Erwartungen ihrer Kunden besser zu verstehen und anzusprechen, was wiederum das Risiko von Marktmissverständnissen und -konflikten reduziert. Zudem ermöglicht das tiefer-gehende Verständnis von Korruptionsrisiken und lokalen Umweltrisiken dem Unternehmen, präzise und gezielte Maßnahmen zur Risikominimierung zu entwickeln. So können Unternehmen nicht nur die direkten Auswirkungen auf ihr Geschäft proaktiv steuern, sondern auch zur langfristigen Stabilität und Nachhaltigkeit ihres Geschäftsmodells beitragen.

> **Beispiel**
>
> Der Austausch von ESG-Daten entlang der Lieferkette, siehe Scope 3, kann zu großen Effizienzgewinnen und Kosteneinsparungen führen und gleichzeitig die Umweltbelastung reduzieren. Zum Beispiel haben Procter & Gamble (P&G) und Tupperware ihre Logistikdaten geteilt und sind in der Lage, nun auf ähnlichen Routen die Auslastung ihrer LKW zu erhöhen. Tupperwares LKW waren zu etwa 80 % des maximalen Volumens des Fahrzeugs, aber nur zu 30 % seines Gewichts gefüllt – während P&Gs LKW zu 50 % des maximalen Volumens des Fahrzeugs, aber zu 95 % seines Gewichts gefüllt waren. Mit dem Teilen der Daten in Echtzeit koordinierten sie eine Konsolidierung ihrer Ladungen, wodurch sie 17 % der Transportkosten und mehr als 200 Mt CO_2 einsparten [51]. ◄

ESG-Reporting kann als ein Katalysator für die Nutzung von ESG-Daten innerhalb eines Unternehmens fungieren, indem es die Erhebung relevanter und konsistenter ESG-Daten beschleunigt. Dadurch ermöglicht ESG-Reporting fundiertere Entscheidungen, die sowohl die finanzielle Leistung verbessern als auch einen positiven gesellschaftlichen und ökologischen Beitrag leisten.

9.4 Herausforderungen für grenzüberschreitende ESG-Berichterstattung

Das grenzüberschreitende ESG-Reporting konfrontiert Unternehmen, insbesondere solche mit Tochtergesellschaften in unterschiedlichen Jurisdiktionen, mit komplexen Herausforderungen. Komplexität entsteht zusätzlich durch Lieferketten, betroffen von Regulierungen wie dem Lieferkettengesetz und Scope-3-Reporting, siehe Abb. 9.2. Dabei erfasst Scope-3-Reporting indirekte Emissionen der gesamten Wertschöpfungskette, inklusive Emissionen von Lieferanten und der Nutzung verkaufter Produkte durch Endverbraucher. Die Sammlung und Analyse dieser Daten verlangt umfangreiche Kooperation und Datenaustausch entlang der Lieferkette. Dadurch werden viele kleine und mittelständische Firmen, die gegenwärtig nicht direkt gesetzlich zum ESG-Reporting verpflichtet sind, in den grenzüberschreitenden Austausch von ESG-Daten eingebunden.

Bei diesem grenzüberschreitenden Datenaustausch stehen Unternehmen vor drei primären Herausforderungen: der Einhaltung länderspezifischer gesetzlicher Regelungen; der Gewährleistung von Interoperabilität, also der Fähigkeit, Daten effektiv und effizient

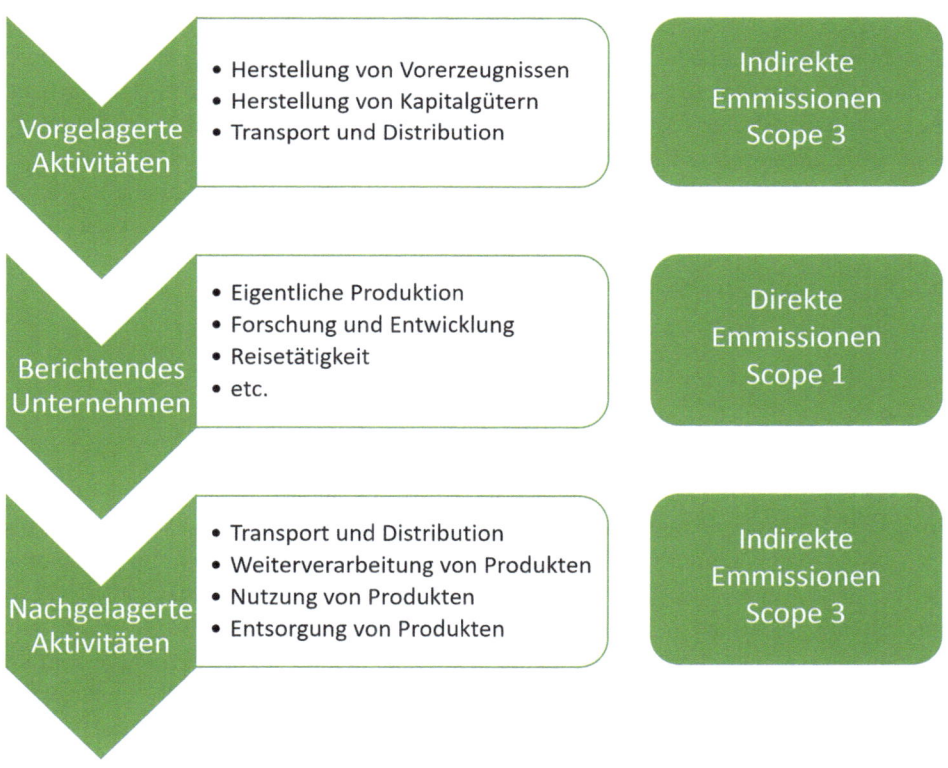

Abb. 9.2 Direkte und indirekte Emissionen: Scope 1-2-3 im Überblick

zwischen verschiedenen Systemen und Standards zu übermitteln; und dem Management der notwendigen Ressourcen, die für die Implementierung und Aufrechterhaltung eines solchen Systems erforderlich sind.

Im Folgenden werden alle drei Herausforderungen im Detail erläutert.

9.4.1 Gesetzliche Regelungen

Gesetzliche Regelungen erschweren den grenzüberschreitenden Datenaustausch erheblich, vor allem bei der ESG-Berichterstattung und den Anforderungen an Datenerfassung und -teilung im Rahmen von Scope 3. Diese Herausforderungen umfassen regulatorische Unterschiede zwischen Ländern und Datenschutzaspekte [53]. Diese Unterschiede erschweren die Berichterstattung für Firmen, die in beiden Ländern aktiv sind, und erfordern eine sorgfältige Anpassung ihrer ESG-Reports an die jeweiligen gesetzlichen Anforderungen [11].

Besonders Datenschutzaspekte verschärfen die Problematik des grenzüberschreitenden Datenaustauschs erheblich. Es ergeben sich zahlreiche rechtliche und regulatorische Fragen bei der Weitergabe von Daten in der Lieferkette, beispielsweise hinsichtlich des Datenbesitzes, des Zugangs zu Daten sowie deren Weiterverwendung. Zudem schützen Länder ihre lokale Wertschöpfung durch Datenlokalisierungsmaßnahmen, die den internationalen Datentransfer limitieren, wie etwa Artikel 27 des Data Act der Europäischen Kommission zeigt, der bestimmte internationale Datenübertragungen untersagt, um Konflikte mit Unionsrecht zu vermeiden [51].

Diese rechtlichen und regulatorischen Herausforderungen führen zu hoher Unsicherheit und Kosten für den Datenaustausch innerhalb der Lieferketten. Diese Unsicherheit hält Unternehmen davon ab, frühzeitig in eine spezifische und nachhaltige Berichts- und Datenaustauschinfrastruktur zu investieren, die dann eventuell nicht die gesetzlichen Reporting- und Datenschutzanforderungen entspricht.

9.4.2 Interoperabilität

Interoperabilität definiert die Fähigkeit verschiedener Informationstechnologiesysteme, -dienste oder -anwendungen, miteinander zu interagieren und Daten effizient, effektiv und in einer Weise auszutauschen, die für den Benutzer sinnvoll ist. Im Kontext des grenzüberschreitenden ESG-Reportings, wo Unternehmen aus unterschiedlichen Rechtsräumen mit variierenden Standards und Vorschriften konfrontiert sind, spielt Interoperabilität eine entscheidende Rolle. Unternehmen, die Teil einer Lieferkette sind und Scope-3-Emissionsdaten austauschen, stoßen aufgrund fehlender einheitlicher Standards häufig auf Schwierigkeiten. Die Zunahme der Datenaustauschanfragen, gepaart mit den individuellen Anforderungen, die Abnehmer an ihre Lieferanten stellen, verkompliziert den Prozess. Datenschutz- und Compliance-Bedenken entstehen beim Austausch sensibler Informationen, während die Einbeziehung von Sozialem und Aufsichtsstrukturthemen, also S und G, die Komplexität weiter erhöht [48].

> **Beispiel**
>
> Eine Studie von KPMG im Frühjahr 2024 zeigt, dass die Hälfte aller Firmen Microsoft Excel für die Erhebung und Konsolidierung von ESG-Daten verwendet. Excel stößt in Bezug auf die Interoperabilität schnell an seine Grenzen. Eine zentrale Herausforderung ist die eingeschränkte Fähigkeit von Excel, effektiv mit anderen Systemen zu kommunizieren und Daten zu integrieren. Daten aus verschiedenen Quellen und in unterschiedlichen Formaten müssen oft manuell konsolidiert werden, was zeitaufwendig ist und das Risiko von Fehlern erhöht. Dieses Vorgehen skaliert schlecht und ist für Unternehmen, die eine konsistente und umfassende ESG-Berichterstattung anstreben, kaum tragbar. Hinzu kommt, dass Excel nicht für die automatische Aktualisierung in Echtzeit konzipiert ist, was zu Verzögerungen bei der Berichterstattung führen kann. Diese Interoperabilitätsprobleme sind insbesondere dann kritisch, wenn Daten für Stakeholder transparent und nachvollziehbar präsentiert werden müssen, um regulatorischen Anforderungen und den Erwartungen der Investoren gerecht zu werden [27]. ◄

Ein interoperables IT-System fördert nicht nur die Effizienz und Genauigkeit der Berichterstattung, sondern erleichtert die Einhaltung unterschiedlicher Vorschriften und stärkt das Vertrauen der Stakeholder [1][49]. Interoperabilität ist somit entscheidend, um den vielfältigen und sich ständig ändernden Anforderungen im grenzüberschreitenden Reportingumfeld gerecht zu werden [21].

9.4.3 Ressourcen

ESG-Reporting ist noch nicht in der gleichen Weise standardisiert wie traditionelles finanzielles Reporting [43]. Die Einführung von nichtfinanziellem Reporting ist für viele Unternehmen Neuland. Hierbei stellt der Ressourcenmangel ein signifikantes Hindernis für Unternehmen dar. Dieses Problem wurde in qualitativen Interviews als eine der größten Herausforderungen identifiziert.

Gerade kleinere Firmen stehen vor erheblichen Herausforderungen beim ESG-Reporting, da sie oft keinen spezialisierten Fachbereich für ESG-Themen haben und sich externe Berater nicht leisten können [3]. Die ESG-Daten werden häufig manuell erhoben und in Berichte eingefügt, was nicht nur umfangreiches Fachwissen erfordert, sondern auch die Unsicherheiten bei der Implementierung der entsprechenden Richtlinien verstärkt [8]. Auch verfügen viele Unternehmen nicht über die Möglichkeit, die notwendigen Daten automatisiert aus bestehenden IT-Systemen zu generieren. Entsprechende Anpassungen sind oft mit großem Aufwand und Investitionen in die IT-Infrastruktur verbunden (siehe

Interoperabilität). Dies erfordert IT-Fachkräfte, die aufgrund des Fachkräftemangels in diesem Bereich schwer zu finden sind. Unternehmen stehen somit vor der doppelten Herausforderung, sowohl die erforderlichen ESG-Ressourcen als auch die IT-Fachkräfte bereitzustellen, was zu Engpässen führt.

Insgesamt zeigt sich, dass der Ressourcenmangel ein gravierendes Problem für Firmen bei der Einführung von ESG-Reporting darstellt.

9.4.4 Herausforderungen für Finanzinstitutionen

Im Vergleich zu den meisten Unternehmen stehen Finanzinstitutionen weiteren Herausforderungen gegenüber [5]. Auf der einen Seite müssen sie als Arbeitgeber die gleichen ESG-Kriterien erfüllen, aber als Investoren muss ihr Portfolio ebenfalls den ESG-Kriterien entsprechen. Zusätzlich möchte der Gesetzgeber durch kreditbezogene Maßnahmen in Verbindung mit ESG-Regelkonformität eine Hebelwirkung bei der Einführung von ESG-Reporting erzielen [17][41].

Die bereits beschriebenen Ressourcenengpässe, das inkonsistente gesetzliche Regelwerk und die nötige Interoperabilität der Informationssysteme stellen für den Finanzsektor die gleichen Herausforderungen dar wie für den überwiegenden Teil der Firmen. Aber durch die Schlüsselrolle bei der Implementierung von ESG-Reporting sind Finanzinstitutionen gezwungen, entsprechende ESG-Kompetenz schneller aufzubauen. Daher ist der Bedarf an ESG-Expertise in der Finanzbranche merklich gestiegen und wird wohl weiter anwachsen, was potenziell zu Ressourcenproblemen führen könnte [27][44]. Zudem ist die Implementierung interoperabler Technologien für die Bewertung von ESG-Leistungen und die ESG-Fähigkeiten von Finanzinstituten entscheidend. Sie müssen mit einer Vielzahl unterschiedlicher Unternehmenskunden umgehen und eine hohe Datenqualität sicherstellen. Besonders die Integration von ESG-Bewertungen in Kreditvergabe- und Risikobewertungsprozesse ist hier wichtig. Entsprechende Daten müssen langfristig gespeichert werden, um Trends zu erkennen, Vergleiche anzustellen und Bewertungen zu validieren, was effiziente Archivierungssysteme und Strategien erfordert [12][6]. Zudem ist die Maschinenlesbarkeit der Standards für eine automatisierte Verarbeitung des schnell wachsenden Datenvolumens entscheidend. Dies bedingt eine Standardisierung der Datenstrukturen und -formate sowie sichere Datenaustausch- und Authentifizierungsprozesse. Diese bedeutet, dass Technologien skalierbar und flexibel sein müssen, um sich ändernden Anforderungen gerecht zu werden und Entwicklungen in der ESG-Berichterstattung zu berücksichtigen. Nur auf diese Weise können die ESG-Performanzen von Kunden und Portfolios effektiv bewertet und die ESG-Fähigkeit der Finanzinstitute selbst gemessen werden [9].

> **Beispiel**
>
> Im März 2024 forderte der niederländische Investor MN die Eigentümer von ZARA (Inditex SA) auf, eine detaillierte Übersicht aller Zulieferer bereitzustellen. Obwohl ZARA die entsprechenden Daten intern hätte, wollen die Eigentümer diese nicht bereitstellen und umgehen so eine Vergleichbarkeit mit Mitbewerbern. Von vielen Minderheitsinvestoren wurde dieses Vorgehen scharf kritisiert [47]. ◄

Zudem unterstützen Finanzdienstleister die Bestrebungen für eine CO_2-Reduktion und Klimaneutralität durch die Entwicklung einer Vielzahl nachhaltiger Finanzprodukte, die finanzielle Erträge und positive ESG-Effekte kombinieren. Dies erfordert spezifische Daten, welche hohe Transparenz und die Implementierung einheitlicher ESG-Bewertungsstandards ermöglichen [49][12]. Dafür ist eine umfassende und qualitativ hochwertige Datengrundlage notwendig, die Greenwashing vermeidet. Aktuell fokussieren ESG-Ratings hauptsächlich auf große börsennotierte Unternehmen, während kleinere Unternehmen (Small Caps) und andere Finanzinstrumente wie ESG-Anleihen, die durchaus attraktive Renditepotenziale bieten, unterrepräsentiert sind [26]. Eine sinnvolle Integration von ESG-Bewertungen in traditionelle Portfolioanalysen ist essenziell, um deren Zielsetzungen angemessen zu berücksichtigen. Ein globales regulatorisches Rahmenwerk für nachhaltige Investments bleibt jedoch wegen komplexer Strukturen und verschiedener Interessenlagen eine Herausforderung [25][36].

Von Regulierungsstellen geforderte, standardisierte Bewertungen sind für ESG-Risikoabschätzungen im Finanzsektor essenziell [45]. Unternehmen begegnen hierbei diversen Risiken, einschließlich transitorischer und physischer Nachhaltigkeitsrisiken, sozialen Risiken sowie Unternehmenssteuerungsrisiken [20]. Effektives Risikomanagement setzt voraus, dass Finanzinstitute relevante ESG-Risiken identifizieren und deren Einfluss auf das Risikomanagement vorhersehen [2]. Dies erfordert die Integration von ESG-Risiken in bestehende Risikomanagementpraktiken, die Anpassung mathematischer Modelle, die Entwicklung plausibler Szenarien und Durchführung von Auswirkungsanalysen, etwa durch ESG-Stresstests [57].

Eine proaktive Herangehensweise und Investitionen in die Entwicklung von internen Kapazitäten sowie in die Zusammenarbeit mit externen Partnern können dazu beitragen, diese Herausforderungen zu bewältigen und die langfristige Wettbewerbsfähigkeit zu sichern.

Die Einführung gemeinsamer Datenstandards in einer Branche ist allerdings oft ein kostspieliges und komplexes Unterfangen, an dem viele Akteure und Systeme beteiligt sind. Es erfordert zudem regelmäßig deutliche Änderungen an den bestehenden Datenpraktiken und der Infrastruktur. Auch die Koordination eines Standards und die Abwägung von Interessenkonflikten, Präferenzen oder Anforderungen zwischen verschiedenen Stakeholdern kann problematisch sein. Darüber hinaus müssen Risiken für die Datensicherheit und den Schutz der Privatsphäre adressiert werden. Hinsichtlich der Datenverarbeitung sollte ebenfalls bedacht werden, dass die Speicherung und Verarbeitung großer

Datenmengen durchaus mit einem erheblichen Bedarf an finanziellen Mitteln und großem Energiebedarf verbunden ist [22]. Dies hat wiederum Umweltauswirkungen, die unter Umständen im Widerspruch zu den eigentlichen Nachhaltigkeitszielen einer Organisation stehen.

9.5 Framework für einen erfolgreichen Austausch von ESG-Daten

Im Folgenden wird ein Framework für einen effektiven Datenaustausch für ESG-Reporting diskutiert. Zu diesem Zweck bewegen wir uns entlang der fünf Dimensionen für datenbasierte Zusammenarbeit, die innerhalb des Interreg- ABH-Projekts *Data Sharing Framework für KMU* [4] entwickelt wurden.

Innerhalb des Forschungsprojekts hat man sich intensiv mit dem Thema Datennutzung und Datenaustausch im Zusammenhang mit datenbasierten Dienstleistungen und Produkten befasst. Über die technologische Infrastruktur hinaus müssen dazu Anreize und Vertrauen aufgebaut werden, um die Zusammenarbeit von Interessensvertretern zu forcieren. Insbesondere KMU benötigen Unterstützung, um die Kooperationspotenziale zu nutzen und durch neue Produkte oder Dienstleistungen einen Mehrwert zu kreieren. Um die notwendigen Strukturen zu identifizieren, wurde eine Studie aus Literaturrecherche und Experteninterviews durchgeführt und durch eine Befragung von über 200 Unternehmen der Programmregion verifiziert.

Die Ergebnisse des Forschungsprojektes verdeutlichen, dass Ökosysteme entlang von fünf verschiedenen Perspektiven Wertschöpfung (Value), Vertrauen (Trust), Sicherheit (Security), Kultur (Culture) sowie Recht und Aufsichtsstrukturen (Legal & Governance) betrachtet werden sollten. Eine Illustration dieser Aspekte ist in Abb. 9.3 dargestellt. Die Einbeziehung dieser Perspektiven erlaubt die Identifikation sowohl von Barrieren als auch von Treibern für die Datennutzung und den Datenaustausch zwischen Unternehmen.

Zusätzlich zur Einordnung des ESG-Datenaustausches und der Berichterstattung in dieses Rahmenwerk werden exemplarisch Vorgehensweisen zur Behandlung der zuvor identifizierten Herausforderungen aufgezeigt.

9.5.1 Value

Unternehmen sollen das Sammeln und Bereitstellen von ESG-Daten nicht länger ausschließlich als regulatorische Anforderung betrachten, sondern als eine neue Quelle für integrative Wertschöpfung, siehe Abschn. 1.3. Die Unternehmen werden folglich dazu ermutigt, ESG-Faktoren in ihre strategische Planung zu integrieren und Möglichkeiten zu identifizieren, durch nachhaltiges Handeln zusätzlichen Wert zu schaffen [59].

Abb. 9.3 Illustration der fünf Dimensionen der datenbasierten Zusammenarbeit entsprechend dem Data Sharing Framework für KMU

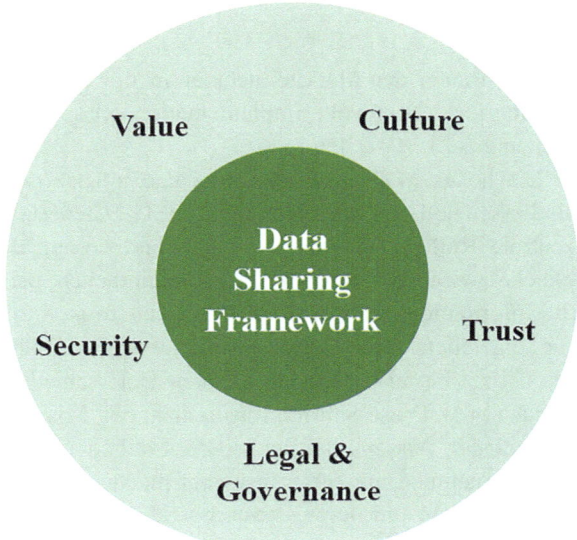

Ein vielversprechender Einsatz für verfügbare ESG-Daten erlaubt es den eigenen Kunden und anderen Interessengruppen, zusätzlichen Mehrwert zu bieten. Die Entwicklung innovativer Produkte und Dienstleistungen wird dabei im Vordergrund stehen. Diese Entwicklungen sind bereits heute zu beobachten [52][54][37].

Zukünftige ESG-Anforderungen werden Unternehmen dazu bringen, ESG-Prinzipien in ihre Produktentwicklungsstrategien zu integrieren [50]. Der Datenaustausch über die gesamte Wertschöpfungskette hinweg soll dabei helfen, den nachhaltigen Ursprung von Produkten transparent zu machen. Aufgrund einer verstärkten öffentlichen Nachfrage nach nachhaltigen Produkten kann sich die geschaffene Transparenz positiv auf den Markenwert eines Unternehmens auswirken und das Vertrauen der Verbraucher stärken.

Die Integration von ESG-Daten in unternehmenseigene Enterprise-Resource-Planning (ERP)-Systeme verlangt standardisierte Strukturen und Formate für eine effiziente Analyse und Verarbeitung. Entscheidend ist, dass die gewählten Formate ESG-spezifische Anforderungen erfüllen und relevante Indikatoren und Kennzahlen korrekt darstellen. Unternehmen müssen dabei sowohl branchen- oder regionalspezifische ESG-Berichtsstandards als auch die Fähigkeit ihrer ERP-Systeme zur Formatverarbeitung berücksichtigen. Als Lösungsansatz dient die Interoperabilität, die eine reibungslose Integration und Nutzung der ESG-Daten in bestehenden Systemen ermöglicht und so die Effizienz und Genauigkeit der ESG-Berichterstattung verbessert.

Letztendlich muss innerhalb des Managements und des Unternehmens ein Bewusstsein geschaffen werden, dass ESG-Daten nicht nur für gesetzlich vorgeschriebenes Reporting notwendig sind, sondern einen Mehrwert im Unternehmen schaffen, der zu einem nachhaltigen Wettbewerbsvorteil beitragen kann.

9.5.2 Trust

Das Vertrauen der Marktteilnehmer in die Berichterstattung ist unabdingbare Voraussetzung für die sinnvolle Implementation der spezifischen Prozesse und die bereitwillige Nutzung der ESG-Daten.

Ein hohes Maß an Transparenz und präzise definierte Authentifizierungsrichtlinien sind essenziell, um Vertrauen in die ESG-Datenerfassung und -prozesse zu stärken. Eine zentrale Rolle spielt dabei die Standardisierung der ESG-Berichterstattung, um Vergleiche zwischen Unternehmen zu vereinfachen, den Datenaustausch zu erleichtern und die Informationsqualität zu erhöhen. Zudem ist die Entwicklung einheitlicher Maßstäbe für abgeleitete Größen wie ESG-Scores und Risikoeinschätzungen entscheidend, um die derzeit bestehenden signifikanten Unterschiede zwischen Ratingagenturen zu überwinden [14]. Diese Schritte tragen dazu bei, Misstrauen zu verringern und Kritik an der mangelnden Wissenschaftlichkeit der Methoden zu adressieren [34][17].

Unternehmen müssen transparent machen, wie sie ESG-Daten sammeln, überprüfen und berichten, um deren Zuverlässigkeit und Authentizität zu gewährleisten [61]. Der Einsatz von Technologien wie Blockchain kann hierbei für sichere und nachvollziehbare Daten sorgen [32]. Zudem ist eine Stärkung des rechtlichen Rahmens für die ESG-Berichterstattung erforderlich, um Standards durchzusetzen und Greenwashing zu verhindern.

Letztendlich sind Unternehmen gefordert, Vertrauen in ihre ESG-Daten zu schaffen, indem sie eine effektive ESG-Strategie ausarbeiten und kommunizieren. Diese sollten den aktuellen Standards gerecht werden und sich regelmäßigen unabhängigen Audits stellen [16]. All dies wird durch eine Interoperabilität von Systemen und Daten erleichtert.

9.5.3 Security

Angesichts der wachsenden Bedeutung von ESG-Daten entlang internationaler Lieferketten und innerhalb des Finanzsektors dürfen die Anforderungen an hinreichende Datensicherheit und Datenschutz nicht vernachlässigt werden.

Die ESG-Berichterstattung verlangt die Offenlegung sensibler Daten, darunter persönliche Informationen von Mitarbeitenden und Kunden sowie detaillierte betriebliche und finanzielle Daten. Unternehmen müssen daher umfassende Sicherheitsmaßnahmen ergreifen, um die Vertraulichkeit und Integrität der ESG-Daten zu schützen. Dies beinhaltet die Vorgänge der Sammlung, Übermittlung und Speicherung, unter Beachtung relevanter Datenschutzstandards [51].

Unternehmen müssen klare Datenschutzrichtlinien etablieren und Verfahren für die Verarbeitung und das Löschen von ESG-Daten definieren, um sicherzustellen, dass nur berechtigte Personen Zugriff auf diese Informationen haben. Zudem sind effektive Datensicherungs- und Wiederherstellungsmaßnahmen notwendig, um Datenverluste zu vermeiden und eine dauerhafte Verfügbarkeit der Daten zu sichern, beispielsweise durch Back-up-Strategien, Cloud-Speicherung oder Blockchain-Technologie [23][34] [36]. Weiterhin ist die Schulung der Mitarbeiter in Datenschutz und Datensicherheit entscheidend für den verantwortungsvollen Umgang mit ESG-Daten.

Die Weitergabe von Daten zwischen Unternehmen erzeugt ein Spannungsfeld, wobei Datenschutzrichtlinien einen rechtlichen Rahmen bieten können. Um diesen effektiv zu nutzen, ist es wichtig, in Unternehmen ein Bewusstsein für den Wert von ESG-Daten und deren Sensibilität zu schaffen.

9.5.4 Culture

Die Integration einer nachhaltigen Denkweise in die Kernwerte und Führungsethik von Unternehmen verbessert sowohl die Glaubwürdigkeit der ESG-Berichterstattung als auch die Verankerung einer nachhaltigen Handlungsweise in der Unternehmensstrategie.

Die Integration von ESG-Prinzipien in die Unternehmenskultur erfordert eine kontinuierliche Sensibilisierung für ESG-Themen, die von der Unternehmensleitung gefördert und in die strategischen Ziele eingebettet werden muss. Die Strategie sollte klar von der Führungsebene kommuniziert und von allen Führungskräften unterstützt werden [58]. Durch Schulungen und Anreizsysteme kann die Belegschaft über die Bedeutung von ESG aufgeklärt und aktiv in die Umsetzung von ESG-Initiativen einbezogen werden. Zudem ist es entscheidend, Strukturen zu etablieren, die datenbasiertes Handeln unterstützen und ausreichende Datenkompetenzen in allen Bereichen des Unternehmens fördern, um den Anforderungen an Datensicherheit gerecht zu werden [31].

9.5.5 Legal & Governance

Die wachsende Nachfrage von Unternehmen, Investoren und Regulierungsbehörden nach umfassenden und vergleichbaren ESG-Informationen unterstreicht die Notwendigkeit international anerkannter Standards. Diese Standards sollen die Sammlung und Meldung relevanter ESG-Daten leiten und unterstützen, wodurch das Vertrauen aller Stakeholder in die Informationsqualität langfristig gestärkt wird. Allerdings stellen regulatorische Unsicherheiten bei der flächendeckenden Implementierung von ESG-Reporting ein signifikantes Hindernis dar, siehe Abschn. 1.4. Der Gesetzgeber ist hierbei aufgerufen, schnell verbindliche Richtlinien zu etablieren.

Durch klare Vorgaben könnten die für die Implementierung benötigten Ressourcen reduziert, der kontinuierliche Bedarf an Expertenwissen minimiert und die Notwendigkeit ständiger Anpassungen der IT-Systeme verringert werden.

9.6 Limitationen der Forschungsarbeit

Die Generalisierbarkeit unserer Forschungsergebnisse wird durch die dynamische und gegenwärtige Entwicklung in der Nachhaltigkeitsberichterstattung begrenzt. So wird ESG-Reporting erstmalig im Jahr 2024 umfassend implementiert. Daraus folgt, dass die gegenwärtigen Erkenntnisse sich nicht auf langfristige empirische Daten stützen können, sondern vielmehr auf vorläufigen Beobachtungen und der bisherigen Forschung zum freiwilligen ESG-Reporting basieren. Ferner wurde das für diese Arbeit herangezogene Framework für den Austausch von ESG-Daten ursprünglich für den allgemeinen Datenaustausch zwischen KMU entwickelt. Obwohl es für die spezifischen Bedürfnisse des ESG-Reportings angepasst wurde, steht die Bewährung in der Praxis, insbesondere im Hinblick auf die komplexen Anforderungen der Scope-3-Berichterstattung noch aus. Es bedarf einer kontinuierlichen Evaluierung und möglicherweise weiterer Anpassungen. Schließlich ist der Fokus der Studie auf Österreich und die Schweiz ein weiterer limitierender Faktor. ESG-Reporting wird global zunehmend standardisiert, doch könnte die regionale Heterogenität in den Anforderungen und Implementierungspraktiken zu unterschiedlichen Ergebnissen in verschiedenen Kontexten führen.

> **Fazit**
>
> Die Implementierung eines einheitlichen und grenzüberschreitenden ESG-Berichtsstandards ist für die Umsetzung der europäischen Vorgaben von wesentlicher Bedeutung. Doch auch entlang der Lieferketten in außereuropäischen Ländern werden die Auswirkungen zu bemerken sein, da Zulieferer und Kunden sich zumindest teilweise den europäischen Standards anpassen werden.
>
> Langfristig wird ein standardisiertes Reporting dazu beitragen, die Transparenz und Vergleichbarkeit von ESG-Informationen zu verbessern, was sowohl für Investoren als auch für andere Stakeholder von Vorteil ist. Es wird auch dazu beitragen, die Nachhaltigkeitsleistung von Unternehmen zu verbessern und einen fairen Wettbewerb zu gewährleisten. Es ist jedoch wichtig, zu beachten, dass die erfolgreiche Umsetzung dieser Standards eine starke Zusammenarbeit und Koordination zwischen den verschiedenen Akteuren erfordern wird, um die zuvor beschriebenen Herausforderungen zu meistern.
>
> Bei der Entwicklung von Lösungsansätzen bietet das Data Sharing Framework ein hilfreiches Instrument für den erfolgreichen Austausch von ESG-Daten. Durch die Einbeziehung seiner fünf Dimensionen können Umsetzungspartner die nachhaltige Nutzung und die Sicherheit von ESG-Daten sicherstellen, Vertrauen in die entwickelten Lösungen aufbauen, sowie zeitgerecht auf dynamische regulatorische Anforderungen reagieren.
>
> Während derzeit in der ESG-Berichterstattung noch ein deutlicher Fokus auf die Umweltfaktoren, d. h., die E-Kriterien gelegt wird, ist in Zukunft eine steigende Berücksichtigung der Sozial- und Governance-Faktoren zu erwarten. Für die Messung

solcher S- und G-Kriterien können zwar spezifische und standardisierte Metriken entwickelt werden, jedoch sind diese teilweise durch subjektive Empfindungen und gesellschaftliche Normen beeinflusst. Dies verkompliziert die Messung und erschwert eine objektive Bewertung der Faktoren.

Beispielsweise sind Sozialfaktoren wie die Diversität am Arbeitsplatz oder Arbeitsbedingungen verhältnismäßig eindeutig zu definieren, wohingegen der Faktor Mitarbeiterzufriedenheit vielerlei subjektive Einflussfaktoren beinhalten kann. Entwickelte Governance-Kriterien können ebenfalls von regionalen oder sektoralen Faktoren abhängig sein und so unbeabsichtigte Auswirkungen auf die ESG-Bewertungen haben. Zum Beispiel kann ein Ungleichgewicht in der Führungsetage eines Unternehmens einerseits strukturell herbeigeführt worden oder durch eine komplexe Arbeitsmarktsituation bedingt sein.

Insbesondere für kleine Unternehmen erfordern die neuen ESG-Berichtspflichten einen nicht zu unterschätzenden Umsetzungsaufwand. Es ist wichtig, dass sie sich frühzeitig mit den Anforderungen vertraut machen, geeignete Prozesse implementieren und Abweichungen von entwickelten Standardvorgaben offen kommunizieren, um nicht unberechtigterweise nachteilige Evaluationsergebnisse zu erhalten.

Trotz der zusätzlichen Komplexität tragen eine sorgfältige ESG-Berichterstattung und ein geregelter Datenaustausch letztlich dazu bei, dass Unternehmen über die ökonomischen Auswirkungen ihres Handelns hinaus planen. Unternehmen sollten die Interessen ihrer Stakeholder berücksichtigen und ihre ESG-Messungen transparent gestalten. Es ist zu erwarten, dass sich dies durch gesteigertes Vertrauen bei Investoren, Kunden und anderen Interessengruppen langfristig positiv auf die Unternehmensperformanz auswirkt und möglicherweise zu einer nachhaltigeren Welt führt.

Danksagung
Von 04/2024 bis 06/2026 wird das Projekt EcoLink durch das Programm Interreg VI Alpenrhein-Bodensee-Hochrhein (ABH) gefördert, dessen Mittel vom Europäischen Fonds für Regionale Entwicklung (EFRE) und vom Schweizer Bund zur Verfügung gestellt werden.

Zudem bedanken wir uns für die finanzielle Unterstützung durch das österreichische Bundesministerium für Arbeit und Wirtschaft und die Nationalstiftung für Forschung, Technologie und Entwicklung sowie die Christian Doppler Forschungsgesellschaft.

Die Fördergeber hatten keinen Einfluss auf das Studiendesign, die Datenerfassung und -analyse, die Entscheidung zur Veröffentlichung oder die Erstellung des Manuskripts.

Literatur

1. Asif, M., Searcy, C., & Castka, P. (2023). ESG and Industry 5.0: The role of technologies in enhancing ESG disclosure. *Technological Forecasting and Social Change, 195,* 122806.
2. BaFin. (2023). ESG im Risikomanagement. https://www.bafin.de/DE/Aufsicht/SF/Risikomanagement/Risikomanagement_artikel.html. Zugegriffen: 18. Mai 2025.

3. Baldenweg, S., & Demierre, J. (2023). Herausforderung Scope 3. https://www.handelszeitung.ch/specials/nachhaltigkeit-2023/herausforderung-scope-3-605586. Zugegriffen: 01. März 2024.
4. Benedech, R., Dobler, M., Kugler, P., Meierhofer, J., Meyer, J., Strittmatter, M., Treiterer, M., & Vogt, H. (2023). *Data Sharing Framework für KMU*. Abschlussbereicht, Interreg ABH.
5. Betz, C. (2022). Grüne Transformation: Die Schlüsselrolle der Banken. https://klardenker.kpmg.de/financialservices-hub/gruene-transformation-die-schluesselrolle-der-banken/. Zugegriffen: 18. Mai 2025.
6. Betz, C., & Wußler, H. (2022). ESG-Datenmanagement: Banken müssen ein Haus mit unfertigen Plänen bauen. https://klardenker.kpmg.de/financialservices-hub/esg-datenmanagement-banken-muessen-ein-haus-mit-unfertigen-plaenen-bauen/. Zugegriffen: 18. Mai 2025.
7. Bhandari, K. R., Ranta, M., & Salo, J. (2022). The resource-based view, stakeholder capitalism, ESG, and sustainable competitive advantage: The firm's embeddedness into ecology, society, and governance. *Business Strategy and the Environment, 31*(4), 1525–1537.
8. Bragoni, V., Leu, M., & Gutsche, C. (2022). ESG-Strategie – Chance und Notwendigkeit für den deutschen Mittelstand. https://www.chemanager-online.com/news/esg-strategie-chance-und-notwendigkeit-fuer-den-deutschen-mittelstand. Zugegriffen: 01. März 2024.
9. Breinich-Schilly, A. (2021). Banken brauchen mutige ESG-Ausrichtung. In A. Meier & A. Breinich-Schilly (Hrsg.), *Best of springerprofessional.de: Finance + Banking* (S. 45–54). Springer Gabler.
10. Bundesamt für Umwelt. (2023). Switzerland's targets for reducing greenhouse gas emissions. https://www.bafu.admin.ch/bafu/en/home/themen/thema-klima/klimawandel-stoppen-und-folgen-meistern/massnahmen-der-schweiz-zur-verminderung-ihrer-treibhausgasemissionen/ziele-der-schweiz-zur-verminderung-ihrer-treibhausgasemissionen.html. Zugegriffen: 01. März 2024.
11. Can, E. (2023). ESG-Transparenz auf globaler Bühne: Auswirkungen auf KMU im Export. Die Bedeutung der Berichterstattung über Umwelt, Soziales und die Geschäftsführung (ESG). https://www.s-ge.com/de/article/exportwissen/2023-e-c4-esg?ct. Zugegriffen: 01. März 2024.
12. Christensen, D., Serafeim, G., & Sikochi, A. (2021). Why is corporate virtue in the eye of the beholder? The case of ESG ratings. *The Accounting Review, 97*, 147–175
13. Der Bundesrat. (2022). Federal Council brings ordinance on mandatory climate disclosures for large companies into force as of 1 January 2024. Schweizerische Eidgenossenschaft. https://www.admin.ch/gov/en/start/documentation/media-releases.msg-id-91859.html. Zugegriffen: 01. März 2024.
14. Dimson, E., Marsh, P., & Staunton, M. (2020). Divergent ESG ratings. *The Journal of Portfolio Management, 47*(1), 75–87.
15. European Commission. (2022). Directive (EU) 2022/2464. http://data.europa.eu/eli/dir/2022/2464/oj. Zugegriffen: 01. März 2024.
16. Frauen, C. (2024). Verantwortung der Finanzchefs beim ESG-Reporting wächst. https://www.springerprofessional.de/reporting/csr-reporting/verantwortung-der-finanzchefs-beim-esg-reporting-waechst/26608828. Zugegriffen: 18. Mai 2025.
17. Gaganis, C., Pasiouras, F., Tasiou, M., & Zopounidis, C. (2023). *Sustainable finance and ESG: Risk, management, regulations, and implications for financial institutions*. Springer Nature.
18. Gibson Brandon, R., Glossner, S., Krueger, P., Matos, P., & Steffen, T. (2022). Do responsible investors invest responsibly? *Review of Finance, 26*(6), 1389–1432.
19. Gjergji, R., Vena, L., Sciascia, S., & Cortesi, A. (2021). The effects of environmental, social and governance disclosure on the cost of capital in small and medium enterprises: The role of family business status. *Business Strategy and the Environment, 30*(1), 683–693.
20. Gleisner, W., & Romeike, F. (2020). ESG-Risiken und ihre Quantifizierung. In O. Everling (Hrsg.), *Social Credit Rating: Reputation und Vertrauen beurteilen* (S. 391–433). Springer Fachmedien.

21. Gowland, L. (2023). Interoperability: The fundamental success factor for the future of voluntary sustainability reporting. https://www.verdantix.com/insights/blogs/interoperability-the-fundamental-success-factor-for-the-future-of-voluntary-sustainability-reporting. Zugegriffen: 01. März 2024.
22. Gröger, J., Liu, R., Stobbe, L., Druschke, J., & Richter, N. (2021). Green cloud computing. https://www.umweltbundesamt.de/publikationen/green-cloud-computing. Zugegriffen: 18. Mai 2025.
23. Hasan, M. Z., Sarwar, N., Alam, I., Hussain, M. Z., Siddiqui, A. A., and Irshad, A. (2023). Data recovery and backup management: A cloud computing impact. In *2023 IEEE International Conference on Emerging Trends in Engineering, Sciences and Technology (ICES&T)*, 1–6.
24. Henisz, W., Koller, T., & Nuttall, R. (2019). Five ways that ESG creates value. https://www.mckinsey.com/~/media/McKinsey/Business%20Functions/Strategy%20and%20Corporate%20Finance/Our%20Insights/Five%20ways%20that%20ESG%20creates%20value/Five-ways-that-ESG-creates-value.ashx. Zugegriffen: 18. Mai 2025.
25. Holbrook, E. (2021). Data shows broad differences in ESG reporting between Europe and the US – Environment + Energy Leader. Section: Environmental management. https://www.environmentenergyleader.com/stories/data-shows-broad-differences-in-esg-reporting-between-europe-and-the-us,7078. Zugegriffen: 18. Mai 2025.
26. Insight Investment. (2022). Bewertung der Auswirkungen von ESG auf Anleihenportfolios. https://www.insightinvestment.com/deutschland/nachhaltigkeit/. Zugegriffen: 18. Mai 2025.
27. Kimbrough, K. (2021). Building a sustainable future requires green skills. https://careercentral.pitt.edu/blog/2023/05/03/building-a-sustainable-future-requires-green-skills/. Zugegriffen: 18. Mai 2025.
28. KPMG (2023). Get ready for the next wave of ESG reporting. https://assets.kpmg.com/content/dam/kpmg/xx/pdf/2023/01/csrd-thought-leadership.pdf. Zugegriffen: 01. März 2024.
29. KPMG. (2024). Addressing the strategy execution gap in sustainability reporting. https://kpmg.com/us/en/articles/2024/esg-organization-survey.html. Zugegriffen: 19. Apr. 2024.
30. Kuzmina, J., Maditinos, D., Norena-Chavez, D., Grima, S., & Kadlubek, M. (2023). ESG integration as a risk management tool within the financial decision-making process. In S. Grima, E. Thalassinos, M. Cristea, M. Kadłubek, D. Maditinos, & L. Peiseniece (Hrsg.), *Digital Transformation, Strategic Resilience, Cyber Security and Risk Management* (S. 105–113). Emerald Publishing Limited.
31. Lefebvre, H., & Legner, C. (2024). Toward a curriculum for data literacy in enterprises.
32. Liu, L., Ma, Z., Zhou, Y., Fan, M., & Han, M. (2024). Trust in ESG reporting: The intelligent veri-green solution for incentivized verification. *Blockchain: Research and Applications, 5*(2), 1–14.
33. Liu, X., Wu, H., Wu, W., Fu, Y., & Huang, G. Q. (2021). Blockchain-enabled ESG reporting framework for sustainable supply chain. In S. G. Scholz, R. J. Howlett, & R. Setchi (Hrsg.), *Sustainable Design and Manufacturing 2020: Proceedings of the 7th International Conference on Sustainable Design and Manufacturing (KES-SDM 2020)* (S. 403–413). Springer.
34. Matos, P. (2023). ESG und Greenwashing: Der Prüfstein der Praxis. https://www.umweltdialog.de/de/MANAGEMENT/CSR-Strategie/2023/ESG-UND-GREENWASHING-DER-PRUeFSTEIN-DER-PRAXIS.php. Zugegriffen: 18. Mai 2025.
35. Matotek, D. (2009). Backup and Recovery. *Pro Linux System Administration* (S. 621–667). Apress.
36. Mohamed Buallay, A., Al Marri, M., Nasrallah, N., Hamdan, A., Barone, E., & Zureigat, Q. (2023). Sustainability reporting in banking and financial services sector: A regional analysis. *Journal of Sustainable Finance & Investment, 13*(1), 776–801.

37. Moosbrugger, N., Hellwig, M., Dobler, M., & Urban, S. (2024). Sustainable smart services for financial institutions: Evaluation of ESG service creation framework applicability for practitioners. In S. West, J. Meierhofer, & T. Buecheler (Hrsg.), *Smart service summit: Building resilience in a changing world* (volume In Press, S. 1–8). Springer Nature.
38. Muff, K. (2023). From ESG management to positive impact creation: The dual mindset transformation 1. In MacKie D., (Hrsg.), *The Handbook of Climate Change Leadership in Organisations* (S. 21–37). Routledge.
39. Mukhtar, B., Shad, M. K., Lai, F.-W., and Waqas, A. (2023). Empirical analysis of ESG-driven green innovation: The moderating role of innovation orientation. *Management & Sustainability: An Arab Review,* 361–384.
40. Mysakova, A. G., & Zakharcheva, K. S. (2023). The impact of ESG strategy on brand perception of fuel and energy companies. In E. Popkova (Hrsg)., *Smart Green Innovations in Industry 4.0 for Climate Change Risk Management* (S. 277–285). Springer.
41. Park, Y. S., & Lee, H. S. (2023). The roles of finance in ESG management. *Asia-Pacific Journal of Financial Studies, 52*(3), 354–373. https://onlinelibrary.wiley.com/doi/pdf/10.1111/ajfs.12436.
42. Patil, R.A., Ghisellini, P., Ramakrishna, S. (2021). Towards Sustainable Business Strategies for a Circular Economy: Environmental, Social and Governance (ESG) Performance and Evaluation. In L. Liu & S. Ramakrishna (Hrsg.), *An Introduction to Circular Economy* (S. 527–554). Singapore: Springer.
43. Pelletier, J. (2023). ESG reporting standards and their impact on internal audit. https://www.wolterskluwer.com/en/expert-insights/esg-reporting-standards-and-their-impact-on-internal-audit. Zugegriffen: 4. April 2024.
44. Perna, M. C. (2023). *Demand For Green Skills Outpacing What the Workforce Can Deliver, But There's Hope. Section: Careers.* https://www.forbes.com/sites/markcperna/2023/09/21/demand-for-green-skills-outpacing-what-the-workforce-can-deliver-but-theres-hope/. Zugegriffen: 18. Mai 2025.
45. PricewaterhouseCoopers. (2020). *Six key challenges for financial institutions to deal with ESG risks.* https://www.pwc.nl/en/insights-and-publications/services-and-industries/financial-sector/six-key-challenges-for-financial-institutions-to-deal-with-ESG-risks.html. Zugegriffen: 18. Mai 2025.
46. Raghunandan, A., & Rajgopal, S. (2022). Do ESG funds make stakeholder-friendly investments? *Review of Accounting Studies, 27*(3), 822–863.
47. Reid, H. (2024). Investors want Zara owner Inditex to follow rivals H&M and Primark in making its full list of suppliers public so they can better assess any supply chain risks. https://www.reuters.com/business/retail-consumer/investors-push-zara-owner-inditex-publish-full-supply-chain-2024-03-11. Reuters. Zugegriffen: 19. April 2024
48. Renner, A. (2022). Managing ESG performance and supplier data along the supply chain. Informatica. https://www.informatica.com/blogs/managing-esg-performance-and-supplier-data-along-the-supply-chain.html. Zugegriffen: 01. März 2024
49. Rätzel, A. (2022). Die sechs größten Herausforderungen beim nachhaltigen Investieren. https://www.wiwo.de/finanzen/geldanlage/verkehrte-finanzwelt-die-sechs-groessten-herausforderungen-beim-nachhaltigen-investieren/28742768.html. Zugegriffen: 18. Mai 2025.
50. Sassen, R., Hinze, A.-K., & Hardeck, I. (2016). Impact of ESG factors on firm risk in Europe. *Journal of business economics, 86,* 867–904.
51. Schletz, M., Hsu, A., Mapes, B., & Wainstein, M. (2022). Nested climate accounting for our atmospheric commons—digital technologies for trusted interoperability across fragmented systems. *Frontiers in Blockchain, 4,* 1–10.
52. Scholz, U., Pastoors, S., Becker, J. H., Hofmann, D., & Van Dun, R. (2018). *Praxishandbuch Nachhaltige Produktentwicklung: Ein Leitfaden mit Tipps zur Entwicklung und Vermarktung nachhaltiger Produkte.* Springer.

53. Stenzel, A., & Waichman, I. (2023). Supply-chain data sharing for scope 3 emissions. *npj Climate Action, 2*(1), 1–7.
54. Suzic, B., Urban, S., Hellwig, M., & Dobler, M. (2022). Smart circular economy value drivers: The role of the financial sector in stimulating smart regional innovation-driven growth. In S. West, J. Meierhofer, T. Buecheler, & G. Scurati, (Hrsg.), *Smart service summit: Smart services supporting the new normal* (S. 55–66). Springer Nature.
55. TerraLex. (2024). Cross-border guide to ESG and sustainable finance. https://www.terralex.org/insights-cross-border-guides/cross-border-guide-to-esg-and-sustainable-finance. Zugegriffen: 01. März 2024.
56. Urban, S., Moosbrugger, N., Hellwig, M., & Dobler, M. (2023). Sustainable smart services for financial institutions. In J. Meierhofer, S. West, & T. Buecheler (Hrsg.), *Smart Service Summit: Smart Services Creating Sustainability, Smart Services Summit. Smart Services Creating Sustainability (SMSESU)* (S. 143–151). Springer Nature.
57. Wang, K., Yu, S., Mei, M., Yang, X., Peng, G., & Lv, B. (2023). ESG performance and corporate resilience: An empirical analysis based on the capital allocation efficiency perspective. *Sustainability, 15*(23), 1–31.
58. Ward, T., & MacKenzie, J. (2020). ESG in small and mid-sized quoted companies: Perceptions, myths and realities. https://centaur.reading.ac.uk/94646/1/QCAResearchReportESGinSmallandMid-SizedQuotedCompanies.pdf. Zugegriffen: 01. März 2024.
59. Weber, O. (2024). Climate stress testing in the financial industry. *Current Opinion in Environmental Sustainability, 66*.
60. Zahari, A. I., Said, J., Muhamad, N., & Ramly, S. M. (2024). Ethical culture and leadership for sustainability and governance in public sector organisations within the ESG framework. *Journal of Open Innovation: Technology, Market, and Complexity, 10*(1), 100219.
61. Zahra, A., Monterio, B., & Juras, P. (2023). Coso and trust in sustainability reporting. *Strategic Finance, 104*(11), 28–35.
62. Zumente, I. and Bistrova, J. (2021). ESG importance for long-term shareholder value creation: Literature vs. Practice. *Journal of Open Innovation: Technology, Market, and Complexity, 7*(2), 127.

Benedikt Zoller-Rydzek ist ein erfahrener Forscher in den Bereichen internationale Ökonomie und International Business. Seit 2019 ist er Dozent an der ZHAW School of Management and Law in der Schweiz. Seinen Doktortitel erlangte er an der ETH Zürich zum Thema „The Globalization of Goods and Capital Flows". Zuvor studierte er Volkswirtschaftslehre an der Universität Mannheim und Quantitative Ökonomie an der Universität Alicante. Er konzentriert sich in seiner Forschung auf das Verhalten von Unternehmen im internationalen Kontext. Seine empirischen Studien zielen auf eine praktische Anwendbarkeit ab und wurden zum Beispiel von der Schweizer COVID Task Force sowie dem deutschen Wirtschaftsministerium genutzt.

Michael Hellwig ist Senior Scientist im Forschungszentrum Business Informatics der Fachhochschule Vorarlberg in Dornbirn (Österreich) sowie Dozent für Wirtschaftsmathematik und Statistik an der Universität Liechtenstein. Er studierte Mathematik an der Technischen Universität Dortmund und erhielt im Jahr 2017 den Doktorgrad in theoretischer Informatik von der Universität Ulm. Seit 2021 leitet er das Josef Ressel Zentrum für Robuste Entscheidungen, welches sich mit der Anwendung von Computational-Intelligence-Verfahren zur datengetriebenen Entscheidungsunterstützung in Unternehmen beschäftigt. In diesem Kontext beschäftigt er sich unter anderem mit der Quantifizierung von ESG-Risiken im Finanzsektor.

Monetarisierung einer industriellen Datenbasis

Der EuProGigant-Ansatz

Fabian Gast, Wolfgang Kniejski, Lukas Nagel, Felix Hoffmann, Viktor Berchtenbreiter, Daniel Fuhrländer-Völker und Matthias Weigold

Zusammenfassung

Datenökosysteme in produzierenden Unternehmen eröffnen neue Möglichkeiten der Wertschöpfung zwischen Dateninhabern, -anbietern und -nutzern im industriellen Kontext. Geschäftsmodelle für föderierte Datenaustauschplattformen tragen dabei zur Schaffung zusätzlicher Einnahmen und Einsparungen durch die Bereitstellung und

---

F. Gast · L. Nagel · F. Hoffmann (✉) · V. Berchtenbreiter · D. Fuhrländer-Völker · M. Weigold
Institut für Produktionsmanagement, Technologie und Werkzeugmaschinen, Darmstadt, Hessen, Deutschland
E-Mail: f.hoffmann@ptw.tu-darmstadt.de

F. Gast
E-Mail: f.gast@ptw.tu-darmstadt.de

L. Nagel
E-Mail: l.nagel@ptw.tu-darmstadt.de

V. Berchtenbreiter
E-Mail: v.berchtenbreiter@ptw.tu-darmstadt.de

D. Fuhrländer-Völker
E-Mail: f.gast@ptw.tu-darmstadt.de

M. Weigold
E-Mail: D.Fuhrlaender-Voelker@PTW.TU-Darmstadt.de

W. Kniejski
EIT Manufacturing East GmbH, Wien, Österreich
E-Mail: wolfgang.kniejski@eitmanufacturing.eu

© Der/die Autor(en), exklusiv lizenziert an Springer-Verlag GmbH, DE, ein Teil von Springer Nature 2025
P. Kugler et al. (Hrsg.), *Data Sharing für KMU*,
https://doi.org/10.1007/978-3-662-71209-2_10

Nutzung von industriellen Daten bei. Besonders für kleine und mittlere Unternehmen (KMU) ist das Teilen von Daten von entscheidender Bedeutung, da es ihnen ermöglicht, von externen Daten zu profitieren, ohne die vollen Kosten und den Ressourcenaufwand allein tragen zu müssen. Der effiziente Datenaustausch kann somit die Innovationskraft, Wettbewerbsfähigkeit und langfristige Entwicklung von KMU fördern. In diesem Beitrag werden Ergebnisse aus der Entwicklung von Ökosystemen und Geschäftsmodellen im Rahmen des Gaia-X Leuchtturmprojekts EuProGigant für die produzierende Industrie präsentiert. Dabei wird verdeutlicht, wie unterschiedliche Akteure in Fertigungsökosystemen den vertrauensvollen Austausch von Daten fördern und davon profitieren können. Zusätzlich wird aufgezeigt, wie mehrseitige, innovative Geschäftsmodelle entwickelt und umgesetzt werden können, um den spezifischen Interessen der Beteiligten gerecht zu werden. Das Ziel ist, praxisnahe Anwendungsbeispiele darzustellen und die damit verbundenen Potenziale zur Monetarisierung von industriellen Daten zu veranschaulichen.

10.1 Einleitung

Ein Datenökosystem produzierender Unternehmen besteht aus einer Vielzahl gemeinsamer digitaler Aktivitäten und Ressourcen, welche neue Formen der industriellen Wertschöpfung zwischen Dateninhabern, -anbietern und -nutzern ermöglichen [1]. Werden Daten im Einklang mit den Datenschutz- und Sicherheitsbestimmungen sowie anderen geltenden Gesetzen und Vorschriften granular und selektiv zugänglich gemacht, lässt sich mit einer solchen Orchestrierung des Datenaustausches durch den Föderator des Datenökosystems zusätzliche Wertschöpfung betreiben. Damit eröffnet sich das Potenzial für Synergien und gemeinsamer Vorteile für die unterschiedlichen Interessengruppen im Ökosystem. Geschäftsmodelle für föderierte Datenaustauschdienste ergänzen dann Kernprozesse in der Fertigung (primäre Datennutzung) durch Ermöglichung einer sekundären Datennutzung und dem damit verbundenen Potenzial, zusätzliche Einnahmen (aus Datenbereitstellung) zu erschließen bzw. Kosteneinsparungen (durch Einkauf bestehender Datensätze) zu realisieren. Besonders für kleine und mittlere Unternehmen (KMU) ist Data Sharing somit von großer Bedeutung. Es ermöglicht ihnen die Nutzung von Daten für ihre Geschäftstätigkeiten, ohne die damit verbundenen Kosten und Ressourcen allein tragen zu müssen. Der effektive Austausch von Daten kann die Innovationsfähigkeit, Wettbewerbsfähigkeit und langfristige Entwicklung von KMU positiv beeinflussen.

In diesem Beitrag werden Ergebnisse der Ökosystem- und Geschäftsmodellentwicklung im Gaia-X-Leuchtturmprojekt EuProGigant für die produzierende Industrie vorgestellt. Dabei wird aufgezeigt, wie verschiedene Stakeholder in Fertigungsökosystemen zum vertrauenswürdigen Datenaustausch beitragen und davon profitieren können. Darüber hinaus wird veranschaulicht, wie mehrseitige innovative Geschäftsmodelle aufgebaut und etabliert werden können, um auf individuelle Interessen der Stakeholder zu reagieren. Ziel ist die Darstellung konkreter Anwendungsfälle und damit verbundener Potenziale zur Monetarisierung der industriellen Datenbasis.

10.1.1 Motivation/Problemstellung

Der technische Fortschritt im Bereich der Digitalisierung und Datentechnologien führt zu einem Umbruch in der produzierenden Industrie. Dies verändert die Voraussetzungen für die Wertschöpfung in Unternehmen teilweise gravierend. So entwickeln sich Unternehmen zunehmend von reinen Produktanbietern hin zu Lösungsanbietern, bei denen physische Produkte mit Dienstleistungen in hybriden Leistungsbündeln kombiniert werden [2]. Eine zielgerichtete Nutzung von Daten im Produktionsumfeld bringt dabei zahlreiche Potenziale mit sich. Grundlage für die Realisierung dieser Potenziale ist jedoch die Nutzbarmachung von Datenbeständen. Durch eine Analyse unternehmens- bzw. branchenrelevanter Daten können Prozesse im Bereich der Produktion deutlich effizienter gestaltet werden. Dies betrifft vor allem die Effizienz und Effektivität der Prozesse im Kerngeschäft der Produktion sowie der zugehörigen Unterstützungsbereiche. Durch den intelligenten Einsatz von Digitalisierungstechnologien und Datenanalyse können somit neue Geschäftsmodelle und Dienstleistungsangebote geschaffen werden. Infolgedessen kann das Leistungsportfolio eines Unternehmens breiter und somit wettbewerbsfähiger und resilienter aufgestellt werden. Neben Produkt- und Serviceinnovationen sind auch Prozessinnovationen möglich, indem Prozesse mittels Software oder künstlicher Intelligenz vernetzt werden. In diesem Zuge kommt es zu einer völlig neuen Form der branchenübergreifenden Zusammenarbeit mit Partnern und anderen Dienstleistern. Diese werden aktiv in den digitalen Prozess eingebunden und relevante Daten entlang der Wertschöpfungs- und Lieferketten geteilt. Die Nutzbarmachung, der Handel und die Weitergabe von Daten können den beteiligten Stakeholdern signifikante Effizienzvorteile ermöglichen. Heutzutage profitieren die Datenerzeuger jedoch nur noch selten in ausreichendem Maße von dieser Möglichkeit. Oft bleiben ihnen dann nur die Kosten für die Datenerstellung und -verwaltung. Darüber hinaus geben Datenerzeuger ihre Daten meist kostenlos an Dritte weiter oder bezahlen damit die Nutzung eines datenbasierten Dienstes. Somit profitieren meist nicht die Datenersteller, sondern ebenjene Dritte von der datenbasierten Wertschöpfung.

Datenbasierte Ökosysteme können diese Problemstellung adressieren, indem sie allen relevanten Interessensgruppen Zugang zu wesentlichen, qualitativ hochwertigen und bezahlbaren Dienstleistungen ermöglichen. Ein einfacher, leistungsstarker, sicherer und kostengünstiger Austausch von Informationen ist dabei ein wesentlicher Faktor für das Erreichen dieser Ziele. Der derzeit stark fragmentierte und heterogene EU-Markt schränkt die Fähigkeit ein, Innovationen in der digitalen Fertigung in ausreichendem Umfang einzuführen. In den Mitgliedstaaten gibt es zahlreiche Initiativen zum Aufbau von Datenökosystemen. In diesem Zusammenhang sind vor allem zu nennen: die INSPIRE-Initiative (die als Richtlinie 2007/2/EG den rechtlichen Rahmen für die staaten- und grenzübergreifende Nutzung von Geoinformationen in europäischen Verwaltungen schafft – https://www.gdi-de.org/INSPIRE), die GovData-Initiative (ein Datenportal für Deutschland, das Informationen zu den Themen OpenData, OpenGovernment und Bürgerbeteiligung zur Nutzung bereitstellt – https://www.govdata.de), sowie die europäische Initiative European Data Portal (EDP), die seit 2020 darauf abzielt, die Verfügbarkeit und den Austausch von offenen Daten in Europa zu fördern und zu unterstützen (https://data.europa.eu/de). Allerdings hat bisher noch keine davon gesamtwirtschaftlich relevante Auswirkungen erzeugt. Gaia-X – eine europäische Großinitiative – entwickelt ein standardbasiertes, technisches Framework, um verteilte Datenökosysteme weltweit rechtssicher zu implementieren und die Einhaltung heterogener, rechtlicher Rahmenbedingungen mit dem Ziele der Datensouveränität zu ermöglichen [3].

10.1.2 Übergreifende Zielsetzung von EuProGigant

Im Rahmen des österreichisch-deutschen Gaia-X-Leuchtturmprojekts namens „EuProGigant" wird eine gemeinsame Dateninfrastruktur nach den Prinzipien von Gaia-X für das Ökosystem in der produzierenden Industrie konzipiert und implementiert [4]. Ziel des Projekts ist es, ein standortübergreifendes, digital vernetztes Ökosystem aus produzierenden Unternehmen und anderen relevanten Interessengruppen zu etablieren und zu skalieren. So wird zu einer belastbaren, datengesteuerten und nachhaltigen Wertschöpfungskette beigetragen, um die Führungsrolle der europäischen Fertigungsindustrie zu stärken. Die Wertschöpfung für das EuProGigant-Konsortium erfolgt an der produzierenden Maschine oder Anlage. Als Qualitätsmerkmale im Produktionsumfeld sind Funktionen zu verstehen, die es dem Produktionsprozess ermöglichen, auf unerwartete und unbekannte Störfaktoren zu reagieren, wobei Prozesse im Sinne der Resilienz stabilisiert oder die Geschwindigkeit des Wertschöpfungsprozesses erhöht wird. Dies erfordert die Verarbeitung großer Datenmengen von Maschinensteuerungen und Sensoren sowie eine schnelle und zielgerichtete Bereitstellung von gewonnenen Informationen. Der Fokus des Projekts liegt daher auf der Anbindung verschiedener Maschinen und Anlagen, unabhängig von Herstellern und Software- bzw. Firmwareversionen der Steuerungskomponenten. Neben den Anforderungen an eine gemeinsame Dateninfrastruktur im Hinblick auf IT-Sicherheit sind Zuverlässigkeit und Schnittstellenkonfiguration für Interoperabilität wichtige Zieldimensionen des Vorhabens. Die dann stattfindende Orchestrierung des Datenaustauschs zwischen Datenanbietern und Datenkonsumenten wird durch einen sogenannten „Föderator" abgebildet. Er erschafft die Grundlage für einen Datenmarktplatz, der auf europäischen Werten basiert, d. h. Datenschutz und -sicherheit, Chancengleichheit durch ein föderiertes Design und Gewährleistung der Datensouveränität des Datenerstellers und des Vertrauens unter den Teilnehmern.

10.2 Data-Sharing im EuProGigant-Ökosystem

10.2.1 Beteiligte Stakeholder und notwendige Infrastruktur

Eines der erklärten Ziele von EuProGigant ist die Entwicklung eines nachhaltigen Geschäftsmodells zur Orchestrierung und Föderierung von Datenaustauschdiensten auf vertrauenswürdiger und souveräner Basis. Zu diesem Zweck wird durch eine Gaia-X-Konformität die Interoperabilität und Portabilität von Infrastruktur, Daten und Diensten ermöglicht, um Vertrauen bei den Nutzern zu schaffen. Die Gaia-X Association veröffentlicht alle Spezifikationen des Gaia-X-Frameworks und stellt den Softwarecode zur Einhaltung dieser unter einer Open-Source-Lizenz für alle interessierten Parteien zur Verfügung. Diese Parteien umschließen u. a. Industrieunternehmen, KMU, Start-ups, Forschungseinrichtungen, Organisationen der öffentlichen Verwaltung, Entwickler sowie IT- und Cloud-Anbieter. Diese Akteure können ihre Produkte und Dienstleistungen präsentieren, Daten austauschen und gemeinsam innovative Geschäftsmodelle entwickeln. Dateneigentümer können entscheiden, steuern und überwachen, was mit ihren Daten passiert, wer sie erhält und wofür sie verwendet werden. Der EuProGigant-Föderator richtet sich bei der Orchestrierung des Austauschs an den Spezifikationen des Gaia-X-Frameworks aus. Den Anbietern und Verbrauchern von Daten, Informationen, Infrastrukturen und Mehrwertdiensten sowie alle anderen Teilnehmer des Datenökosystems werden die Aufwände und Mehrwerte ihrer Datenaustauschaktivitäten transparent dargestellt. Durch dieses Vorgehen werden v. a. auch kleine und mittlere Unternehmen adressiert, welche einen wesentlichen Beitrag zur wirtschaftlichen Leistung der europäischen produzierenden Industrie leisten.

Allerdings bestehen in der Realität der Data-Sharing-Ökonomie große Hindernisse für die Realisierung eines orchestrierten Datenaustauschs [5]. Zu nennen sind hier u. a. Schwierigkeiten, eine gemeinsame Basis mit Partnern zu finden, nicht kompatible Datensätze, rechtliche Unsicherheiten und Datenschutzbedenken. In einem so heiklen und oft sehr wettbewerbsintensiven Umfeld stellt dies ein sehr starkes Hemmnis für den Eintritt eines Föderators in den Datenaustauschmarkt dar. Folglich muss das Geschäftsmodell zur Bündelung und Orchestrierung des Datenaustauschs im Fertigungssektor diese Umstände berücksichtigen und angemessen auf die Bedürfnisse und spezifischen Anforderungen der Stakeholder eingehen. Diese können zwischen den Stakeholdern erheblich variieren. Im Folgenden seien die Erwartungen und Anforderungen an entsprechende Föderationsdienste durch die unterschiedlichen Stakeholdergruppen beschrieben:

- **Produzierende Unternehmen** (Großunternehmen, OEMs, Mittelständler, KMU, Start-ups) nutzen durch Dienstleistungen generierte Informationen zur Optimierung der eigenen Wertschöpfung und stellen gleichzeitig selbst Daten, Produkte und Dienstleistungen bereit. Zur Unterscheidung können die Begriffe „Dateninhaber" und

„Datennutzer" im Sinne des EU Data Governance Act verwendet werden. „Dateninhaber" bezeichnet eine juristische Person oder betroffene Person, die das Recht hat, Zugang zu Daten zu gewähren oder diese zu teilen. „Datennutzer" ist eine natürliche oder juristische Person, die rechtmäßigen Zugriff auf bestimmte Daten hat und berechtigt ist, diese Daten für kommerzielle oder nichtkommerzielle Zwecke zu nutzen.

- Zu den **Anbietern von Datenverwaltungs- und Datenverarbeitungsanwendungen** und -diensten zählen Entwickler und Betreiber solcher Anwendungen und Dienste für eine bestimmte Ziel- bzw. Benutzergruppe. Das Fertigungsökosystem ermöglicht gleiche Wettbewerbsbedingungen für Anwendungs- und Dienstentwickler und nimmt ihnen die Last ab, einen vertrauenswürdigen und konformen Datendienst-Stack aufzubauen. Der Zugriff auf europäische Fertigungsdaten ermöglicht u. a. die Entwicklung neuer Anwendungen, das Training von KI-Algorithmen oder die Bereitstellung einer besseren Benutzererfahrung zur Realisierung betrieblicher Effizienzsteigerungen. Der nahtlose Zugriff auf Daten ermöglicht auch neue Geschäftsmodelle: Plattform, Software, Analysen, Daten und weitere As-a-Service-Modelle.
- **Cloud-Dienstanbieter:** Datenökosysteme bestehen aus einer Vielzahl von Cloud-Diensten und Edge-Komponenten. Sichere Cloud- und Edge-Infrastrukturen unterstützen einen stabilen Fluss von Fertigungsdaten zwischen Datenanbietern und -konsumenten. Dazu zu zählen sind auch Betreiber von Infrastruktur. Sie steuern die Mechanismen der Datenspeicherung, Zugriffsverwaltung, Datenverarbeitung und des Datenaustauschs. Sie können auch die „Konnektoren" betreiben, die derzeit isolierte Daten auf transparente, sichere und geprüfte Weise verknüpfen und die Dienste bereitstellen, die den Datenverbrauch durch autorisierte Verbraucher ermöglichen.
- **Zertifizierungsunternehmen:** Alle Datenanwendungen und -dienste erfordern eine Reihe dieser gemeinsamen Standards und gemeinsamen Komponenten, die die Governance und die Regeln des Datenraums, die gemeinsamen Datenstandards und die Mindestanforderungen für die sichere Speicherung, Verarbeitung und den sicheren Austausch von Informationen definieren. Dies ermöglicht semantische Interoperabilität, es leitet die ethische Nutzung von Daten und kontrolliert die kommerzielle oder nichtkommerzielle Verwertung dieser Daten, es ermöglicht Datensouveränität und gleiche Wettbewerbsbedingungen für die gemeinsame Nutzung und den Austausch von Daten.
- **Softwareentwickler und Algorithmenanbieter**.

Daneben wurden folgende weitere Stakeholder-Segmente gebildet:

- **Regierungseinheiten** („G"): Regierungsbehörden, Gesetzgebung, öffentliche Infrastruktur, Schulen und gemeinnützige Anbieter/Verbraucher;
- **NGOs** („N"): Herstellerverbände, Zertifizierungsverbände, Normungsgremien;
- **Wissenschaft** („A"): Universitäten sowie Forschungs- und Technologieentwicklungsinstitute (RTOs);

- **Leveraging Groups** („L"): regionale Innovationsagenturen, Open-Source-Communitys, Cluster, Netzwerke und Lobbygremien; und selbst
- **Einzelne Verbraucher** („C"): Angestellte/Arbeiter, die von Umschulungs-/Weiterbildungsaktivitäten profitieren, z. B. in Themen rund um die ökologische Nachhaltigkeit.

Diese Stakeholdersegmentierung ist von entscheidender Bedeutung für die spätere Markteinführungsstrategie und für das Angebot nachhaltiger und erfolgreicher föderierter Datenaustauschdienste sowie damit verbundener Mehrwertdienste. Den im Rahmen des Projekts durchgeführten Sekundärstudien und Stakeholderinterviews zufolge, sind produzierende Unternehmen einer der wichtigsten Ökosystemstakeholder. Dies sind die einzelnen Einheiten, die nicht nur Vorräte kaufen, Ressourcen mieten, sondern auch Komponenten oder ganze Produkte herstellen und Produkte und Dienstleistungen vertreiben und somit eine wichtige Rolle in der Branche spielen. Sie sind auch der Motor dafür, dass das verarbeitende Gewerbe den größten Beitrag zum Wirtschaftswachstum der europäischen Volkswirtschaften leistet (wobei sein Beitrag zum Bruttosozialprodukt in den verschiedenen EU-Mitgliedstaaten zwischen 15 % und 22 % schwankt).

In Ergänzung der Segmentierung der Stakeholder entsprechend ihrer Rolle in den Wertschöpfungsketten im Datenökosystem können die Teilnehmer auch nach ihrem Einfluss und ihrer Auswirkung auf das eigentliche Datenaustauschgeschäft gruppiert werden:

- **Hauptakteure** – haben die größte Wirkung und Effizienz oder großen internationalen Einfluss;
- **Primäre Stakeholder** – bieten ein mittleres Maß an Wirkung und Effizienz oder haben mehr nationalen als internationalen Einfluss; und
- **Sekundäre Stakeholder** – haben die geringste Auswirkung, Effizienz und haben hauptsächlich regionalen (lokalen) Einfluss.

In der nachstehenden Tab. 10.1 kombinieren wir diese beiden Hauptgruppen mit ihren Untergruppen zu einer vollständigen Stakeholderübersicht.

Alle diese Interessengruppen tragen zu datengesteuerten Anwendungen und Diensten bei oder profitieren davon. Basierend auf diesen dargestellten Segmenten kann der Wertefluss als Beziehung zwischen den verschiedenen Teilnehmern in den folgenden vier Kategorien beschrieben werden, und zwar in den folgenden Wertstromkategorien:

- **Informationsfluss:** Daten im Zusammenhang mit der Eingabe oder Ausgabe der Wertschöpfung in Form von: Rohdaten, analysierte Daten und Datenaggregationen;
- **Produkt-/Dienstleistungsfluss:** Technologien/Produkte/Ausrüstung/Software/Dienstleistungen als Input für die Wertschöpfung oder Output aus der Wertschöpfung;

Tab. 10.1 Segmentierung von Stakeholdern in einem Produktionsökosystem

Stakeholder-gruppen	ID	Key stakeholder	Primary stakeholder	Secondary stakeholder
Wirtschaft	B	Unternehmen des verarbeitenden Gewerbes, KMU, Mikro-KMU und Start-ups	Telekommunikationsanbieter, IT-Dienstleister, Zertifizierungsorganisationen	Softwareentwickler, Algorithmenanbieter
Regierung	G	Staatliche Einrichtungen	Gesetzgebung, öffentliche Infrastruktur	Schulen, kommunale Dienstleister
NGOs	N	Industrieverbände	Zertifizierungsorganisationen, Normungsgremien	
Wissenschaft	A	Universitäten, RTOs		
Multiplikatoren	L		Regionale Innovationsagenturen, Cluster, Netzwerke	Lobbyverbände
Endkunden	C		Angestellte, Mitarbeitende	

- **Lebensqualitätsfluss:** Bereitstellung von Input zur Verbesserung von Betriebsabläufen, zur Verkürzung von Dokumentationsprozessen und zur Entlastung von Mitarbeitern; und
- **Geldfluss:** Mit Zahlungen/Investitionen verbundene monetäre Beziehungen.

Die Klassifizierungskriterien von Stakeholdern im Hinblick auf ihre unterschiedlichen Wertflussebenen hängen von einer Reihe von Faktoren ab, wobei die Art der Entität nicht unbedingt zu den wichtigsten gehört. Faktoren wie die Größe des Unternehmens, die wirtschaftliche Rolle (d. h. Produzent oder andere Rollen in Wertschöpfungs- und Lieferketten), Kultur-/Reifegrad, Netzwerkbeziehungen und andere Faktoren haben oft einen größeren Einfluss auf ihre Bereitschaft, den Wert ihres Handelns anzuerkennen. Diese Beziehungen (Wertflüsse) zwischen den verschiedenen Teilnehmern des Produktionsökosystems können zwischen den einzelnen Interessengruppen variieren. Daher müssen die wesentlichen Mitwirkenden am Datenaustauschgeschäft im Fertigungsbereich separat betrachtet werden, um die spezifischen Interessen und Vorteile ihrer Beteiligung zu verstehen.

In Abb. 10.1 sind für jedes Stakeholdersegment die Wertströme dargestellt und im allgemeinen Wertfluss für Gaia-X-konforme Servicebereitstellungs- und Nutzungsprozesse zusammengefasst. Das Verständnis der Interaktionen zwischen verschiedenen Stakeholdergruppen (Segmenten) führt zur Entwicklung mehrseitiger Geschäftsmodelle:

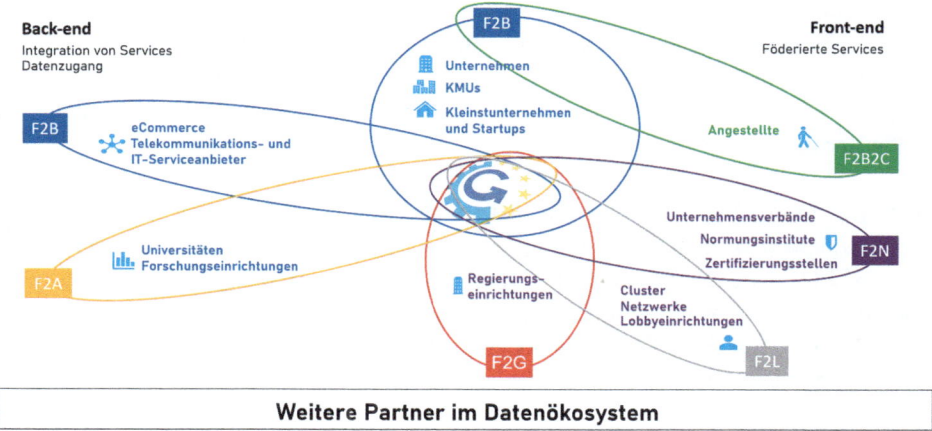

Abb. 10.1 Schematische Darstellung der Wertschöpfungsketten

Da alle Beteiligten im Fertigungsbereich in diesem breiten und komplexen Ökosystem interagieren, kann das Geschäftsmodell von EuProGigant als eines betrachtet werden, das speziell auf die Bedürfnisse sehr heterogener Interessengruppen zugeschnitten ist. Deren Hauptaugenmerk liegt jedoch auf der Orchestrierung des Austauschs bzw. der gemeinsamen Nutzung von Daten zwischen einem Anbieter und einem Verbraucher. Es muss also klar sein, dass ein Föderator Produkte, Prozesse und Menschen in einem Datenraum zusammenfügen wird.

10.2.2 Der Föderator als Rückgrat des Ökosystems

Das Risiko dieses komplexen Modells besteht in einer möglichen Verwässerung in viele verschiedene Geschäftsszenarien. Um eine Verwässerung der Ressourcen und eine Schwächung der Wirkung des EuProGigant-Föderators zu vermeiden, muss die Implementierungs- und Umsetzungsstrategie einen klaren Fokus mit klar definierten Schritten festlegen, um erfolgreich auf die Marktteilnehmer zuzugreifen. Das Ziel dieses Verbundunternehmens im Fertigungsbereich besteht folglich darin, die Übereinstimmung und Interaktion der Ökosystemteilnehmer zu orchestrieren und Mehrwerte zu schaffen. Während Produkte über Funktionen verfügen, verfügen Plattformen über Communitys, und daher lässt sich dieses Verbundgeschäft am besten in einem sogenannten Plattformgeschäftsmodell realisieren. Die Unterschiede zu traditionellen linearen Geschäftsmodellen liegen in ihrer Struktur, ihrem Wertfluss und ihren Interaktionen [6].

- **Lineare Modelle** konzentrieren sich auf die Produktion und Lieferung von Produkten/Dienstleistungen direkt an Kunden. Der Wert fließt in eine Richtung vom Unternehmen zum Kunden. Die Interaktionen sind begrenzt und die Einnahmen stammen hauptsächlich aus Produkt-/Dienstleistungsverkäufen.

- **Plattformmodelle** konzentrieren sich auf die Schaffung eines Ökosystems, das mehrere Benutzergruppen verbindet und die Interaktion und den Werteaustausch zwischen ihnen erleichtert. Das föderierende Unternehmen fungiert als Vermittler und generiert Einnahmen aus verschiedenen Quellen im Zusammenhang mit den Aktivitäten der Plattform.

Plattformen werden häufig mit digitalen Technologien in Verbindung gebracht. Sie haben in der modernen Wirtschaft aufgrund ihrer Fähigkeit, Netzwerkeffekte zu nutzen und innovative Lösungen für verschiedene Branchen oder Industriesegmente bereitzustellen, eine herausragende Rolle gespielt. Die kollaborative Rolle des Föderators in EuProGigant schafft „mehrseitige Geschäftsmodelle", die auf Netzwerkeffekten basieren und sowohl das Angebot als auch die Nachfrage von Daten und datenbezogenen Diensten bedienen. Das Anbieten einer nützlichen Sammlung von Datenressourcen und -diensten zieht Datennutzer an. Zusätzlich kommen durch eine große Nutzerbasis weitere Datenressourcen und -dienste hinzu. Die Herausforderung dabei ist jedoch eher organisatorischer als technischer Natur. Die Schaffung erheblicher Werte erfordert einen Konsens durch gemeinsame Anstrengungen mehrerer Nutzer und Organisationen. Im Gegensatz zu linearen Modellen können bei unserem Föderatormodell Nutzer auf der einen Seite mit Nutzern auf der anderen Seite der „Plattform" interagieren und einen Mehrwert schaffen. Die Merkmale des Modells definieren das Kundennutzenversprechen, den Preismechanismus und die Form der Zusammenarbeit zwischen den Akteuren. Der mehrseitige Wertfluss erlaubt Synergien und eine Skalierung durch Netzwerkeffekte, bei denen der Wert der Plattform steigt, wenn mehr Teilnehmer beitreten. Dies fördert das Wachstum und kann einen sich selbst verstärkenden Kreislauf schaffen. Denn der Schwerpunkt der Arbeit des Föderators liegt auf der Erweiterung der Nutzerbasis und der Verbesserung der Interaktionen und nicht auf der linearen Produktion und Verteilung. Der Föderator fungiert als Vermittler, der die Infrastruktur, Tools und Regeln für die Durchführung von Interaktionen bereitstellt. Dadurch erschließt sich der Föderator Einnahmen aus verschiedenen Quellen, darunter Transaktionsgebühren, Abonnements, Werbung, Datenmonetarisierung, Mitgliedsgebühren und mehr.

Allerdings ist die Gestaltung eines Geschäftskonzepts, das digitale Souveränität ermöglicht, nur die eine Seite der Medaille. Die andere Seite besteht darin, durch die Übergabe der Daten an die Infrastruktur einen souveränen Datenaustausch zu ermöglichen und die Daten schließlich für neue datengetriebene Mehrwertdienste zu nutzen.

10.2.3 Vertrauensmodell – SSI und Gaia-X

Einer der größten Vorteile und Werteversprechen von Ökosystemen ist das Vertrauensmodell, meist basierend auf der selbstsouveränen Identität (SSI). SSI kann als lebenslange portable digitale Identität definiert werden, die nicht von einer zentralen Behörde abhängt und somit Identifikatoren benötigt, die die alle vier folgenden Anforderungen erfüllt: Dauerhaftigkeit, globale Auflösbarkeit, kryptografische Verifizierbarkeit und Dezentralisierung. Die sogenannten „Decentralized Identifiers" (DIDs), die vom World Wide Web Consortium (W3C) standardisiert werden [7], versuchen eben diese benötigten Identifikatoren bereitzustellen. In der DID-Infrastruktur lässt sich durch den DID ein DID-Dokument auflösen, das unter anderem zur Selbstbeschreibung den DID enthält. Des Weiteren kann im DID-Dokument kryptografisches Material, wie öffentliche Schlüssel, die zur Authentifizierung oder Interaktion mit dem Subjekt des DIDs benutzt werden können, enthalten sein. Somit ermöglichen DIDs eine dezentrale Public-Key-Infrastruktur (DPKI), die wiederum eine bessere Kontrolle über die eigenen Daten ermöglicht durch die Möglichkeit, persönliche Informationen über verschlüsselte Nachweise (engl. „credentials") zu teilen. DIDs stellen dabei die Basis der dezentralen Identitätsinfrastruktur dar. Die darauf aufbauende Ebene, in der der meiste Wert realisiert werden kann, sind „verifiable credentials" (VCs). Hier gibt es ebenfalls Standards, die vom W3C verwaltet werden, die diese digital signierten elektronischen Nachweise spezifiziert. Konkret können DIDs verwendet werden, um die Teilnehmer (Issuer, Holder, Subject, Verifier) in einem VC-Ökosystem zu identifizieren [8].

Auch Gaia-X als Initiative zur Entwicklung eines technischen Frameworks für rechtssichere und souveräne Ökosysteme und Gegenpol zu zentralisierten und monopolistischen Plattformmodellen orientiert sich an der oben beschriebenen dezentralen Infrastruktur und den entsprechenden Standards. Mithilfe von Verifiable Credentials werden in Gaia-X-Ökosystemen Teilnehmer und Services standardisiert und verifizierbar beschrieben. Das im Gaia-X Trust Framework [9] beschriebene Vertrauensdreieck (Vgl. Abb. 10.2) orientiert sich dabei am Standard des oben genannten VC-Datenmodells. Dieses Vertrauensmodell bildet die Basis für alle Interaktionen zwischen Teilnehmern in Ökosystemen, indem alle angebotenen Services und Teilnehmer nachweis- und überprüfbar beschrieben sind. Hierdurch werden viele neue Geschäftsmodelle und Anwendungsfälle unter anderem im Bereich der produzierenden Industrie und des Maschinenbaus ermöglicht.

10.3 Industrielle Anwendungsfälle in EuProGigant

Trotz Notwendigkeit und vielversprechender Potenziale werden datengetriebene (KI-) Lösungen zur Optimierung der Ressourceneffizienz, Qualität und Produktivität von Produktionsprozessen bisher als bilaterale Einzelfalllösungen entwickelt und damit ihr Potenzial zum breitenwirksamen Einsatz über die Kollaboration in föderalen Serviceökosystemen nicht ausgeschöpft. Diese nur begrenzt skalierbaren Insellösungen schaffen unter anderem das Problem, dass insbesondere die deutsche Industrie vor der Gefahr steht, ihren direkten Zugang zum jeweiligen Endkundenmarkt zu verlieren. Hier spielt die bisherige monopolistische Plattformökonomie eine entscheidende Rolle, die größtenteils von branchenfremden, außereuropäischen Unternehmen dominiert wird und sowohl

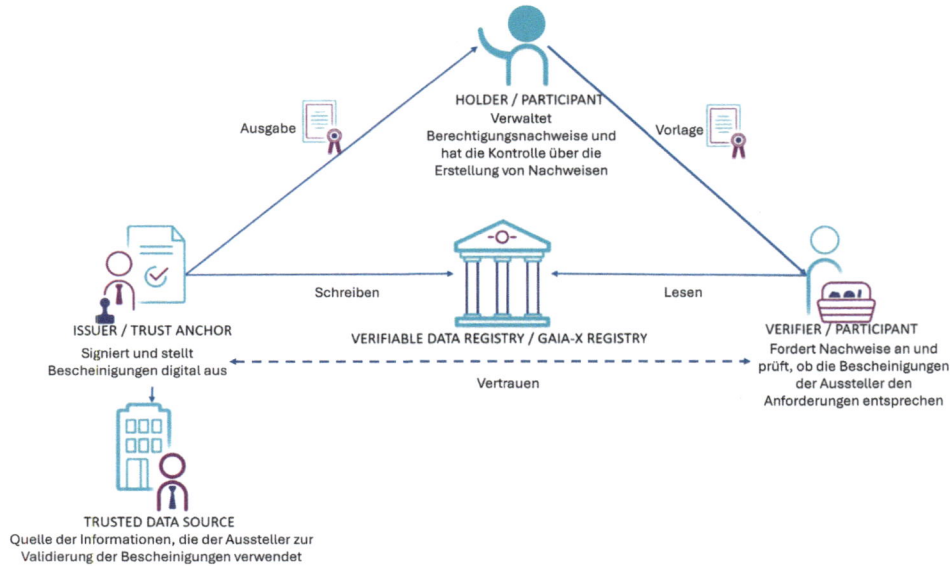

Abb. 10.2 Gaia-X Trust Framework

hohe Kosten für die Beteiligung an datenbasierten Geschäftsmodellen als auch mangelnde Datensicherheit nach sich zieht.

Aus der Identifikation dieser Problemstellungen und Defizite wurden im Projekt EuProGigant in vier Anwendungsfällen Geschäftsmodelle und Demonstratoren entwickelt, die zeigen, wie diese Probleme im Umfeld von souveränen Ökosystemen gelöst werden können. Auf zwei dieser Anwendungsfälle und die in diesem Kontext herausgearbeiteten Vorteile durch das unternehmensübergreifende, souveräne Datenteilen in Ökosystemen wird im Folgenden genauer eingegangen.

10.3.1 Validierungsplattform

Mit der Validierungsplattform soll gezeigt und somit validiert werden, wie basierend auf den Gaia-X-Prinzipien souverän Daten bzw. Services in einem dezentralen Ökosystem verwendet werden können, um für Teilnehmer Mehrwerte zu generieren.

Dafür werden im EuProGigant-Ökosystem mehrere Stakeholder und deren Interaktion abgebildet: produzierende Unternehmen, Anbieter von Datenverwaltungs- und Datenverarbeitungsanwendungen und Infrastrukturanbieter innerhalb des Cloud-Edge-Kontinuums. Das EuProGigant-Projektteam testet das Konzept der Validierungsplattform an mehreren Werkzeugmaschinen des gleichen Anlagentyps, die sich an verschiedenen Standorten befinden und an das Ökosystem angebunden sind. Durch die Vernetzung der

Maschinen agieren die Maschinenbetreiber und -instandhalter gleichermaßen als Datenlieferanten und -nutzer. Die Akteure generieren während des Betriebs und der Wartung der Maschinen zustandsrelevante Daten wie Regelabweichungen, Antriebsströme oder Verschleißgrenzen, die entweder im Unternehmen oder bei einem vertrauenswürdigen Dienstleister (z. B. Cloud-Provider) gespeichert werden. Dafür wurden im Projekt Software- und Hardwarekomponenten entwickelt, um standardisiert und automatisiert direkt durch Edge-Geräte auf dem Shopfloor über beispielsweise OPC-UA Maschinendaten zu sammeln, zu paketieren, abzuspeichern und auf Gaia-X VCs zu mappen [10] (vgl. Abb. 10.3).

Ein wesentlicher Vorteil in Bezug auf Datensouveränität ist das Compute-to-Data-Prinzip, das als zentrale Komponente mit der Validierungsplattform demonstriert wird. Hiermit können datensouverän Services, wie KI-Modelle oder Algorithmen, zur Infrastruktur der Datenanbieter gesendet und dort in abgeschlossenen Containern trainiert/ausgeführt werden. Hinaus gehen daraufhin nur die Ergebnisse der Ausführung, womit die Maschinen- und Produktionsdaten der produzierenden Unternehmen nie das eigene Unternehmen, also die eigene Domäne, verlassen und die Kontrolle über die Daten nie verloren geht. Für alle Beteiligten eröffnen sich hierdurch neue Geschäftsmodelle und Möglichkeiten der Zusammenarbeit.

Softwareanbieter können beispielsweise durch die Kombination unterschiedlicher Datensätze mehrerer KMU durch dezentralisiertes föderiertes Lernen verlässliche Modelle entwickeln. Diese können sie anschließend über das Ökosystem zur Nutzung anbieten. Dadurch ist es also möglich, die Datenbasis für Modelle für Anwendungsfälle, wie Condition Monitoring, zu erhöhen, ohne dass das Prozess-Know-how der Maschinenbetreiber, welches in den bereitgestellten Daten enthalten ist, an Dritte gerät. Hiermit wird also die Einstiegshürde zur Teilnahme an solchen Ökosystemen und Geschäftsmodellen verringert.

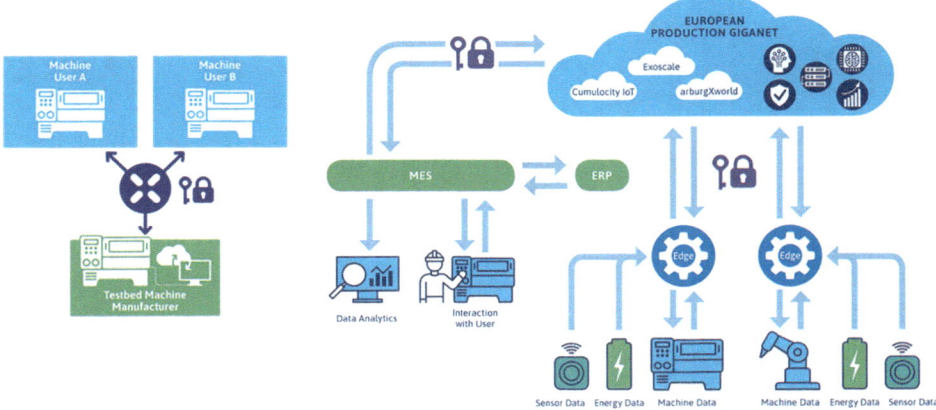

Abb. 10.3 Architektur der datenbasierten Wertschöpfung im EuProGigant-Ökosystem

Für viele Umsetzungen solcher Anwendungsfälle sind Softwareanbieter zur Erstellung der Algorithmen und Modelle auf eine kontinuierliche Lieferung von Betriebsdaten angewiesen. Zukünftig können sie diese benötigten Datenmengen über das Ökosystem, in das die Validierungsplattform integriert ist, finden und erwerben. Im EuProGigant-Portal, das die Angebote des föderierten Katalogs, basierend auf einem Distributed Ledger (DLT), darstellt, können die durch die Datenlieferanten (produzierende Unternehmen) angebotenen und durch Gaia-X Verifiable Credentials beschriebenen Datensätze gefunden werden. Jeder einzelne Datenlieferant bestimmt dabei selbst, welche Datensätze der Maschinen ausgewertet und über die Plattform angeboten werden. Durch die Gaia-X-Funktionalitäten kann eine Vertrauensbasis zwischen den Ökosystemteilnehmern (KYB) hergestellt werden, und mittels DLT werden granulare Zugriffsrechte auf Datensätze und nachverfolgbares Logging ermöglicht (siehe Abb. 10.4). Des Weiteren ist es durch die bereits zuvor beschriebenen SSI- und DID-Mechanismen, die in Gaia-X integriert wurden, möglich, verifizierbare Informationen über die eigene Compliance und das Unternehmen bereitzustellen.

Besonders KMU können zukünftig mit ihren Betriebsdaten neue Einnahmequellen erschließen und trotz eines limitierten Maschinenparks und mangelnden Softwarekenntnissen die Vorteile von Services für z. B. eine Werkzeugüberwachung nutzen. Denn basierend auf den Ergebnissen des Zustandsüberwachungsmodells erhält der Maschinenbetreiber über das Ökosystem und die Validierungsplattform eine Bewertung des Werkzeugzustands. Sinkt die Restlebensdauer des Werkzeugs unter einen bestimmten Schwellenwert, kann durch das Konsumieren eines KI-Services eines Providers diese geringe Lebensdauer erkannt und der Maschinenbetreiber umgehend darüber informiert werden, um Werker direkt in den Unternehmen zu befähigen, die richtigen Maßnahmen einzuleiten.

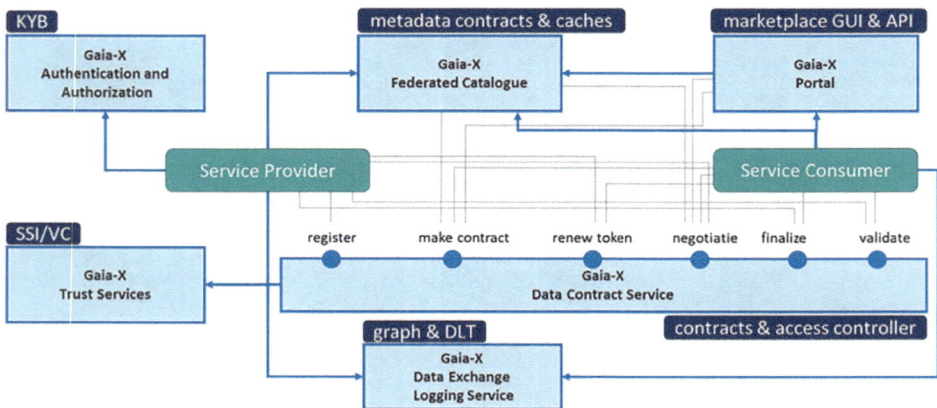

Abb. 10.4 Technische Infrastruktur des Leistungsaustauschs im EuProGigant-Ökosystem

Als eine der greifbarsten Anwendungen der Industrie 4.0 kann des Weiteren die vorausschauende Instandhaltung (PdM) als konkreter Anwendungsfall über die demonstrierten souveränen Prinzipien, die durch die Validierungsplattform gezeigt werden sollen, umgesetzt werden. Im Gegensatz zu reaktiver Instandhaltung, bei der erst Maßnahmen ergriffen werden, wenn ein Fehler oder Schaden bereits aufgetreten ist, werden dabei Prozess- und Maschinendaten ausgewertet und durch Zustandsmonitoring zur proaktiven Wartung von Anlagen genutzt. PdM hat zum Ziel, Instandhaltungsbedarf frühzeitig zu erkennen, die Instandhaltung möglichst präzise vorauszuplanen und unerwartete Ausfälle von Anlagen zu vermeiden. So lassen sich Ressourcen besser planen und ungeplante, meist kostspielige Maschinenausfälle in planbare Wartungstermine ummünzen, wodurch die Produktivität um bis zu 25 % gesteigert werden und Wartungskosten um bis zu 25 % reduziert werden können [11]. Eine daraus resultierende potenziell längere Lebensdauer und eine erhöhte Anlagensicherheit zählen zu den weiteren Vorteilen.

Da die Aggregation und Auswertung der Maschinendaten oftmals über Methoden der künstlichen Intelligenz (z. B. anhand von Algorithmen des maschinellen Lernens) erfolgt, geht PdM oft mit der Verarbeitung großer Datenmengen von Maschinenzustand und -umfeld wie Temperatur oder Luftfeuchtigkeit einher. Die Vielfalt der Daten und ihrer Formate ist hierbei groß – ebenso wie die benötigte Menge, die für verlässliche Aussagen wichtig ist. Zudem ist für die wertbringende Analyse durch datenbasierte Services ein klares Verständnis der geschäftlichen Anforderungen und ausreichendes Domänenwissen notwendig [12, 13].

Um eine entsprechende Datenbasis für die kontinuierliche Analyse durch intelligente Algorithmen aufzubauen, benötigen Unternehmen mehrere Anlagen desselben Maschinentyps. Für kleine und mittelständische Unternehmen ist dies eine Herausforderung, denn sie verfügen oftmals weder über die benötigte Anzahl gleicher Maschinen noch Möglichkeiten zur Auswertung der vorhandenen Datenmengen, da ihnen das Domänenwissen, das häufig nur durch die Hilfe von Komponenten- bzw. Maschinenherstellern erlangt werden kann, fehlt. Die Validierungsplattform in EuProGigant zeigt über die beschriebenen Komponenten und Anlagen, wie Akteure über Unternehmensgrenzen hinweg bei der Erstellung einer solchen Datenbasis sicher und souverän kooperieren können.

Über den Anwendungsfall der prädiktiven Instandhaltung hinaus können durch Gaia-X-konforme Ökosysteme noch weitere datengetriebene Services über Unternehmensgrenzen hinweg datensouverän, nachverfolgbar und vertrauensvoll umgesetzt werden. Getrieben durch europäische Regulationen und Gesetze lässt sich z. B. das datengetriebene Berechnen und Teilen von CO_2e-Daten mit Partnern innerhalb der Wertschöpfungskette ermöglichen und somit ein erheblicher Mehrwert generieren. Ein weiterer Anwendungsfall im Zusammenhang mit der Prognose des CO_2e-Fußabrucks schon während der Produktentstehung wird im Folgenden beschrieben.

10.3.2 CO_2-Fußabdruck in der Produktentstehung

Die Verpflichtung der Europäischen Union, bis zum Jahr 2050 den Zustand der Klimaneutralität zu erreichen und die Emissionen der EU bis zum Jahr 2030 um 55 % im Vergleich zum Jahr 1990 zu senken, erfordert eine Neubewertung industrieller Prozesse im Hinblick auf ihre Umweltauswirkungen. Auf den Sektor der Industrie ist ein direkter Anteil von ca. 24 % der gesamten Treibhausgasemissionen in Deutschland für das Jahr 2023 zurückzuführen [14]. Produzierende Unternehmen sind folglich direkt betroffen und stehen in der Pflicht, den Transformationsprozess in Richtung Klimaneutralität voranzutreiben [15]. Daneben stellt die voranschreitende Regulierung durch gesetzliche Vorgaben wie die Corporate Sustainability Reporting Directive (CSRD) Unternehmen vor die Herausforderung, Maßnahmen zur Emissionsreduktion zu identifizieren und umzusetzen [16]. Auf dem Weg zur Klimaneutralität spielt der CO_2-Fußabdruck von Produkten, gemessen in Kohlenstoffdioxidäquivalenten (CO_2e), eine zentrale Rolle – sowohl als Systematik zur Erfassung von Emissionen als auch zur Identifikation von Einsparpotenzialen [17]. Unternehmen erhalten durch die Quantifizierung von CO_2-Emissionen Transparenz über ihre Umweltauswirkungen und schaffen die Grundlage für individuelle Maßnahmen zur Reduktion der erkannten Quellen [18]. Nach Fuchs et al. [19] werden 80 % des produktspezifischen CO_2-Fußabdrucks durch Entscheidungen in der Produktentstehung beeinflusst. Um dieses Potenzial auszunutzen und eine CO_2-optimierte Auswahl von Produkten zu gewährleisten, untersucht der Anwendungsfall Parameter in der Produktentstehung nach deren Einfluss auf die Umweltauswirkung des später gefertigten Produktes.

Der Anwendungsfall beruht auf Überlegungen von Hoffmann et al. [20] und wurde auf dieser Basis weiterentwickelt. Dafür wird die Wertschöpfungskette eines Bechers, der mittels Spritzgießverfahren hergestellt wird, betrachtet. Da zum Zeitpunkt der Planung in der Phase der Produktentstehung kein physisches Bauteil existiert, reicht der Anwendungsfall über die Berechnung des produktspezifischen CO_2-Fußabdrucks hinaus und thematisiert die Prognose der Emissionen, die je nach Produktionsszenario im späteren Lebenszyklus des Produkts potenziell anfallen würden. Dadurch soll die Entscheidungsauswahl in dieser Phase mit quantifizierbaren Kenngrößen ökologischer Nachhaltigkeit hinterlegt werden. Abb. 10.5 zeigt den schematischen Aufbau eines Prognoseservices, der beispielsweise von Mitarbeitenden der Produktentwicklung als Anwender ausgeführt werden kann.

Der Prognoseservice wird durch eine Web-Applikation realisiert. Der Anwender hat die Möglichkeit der Dateneingabe sowie -auswahl zur Beschreibung eines hypothetischen Produktionsszenarios. Darunter fallen beispielsweise Stückzahl, Emissionsfaktor des Strommixes, CAD-Daten des Produkts oder die Kunststoffzusammensetzung. Neben der Eingabe von relevanten Produkt- und Produktionsdaten kann der Anwender durch das Absenden mehrerer Aufträge verschiedene Parameter variieren. Der Prognoseservice in Form der Web-Applikation löst den Datentransfer und Datenabfragen über teilweise automatisierte Schnittstellen bei den Unternehmen aus der Spritzgussdomäne aus.

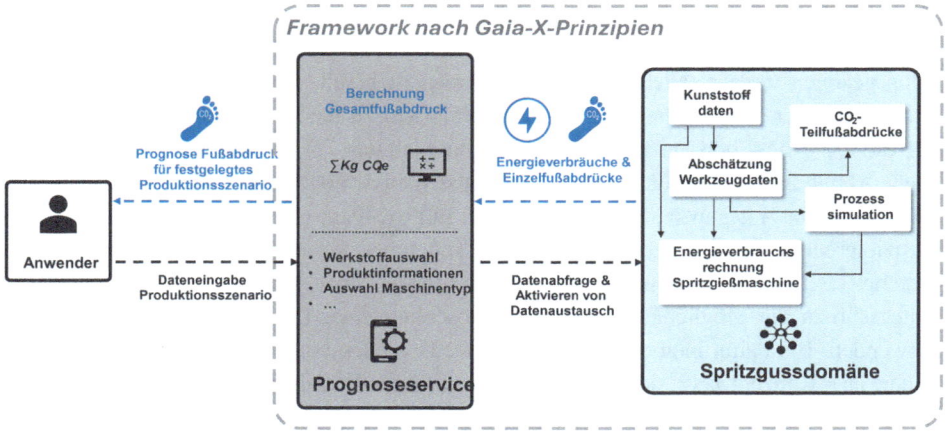

Abb. 10.5 Daten- und Informationsflüsse für die Prognose des CO_2-Fußabdrucks

Dazu zählen Hersteller für Spritzgießmaschinen, Spritzgießmaschinenwerkzeuge, Kunststoff, Stahl sowie Anbieter von Prozesssimulationen. Auf den komplexen Datentransfer zwischen den Unternehmen folgt die Rücksendung relevanter Daten zur Berechnung des Gesamtfußabdrucks an die Web-Applikation. Dabei stehen CO_2-Fußabdrücke von Teilbereichen sowie eine Energieverbrauchsabschätzung der Spritzgießmaschine für das jeweilige Produktionsszenario im Vordergrund. Nach der Berechnung erhält der Anwender den CO_2-Fußabdruck des ausgewählten Produktionsszenarios zurück. Dabei sind vergleichende Darstellungen mehrerer Szenarien möglich, sodass verschiedene Parameter und deren Einfluss auf die Gesamtberechnung untersucht werden können. Durch geeignete Parameterauswahl können signifikante CO_2-Emissionen in der späteren Produktion vermieden werden. Die Konfigurationsmöglichkeiten weisen jedoch Abhängigkeiten zueinander auf. Die Wahl einer anderen Kunststoffgruppe beeinflusst den späteren Energieverbrauch der Spritzgießmaschine. Dieses Problem wird adressiert, indem für jedes Konfigurationsszenario eine individuelle Energieverbrauchsrechnung der Spritzgießmaschine sowie Spritzgießsimulation durchgeführt wird. Dem Prognoseservice liegen dementsprechend neben Datenbankwerten reale Werte aus dem Shopfloor zugrunde, die eine realistische Grundlage zur Entscheidungsfindung in der Produktentwicklung beitragen können. Neben direkten Emissionen lassen sich insbesondere Emissionen aus dem indirekten Unternehmensumfeld (Scope 3), die entlang der vor- und nachgelagerten Wertschöpfungskette entstehen, abschätzen. Die Bilanzierung der Scope-3-Emissionen stellt produzierende Unternehmen aktuell noch vor Herausforderungen [21].

Die Berechnung des prognostizierten Fußabdrucks für ausgewählte Produktionsszenarien basiert auf dem Datentransfer verschiedener Stakeholder über die Lieferkette hinweg. Die erfolgreiche und zeiteffiziente Umsetzung erfordert ein interoperables Ökosystem, das den Datentransfer sowie das Anfragen von Services erleichtert. Zu dem Aufwand der Automatisierung und Erfassung der relevanten Daten für eine ausreichend detaillierte Berechnung des CO$_2$-Fußabdrucks kommen Datenschutzvorbehalte der Unternehmen hinzu. Durch CO$_2$-Daten können mitunter Rückschlüsse auf sensible Produktionsprozesse oder Werkstoffdaten gezogen werden. Nicht jedes Unternehmen ist bereit, diese Daten ohne vertragliche Bedingung über den Rahmen der Nutzung der Daten zu teilen. Ein gängiges Motiv ist der Verlust von Know-how an konkurrierende Unternehmen [22]. Dafür wird ein Framework (siehe Abbildung) entwickelt. Dieses orientiert sich an den Richtlinien, die durch das Framework von Gaia-X gegeben sind. Es ist Teil des EuProGigant-Ökosystems. Daher können die partizipierenden Unternehmen zukünftig ihre Daten und Serviceangebote analog zu dem in Abschn. 1.3.1 beschriebenen Anwendungsfall anbieten. Auf diese Weise bekommen andere Unternehmen die Möglichkeit, diese nach Abschluss einer Datennutzungsvereinbarung zu verwenden. Bis dahin bleiben die Daten in der IT-Systemumgebung der jeweiligen Eigentümer. Das Konzept lässt sich auf weitere produzierende Industriesektoren übertragen und eröffnet die Vision einer branchenübergreifenden CO$_2$-optimalen Produktentstehung mit dem Ziel, die Umweltauswirkungen zukünftiger Produkte frühzeitig einzugrenzen und einen Teil zur Erreichung nationaler und internationaler Ziele beizutragen.

10.4 Zukünftige Anwendung: Data Sharing für Energieflexibilität

Zukünftig kann es weitere Anwendungsfälle geben, bei denen ein unternehmensübergreifender Datenaustausch sinnvoll ist. Ein Anwendungsfall, in dem Daten zur Steigerung der Nachhaltigkeit in der Industrie genutzt werden, ist die Datennutzung für Energieflexibilität. Energieflexibilität beschreibt die Fähigkeit eines Produktionssystems, sich schnell und prozesseffizient an Veränderungen auf dem Energiemarkt anzupassen [23]. Das bedeutet, dass Energieflexibilität die Fähigkeit von Produktionssystemen im Allgemeinen und Maschinen im Besonderen ist, Maßnahmen zur elektrischen Nachfragesteuerung umzusetzen [24]. Es gibt drei Optionen für die wirtschaftliche Nutzung der Energieflexibilität in der Industrie: die Bereitstellung der Energieflexibilität zur direkten Nutzung durch den Netzbetreiber, die Nutzung von schwankenden Strompreisen und die Nutzung für internes Lastmanagement, zum Beispiel zur Vermeidung von Spitzenlasten oder zur Erhöhung der Nutzung selbst erzeugter (erneuerbarer) Elektrizität [25, 26].

Es gibt bereits konkrete Umsetzungen von Energieflexibilität, die den Einsatz an einzelnen Maschinen auf dem Shopfloor zeigen. In [27] und [28] nutzen die Autoren einen einfachen regelbasierten Algorithmus, der die Energieflexibilitätsmaßnahme *Energie inhärent speichern* an einer industriellen wässrigen Bauteilreinigungsmaschine umsetzt, indem der Heizstab der Maschine basierend auf dem Strompreis geschaltet wird. Dabei wird eine regelbasierte Steuerung verwendet, die den Heizstab einschaltet, wenn er über einer bestimmten Preisgrenze liegt, und ausschaltet, wenn er unter einer zweiten Preisgrenze liegt. Aber auch komplexere Regelungsalgorithmen können, für die den Einsatz von Produktionsmaschinen für Energieflexibilität genutzt werden. Unter Verwendung einer modellprädiktiven Regelung kann der elektrische Energieverbrauch einer Reinigungsmaschine an einen flexiblen Strompreis angepasst werden, und dabei können Beschränkungen der funktionalen Sicherheit, wie sicherheitskritische Temperaturgrenzen, beachtet werden [29, 30].

Für die Umsetzung von Energieflexibilität ist eine Interaktion zwischen den Betreibern des Stromnetzes und den Betreibern von Fabriken erforderlich. Das bedeutet, dass ein Datenaustausch zwischen den Einheiten des Stromnetzes und industriellen Einheiten wie Produktionsmaschinen möglich sein muss [29]. Hier wird unter anderem die Anwendung von OPC UA in Stromnetzen in unterschiedlichen Forschungsarbeiten diskutiert [31–34]. In Zukunft könnte OPC UA einen nahtlosen Datenaustausch von Einheiten des Stromnetzes zu Produktionsmaschinen ermöglichen und damit die Umsetzung von Energieflexibilität zur Lastflexibilisierung in der Industrie vereinfachen [29].

Um den Einsatz von industriellen energieflexiblen Maschinen und Fabriken zu ermöglichen, müssen verschiedene Daten ausgetauscht werden. In [35] stellen die Autoren das sogenannte Energieflexibilitätsdatenmodell vor, das eine Liste von Merkmalen spezifiziert, um alle potenziellen Varianten von industrieller Energieflexibilität zu beschreiben. Das Modell enthält drei Elemente: Maschinen und Prozesse, die für Energieflexibilität verwendet werden können, werden als flexible Lasten modelliert. Abhängigkeiten zwischen flexiblen Lasten werden in Abhängigkeitselementen beschrieben. Thermische, chemische und inhärente Energiespeicher sowie Lager für Produkte in Batch-Prozessen, die für Energieflexibilität verwendet werden können, sind als Speicher enthalten. Die drei Elemente haben unterschiedliche charakteristische Werte wie IDs, Reaktions- und Haltezeit, Regenerationsdauer, Kosten und nutzbare Kapazität, unter anderem.

Das Energieflexibilitätsdatenmodell wird verwendet, um das Energieflexibilitätspotenzial von ganzen Fabriken oder Industrieunternehmen einem Strommarkt in einem System aus zwei interagierenden IT-Plattformen anzubieten [36, 37]: Auf der Verbraucherseite ist eine unternehmensseitige Plattform mit der Fabrik und ihren Maschinen verbunden. Ein Softwaredienst der unternehmensseitigen Plattform koordiniert die Maschinen zur Durchführung von Energieflexibilitätsmaßnahmen. Das Energieflexibilitätspotenzial der Maschinen wird auf der unternehmensseitigen Plattform gebündelt und der marktseitigen Plattform, die vom Netzbetreiber verwaltet wird, angeboten. Das gebündelte Potenzial kann auf dem Energieflexibilitätsmarkt der marktseitigen Plattform verkauft werden. Wenn eine andere Marktpartei die angebotene Energieflexibilität kauft, fordert die marktseitige Plattform eine Energieflexibilitätsmaßnahme von der unternehmensseitigen Plattform an, die vom Softwaredienst durchgeführt wird. Die unternehmensseitige Plattform interagiert mit der marktseitigen Plattform mithilfe des Energieflexibilitätsdatenmodells. Die unternehmensseitige Plattform ist über die sogenannte Smart Connector-Schnittstelle mit den Maschinensteuerungen verbunden. Ein solcher unternehmensübergreifender Datenaustausch könnte zukünftig über ein Datenökosystem abgewickelt werden.

10.5 Zusammenfassung, Fazit und Ausblick

Um die beschriebenen Anwendungsfälle erfolgreich in die Industrie zu integrieren, ist der Föderator entscheidend. Er fungiert als Regelsetzer innerhalb des Ökosystems, setzt Standards und verhandelt mit anderen Ökosystemen. Obwohl diese Aufgaben ressourcenintensiv sind und nicht unmittelbar profitabel erscheinen, konzentriert sich diese Arbeit darauf, ein Geschäftsmodell für diese zentrale Rolle zu entwickeln. Die Komplexität dieser Aufgabe wird in Abb. 10.2 deutlich dargestellt. Erst durch die Etablierung eines Ökosystems mit einem Föderator in der Mitte wird der Nutzen von Daten- und Service-Ökosystemen deutlich erkennbar. Services wie in Abschn. 1.3 beschrieben, haben einen hohen Implementierungsaufwand, da viele Technologien eingesetzt werden, die in der fertigenden Industrie bisher keine Anwendung finden. Durch die Modellierung eines exemplarischen Ökosystems und die detaillierte Beschreibung von Geschäftsmodellen lassen sich jedoch die Vorteile aufzeigen.

In Zukunft wird sich die Entwicklung daher verstärkt um die Umsetzung von Use Cases mit vielen Beteiligten drehen. Hier bietet der Compute-to-Data-Ansatz großes Potenzial. Er ermöglicht es, sensible Datensätze zu schützen und gleichzeitig für Auswertungen und die Entwicklung neuer Modelle zugänglich zu machen. Insbesondere das dezentrale föderierte Lernen erscheint äußerst attraktiv. Doch auch im Hinblick auf den digitalen Produktpass und Energieflexibilität ergeben sich neue Möglichkeiten. Durch die gewährleistete Souveränität können Unternehmen auf innovative Weise zusammenarbeiten, um ihren Kunden neuartige Dienste anzubieten, die durch die gezielte Kombination von Fachwissen entstehen. Das Potenzial von Ökosystemen ist enorm. Mit ihrer Vision einer souveränen Zusammenarbeit einzelner Teilnehmer fügen sie sich nahtlos in das Bild der europäischen Industrie ein. Es ist daher nicht die Frage, ob sie sich in der Wirtschaft etablieren werden, sondern wann.

Literatur

1. Putnings, M. (2021). Datenökosystem. In M. Putnings, H. Neuroth, & J. Neumann (Hrsg.), *Praxishandbuch Forschungsdatenmanagement* (S. 7–10). De Gruyter.
2. Meier, H., & Uhlmann, E. (2012). Hybride Leistungsbündel – ein neues Produktverständnis. In H. Meier & E. Uhlmann (Hrsg.), *Integrierte Industrielle Sach- und Dienstleistungen* (S. 1–21). Springer.
3. Otto, B., Seidelmann, J., Schmelting, J., & Sauer, O. (2023). Vorstudie Datenraum Manufacturing-X: Architektur, Basisdienste und Organisation unter Berücksichtigung der Spezifika der ausrüstenden Industrie.
4. Weber, M., Brockhaus, B., Ranzau, H., Hoffmann, F., Dumss, S., Schwaiger, C., Weigold, M., & Bleicher, F. (2022). Anwendungen und Geschäftsmodelle mit Gaia-X: EuProGigant – Von der Anwendung zum Geschäftsmodell mit Gaia-X in der Domäne Industrie 4.0. *WT Werkstattstechnik 112*(01–02), 91–96.

5. Rohleder, B. (2022). Datenökonomie: Wo steht die deutsche Wirtschaft? https://www.bitkom.org/sites/main/files/2022-05/Bitkom-Charts_Daten%C3%B6konomie_04_05_2022_final.pdf. Zugegriffen: 18. März 2022.
6. Harwardt, M., & Haselhoff, V. (2022). *Digitale Plattformen und Marktplätze*. Springer Fachmedien Wiesbaden.
7. Sporny, M., Longley, D., Sabadello, M., Reed, D., Steele, O., & Allen, C. (2022). Decentralized Identifiers (DIDs) v1.0: Core architecture, data model, and representations. https://www.w3.org/TR/2022/REC-did-core-20220719/. Zugegriffen: 11. März 2022.
8. Credentials Community Group (W3C). (2021). A Primer for Decentralized Identifiers: An introduction to self-administered identifiers for curious people. https://w3c-ccg.github.io/did-primer/. Zugegriffen: 11. März 2024.
9. GAIA-X European Association for Data and Cloud. (2022). Gaia-X Trust Framework: 22.10 Release. https://docs.gaia-x.eu/policy-rules-committee/trust-framework/22.10/. Zugegriffen: 11. März 2024.
10. Dumss, S., Weber, M., Schwaiger, C., Sulz, C., Rosenberger, P., Bleicher, F., Grafinger, M., & Weigold, M. (2021). EuProGigant – A concept towards an industrial system architecture for data-driven production systems. *21st CIRP Conference on Life Cycle Engineering, 104*, 324–329.
11. Deloitte. (2017). Predictive Maintenance: Taking pro-active measures based on advanced data analytics to predict and avoid machine failure. https://www2.deloitte.com/content/dam/Deloitte/de/Documents/deloitte-analytics/Deloitte_Predictive-Maintenance_PositionPaper.pdf. Zugegriffen: 6. März 2022.
12. Ali, M. I., Patel, P., & Breslin, J. G. (2019). Middleware for Real-Time Event Detection and Predictive Analytics in Smart Manufacturing, in: 2019 15th International Conference on Distributed Computing in Sensor Systems (DCOSS). 2019 15th International Conference on Distributed Computing in Sensor Systems (DCOSS), Santorini, Greece. 29.05.2019–31.05.2019. IEEE, S. 370–376.
13. Hoffmann, F., Brockhaus, B., Metternich, J., & Weigold, M. (2020). Predictive Maintenance für Schutzabdeckungen: Vom Geschäftsmodell zur Anwendung. *WT Werkstattstechnik, 110*(07–08), 496–500.
14. Umweltbundesamt. (2024). Kohlendioxid-Emissionen in Deutschland nach Sektor im Jahr 2023 (in Millionen Tonnen CO_2) [Graph]. Statista. https://de.statista.com/statistik/daten/studie/312450/umfrage/treibhausgasemissionen-in-deutschland-nach-quellgruppe/. Zugegriffen: 18. März 2024.
15. Deutsche Energie-Agentur GmbH. (2021). dena-Leitstudie Aufbruch Klimaneutralität. https://www.dena.de/fileadmin/dena/Publikationen/PDFs/2021/Abschlussbericht_dena-Leitstudie_Aufbruch_Klimaneutralitaet.pdf.
16. Krüger, K. (2024). CSRD, EU-Taxonomie, LkSG: Ein Überblick über die Berichterstattung zu nachhaltigkeitsbezogenen Themen. In M. Hiller, K. Krüger, T. Riedel, T. Schempf, V. Steinhübel, & O. Zeitnitz (Hrsg.), *Finance-Perspektiven im Wandel* (S. 139–161). Springer Fachmedien Wiesbaden.
17. DIN – Deutsches Institut für Normung e. V. (2019). DIN EN ISO 14067: Treibhausgase – Carbon Footprint von Produkten – Anforderungen an und Leitlinien für Quantifizierung (ISO 14067:2018); deutsche und englische Fassung EN ISO 14067:2018.
18. Bode, S., & Lüdeke, F. (2007). CO_2-neutrales Unternehmen – was ist das? *uwf, 15*(4), 265–273.
19. Fuchs, S., Mohr, S., Orebäck, M., & Rys, J. (2022). Product sustainability: Back to the drawing board. https://www.mckinsey.com/capabilities/operations/our-insights/product-sustainability-back-to-the-drawing-board. Zugegriffen: 31. Okt. 2023.

20. Hoffmann, F., Koch, T., Weber, M., Weigold, M., & Metternich, J. (2023). *Development of Data-based Business Models to Incentivise Sustainability in Industrial Production*. Publishing.
21. Seyfried, S., Nagel, L., & Weigold, M. (2023). Empirical investigation of climate neutrality strategies of companies in industrial production. In H. Kohl, G. Seliger, & F. Dietrich (Hrsg.), *Manufacturing Driving Circular Economy* (S. 999–1007). Springer International Publishing.
22. Bundesministerium für Wirtschaft und Energie (BMWi). (2020). Datenmarktplätze in Produktionsnetzwerken. https://www.plattform-i40.de/IP/Redaktion/DE/Downloads/Publikation/datenmarktplaetze-in-produktionsnetzwerken.pdf?__blob=publicationFile&v=1.
23. VDI. (2020). *Energieflexible Fabrik. Blatt 1: Grundlagen*. (0. Aufl., S. 44). Düsseldorf 91.120.10, .
24. Walther, J., Dietrich, B., Grosch, B., Lindner, M., Fuhrländer-Völker, D., Strobel, N., & Weigold, M. (2022). A methodology for the classification and characterisation of industrial demand-side integration measures. *Energies* 15(3).
25. Strobel, N. (2021). *Einsatz inhärenter Energiespeicher in Produktionssystemen zum elektrischen Lastmanagement* (S. 245). Shaker.
26. VDI. (2021). *Energieflexible Fabrik. Blatt 2: Identifikation und technische Bewertung*. Beuth Verlag GmbH 27.010.
27. Fuhrländer-Völker, D., Magin, J. & Weigold, M. (2023). Automation architecture for harnessing the demand response potential of aqueous parts cleaning machines. *Production Engineering, 17*, 785–803.
28. Grosch, B., Fuhrländer-Völker, D., Stock, J., & Weigold, M. (2022). Cyber-physical production system for energy-flexible control of production machines. *Procedia CIRP, 107*.
29. Fuhrländer-Völker, D. (2023). *Automation Architecture for Demand Response on Aqueous Parts Cleaning Machines*.
30. Fuhrländer-Völker, D., Grosch, B., & Weigold, M. (2023). Modelling and control of aqueous parts cleaning machines for demand response. *Proceedings of the Conference on Production Systems and Logistics: CPSL, 2023*, 790–800.
31. Claassen, A., Rohjans, S., & Lehnhoff Member, S. (2011). Application of the OPC UA for the Smart Grid, in: 2011 2nd IEEE PES International Conference and Exhibition on Innovative Smart Grid Technologies. 2011 2nd IEEE PES International Conference and Exhibition on „Innovative Smart Grid Technologies" (ISGT Europe), Manchester, United Kingdom. 05.12.2011 - 07.12.2011. IEEE, S. 1–8.
32. Gil, S., Zapata-Madrigal, G.D., García-Sierra, R., Cruz Salazar, L. A. (2022). Converging IoT protocols for the data integration of automation systems in the electrical industry. *Journal of Electrical Systems and Information Technology* 9(1).
33. Wang, Y., Guo, N., Yan, G., & Liu, J. (202). Design of Integrated Energy System Based on IEC 61499 and OPC UA, in: 2022 41st Chinese Control Conference (CCC). 2022 41st Chinese Control Conference (CCC), Hefei, China. 25.07.2022–27.07.2022. IEEE, S. 4270–4275.
34. Zhu, C., Li, B., Lv, Z., & Zhao, X. (2022). Design and Implementation of the Substation Intelligent Auxiliary Control System Based on OPC UA, in: 2022 5th International Conference on Renewable Energy and Power Engineering (REPE). 2022 5th International Conference on Renewable Energy and Power Engineering (REPE), Beijing, China. 28.09.2022–30.09.2022. IEEE, S. 265–269.
35. Schott, P., Sedlmeir, J., Strobel, N., Weber, T., Fridgen, G., & Abele, E. (2019). A generic data model for describing flexibility in power markets. *Energies* 12(10).
36. Rösch, M., Bauer, D., Haupt, L., Keller, R., Bauernhansl, T., Fridgen, G., Reinhart, G., & Sauer, A. (2019). Harnessing the full potential of industrial demand-side flexibility: An end-

to-end approach connecting machines with markets through service-oriented IT platforms. *Applied Sciences, 9*(18), 3796.
37. Schel, D., Bauer, D., Vasquez, F.G., Schulz, F., & Bauernhansl, T. (2018). IT platform for energy demand synchronization among manufacturing companies. *21st CIRP Conference on Life Cycle Engineering, 72*, 826–831.

Fabian Gast, M. Sc. ist nach seinem abgeschlossenen Studium als Wirtschaftsingenieur seit 2023 wissenschaftlicher Mitarbeiter am Institut für Produktionsmanagement, Technologie und Werkzeugmaschinen (PTW) an der Technischen Universität Darmstadt. Sein Forschungsschwerpunkt liegt im Edge-Computing im Produktionsumfeld sowie der souveränen Datenhaltung und -verarbeitung in firmenübergreifenden Daten- und Serviceökosystemen. Herr Gast ist maßgeblich an den technischen Implementierungen von industriellen Anwendungsfällen in Demonstratoren der Projekte EuProGigant und ESCOM beteiligt und besitzt Expertise in der Umsetzung von Ökosystem-Frameworks wie bspw. Gaia-X.

Dr. Wolfgang Kniejski hat in mehr als 40 Jahren Geschäftserfahrung erfolgreich Methoden und Prozesse zur Unterstützung der Technologievermarktung entwickelt und umgesetzt. Heute ist Dr. Kniejski vom Europäischen Institut für Innovation und Technologie (EIT) berufen. Von 2014 bis 2019 baute er die Access-to-Market-Services für den EIT Digital Accelerator auf, von 2020 bis Mitte 2023 trug er zum Aufbau des EIT Manufacturing Business Creation Teams bei, und seit kurzem leitet er bei der EIT Manufacturing East GmbH die Geschäftsaktivitäten für den nachhaltigen Betrieb von föderierten Diensten im Gaia-X-Leuchtturmprojekt „EuProGigant".

Lukas Nagel, M.Sc. ist seit 2023 wissenschaftlicher Mitarbeiter am Institut für Produktionsmanagement, Technologie und Werkzeugmaschinen (PTW) an der Technischen Universität Darmstadt. Sein Forschungsschwerpunkt liegt dabei in der Entwicklung von Klimaneutralitätsstrategien für produzierende Unternehmen. Seit seinem Einstieg ins Projekt EuProGigant betreut er die Entwicklung eines Anwendungsfalls zur Erstellung eines CO_2e-Fußabdrucks von Spritzgießbauteilen.

Dr.-Ing. Felix Hoffmann ist seit 2019 wissenschaftlicher Mitarbeiter am Institut für Produktionsmanagement, Technologie und Werkzeugmaschinen (PTW) an der Technischen Universität Darmstadt. Sein Forschungsschwerpunkt liegt im Bereich datengetriebener, serviceorientierter Geschäftsmodelle für produzierende Unternehmen. Seit 2022 ist Herr Dr. Hoffmann Forschungsleiter für den Fachbereich Produktionsmanagement des PTW. Herr Dr. Hoffmann ist seit Start des Gaia-X-Leuchtturmprojekts EuProGigant im Jahr 2021 federführend für das Querschnittsthema der Geschäftsmodellentwicklung entlang verschiedener industrieller Anwendungsfälle verantwortlich.

Viktor Berchtenbreiter, M.Sc. ist seit 2022 wissenschaftlicher Mitarbeiter am Institut für Produktionsmanagement, Technologie und Werkzeugmaschinen (PTW) an der Technischen Universität Darmstadt. Seit 2022 ist er Projektkoordinator des Gaia-X-Leuchtturmprojekts EuProGigant, das in verschiedenen Anwendungsfällen demonstriert, wie Gaia-X in der Produktion Anwendung findet. Seine Forschung liegt im Schwerpunkt der Industrie 4.0. Er erarbeitet das Potenzial der Asset Administration Shell im Kontext von Werkzeugmaschinen, um die Datenverfügbarkeit und Übertragbarkeit von digitalen Diensten zu steigern.

Dr.-Ing. Daniel Fuhrländer-Völker schloss 2016 sein Masterstudium der Mechatronik an der Technischen Universität Darmstadt ab. Er ist wissenschaftlicher Mitarbeiter am Institut für

Produktionsmanagement, Technologie und Werkzeugmaschinen der Technischen Universität Darmstadt. Seine Forschungsschwerpunkte sind cyberphysikalische Produktionssysteme und Automatisierungsdatenmodelle für Demand Response an Produktionsmaschinen und industriellen Versorgungssystemen.

Prof. Dr.-Ing. Matthias Weigold ist seit 2019 Leiter des Instituts für Produktionsmanagement, Technologie und Werkzeugmaschinen (PTW) an der Technischen Universität Darmstadt. Er leitet die Forschungsbereiche Fertigungstechnologien sowie Energietechnologien und Anwendungen in der Produktion mit den Schwerpunkten Digitalisierung und Klimaneutralität in der Produktion.

Large Language Models und Datenökosysteme zur Automatisierung des technischen Kundendienstes

11

Jochen Wulf und Jürg Meierhofer

> **Zusammenfassung**
>
> Die Nutzung von Large Language Models (LLMs) wie GPT-4 von OpenAI im technischen Kundendienst (TKD) hat das Potenzial, diesen Bereich zu revolutionieren. Diese Studie untersucht die automatisierte Textkorrektur, Zusammenfassung von Kundenanfragen und Fragenbeantwortung mittels LLMs. Durch Prototypen und Datenanalysen werden das Potenzial und die Herausforderungen der Integration von LLMs in den TKD aufgezeigt. Unsere Ergebnisse zeigen vielversprechende Ansätze für die Verbesserung der Effizienz und Qualität des Kundenservice durch LLMs, betonen jedoch auch die Notwendigkeit einer qualitätsgesicherten Implementierung und organisatorischen Anpassungen im Datenökosystem.

11.1 Einleitung

Viele Anbieter technischer Produkte und Dienstleistungen haben Schwierigkeiten, einen zuverlässigen technischen Kundendienst (TKD) mit schnellen Reaktionszeiten anzubieten, was auf mehrere Herausforderungen wie Fachkräftemangel und Informationsüberflutung zurückzuführen ist (Özcan et al., 2014). Large Language Models

---

J. Wulf (✉) · J. Meierhofer
ZHAW Zürcher Hochschule für Angewandte Wissenschaften, Winterthur, Zürich, Schweiz
E-Mail: jochen.wulf@zhaw.ch

J. Meierhofer
E-Mail: juerg.meierhofer@zhaw.ch

© Der/die Autor(en), exklusiv lizenziert an Springer-Verlag GmbH, DE, ein Teil von Springer Nature 2025
P. Kugler et al. (Hrsg.), *Data Sharing für KMU*,
https://doi.org/10.1007/978-3-662-71209-2_11

(LLMs) wie GPT-4 von OpenAI haben das Potenzial, den TKD zu revolutionieren, indem sie effiziente und personalisierte Unterstützung bieten (Kanbach et al., 2023; Wulf & Meierhofer, 2023) Sie haben potenziell die Fähigkeit, ein hohes Volumen an Kundeninteraktionen zu bewältigen sowie den Bedarf an umfangreichen Personalressourcen zu reduzieren und versprechen erhebliche Kosteneinsparungen (Liu et al., 2023).

Nicht-generative KI hat den Kundendienst bereits stark verändert, mit KI-basierten Tools, die den Kundenservice und den Vertrieb automatisieren, Backoffice-Aufgaben ausführen und Fernüberwachung, Coaching, Schulung und Terminplanung ermöglichen (Doellgast et al., 2023). Erste Erfahrungen in der Anwendung deuten darauf hin, dass maschinelles Lernen eine entscheidende Rolle spielt, indem es die Lösung von TKD-Problemen und -Anfragen automatisiert und dadurch Betriebsunterbrechungen minimiert. Es steigert die Effizienz von TKD-Prozessen, wie z. B. das Management von Vorfällen und Serviceanfragen, indem manuelle Aufgaben wie die Kategorisierung und Priorisierung von Tickets automatisiert werden, wodurch Fehler reduziert und die Gesamtprozesseffizienz verbessert werden (Mönning et al., 2018).

Während erste akademische Studien Evidenzen für die geschäftlichen Auswirkungen von generativer KI – und LLMs im Besonderen – sammeln, ist das Potenzial von LLMs bei der Transformation des Kundenservice noch nicht vollständig verstanden (Brynjolfsson et al., 2023). Darüber hinaus entstehen beim Einsatz von LLMs für den TKD neue Herausforderungen bezüglich Data Sharing, die weitestgehend unbekannt sind. Der Zweck dieser Arbeit ist es, kognitive Aufgaben im TKD zu identifizieren, die automatisiert werden können. Darüber hinaus bewertet diese Arbeit die Machbarkeit mit realen Kundendaten durch Prototypen und diskutiert die organisatorischen Herausforderungen bezüglich Data Sharing.

11.2 Theoretischer Hintergrund

11.2.1 Large Language Models (LLMs)

Große Sprachmodelle haben in jüngster Zeit bemerkenswerte Fähigkeiten in Aufgaben der natürlichen Sprachverarbeitung und darüber hinaus demonstriert (Dasgupta et al., 2023; Radford et al., 2019; Wei et al., 2022). Diese Modelle vereinen verschiedene technische Innovation, insbesondere in den Domänen architektonische Gestaltung, Trainingsstrategien, Verbesserungen der Kontextlänge, Feinabstimmung, Multimodalität und Umfang der Trainingsdatensätze (Liu et al., 2023). Allerdings stehen LLMs vor Herausforderungen wie Halluzination, veraltetem Wissen und nicht transparenten, nicht nachvollziehbaren Verarbeitungsprozessen (Zhao et al., 2023).

Prompt-Engineering ist eine zunehmend wichtige Fähigkeit, um effektiv mit LLMs zu kommunizieren. Prompts sind Anweisungen, die einem LLM gegeben werden, um Regeln durchzusetzen, Prozesse zu automatisieren und die Qualität des generierten Outputs sicherzustellen (White et al., 2023). Sie sind eine Form der Programmierung, die die

Ausgaben und Interaktionen mit einem LLM anpassen kann. Dies umfasst sowohl System Messages, die Anweisungen sind, die dem Modell gegeben werden, als auch Human Messages, die die Eingaben des Benutzenden in das Modell beinhalten (McTear & Ashurkina, 2024).

Die Retrieval-Augmented Generation (RAG) hat sich als vielversprechende Lösung herausgestellt, indem sie Wissen aus externen Datenbanken einbezieht (Gao et al., 2023). Dies verbessert die Genauigkeit und Glaubwürdigkeit der Modelle, insbesondere für wissensintensive Aufgaben, und ermöglicht kontinuierliche Wissensupdates und die Integration von domänenspezifischen Informationen. RAG verbindet synergistisch das intrinsische Wissen der LLMs mit den umfangreichen, dynamischen Informationen in externen Datenbanken.

11.2.2 Die Rolle von KI im technischen Kundenservice

Frühere Untersuchungen haben gezeigt, dass gut konzipierte Kundenservicepraktiken die gemeinsame Schaffung von Kundennutzen (engl. Value Cocreation) fördern (Winkler & Wulf, 2019). Die Einrichtung eines effizienten TKD ist keine triviale Aufgabe. Sie erfordert ein hohes Maß an Know-how bei der Gestaltung und Umsetzung betrieblicher Prozesse sowie bei der Einführung der erforderlichen Technologien (Wulf & Winkler, 2020).

Die wissenschaftliche Literatur über die Anwendung von LLMs für den Kundenservice adressiert verschiedene Herausforderungen und Industrien. Carvalho und Ivanov (2023) skizzieren die tiefgreifenden Auswirkungen, die durch die Integration von ChatGPT und anderen LLMs auf den Tourismus zu erwarten sind, wie z. B. die Verbesserung des Frontoffice-Kundendienstes und der Effizienz des Backoffice-Betriebs. Untersuchungen zur Kundenzufriedenheit im öffentlichen Dienst deuten auf den Wert von LLMs bei der Analyse von Online-Nutzendenfeedback hin. Themenmodelle, die Nutzendenmeinungen in nutzbare Erkenntnisse umwandeln können, wurden vorgeschlagen, um die Bereitstellung öffentlicher Dienstleistungen zu verbessern. Dabei zeigen Studien, dass die Qualität der Mitarbeitendeninteraktionen stark mit der Nutzendenzufriedenheit korreliert (Kowalski et al., 2017).

LLMs sind für ihre Bedeutung bei der Beantwortung von Fragen und Chatbots bekannt, die im Gesundheitswesen, im Bildungswesen und im Kundenservice eingesetzt werden. Dabei war die Entwicklung skalierbarer Clustering-Pipelines zur Feinabstimmung von LLMs zum Beispiel von entscheidender Bedeutung, um Benutzendenabsichten aus großen Mengen von Konversationstexten zu ermitteln, die Leistung von Datenanalysten zu verbessern und letztendlich den Zeitaufwand für die Bereitstellung von Chatbots zu verkürzen (Chen & Beaver, 2022).

Reinhard et al. (2024) diskutieren, wie generative KI zu einem effizienteren und qualitativ hochwertigeren Kundensupport führen kann. Sie identifizieren fünf Unterstützungsaufgaben, die mit LLMs verbessert werden können: Ticketerfassung, Ticketzuweisung, Eskalation,

Problemlokalisierung, Lösungsanpassung, Lösungserarbeitung und Dokumentation. Brynjolfsson et al. (2023) untersuchen empirisch die Einführung eines LLM-basierten Gesprächsassistenten bei 5179 Kundenbetreuern und zeigen eine Produktivitätssteigerung von 14 %, von der insbesondere Anfänger und gering qualifizierte Arbeitnehmende profitieren. Das KI-Tool verbesserte auch die Kundenstimmung, reduzierte die Interventionsanfragen des Managements und verbesserte die Mitarbeitendenbindung.

Zusammenfassend lässt sich sagen, dass bestehende Studien auf ein erhebliches Potenzial für den Einsatz von LLMs in TKD hinweisen. Diese Studien sind jedoch weitgehend theoretischer Natur. Die begrenzte Anzahl von Prototypen- und Implementierungsstudien zeigt nur einen Bruchteil des diskutierten potenziellen Nutzens. Die Analyse der Literatur zeigt eine Forschungslücke bei der Demonstration der Praktikabilität und der Darstellung der notwendigen Bedingungen für die Automatisierung kognitiver Aufgaben mit LLMs im TKD.

11.3 Forschungsmethodik

Wir verwenden Prototyping als Forschungsmethodik. Prototyping dient in der Designforschung dazu, abstrakte Konzepte zu konkretisieren und deren technische Machbarkeit zu validieren (Barzilai & Ferraris, 2023; Camburn et al., 2017). Daher ist das Prototyping gut geeignet, um theoretische Ansätze für die Anwendung von LLMs in TKD zu untersuchen, die in der bisherigen Literatur diskutiert wurden.

Als Prototyping-Methodik realisieren wir softwarebasierte Proofs of Concepts (PoCs) anhand von Daten zu technischen Kundenanfragen eines großen Telekommunikationsbetreibers. Die Datensätze bestehen aus der textuellen Kundenanfrage sowie einem Nachrichtenaustausch, der eine oder unterschiedliche Lösungswege beschreibt. Um die manuelle Validierung von PoCs zu ermöglichen und die Komplexität gering zu halten, verwenden wir eine zufällige Auswahl von 15 Kundenanfragen. Tab. 11.1 stellt eine Übersicht der Kundenanfragen dar.

Wir implementieren PoCs für drei wesentliche kognitiven Aufgaben im TKD: Textkorrektur, Textzusammenfassung und Fragenbeantwortung. In der technischen Umsetzung nutzen wir die OpenAI-API mit den LLMs gpt-4-0125-preview und gpt-3.5-turbo-0125, da diese Modelle auf die Abarbeitung von Aufgaben und die Beantwortung von Fragen optimiert sind und den gegenwärtigen State of the Art im Bereich LLMs darstellen (OpenAI et al., 2023). Zudem nutzen wir Chroma DB als Vektordatenbank in der RAG-Architektur und OpenAIs text-embedding-3-small. Als übergeordnetes Softwareframework setzen wir LangChain ein. Zur Validierung vergleichen wir die LLM-Ausgaben manuell mit den Nachrichten und Lösungen, die von den menschlichen Supportmitarbeitenden generiert wurden, und erstellen quantitative Qualitätskennzahlen, die wir im Folgenden detailliert diskutieren.

Tab. 11.1 Übersicht technischer Kundenanfragen

Kundenanfrage	Thema	Anzahl Wörter	Anzahl Zeichen
1	Router	1454	9356
2	Internetsicherheit	297	2073
3	Internetsicherheit	355	2638
4	LAN	1243	8423
5	Smartphone-App	1266	8341
6	Router	777	4815
7	Router	1305	8310
8	WLAN	557	3614
9	WLAN	620	3951
10	Router	1076	7373
11	Router	555	3540
12	Verbindung/Bandbreite	2909	17.892
13	Verbindung/Bandbreite	2457	17.190
14	Verbindung/Bandbreite	1485	9291
15	Vertragswesen	1444	9172

11.4 Ergebnisse

11.4.1 Textkorrektur

LLMs sind in der Lage, Text von einer Sprache in eine andere oder von einem Sprachstil in einen anderen zu konvertieren sowie Fehler in Rechtschreibung und Grammatik zu korrigieren. Dies erreichen sie, indem sie die Muster und Strukturen verschiedener Sprachen verstehen, die sie aus den Daten lernen, mit denen sie trainiert werden.

Für den PoC haben wir für die 15 Kundenanfragen jeweils eine Antwortmail verfasst. Dann haben wir zufällig klassische Tippfehler eingefügt, insbesondere Buchstabenverdreher und fehlende Buchstaben. In Tab. 11.2 sind für die unkorrigierten Antwortmails jeweils die Anzahl an Wörtern, Zeichen und Schreibfehlern dargestellt. Im nächsten Schritt haben wir mit dem im Folgenden dargestellten Prompt und gpt-3.5-turbo-0125 korrigierte Antwortmails generiert.

```
prompt = ChatPromptTemplate.from_messages([
    ("system", "Sie sind ein Sprachexperte. Korrigieren Sie bitte die folgende E-Mail:"),
    ("user", "{input}")
])
```

Tab. 11.2 Gegenüberstellung unkorrigierte und korrigierte Antwortmail

Incident	Unkorrigierte Antwortmail			Korrigierte Antwortmail		
	# Wörter	# Zeichen	# Fehler	# Wörter	# Zeichen	# Fehler
1	172	1173	25	172	1185	0
2	153	1240	15	159	1268	1
3	153	1060	15	155	1068	0
4	220	1573	21	221	1587	0
5	198	1334	24	200	1348	0
6	187	1345	24	187	1358	0
7	203	1607	23	204	1620	0
8	143	1066	16	146	1082	1
9	149	1128	19	154	1187	2
10	218	1585	35	226	1669	3
11	208	1423	31	210	1439	0
12	258	1753	34	260	1771	0
13	261	1827	32	263	1843	0
14	138	964	16	143	975	0
15	205	1368	22	200	1378	0

Tab. 11.2 stellt für die automatisch generierten korrigierten Antwortmails die Wortanzahl, Zeichenanzahl und die Anzahl der verbleibenden Fehler dar.

Eine manuelle Analyse der Korrekturen sowie die quantitativen Kennzahlen zeigen, dass LLMs verlässliche Korrekturen erzeugen können, ohne den Wortlaut und Aussagegehalt der fehlerbehafteten E-Mail zu verändern. Nahezu alle Tippfehler konnten durch diesen automatisierten Prozess eliminiert werden.

11.4.2 Textzusammenfassung

Moderne LLMs bauen auf der Transformatorenarchitektur auf und nutzen eine Funktionalität, die als Aufmerksamkeitsmechanismus bekannt ist (Vaswani et al., 2017) Dieser Mechanismus ermöglicht es dem Modell, den Kontext der Verwendung jedes einzelnen Wortes zu berücksichtigen. Folglich kann das Modell die Zusammenhänge zwischen verschiedenen Textabschnitten nachvollziehen und eine Zusammenfassung erstellen, die die Gesamtbedeutung des Originaltextes präzise widerspiegelt.

Im First-Level-Support ist es wichtig, den bereits erfolgten Kommunikationsaustausch zu einer Kundenanfrage schnell zu erfassen. Hier könnten automatisiert generierte Textzusammenfassungen einen hohen Mehrwert darstellen.

Um diese Funktionalität zu testen, haben wir für die 15 Datensätze, bestehend aus der Kundenanfrage und dem Nachrichtenaustausch zu Lösungen, jeweils Zusammenfassungen mit 100, 200 und 500 Wörtern erstellen lassen. Wir nutzen hierzu das im Folgenden dargestellte Prompt sowie gpt-4-0125-preview.

```
prompt = ChatPromptTemplate.from_messages([
("system", "Sie sind ein hilfreicher Assistent. Fassen Sie die den
folgenden Text in genau {num_words} zusammen."),
    ("user", "{input}")
])
```

Für einen systematischen Vergleich der Zusammenfassung mit dem Ausgangstext berechnen wir die Kosinus-Ähnlichkeit (1 = max, −1 = min) der beiden dazugehörigen Einbettungsvektoren. Die Kosinus-Ähnlichkeit ist ein Maß, das die Ähnlichkeit zwischen zwei Vektoren misst. Die Ergebnisse sind in Tab. 11.3 dargestellt. Es lässt sich erkennen, dass die Kosinus-Ähnlichkeiten zwischen .63 (Minimalwert) und .86 (Maximalwert) liegen. Zudem ist klar ersichtlich, dass die Kosinus-Ähnlichkeit bei längeren Zusammenfassungen ansteigt.

Zusammenfassend lässt sich feststellen, dass gpt-4-0125-preview in der Lage ist, kurze Zusammenfassungen mit einer vorgegebenen Wortanzahl relativ verlässlich zu generieren. Bei der Vorgabe von 100 Wörtern lag der Textlängenmittelwert der produzierten Zusammenfassungen bei 100,33 Wörtern. Hier kam es bei einem vergleichenden Test mit gpt-3.5-turbo-0125 zu deutlichen Textlängenabweichungen. Bei der Textlängenvorgabe von 500 Wörtern hat gpt-4-0125-preview allerdings deutlich kürzere Text produziert (Mittelwert: 268,4 Wörter). Eine qualitative Analyse der Zusammenfassungen bestätigt die von den Kosinus-Ähnlichkeiten abgeleitete Implikation, dass die Zusammenfassungen verhältnismäßig robust die wesentlichen Inhalte der Lösungsdiskussion wiedergeben.

Tab. 11.3 stellt zudem die geschätzte Zeitersparnis beim Lesen der zusammengefassten Informationen dar. Die Berechnung beruht auf empirischen Erkenntnissen, dass die durchschnittliche Lesegeschwindigkeit bei 238 Wörtern pro Minute liegt (Brysbaert, 2019). Mit dem vorgestellten Ansatz lassen sich im Durchschnitt 4,6 min (bei 100-Wort-Zusammenfassungen) beziehungsweise 3,9 min (bei 500-Wort-Zusammenfassungen) an Zeitersparnis pro Kundenanfrage umsetzen.

11.4.3 Beantwortung von Fragen

Bei der Beantwortung von Fragen sucht und verwendet das LLM entweder das interne Faktenwissen, das im Korpus vor dem Training bereitgestellt wird, oder die externen Kontextdaten, die im Prompt bereitgestellt werden, um Antworten auf Fragen oder Anweisungen zu generieren. Im TKD werden regelmäßig Kundenanfragen zu bereits gekannten Problemen bearbeitet. In dieser Bearbeitung kann auf historische Daten zurückgegriffen werden, um Problemlösungen zu erarbeiten. Die Analyse historischer Daten kann mit LLMs automatisiert werden.

Tab. 11.3 Anzahl Wörter, Kosinus-Ähnlichkeit und Zeitersparnis in Minuten

Incident	# Wörter	# Wörter Zusammenfassung			Kosinus-Ähnlichkeit			Kosinus-Ähnlichkeit		
		100	200	500	100	200	500	100	200	500
Inc1	1454	115	167	266	0,69	0,70	0,75	5,63	5,41	4,99
Inc10	1076	94	123	239	0,63	0,63	0,72	4,13	4,00	3,52
Inc11	555	90	152	216	0,76	0,80	0,84	1,95	1,69	1,42
Inc12	2909	129	190	336	0,69	0,71	0,77	11,68	11,42	10,81
Inc13	2457	117	162	348	0,67	0,70	0,79	9,83	9,64	8,86
Inc14	1485	149	175	267	0,69	0,67	0,68	5,61	5,50	5,12
Inc15	1444	90	162	247	0,71	0,74	0,79	5,69	5,39	5,03
Inc2	297	82	137	142	0,81	0,84	0,85	0,90	0,67	0,65
Inc3	355	75	115	265	0,74	0,74	0,82	1,18	1,01	0,38
Inc4	1240	92	146	332	0,71	0,77	0,83	4,82	4,60	3,82
Inc5	1266	87	182	253	0,75	0,80	0,80	4,95	4,55	4,26
Inc6	777	120	170	307	0,81	0,82	0,86	2,76	2,55	1,97
Inc7	1305	95	146	263	0,74	0,75	0,82	5,08	4,87	4,38
Inc8	557	94	146	279	0,74	0,78	0,83	1,95	1,73	1,17
Inc9	620	76	161	266	0,80	0,84	0,83	2,29	1,93	1,49

In einem Prototyp generieren wir für 10 Kundenanfragen jeweils 10 synthetische Kundenanfragen, die jeweils dasselbe Problem adressieren, jedoch andersartige Formulierungen verwenden. Zunächst verwenden wir dann eine Vektorsuche (Gao et al., 2023), um die historischen Datensätze nach vergleichbaren Kundenanfragen zu durchsuchen. Bei der Vektorsuche wird der Prompt als Suchbegriff verwendet, und wir geben an, wie viele ähnliche Textabschnitte (engl. „chunks") die Suche liefert. Eine Übersicht zu den Suchergebnissen zeigt Tab. 11.4. Wird nur ein Textabschnitt pro Suche zurückgegeben, so liefern die 10 Suchen zu 100 % Textabschnitte, die für die Problemlösung relevant sind, weil sie Teil des korrekten Datensatzes sind. Bei drei Textabschnitten sind es immer noch 87 %.

Im nächsten Schritt betten wir die Vektorsuche in eine RAG-Architektur ein (Gao et al., 2023). Hierzu nutzen wir im Prompt die im Folgenden dargestellte System Message. Im „context"-Feld wird dynamisch das Ergebnis der Vektorsuche eingefügt. In der Human Message wird dann die synthetische Kundenanfrage ergänzt. Den so zusammengesetzten Prompt senden wir an gpt-3.5-turbo-0125.

```
SYSTEM_TEMPLATE = """
Beantworte die Nutzerfragen detailliert und erkläre alle notwendigen
Lösungsschritte.
Wenn der Kontext keine relevanten Informationen zur Beantwortung der
Frage enthält, sage nur "Ich weiss es nicht":
```

Tab. 11.4 Anteil der relevanten Textschnitte der Vektorsuchen

Anzahl von Abschnitten in der Vektorsuche	Durchschnittlicher Anteil relevanter Abschnitte
1	100 %
2	95 %
3	87 %

```
<context>
{context}
</context>
"""
```

Um den Inhalt der LLM-Antworten zu validieren, nutzen wir neben qualitativen Vergleichen wiederum die Vektorsuche. Wir geben die LLM-Antworten in die Vektorsuche ein und extrahieren die Kosinus-Distanzen (0 = min, 2 = max) zu den nächstgelegenen Textabschnitten der 15 historischen Lösungsbeschreibungen zu den Kundenanfragen in den Spalten Inc1 bis Inc10. Die Ergebnisse sind in Tab. 11.5 dargestellt.

Die Ergebnisse zeigen, dass die Kosinus-Distanzen zu den relevanten historischen Lösungsbeschreibungen jeweils minimal sind (dunkelgrün gekennzeichnet, Mittelwert 0,5). Zudem zeigt sich, dass die Abstände zu den ähnlichsten irrelevanten Textabschnitten deutlich sind (Mittelwert 0,9). Eine Ausnahme bildet Inc4. Dort ist die

Tab. 11.5 Kosinus-Distanzen der 10 LLM-Antworten zu den nächstgelegenen Textabschnitten der 15 historischen Kundenanfragen

Historische Daten	Synthetische Kundenanfrage									
	Inc1	Inc2	Inc3	Inc4	Inc5	Inc6	Inc7	Inc8	Inc9	Inc10
Inc1	0,40	0,86	1,28	1,04	1,08	0,94	0,85	1,26	1,06	0,95
Inc10	0,82	0,88	1,33	0,96	1,18	1,13	1,01	1,12	0,96	0,48
Inc11	1,01	1,00	1,36	1,07	1,13	1,19	0,91	1,08	1,04	1,08
Inc12	0,98	0,88	1,25	0,92	1,09	1,09	0,71	1,00	1,10	0,93
Inc13	0,85	0,92	1,29	0,98	1,11	1.11	0.89	1,19	1,09	1,11
Inc14	1,10	0,99	1,30	1,21	1,16	1,22	0,72	0,77	1,21	1,23
Inc15	1,06	1,11	1,41	1,17	1,20	1,13	0,99	1,10	1,20	1,21
Inc3	1,16	0,86	0,69	1,16	1,18	1,37	0,92	1,22	1,16	1,19
Inc4	0,89	0,95	1,30	0,77	1,12	1,03	0,99	1,21	0,94	0,99
Inc5	1,06	0,86	1,32	1,26	0,46	1,29	1,01	1,34	1,33	1,31
Inc6	0,93	1,25	1,36	1,07	1,24	0,44	1,04	1,27	1,10	1,04
Inc7	0,93	0,94	1,21	0,93	1,10	0,97	0,37	1,09	1,04	1,01
Inc8	1,14	1,09	1,47	1,11	1,20	1,19	0,96	0,46	1,20	1,10
Inc9	1,06	1,01	1,37	0,90	1,19	1,13	1,15	1,02	0,60	0,96
Inc2	1,05	0,35	1,24	1,07	0,91	1,28	0,89	1,32	1,17	1,20

Kosinus-Distanz zum relevanten Abschnitt mit 0,77 hoch und die Kosinus-Distanz zum nächstgelegenen irrelevanten Abschnitt mit 0,9 verhältnismäßig niedrig. Eine qualitative Analyse der synthetischen Kundenanfrage Inc4 zeigte jedoch, dass diese uneindeutig formuliert war.

Insgesamt lassen die qualitativen und die quantitativen Auswertungen den Schluss zu, dass auch das Beantworten von Fragen auf Basis historischer Datensätze einen vielversprechenden Anwendungsfall für die Automatisierung des TKD mit LLMs darstellt.

11.5 Diskussion

Zusammenfassend zeigen die Ergebnisse der drei Prototypen, dass sowohl in der Textkorrektur als auch in der Zusammenfassung und in der Fragenbeantwortung großes Potenzial für den Einsatz von LLMs zur Unterstützung des TKD liegt. Gleichzeitig wird ersichtlich, dass bei komplexeren kognitiven Aufgaben, wie etwa der Beantwortung von Fragen, die Anforderungen an eine Qualitätssicherung der Ergebnisse steigen. Hier führen uneindeutige Frageformulierungen schnell zu unzufriedenstellenden Ergebnissen. Insbesondere bei geschäftskritischen Kundenanforderungen sollte deshalb auf eine Vollautomatisierung verzichtet werden, weil inhaltliche Abweichungen und, im Extremfall, Halluzinationen in den Antworten von LLMs nicht hundertprozentig ausgeschlossen werden können. Jedoch zeigen unsere Ergebnisse, dass der Einsatz von LLMs in sogenannten Hybrid-Intelligence-Systemen (Dellermann et al., 2019) die Produktivität im TKD deutlich steigern kann. Auch KMU sollten sich aktiv mit diesem Thema beschäftigen, denn unsere Ergebnisse zeigen, dass in vielen Anwendungsszenarien keine Eigenentwicklungen notwendig sind, sondern dass auf Standardlösungen zurückgegriffen werden kann.

Neben technologischen Herausforderungen gibt es auch organisatorische Herausforderungen bei der Implementierung von LLMs für den TKD. LLM-basierte Anwendungen sind in hohem Maße auf den Datenaustausch zwischen verschiedenen Akteur:innen angewiesen, die an TKD beteiligt sind und in einem Datenökosystem zusammenarbeiten müssen. Datenökosysteme können als komplexe sozio-technische Systeme beschrieben werden, in denen verschiedene Teilnehmer zusammenarbeiten, um Daten zu entdecken, zu speichern, zu teilen, zu nutzen oder wiederzuverwenden.

Diese Wechselwirkungen stimulieren nicht nur Innovationen und schaffen Wertschöpfung, sondern ebnen auch den Weg für die Entstehung neuer Unternehmen (S. Oliveira et al., 2019). In den meisten Fällen erfordert der TKD die Zusammenarbeit in einem Ökosystem der folgenden Akteur:innen (siehe Abb. 11.1) (Herterich et al., 2023):

- **(Mit-) Kund:innen:** Die gemeinsame Nutzung von Daten über historische Vorfälle und Lösungen unter verschiedenen Kund:innen eines technischen Dienstes vergrößert die Wissensdatenbank, auf der ein LLM arbeitet. Alle Kund:innen profitieren dabei von einer verbesserten Fragebeantwortung des LLMs.

11 Large Language Models und Datenökosysteme ...

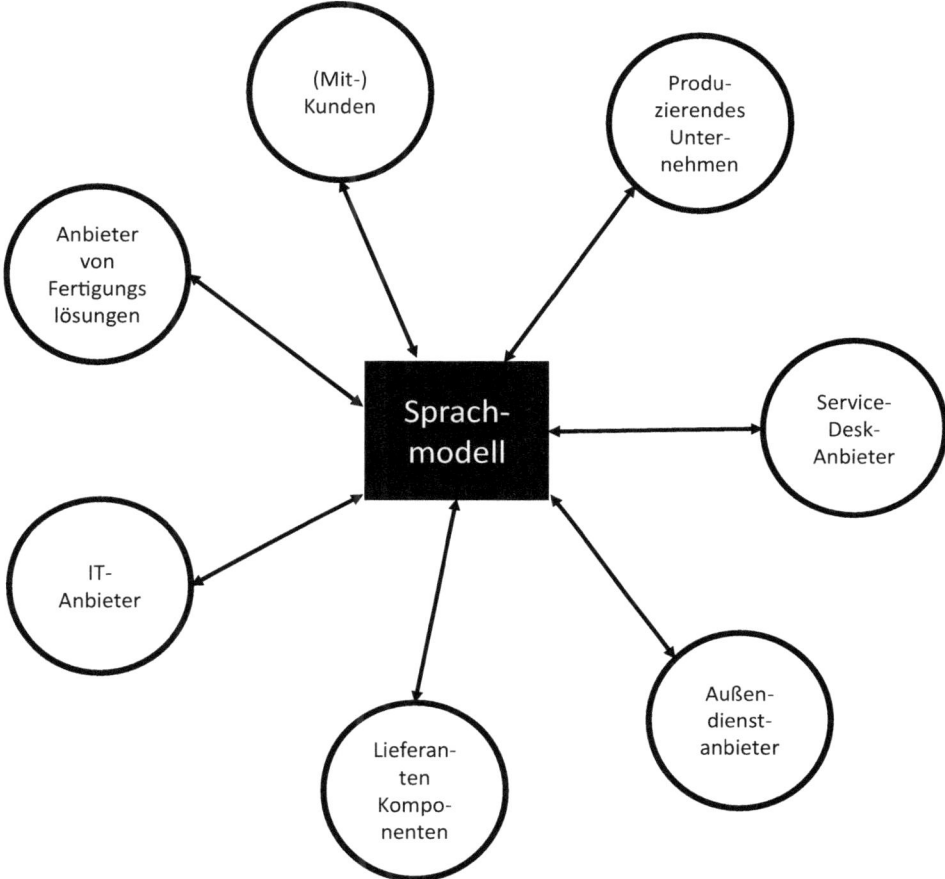

Abb. 11.1 Datenökosystem für Sprachmodelle im technischen Kundendienst. (Quelle: Eigene Darstellung)

- **Produzierendes Unternehmen:** Es stellt physische Produkte und technische Dienstleistungen bereit. Es steht im Zentrum des Datenökosystems und interagiert direkt mit den Kund:innen, indem es technischen Support und Dienstleistungen anbietet. Es muss einen umfangreichen Datensatz freigeben, einschließlich Produktdokumentation, technische Spezifikationen, Kundenkommunikationsdaten, Protokolldaten technischer Ereignisse und Lösungsdokumentation. Das produzierende Unternehmen profitiert von einem höheren internen oder kundenseitigen Automatisierungsgrad des TKD mit LLMs.
- **Service-Desk-Anbieter:** Diese Unternehmen bearbeiten Kundenanfragen und -beschwerden. Sie stellen Daten über Kundeninteraktionen, Problembeschreibungen und Lösungen bereit. Diese Daten können verwendet werden, um das LLM zu trainieren

und um ähnliche Probleme in Zukunft zu lösen. Sie profitieren potenziell von einer verringerten Arbeitsbelastung und von einer erhöhten Kundenzufriedenheit durch den LLM-Einsatz.
- **Außendienstanbieter:** Dies sind die Techniker, die Kundenstandorte besuchen, um Probleme zu lösen. Sie tauschen Daten über die technischen Probleme aus, auf die sie stoßen, und deren Lösungen. Diese Daten sind von hohem Wert, um die Fähigkeit des LLM zu verbessern, Kund:innen durch Schritte zur Fehlerbehebung zu führen und möglicherweise die Notwendigkeit eines Besuchs vor Ort zu vermeiden.
- **Lieferanten von technischen Komponenten:** Diese Unternehmen liefern die Bauteile, die im Herstellungsprozess verwendet werden. Sie tauschen Daten über Komponentenspezifikationen, Ausfallraten und Wartungsverfahren aus. Diese Daten können dem LLM helfen, Kundenprobleme im Zusammenhang mit Komponentenfehlern zu identifizieren und das Problemmanagement für Vorfälle auf der zweiten und dritten Supportebene zu erleichtern.
- **IT-Anbieter für Industrie-4.0-Lösungen:** Diese Unternehmen stellen die Sensoren, Telekommunikationsnetzwerke und Software bereit, die die Grundlage für Industrie-4.0-Lösungen bilden. Sie tauschen Daten über Sensormesswerte, Netzwerkleistung und Softwarefunktionalität aus. Diese Daten sind für das LLM von entscheidender Bedeutung, um den Echtzeitstatus des Produkts zu verstehen, potenzielle Probleme vorherzusagen und optimale Betriebsbedingungen vorzuschlagen. Durch die gemeinsame Nutzung dieser Daten ermöglichen IT-Anbieter dem LLM, einen präzisen und zeitnahen TKD bereitzustellen.
- **Anbieter von Fertigungslösungen:** Diese Unternehmen stellen die Maschinen und Prozesse zur Verfügung, die bei der Herstellung eines Produkts verwendet werden. Sie tauschen Daten über den Produktionsprozess und die Produktkomponenten aus. Diese Daten können vom LLM genutzt werden, um Kundenprobleme im Zusammenhang mit Produktionsfehlern oder defekten Bauteilen zu lokalisieren. Durch den Austausch von Daten verbessern Anbieter von Fertigungslösungen den operativen Support für die Produkte.

Zusammenfassend lässt sich sagen, dass jede Akteurin und jeder Akteur im Ökosystem nicht nur individuell vom Datenaustausch profitiert, sondern auch zur allgemeinen Verbesserung des LLM-basierten TKD beiträgt. Insbesondere KMU sollten für die Nutzung von LLMs im TKD in Datenökosystemen kollaborieren, denn so können sie von Netzeffekten profitieren, die durch die Zusammenarbeit in Bezug auf die Verbesserung der technischen Lösung entstehen.

11.6 Fazit

Mit unseren Ergebnissen tragen wir zur aufkommenden Theorie über das Potenzial und die technische Machbarkeit von LLM im Service Management bei. Darüber hinaus bieten wir konkrete Einblicke für Betreiber von TKD-Einheiten. Wir demonstrieren die Automatisierung kognitiver Aufgaben anhand von realen Beispielen.

Es ist jedoch wichtig, die Limitationen dieser Arbeit anzuerkennen, um diese Arbeit einzuordnen und zukünftige Forschungsrichtungen aufzuzeigen. Die erste Einschränkung dieser Studie besteht darin, dass sie auf technologischen Prototypen basiert, die mit begrenzten Daten entwickelt wurden. Während diese Prototypen einen Proof of Concept liefern, stellen sie möglicherweise nicht die Komplexität und Variationen realer Szenarien vollständig dar. Weitere Forschungsarbeiten sind deshalb notwendig, die groß angelegte Validierungen der technologischen Machbarkeit beinhalten. Die Prototypen müssen in größerem Maßstab getestet werden, um sicherzustellen, dass sie das Volumen und die Vielfalt der Daten in einer realen Umgebung bewältigen können. Dies würde eine robustere Validierung der LLM-Fähigkeiten und ihrer Einsatzbereitschaft liefern. Eine weitere Einschränkung ist die Notwendigkeit, die Nützlichkeit der Technologie in einem technischen Kundendienstkontext empirisch zu untersuchen. Während die Technologie in einer kontrollierten Umgebung vielversprechend sein mag, muss ihre Wirksamkeit in einer praktischen Umgebung, wie z. B. einer TKD-Abteilung, bewertet werden. Dies beinhaltet die Untersuchung von Faktoren wie Benutzendenakzeptanz, einfache Integration in bestehende Systeme und Auswirkungen auf die Servicequalität und Effizienz. Die Studie ist domänenspezifisch und konzentriert sich auf den Telekommunikationssektor. Daher können die Ergebnisse möglicherweise nicht ohne weitere Forschung auf andere Kundendienstdomänen verallgemeinert werden. Jede Domäne hat ihre einzigartigen Eigenschaften und Herausforderungen, und eine in einer Domäne wirksame Lösung führt nicht unbedingt zum Erfolg in einer anderen. Es sind branchenübergreifende Studien erforderlich, um die Anwendbarkeit und Anpassungsfähigkeit von LLMs für TKD in verschiedenen Sektoren zu erforschen. Abschließend hat diese Arbeit zum Erkenntnisfortschritt in der Demonstration des LLM-Potenzials für TKD beigetragen, die vorhandenen Limitationen unterstreichen jedoch die Notwendigkeit weiterer Forschung.

Literatur

Barzilai, G., & Ferraris, S. D. (2023). Developing a data classification framework. In S. D. Ferraris (Hrsg.), *The Role of Prototypes in Design Research: Overview and Case Studies* (S. 9–37). Springer Nature Switzerland. https://doi.org/10.1007/978-3-031-24549-7_2.
Brynjolfsson, E., Li, D., & Raymond, L. R. (2023). *Generative AI at Work*. National Bureau of Economic Research.

Brysbaert, M. (2019). How many words do we read per minute? A review and meta-analysis of reading rate. *Journal of Memory and Language, 109*, 104047.

Camburn, B., Viswanathan, V., Linsey, J., Anderson, D., Jensen, D., Crawford, R., Otto, K., & Wood, K. (2017). Design prototyping methods: State of the art in strategies, techniques, and guidelines. *Design Science, 3*, e13. https://doi.org/10.1017/dsj.2017.10.

Carvalho, I., & Ivanov, S. (2023). ChatGPT for tourism: Applications, benefits and risks. *Tourism Review, 79*(2), 290–303. https://doi.org/10.1108/TR-02-2023-0088.

Chen, X., & Beaver, I. (2022). An Adaptive Deep Clustering Pipeline to Inform Text Labeling at Scale (arXiv:2202.01211). arXiv. https://doi.org/10.48550/arXiv.2202.01211.

Dasgupta, I., Lampinen, A. K., Chan, S. C. Y., Sheahan, H. R., Creswell, A., Kumaran, D., McClelland, J. L., & Hill, F. (2023). Language models show human-like content effects on reasoning tasks (arXiv:2207.07051). arXiv. http://arxiv.org/abs/2207.07051.

Dellermann, D., Ebel, P., Söllner, M., & Leimeister, J. M. (2019). Hybrid intelligence. *Business & Information Systems Engineering, 61*(5), 637–643.

Doellgast, V., O'Brady, S., Kim, J., & Walters, D. (2023). *AI in Contact Centers: Artificial Intelligence and Algorhythmic Management in Frontline Service Workplaces*. https://ecommons.cornell.edu/items/2c04c957-d672-400e-9aed-adb5f6ace640.

Gao, Y., Xiong, Y., Gao, X., Jia, K., Pan, J., Bi, Y., Dai, Y., Sun, J., Guo, Q., Wang, M., & Wang, H. (2023). Retrieval-Augmented Generation for Large Language Models: A Survey (arXiv:2312.10997; Version 1). arXiv. http://arxiv.org/abs/2312.10997.

Herterich, M. M., Dremel, C., Wulf, J., & Vom Brocke, J. (2023). The emergence of smart service ecosystems—The role of socio-technical antecedents and affordances. *Information Systems Journal, 33*(3), 524–566. https://doi.org/10.1111/isj.12412.

Kanbach, D. K., Heiduk, L., Blueher, G., Schreiter, M., & Lahmann, A. (2023). The GenAI is out of the bottle: Generative artificial intelligence from a business model innovation perspective. *Review of Managerial Science*. https://doi.org/10.1007/s11846-023-00696-z.

Kowalski, R., Esteve, M., & Mikhaylov, S. J. (2017). Application of Natural Language Processing to Determine User Satisfaction in Public Services (arXiv:1711.08083). arXiv. https://doi.org/10.48550/arXiv.1711.08083.

Liu, Y., Han, T., Ma, S., Zhang, J., Yang, Y., Tian, J., He, H., Li, A., He, M., Liu, Z., Wu, Z., Zhao, L., Zhu, D., Li, X., Qiang, N., Shen, D., Liu, T., & Ge, B. (2023). Summary of ChatGPT-Related Research and Perspective Towards the Future of Large Language Models. *Meta-Radiology, 1*(2), 100017. https://doi.org/10.1016/j.metrad.2023.100017.

McTear, M., & Ashurkina, M. (2024). Conversational AI Platforms. In M. McTear & M. Ashurkina (Hrsg.), *Transforming Conversational AI: Exploring the Power of Large Language Models in Interactive Conversational Agents* (S. 145–168). Apress. https://doi.org/10.1007/979-8-8688-0110-5_7.

Mönning, C., Schiller, W., Woditschka, A., & Söderlund, A. (2018). Automation all the way – Machine Learning for IT Service Management. https://medium.datadriveninvestor.com/automation-all-the-way-machine-learning-for-it-service-management-9de99882a33.

OpenAI, Achiam, J., Adler, S., Agarwal, S., Ahmad, L., Akkaya, I., Aleman, F. L., Almeida, D., Altenschmidt, J., Altman, S., Anadkat, S., Avila, R., Babuschkin, I., Balaji, S., Balcom, V., Baltescu, P., Bao, H., Bavarian, M., Belgum, J., … Zoph, B. (2023). GPT-4 Technical Report (arXiv:2303.08774). arXiv. http://arxiv.org/abs/2303.08774.

Özcan, D., Fellmann, M., & Thomas, O. (2014). Towards a Big Data-based Technical Customer Service Management. *GI-Jahrestagung*, 187–198. https://cs.emis.de/LNI/Proceedings/Proceedings232/187.pdf.

Radford, A., Wu, J., Child, R., Luan, D., Amodei, D., & Sutskever, I. (2019). Language models are unsupervised multitask learners. *OpenAI Blog, 1*(8), 9.

Reinhard, P., Li, M. M., Peters, C., & Leimeister, J. M. (2024). Generative AI in Customer Support Services: A Framework for Augmenting the Routines of Frontline Service Employees. Customer Support Services: A Framework for Augmenting the Routines of Frontline Service Employees (January 6, 2024). Hawaii International Conference on System Sciences (HICSS), Waikiki, Hawaii, USA. https://papers.ssrn.com/sol3/papers.cfm?abstract_id=4612768.

S. Oliveira, M. I., Barros Lima, G. de F., & Farias Lóscio, B. (2019). Investigations into Data Ecosystems: A systematic mapping study. *Knowledge and Information Systems, 61*(2), 589–630. https://doi.org/10.1007/s10115-018-1323-6.

Vaswani, A., Shazeer, N., Parmar, N., Uszkoreit, J., Jones, L., Gomez, A. N., Kaiser, L., & Polosukhin, I. (2017). Attention is all you need. *Advances in Neural Information Processing Systems, 30*.

Wei, J., Tay, Y., Bommasani, R., Raffel, C., Zoph, B., Borgeaud, S., Yogatama, D., Bosma, M., Zhou, D., Metzler, D., Chi, E. H., Hashimoto, T., Vinyals, O., Liang, P., Dean, J., & Fedus, W. (2022). Emergent Abilities of Large Language Models (arXiv:2206.07682). arXiv. http://arxiv.org/abs/2206.07682.

White, J., Fu, Q., Hays, S., Sandborn, M., Olea, C., Gilbert, H., Elnashar, A., Spencer-Smith, J., & Schmidt, D. C. (2023). A Prompt Pattern Catalog to Enhance Prompt Engineering with ChatGPT (arXiv:2302.11382). arXiv. http://arxiv.org/abs/2302.11382.

Winkler, T. J., & Wulf, J. (2019). Effectiveness of IT Service Management Capability: Value Co-Creation and Value Facilitation Mechanisms. *Journal of Management Information Systems, 36*(2), 639–675. https://doi.org/10.1080/07421222.2019.1599513.

Wulf, J., & Meierhofer, J. (2023). Towards a Taxonomy of Large Language Model based Business Model Transformations (arXiv:2311.05288). arXiv. http://arxiv.org/abs/2311.05288.

Wulf, J., & Winkler, T. J. (2020). Evolutional and transformational configuration strategies: A rasch analysis of IT providers' service management capability. *Journal of the Association for Information Systems, 21*(3), 574–606.

Zhao, W. X., Zhou, K., Li, J., Tang, T., Wang, X., Hou, Y., Min, Y., Zhang, B., Zhang, J., & Dong, Z. (2023). A survey of large language models. arXiv Preprint arXiv:2303.18223.

PD Dr. Jochen Wulf ist Senior Lecturer an der ZHAW School of Engineering mit den Schwerpunkten Smart Service Engineering und AI-Driven Customer Service Management. Er verfügt über langjährige Erfahrung in der Gestaltung von Datenprodukten und im Service Operations Management. Bevor er an die ZHAW kam, war er in verschiedenen akademischen und industriellen Positionen tätig, unter anderem an der Universität St. Gallen und der Volksbank eG. Sein Forschungsschwerpunkt liegt an der Schnittstelle von Technologie und Dienstleistungsinnovation.

Dr. Jürg Meierhofer ist Leiter der Expert Group „Smart Services" der Data Innovation Alliance und Studienleiter Industrie 4.0 (MAS) und Smart Services (CAS) an der ZHAW Zürcher Hochschule für Angewandte Wissenschaften. Die Gestaltung datengetriebener Service-Wertschöpfung zieht sich als roter Faden durch seine Tätigkeit. Nach verschiedenen Führungspositionen im Dienstleistungsbereich lehrt und forscht er seit 2014 an der ZHAW. Er hat an der ETH Zürich promoviert und an der Universität Fribourg einen EMBA erworben.

Teil III
Fallstudien

Fallstudie ANTA SWISS AG 12

Thomas Strebel, Matthias Strebel und Rodolfo Benedech

Zusammenfassung

Die ANTA SWISS AG hat sich von einem Hersteller von 19″-Elektronik-Schränken zu einem innovativen Technologieunternehmen gewandelt. Seit 2020, unter der Leitung der Gebrüder Strebel, konzentriert sich das Familienunternehmen auf innovative Lösungen im Abfallmanagement und städtischen Mobiliar. Neben den ikonischen Abfalleimern, bekannt als Abfallhai, haben sie das „Haiauge" entwickelt, das den Abfallhai in einen intelligenten Abfalleimer verwandelt. Dieses System revolutioniert die Abfallsammlung, indem es die Effizienz der Leerungsprozesse erheblich steigert. Ein Pilotprojekt in Münchenbuchsee bei Bern hat gezeigt, dass diese Sensoren zur Messung der Füllstände den Zeitaufwand und die Treibhausgasemissionen signifikant verringern können. Mithilfe eines detaillierten Simulationsmodells, welches in einem Forschungsprojekt entwickelt wurde, kann Anta Swiss den Mehrwert ihrer Dienstleistungen zur Messung der Füllstände für verschiedene Gemeinden vorberechnen. Diese Technologie ermöglicht es, unterschiedlichste Szenarien der Abfallsammlung

T. Strebel · M. Strebel
ANTA SWISS AG, Knonau, Zürich, Schweiz
E-Mail: Thomas.Strebel@abfallhai.com

M. Strebel
E-Mail: Matthias.Strebel@abfallhai.com

R. Benedech (✉)
ZHAW Zürcher Hochschule für Angewandte Wissenschaften, Winterthur, Zürich, Schweiz
E-Mail: R.benedech@protonmail.ch

© Der/die Autor(en), exklusiv lizenziert an Springer-Verlag GmbH, DE, ein Teil von Springer Nature 2025
P. Kugler et al. (Hrsg.), *Data Sharing für KMU*,
https://doi.org/10.1007/978-3-662-71209-2_12

zu analysieren und zu optimieren, wodurch die Suche nach den effektivsten Lösungen erleichtert wird. Diese Fallstudie beleuchtet nicht nur den Wert vernetzter Daten in der Abfallwirtschaft und den Datenaustausch zwischen Gemeinden, deren Abfalleimern und Unternehmen, sondern zeigt auch auf, wie entscheidend diese Technologien für die Verbesserung der Lebensqualität in öffentlichen Bereichen und die Förderung der städtischen Infrastrukturentwicklung durch digitale Transformation sind.

12.1 Vorstellung der Fallstudie ANTA SWISS AG

Die ANTA SWISS AG, ein Schweizer Unternehmen aus Knonau bei Zürich, hat sich von einem Hersteller von 19″-Serverschränken und Blechverarbeitungsprodukten zu einem innovativen Technologieanbieter entwickelt. Bekannt ist das Unternehmen heute vor allem durch den „Abfallhai" – einen ikonischen Abfalleimer (siehe Abb. 12.1), der in verschiedenen Ausführungen in europäischen Gemeinden und Städten zur Sauberkeit öffentlicher Räume beiträgt. Neben Entsorgungssystemen hat Anta Swiss sein Angebot um urbanes Mobiliar wie Sitzbänke und Trinkbrunnen erweitert, um die Qualität städtischen Lebens zu verbessern.

Seit 2020 leiten die Brüder Thomas und Matthias Strebel die ANTA SWISS AG. Mit ihrer Vision für nachhaltige Innovationen haben sie das Unternehmen in den Bereich des digitalen Abfallmanagements geführt. Diese Dienstleistungen erhöhen die Effizienz und Transparenz der Abfallsammlung und entsprechen den Anforderungen moderner Umweltmanagementprozesse. Die Produkte von Anta Swiss finden breite Anwendung in öffentlichen Bereichen wie Krankenhäusern, Schulen, Museen, Unternehmensgeländen und Verkehrsknotenpunkten und tragen zur Sauberkeit und angenehmen Atmosphäre an stark frequentierten Orten bei. Die Entwicklungsgeschichte der ANTA SWISS AG spiegelt die Transformation von einem traditionellen Fertigungsunternehmen zu einem führenden Anbieter von Lösungen im urbanen Umweltmanagement wider und hat die Praktiken des Abfallmanagements in Europa maßgeblich verbessert.

12.2 Technologie und Blech

Mit dem Eintritt der Gebrüder Strebel in das elterliche Unternehmen im Jahr 2020 begann eine entscheidende Innovationsphase bei der ANTA SWISS AG. Unter ihrer Führung wurde ein digitales Abfallmanagementsystem entwickelt, das Technologien wie IoT-Sensoren und Datenanalyse integriert. Dank der Fachkenntnisse der Brüder in Softwareentwicklung und Elektrotechnik konnte sich Anta Swiss als führender Anbieter im Bereich des städtischen Umweltmanagements etablieren.

Ein spezifisches Feature des Abfallmanagementsystems, der „Haiauge"-Sensor (siehe Abb. 12.2), wird in Abfalleimern installiert und misst die Füllstände, die dann zu festgelegten Zeiten in die Cloud übertragen werden. Diese Zeiten sind abhängig von den

12 Fallstudie ANTA SWISS AG

Abb. 12.1 Der Abfallhai, entwickelt und produziert bei der ANTA SWISS AG

Anforderungen der Kunden und dem Standort der Abfalleimer. Auf Flughäfen, insbesondere auf dem Rollfeld, ist es kritisch, dass die Behälter nicht überlaufen, um zu vermeiden, dass Abfall in die Triebwerke der Flugzeuge gelangt und potenziell schwere Schäden verursacht. Daher erfolgt hier eine häufigere Datenübertragung. In Gemeinden hingegen wird die Übertragungsfrequenz verringert, um die Energieeffizienz zu maximieren. Hier ist es weniger kritisch, wenn Behälter vorübergehend überlaufen. Die Sensoren übermitteln die Füllstände typischerweise nur einmal vormittags vor dem Pendlerverkehr und nochmals mittags, um den Mitarbeitern der städtischen Betriebe zu

Abb. 12.2 Das Haiauge, der Sensor, der im Abfalleimer den Füllstand misst und die Daten in die Cloud lädt

ermöglichen, volle Eimer rechtzeitig vor dem nächsten Pendlerverkehr zu leeren und die Sauberkeit zu gewährleisten.

Die „Haiinsel", eine speziell entwickelte Webapplikation, visualisiert diese Daten und unterstützt die Abfallsammlung mit der Information der Füllstände der einzelnen Eimer, was dann für die Routenplanung der Abfallsammlung genutzt wird. Dies trägt zur Reduzierung unnötiger Leerungen bei und maximiert notwendige Leerungen, was nicht nur die Effizienz steigert, sondern auch die Servicequalität verbessert.

12.3 Wert von Daten für die Ökosystemakteure

Im Ökosystem (siehe Abb. 12.3) von Anta Swiss sind die Hauptakteure, neben dem Unternehmen selbst, die Bevölkerung, die Gemeindeverwaltung und die Abfallsammlungsunternehmen. Diese profitieren alle von den Produkten und Dienstleistungen von Anta Swiss. Die Bevölkerung beauftragt die Gemeindeverwaltung mit der Abfallsammlung, die wiederum entweder eigene Abteilungen dafür bereitstellt oder externe Firmen damit beauftragt. Die Bevölkerung produziert nicht nur den Abfall, sondern entsorgt diesen auch eigenständig in die vorgesehenen Eimer, bezahlt für die Entsorgung und empfindet potenziell Unbehagen, wenn Abfall außerhalb der vorgesehenen Eimer landet.

Die Verwaltung ist verantwortlich für die Administration der Region, in der die Bevölkerung ansässig ist, und stellt sicher, dass die öffentlichen Flächen sauber gehalten werden sowie der Abfall ordnungsgemäß eingesammelt und entsorgt wird. ANTA SWISS AG agiert in diesem System als technologischer Ermöglicher, indem das Unternehmen nicht nur Entsorgungseimer bereitstellt, sondern auch die Haiaugen und die dazugehörige Haiinsel.

Die Abfallentsorgung erfolgt üblicherweise an festgelegten Tagen entlang vorher bestimmter Routen. Mithilfe der Füllstandsdaten der Abfalleimer kann die Abfallsammlung diese Routen und Tage entsprechend den Füllständen anpassen. Die Haiinsel visualisiert

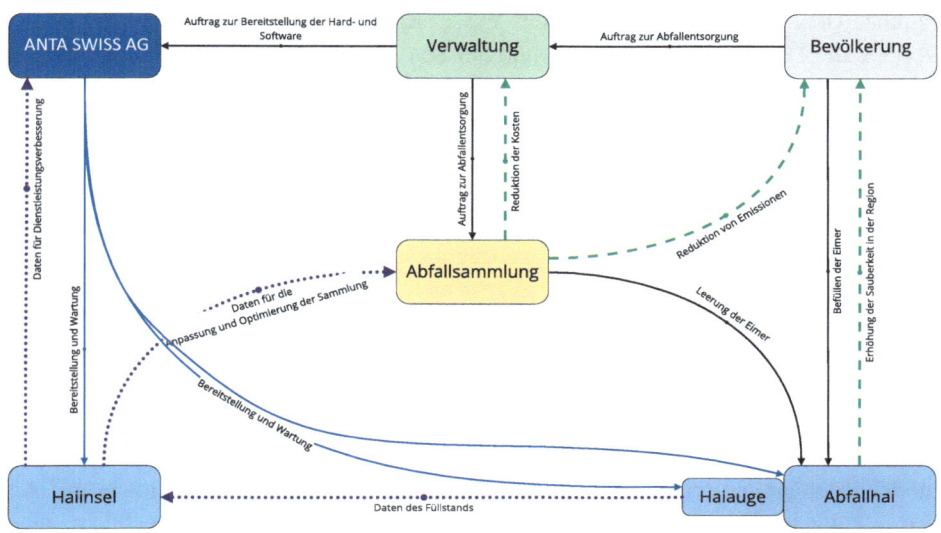

Abb. 12.3 Ökosystem mit den jeweiligen Akteuren, der ANTA SWISS AG und deren Produkte

alle Abfalleimer, deren Füllstand, Ladezustand der Batterien und Standorte auf einer Landkarte. Diese Möglichkeit zur Überwachung der Abfalleimer und deren Zustände ermöglicht es, die Routen nach den Füllständen zu optimieren.

Der aus den Haiaugen erzeugte Datennutzen und die Verarbeitung durch die Haiinsel schaffen signifikanten Mehrwert für die Abfallsammlung, indem Arbeits- und Fahrzeugkosten drastisch reduziert werden, was insgesamt zu geringeren Kosten für die Verwaltung führt. Für die Bevölkerung ergeben sich zwei Mehrwerte: Einerseits werden durch weniger Fahrten Lärm- und Gasemissionen der Fahrzeuge reduziert, andererseits wird die Region durch die erhöhte Kontrollmöglichkeit sauberer. Diese Mehrwerte werden in der Fallstudie allerdings nicht quantifiziert; vielmehr werden die Kosten der Abfallsammlung spezifisch analysiert.

12.3.1 Das Pilotprojekt Münchenbuchsee

In den folgenden Abschnitten werden die Daten, die von den Abfalleimern gesammelt werden, beschrieben und anhand von zwei Forschungsprojekten sowie einer Simulation evaluiert. Der Fokus liegt hierbei auf der Quantifizierung des Mehrwerts der Daten für die Abfallsammlung, illustriert durch das Fallbeispiel der Gemeinde Münchenbuchsee bei Bern.

In einer ersten Studie in Zusammenarbeit mit der Gemeinde Münchenbuchsee (Verwaltung), der Entsorgungsunternehmung Schwendimann AG (Abfallsammlung) und der

Zürcher Hochschule der Angewandten Wissenschaften ZHAW wurde geprüft, welche Vorteile die Haiinsel und die dazugehörigen Sensoren in einer ersten Grobabschätzung bringen (Barth, 2019). In diesem Pilotprojekt wurde die Abfallsammlung über einen Zeitraum von fünf Wochen sowohl mit als auch ohne die Unterstützung der Haiinsel analysiert. Die Ergebnisse zeigten eine Reduktion des Zeitaufwands um 14 % und der Treibhausgasemissionen um 17 %, wenn die Sammlung durch die Haiinsel geplant wurde. Diese Effizienzsteigerungen verdeutlichen das Potenzial digitaler Abfallmanagementsysteme zur Verbesserung der Umweltverträglichkeit und Ressourcennutzung.

In einem darauffolgenden Forschungsprojekt, welches die Bereiche der Dienstleistungsgestaltung, Sensorik und Datenanalytik untersuchte, wurde mithilfe der vorhandenen Daten der Schwendimann AG und der Gemeinde Münchenbuchsee ein sogenanntes Multi-Methoden-Simulationsmodell erstellt (hybrid simulation model (Scheidegger et al., 2018)), um verschiedene Konfigurationen und Szenarien der Abfallsammlung mit und ohne Sensoren zu analysieren und zu quantifizieren. Simulationsmodelle stellen eine relativ kostengünstige Methode dar für die Beschreibung und Analyse komplexer Service-Ökosysteme (Meierhofer et al., 2020). Die Ergebnisse dieses Szenarios wurden im Rahmen von (Barth et al., 2023) analysiert. Dafür wurde ein digitaler Zwilling des Dorfes Münchenbuchsee und der Schwendimann AG erstellt, um zu analysieren, wie sich die Kosten und Servicequalität mindern, wenn der Abholschwellenwert der Eimer mit Sensoren erhöht wird.

12.3.2 Simulationsmodell zur Quantifizierung des Wertes der ausgetauschten Daten

Das Modell verbindet die agentenbasierte Simulation (ABS) mit der diskreten Ereignissimulation (DES) und ermöglicht es somit, individuelle Entitäten und deren interaktive Prozesse detailliert zu modellieren. ABS wird eingesetzt, um einzelne Akteure des Ökosystems, wie Abfalleimer und Sammelfahrzeuge, zu simulieren. Ein Hauptvorteil dieser Methode ist, dass das Verhalten jedes Akteurs nur einmal programmiert und anschließend für verschiedene Szenarien mit spezifischen Parametern, wie beispielsweise der Füllkapazität, repliziert werden kann. Parallel dazu ermöglicht die DES das Simulieren von unabhängigen Ereignissen, wie die Füllung und Leerung der Eimer, wobei jedes Ereignis isoliert betrachtet und unabhängig von anderen Aktionen modelliert wird. Die Kombination dieser beiden Simulationsmethoden erhöht die Flexibilität und Skalierbarkeit des Gesamtsystems erheblich, da sie eine variable Anzahl von Eimern und Fahrzeugen gemäß den spezifischen Anforderungen jeder Gemeinde simulieren kann.

Die Architektur des Simulationsmodells zielt aber darauf ab, die Parametrisierung flexibel auf andere Gemeinden und Unternehmen übertragbar zu gestalten. Es verarbeitet spezifisch an das Interessengebiet angepasste Eingabedaten, um eine präzise Simulation durchzuführen. Dazu gehören Basisdaten in Tabellenform, wie die Geokoordinaten der Eimer, Typ und Füllkapazität der Eimer sowie die Reihenfolge, in der sie geleert werden bei der Sammlung. Diese Daten werden in ein Geoinformationssystem (GIS) integriert, das eine detaillierte Karte der verschiedenen Standorte und Sammelrouten in jeder Gemeinde darstellt.

Das Kartenmaterial und die Routenberechnung in der Simulation basieren dabei auf OpenStreetMap (OSM). Diese integrierte GIS-Karte ermöglicht eine visuelle Darstellung für die Nutzung der Simulation, was den Abgleich der Eingabedaten mit den Erfahrungswerten der Abfallsammlung sowie die Überprüfung des Simulationsverhaltens bei unterschiedlichen Konfigurationen erleichtert.

Sobald ein Basisszenario – in der Regel die reguläre Abholung der Eimer ohne Sensoren – mit den Simulationsergebnissen übereinstimmt, können weitere Szenarien simuliert werden. Dies erlaubt es, Grenzwerte wie z. B. stark reduzierte Leerungsfahrten zu erproben, die real nicht umsetzbar wären, ohne Beschwerden der Bevölkerung aufgrund unzureichender Servicequalität zu riskieren. Die Simulationsparameter wie die Abholtage, der Abholschwellenwert der Eimer oder die maximalen Arbeitsstunden pro Tag können vor einer Simulation eingegeben werden und ermöglichen das Testen neuer Konzepte. Das Ziel ist es, eine Konfiguration der Abfallsammlung zu finden, bei der die Kosten für die Sammlung minimiert werden, ohne die Servicequalität der Bevölkerung zu verschlechtern.

Die Servicequalität bezeichnet den Prozentsatz der Stunden pro Woche, in denen der Maximalfüllstand der Eimer nicht überschritten wird. Zum Beispiel bedeutet eine festgelegte Servicequalität von 98 % bei einem Maximalfüllstand von 90 %, dass alle Abfalleimer insgesamt weniger als 3.56 h pro Woche, das entspricht 2 % der gesamten 168 h einer Woche, über 90 % gefüllt sein dürfen.

Die Kostenberechnung basiert auf den Arbeitskosten pro Stunde und den Fahrzeugkosten pro Kilometer. Nach Abschluss der Simulation werden die geleisteten Arbeitsstunden und die gefahrenen Kilometer summiert und mit den jeweiligen Kostensätzen multipliziert, um die Gesamtkosten der Abfallsammlung im Jahr zu ermitteln.

Das Basisszenario, visualisiert in Abb. 12.4 oben, illustriert die reguläre Leerung der Eimer in Münchenbuchsee ohne Sensoren, wobei alle Eimer montags, mittwochs und freitags unabhängig vom Füllstand entleert werden. Dieses Szenario dient sowohl zur Verifikation des Simulationsmodells (Hedtstück, 2013) als auch als Basis für die weiterführende quantitative Analyse von Szenarien, die den Einfluss von Sensoren und Abholschwellenwerten auf die Servicequalität und Kosten untersuchen.

Auf Basis des Basisszenarios werden weitere Szenarien geprüft, in denen die Abholschwellenwerte angepasst werden. Dabei bleiben die Abholreihenfolge und -tage unverändert, um die Vergleichbarkeit der Szenarien zu gewährleisten. In den neuen Szenarien werden Eimer, die einen Füllstand unterhalb des festgelegten Abholschwellenwertes haben, übersprungen (siehe Abb. 12.4, unten). Die Abholschwellenwerte variieren im Bereich von 0 % bis 100 %, um den Einfluss dieser Anpassungen auf die Effizienz und Kosten der Abfallsammlung zu evaluieren. Jeder Schwellenwert wurde zudem zehnmal mit unterschiedlichen Zufallswerten („Seeds", siehe Hedtstück, 2013) simuliert, um eine robuste Datenbasis für die Auswertung sicherzustellen. Der Unterschied zwischen

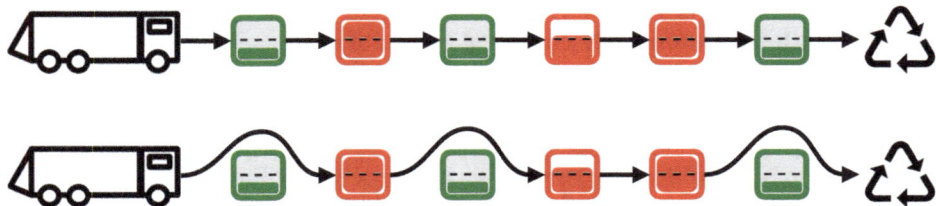

Abb. 12.4 Darstellung der Kehrichtsammlung. Oben: Übliche Kehrichtsammlung, bei der alle Eimer unabhängig vom Füllstand geleert werden. Unten: Optimierte Kehrichtsammlung, bei der nur Eimer geleert werden, die den festgelegten Abholschwellenwert überschreiten

dem Basisszenario und den neuen Szenarien besteht darin, dass durch die Erhöhung des Schwellenwerts mehr Behälter von der Abholung ausgelassen werden.

Die folgende Abb. 12.5 zeigt die Ergebnisse der Simulationen der Abfallsammlung in Münchenbuchsee, basierend auf den vorherigen Beschreibungen. In dem Diagramm sind drei Achsen zu erkennen: Die linke Y-Achse repräsentiert die mittleren jährlichen Kosten der Abfallsammlung, die rechte Y-Achse den Qualitätsverlust des Services, und die X-Achse zeigt den Abholschwellenwert der durchgeführten Simulationsberechnung. Die blaue Linie verdeutlicht, wie die Kosten mit steigendem Schwellenwert sinken.

Beachtlich ist die Reduktion der Kosten um 57 %, von 61k CHF zu 26k CHF, wenn der Schwellenwert der Abholung bei 40 % gelegt wird. Der Qualitätsverlust erhöht sich ab dem Schwellenwert von 40 %, was darauf hindeutet, dass bis zu diesem Schwellenwert kein Eimer in der Woche einen Füllstand von über 90 % erreichen würde, und die Bevölkerung äußerst selten einen vollen Abfalleimer vorfinden würden. Gehen wir von der gewünschten Servicequalität von 98 % aus, also einem Qualitätsverlust von 2 % (rote gestrichelte Linie in Abb. 12.5), so könnten die Kosten um 70 % reduziert werden, wobei hier die Bevölkerung eher auf volle Behälter zutreffen würde, verglichen zu einem Schwellenwert von 40 %.

Die negative Steigung der Kostenkurve flacht sich mit steigendem Schwellenwert ab, was darauf zurückzuführen ist, dass mit steigendem Abholfüllstand zwar weniger Zeit für die Leerungen benötigt wird, jedoch weiterhin Distanzen zu Eimern zurückgelegt werden müssen, einschließlich zu jenen, die weit vom Dorfzentrum entfernt liegen.

Das Simulationsmodell weist aufgrund seiner Komplexität bestimmte Einschränkungen auf, indem es spezifische, in der Realität vorhandene Einflüsse vernachlässigt. So werden Saisonalitäten, die insbesondere bei Eimern in der Nähe von Freizeitaktivitäten den Füllstand beeinflussen könnten, nicht berücksichtigt. Ebenfalls finden Ausnahmesituationen wie öffentliche Feste oder private Grillveranstaltungen am Waldrand keine Beachtung in der Simulation. Obwohl diese spezifischen Ereignisse potenziell die Servicequalität beeinträchtigen können, ist ihr Gesamteinfluss auf das Jahr gerechnet als marginal zu betrachten. Zudem ist die Benutzerfreundlichkeit der Simulation aktuell nicht auf unerfahrene Nutzende ausgerichtet. Die Komplexität des Modells

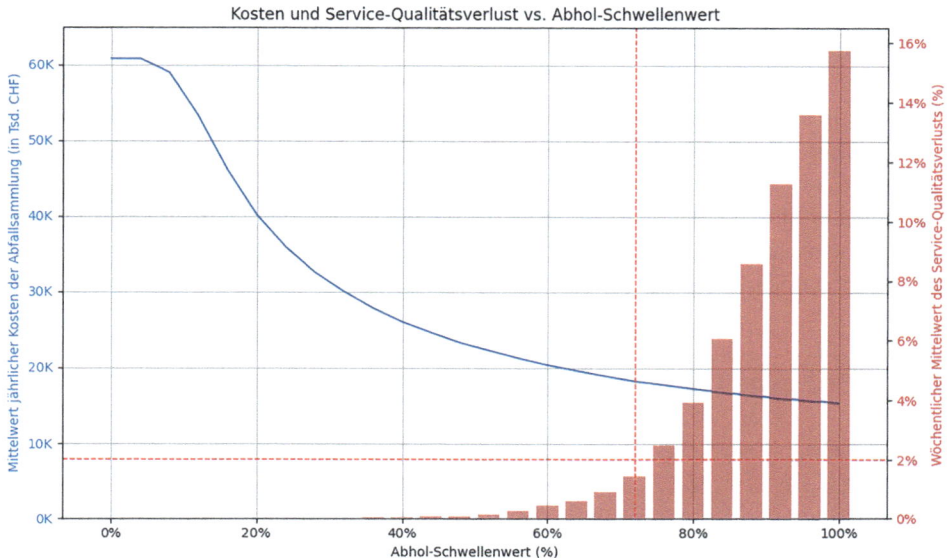

Abb. 12.5 Mittelwert der jährlichen Kosten der Abfallsammlung vs. wöchentlicher Mittelwert des Servicequalitätsverlusts, wobei die blaue Linie die mittleren Kosten für die Abfallsammlung darstellt, und die roten Balken den Qualitätsverlust bei Eimern mit einem Füllstand ≥ 90 % darstellen. Die horizontal gestrichelte Linie zeigt den Qualitätsverlust bei 2 % an, und die vertikal gestrichelte Linie den entsprechenden anzustrebenden Schwellenwert. Basierend auf (Barth et al., 2023)

erschwert eine direkte, automatisierte Quantifizierung durch potenzielle Kunden. Trotzdem kann die Simulation als Entscheidungshilfe dienen, insbesondere aufgrund der Möglichkeit, sie auf weitere Gemeinden zu projizieren und den Mehrwert der Daten bzw. der digital vernetzten Abfalleimer zu quantifizieren.

12.4 Kultur und Vertrauen

Die ANTA SWISS AG und ihre Kunden erkennen den Mehrwert von Daten. Dies zeigt sich in ihrem Engagement in internen Digitalisierungsprojekten sowie in externen Implementations- und Forschungsprojekten. Die dabei generierten Daten umfassen Füllstandswerte der Eimer, Temperaturmessungen und Ladestandinformationen von Akkus der Sensoren – Daten, die als nicht kritisch und nicht personenbezogen eingestuft werden. Diese Klassifizierung führt zu einem offenen Umgang mit den Daten im Rahmen der geschäftlichen Partnerschaften. (Gemeinde-)Verwaltungen werden umfassend über die Datenverarbeitungsprozesse informiert, einschließlich des Zwecks der Datenerhebung und -speicherung. Die Vermarktung der digitalen Dienstleistungen erfolgt vorrangig gegenüber bestehenden Kunden, mit denen bereits eine Vertrauensbeziehung etabliert wurde und die potenziell von den Sensordatenangeboten profitieren können.

Kunden sowie die ANTA SWISS AG haben dieselben Zugriffs- und Nutzungsrechte an den erhobenen Daten, welche nicht an Dritte weitergegeben werden. Ausnahmen bilden beispielsweise wissenschaftliche Anfragen, bei denen Daten, mit vorheriger Zustimmung der Kunden, anonymisiert zur Verfügung gestellt werden können. Sowohl Kundendaten als auch personenbezogene Informationen werden strikt gemäß den gesetzlichen Datenschutzvorschriften behandelt und die Handhabung in den Verträgen zwischen den Parteien festgelegt.

12.5 Sicherheit und Verträge

Die Speicherung der Daten erfolgt ausschließlich in einer von Anta Swiss betriebenen Cloud. Dabei haben die Kunden ausschließlich Zugriff auf die Daten, die ihre eigenen Produkte und Dienstleistungen betreffen. Diese Trennung sorgt für Datensicherheit und Vertraulichkeit, gemäß den gesetzlichen Datenschutzbestimmungen. Lizenzverträge regeln diese Nutzung der Plattform und die Datenübertragung zwischen den Eimern und der Cloud. Die Behandlung von Kundendaten und personenbezogenen Informationen erfolgt stets in Übereinstimmung mit den lokalen gesetzlichen Bestimmungen, die in den Vertragsbedingungen festgehalten werden. Die Datensicherheit ist somit technisch und vertraglich in einer Form geregelt, die den aktuell genutzten Daten und deren Nutzung angemessen ist.

12.6 Schlussfolgerung und Ausblick

Diese Fallstudie zeigt, wie der Wert von Daten in der Abfallsammlung mittels eines Simulationsmodells bewertet werden kann. Die Simulation ermöglicht es, mit minimalem Aufwand verschiedene Szenarien zu vergleichen und optimale Strategien für spezifische Geschäftssituationen zu entwickeln. So können Gemeinden die Auswirkungen der Integration von Anta-Swiss-Produkten und -Dienstleistungen in ihre Abfallentsorgungssysteme bewerten und fundierte Entscheidungen treffen. Dabei können verschiedene Kundenanforderungen, wie Arbeitszeiten und Arbeitstage sowie andere Betriebsszenarien, die verschiedene Fahrzeugtypen einbeziehen, untersucht werden.

Der Wert der Daten wird potenziellen Verwaltungen vor einer möglichen Investition in die Digitalisierung und Vernetzung ihrer Infrastruktur verdeutlicht, wodurch das Problem der Entscheidung zwischen Erstinvestition und Nutzen abgeschwächt wird. Dadurch erhalten Verwaltungen quantifizierte Informationen über den Nutzen einer Investition für ihre Geschäftsfälle.

Die verwendete hybride Simulationstechnik eignet sich für den Vergleich komplexer Szenarien und die Berechnung des Mehrwerts von Daten. Sie ist kosteneffizienter als der Aufbau realer Pilotanlagen, erfordert aber dennoch erheblichen Aufwand für Entwicklung, Tests und Validierung. In zukünftigen Forschungsprojekten wird untersucht, wie vereinfachte analytische Modelle vergleichbare Ergebnisse liefern können und dabei weniger aufwendig sind.

Literatur

Barth, L. (18. Dezember 2019). Smart Waste Management mit dem Hai-Auge von ANTA SWISS. ZHAW Industrie 4.0. https://blog.zhaw.ch/industrie4null/2019/12/18/smart-waste-management-mit-dem-hai-auge-von-anta-swiss/.

Barth, L., Schweiger, L., Benedech, R., & Ehrat, M. (2023). From data to value in smart waste management: Optimizing solid waste collection with a digital twin-based decision support system. *Decision Analytics Journal, 9*, 100347. https://doi.org/10.1016/j.dajour.2023.100347.

Hai-Auge. (n. d.). Abfallbehälter und urbanes Mobiliar . Abfallhai. https://abfallhai.com/de/produkte-services/entsorgungssysteme/abfallmanagement/. Zugegriffen: 4. März 2024.

Hedtstück, U. (2013). *Simulation diskreter Prozesse*. Springer Berlin Heidelberg. https://doi.org/10.1007/978-3-642-34871-6.

Meierhofer, J., West, S., Rapaccini, M., & Barbieri, C. (2020). The Digital Twin as a Service Enabler: From the Service Ecosystem to the Simulation Model. In H. Nóvoa, M. Drăgoicea, & N. Kühl (Hrsg.), *Exploring Service Science* (S. 347–359). Springer International Publishing. https://doi.org/10.1007/978-3-030-38724-2_25.

Scheidegger, A. P. G., Pereira, T. F., de Oliveira, M. L. M., Banerjee, A., & Montevechi, J. A. B. (2018). An introductory guide for hybrid simulation modelers on the primary simulation methods in industrial engineering identified through a systematic review of the literature. *Computers & Industrial Engineering, 124*, 474–492.

Thomas Strebel (24.05.1986) ist Co-Geschäftsführer und Miteigentümer der ANTA SWISS AG, die er gemeinsam mit seinem Bruder Matthias Strebel leitet. Nach einem zweijährigen Studium der Wirtschaftsinformatik an der Universität Zürich absolvierte er einen Bachelor in Informatik an der ZHAW und erlangte einen Master of Science im Fachgebiet IT-Security.

Seine berufliche Laufbahn begann er als Softwareentwickler für eine ERP-Lösung, bevor er 2014 als Projektmitarbeiter während seines Studiums bei der ANTA SWISS AG einstieg. Im Laufe der Jahre übernahm er immer mehr Verantwortung und führt heute zusammen mit seinem Bruder die Geschäfte des Unternehmens.

Thomas Strebels Kompetenzen umfassen analytisches und lösungsorientiertes Denken, fundierte Kenntnisse in verschiedenen Programmiersprachen sowie die strategische Entwicklung von Unternehmen.

Matthias Strebel (02.05.1988) ist Co-Geschäftsleiter der ANTA SWISS AG gemeinsam mit seinem Bruder Thomas Strebel sowie Geschäftsführer der Kinderblüte. Nach einem Bachelor in Elektrotechnik (Fachhochschule Luzern) und verschiedenen Führungspositionen, unter anderem als Leiter Entwicklung bei der ANTA SWISS AG, konnte er 2020 zusammen mit seinem Bruder die Firma übernehmen und ist seither Miteigentümer. Neben seiner Tätigkeit in der Unternehmensführung ist Matthias Strebel auch ausgebildeter Komplementärtherapeut in Kinesiologie. Seine Kompetenzen reichen von technischer Automatisierung über Unternehmensführung bis hin zur Persönlichkeitsentwicklung.

Rodolfo Benedech ist Wirtschaftsingenieur mit einem Master in Service Engineering und Experte für digitale Innovation und Geschäftsprozessoptimierung. Sein Fokus liegt auf der Entwicklung datengetriebener Lösungen, um betriebliche Abläufe zu optimieren und Unternehmen bei der Umsetzung nachhaltiger Innovationen zu unterstützen. Mit Erfahrung in der Analyse komplexer Anforderungen und kundenorientierter Softwareentwicklung kombiniert er technisches Know-how mit strategischer Weitsicht, um Effizienz, Wettbewerbsfähigkeit und Wertschöpfung nachhaltig zu steigern.

13 Fallstudie BHB-Personalunterkünfte für Dienstleister

Automatisierte IoT-Schließsysteme, Hotel-Cloud-Software

Markus Hanser und Manuel Treiterer

Zusammenfassung

Die Unternehmen BHB BoardingHouse am Bodensee GmbH und die PUBO GmbH bieten im Verbund im Raum Bodensee/Oberschwaben Personalunterkünfte für Dienstleister an. Ihre hochautomatisierten End-to-End-Prozesse umfassen sämtliche Schritte von der Angebotserstellung bis zur Abrechnung. Besonders hervorzuheben ist die erfolgreiche Vernetzung der Türschließsysteme für Zimmer und Hauseingänge in den Unterkünften mit dem cloudbasierten Hotelbuchungssystem und dessen Integration mit der Einsatzplanung für Reinigungs- und Wartungspersonal. Für diese Integration arbeiten die Unternehmen eng mit dem Cloud-Softwareanbieter ILOCA Systems und dem Anbieter von IoT-Schlössern RANLOX zusammen. Dies ermöglicht es, Echtzeitdaten zu nutzen, um Ressourcen effizient zu planen und einen reibungslosen Workflow zu gewährleisten. Dabei müssen die am Datenökosystem Beteiligten jedoch auch die Herausforderungen der fünf Dimensionen des Data Sharing Framework bewältigen, darunter die Schaffung von Mehrwert für Ökosystempartner und Kunden, den Aufbau von Vertrauen, die Etablierung einer Data Governance und die Gewährleistung der IT-Sicherheit, um die Vorteile der Datennutzung voll auszuschöpfen.

M. Hanser (✉)
BHB Bodensee GmbH, Friedrichshafen, Baden-Württemberg, Deutschland
E-Mail: m.hanser@bhbodensee.de

M. Treiterer
HTWG – Hochschule Konstanz Technik, Wirtschaft und Gestaltung Konstanz, Konstanz, Baden-Württemberg, Deutschland
E-Mail: manuel@treiterer.de

© Der/die Autor(en), exklusiv lizenziert an Springer-Verlag GmbH, DE, ein Teil von Springer Nature 2025
P. Kugler et al. (Hrsg.), *Data Sharing für KMU*,
https://doi.org/10.1007/978-3-662-71209-2_13

13.1 Fallstudie „Personalunterkünfte für Dienstleister"

13.1.1 Firmengeschichte

Die Unternehmen BHB BoardingHouse am Bodensee GmbH und die PUBO GmbH bieten Dienstleistungen zur Vermietung, Vermittlung und Verwaltung von Unterkünften (Zimmer, Apartments, Wohnungen) für die vorübergehende Beherbergung von Unternehmenspersonal (z. B. Monteure) an. Diese Form der temporären Unterbringung ist in Süddeutschland aufgrund des stark zunehmenden Bedarfs ausländischer Unternehmen, die als Bauträger oder Subunternehmen tätig sind, äußerst gefragt.

Bereits kurz nach Beginn ihrer Geschäftstätigkeit und der Zusammenarbeit wurde der Geschäftsleitung der Unternehmen klar, dass nur eine vernetzte Organisation den Anforderungen der Endkunden (wettbewerbsfähige Preise, schnelle Reaktion, exzellenter Service) gerecht werden konnte. Dadurch sollten auch zeitlich eng getaktete Anfragen von 30, 50 oder mehr Gästen problemlos bewältigt werden können.

13.1.2 Auf dem Weg zur vollautomatisierten Buchungs- und Unterkunftsverwaltung durch IoT und Cloud

Unter dem Leitgedanken, alles aus einer Hand anzubieten, wurde im Jahr 2018 das Start-up-Unternehmen ILOCA Systems bei Memmingen kontaktiert. Das Ziel von ILOCA Systems ist es, die besten Hotelreservierungssysteme auf dem Markt mit ihren jeweiligen herausragenden Merkmalen in eine neue Entwicklung zu integrieren. Gleichzeitig trieb RANLOX die Entwicklung eigener IoT-Schließsysteme voran, die über eine eigene Schnittstelle mit der entsprechenden Software verbunden werden können.

Nach mehrmonatigen Besprechungen und Analysen, stets unter Berücksichtigung der Machbarkeit, Wirtschaftlichkeit und Einhaltung von Compliance-Richtlinien sowie unter Berücksichtigung der Anforderungsprofile und Änderungswünsche, wurde im Jahr 2019 eine Kooperation zwischen ILOCA Systems (siehe Abb. 13.1) und den Unternehmen der BHB-Gruppe geschlossen. In kürzester Zeit wurde zunächst ein eigener Marktplatz für die Onlinebewerbung von Unterkünften nach individuellen Vorstellungen realisiert.

Die alleinige Präsenz der BHB BoardingHouse am Bodensee GmbH und der PUBO GmbH auf dem Marktplatz reicht nicht aus, um den Zustrom von Gästen, die Sicherheit der Zugänge und die Verwaltung der An- und Abreisen zu bewältigen. Herausforderungen wie fehlende Schlüssel, verlorene oder gestohlene Schlüssel, rund um die Uhr und an sieben Tagen in der Woche stattfindende An- und Abreisen sowie kostenintensive Schließanlagen erfordern entweder zusätzliches Personal oder die Integration in bestehende automatisierte Prozesse.

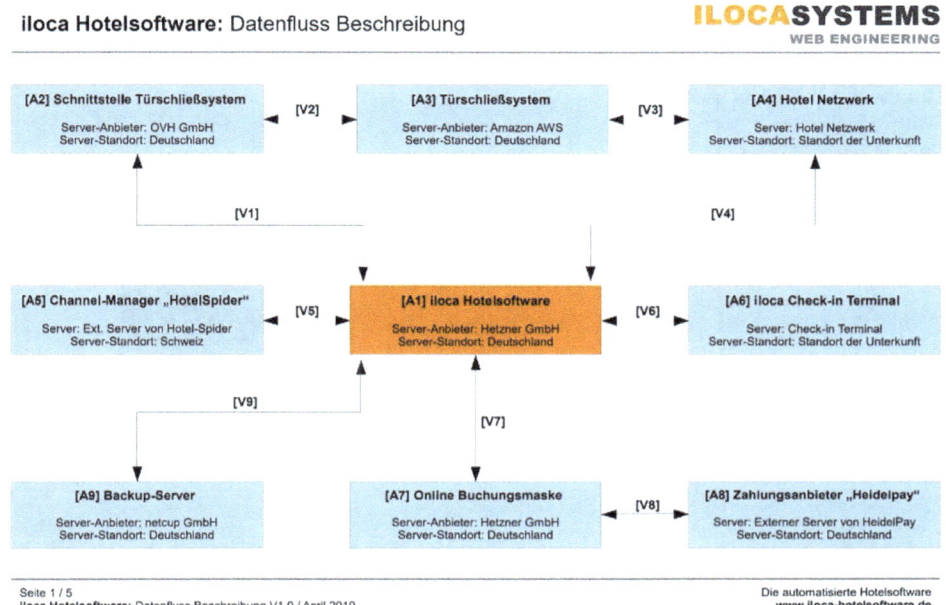

Abb. 13.1 Datenfluss (Mit freundlicher Genehmigung ILOCA Systems GmbH, 2024, All Rights Reserved)

Der Datenfluss auf einen Blick:

In den Anfangsjahren hatte ILOCA bereits Hardwarelösungen in die eigene Software integriert und so eine Hybridlösung geschaffen. Doch dann kam der Durchbruch mit der Eigenentwicklung von RANLOX: Das IoT-Schließsystem in der Cloud. Dieses innovative elektronische Türschließsystem bietet alle Funktionen für die Zutrittsverwaltung von Unterkünften oder Gebäuden. Mit der benutzerfreundlichen Cloud-Software von RANLOX können Zutrittsberechtigungen einfach von zu Hause oder unterwegs mit PC, Tablet oder Handy verwaltet werden. Zeitabhängige PIN-Codes und Onlinelinks eignen sich ideal für die temporäre Vergabe von Zugangsrechten von Gästen, Service- und Wartungspersonal, während RFID-Karten oder Schlüsselanhänger für Inhaber, Mitarbeiter und Langzeitgäste eine praktische Lösung bieten. Durch die weltweite Verwaltung via Internet und die Echtzeitsynchronisation von Zutrittsberechtigungen und -protokollen bietet RANLOX eine effiziente und flexible Lösung für die Zugangskontrolle (siehe Abb. 13.2 und 13.3).

Die Geräte auf einen Blick:

Abb. 13.2 Wandbeschlag direkt an der Energieversorgung und Türbeschlag batteriebetrieben (Mit freundlicher Genehmigung RANLOX UG, 2024, All Rights Reserved)

13.2 Beleuchtung der 5 Dimensionen des Data Sharing Framework in der Kurzzeitvermietung von Personalunterkünften an Dienstleister

In diesem Abschnitt werden die 5 Dimensionen des Data Sharing Framework im Kontext der Kurzzeitvermietung diskutiert und analysiert.

13.2.1 Wert von Daten für die Ökosystem-Akteure

Am Beginn der Betrachtungen steht die Erkenntnis, dass traditionelle Methoden zur Suche von temporären Mietobjekten einen langwierigen Prozess für Endkunden bedeuteten. Dies umfasste die zeitaufwendige Recherche per Telefon, das Durchsuchen von Anzeigen verschiedener Anbieter sowie die Kontaktaufnahme zu Unternehmen in unterschiedlichen Zeitzonen, oft unter Zeitdruck während des Buchungszeitraums. Der Preisvergleich war dabei ein entscheidendes Ergebnis, wobei das Budget eine wichtige Rolle spielte.

Abb. 13.3 Wandbeschlag direkt an der Energieversorgung & Türbeschlag batteriebetrieben (Mit freundlicher Genehmigung RANLOX UG, 2024, All Rights Reserved)

Früher war es für Anbieter zudem zeitaufwendig und kostenintensiv, ihre Objekte und Dienstleistungen repräsentativ und aktuell für die Kunden zugänglich zu halten, insbesondere im Bereich der Werbung. Für den internen Betrieb war es ebenfalls eine Herausforderung, den Überblick über Auslastung, Belegungsdauer und -anzahl der Unterkünfte, auch über verschiedene Standorte hinweg, zu behalten. Dies umfasste auch die Verwaltung von Verlängerungszeiträumen (um Doppelbuchungen zu vermeiden), die Abwicklung von Rechnungen, die Organisation des Reinigungspersonals sowie die Koordination von An- und Abreisen.

Die Wertschöpfung der Cloud in Verbindung mit den IoT-Schließsystemen ist der Schlüssel zur Optimierung der Abläufe in der Kurzzeitvermietung. Die Cloud-Plattform bietet eine End-to-End-Lösung, die Arbeitsabläufe effizienter gestaltet, Umsätze steigert, Kosten senkt und die Kundenerwartungen erfüllt, wobei die Kundenzufriedenheit einen messbaren Mehrwert darstellt.

Die Abb. 13.4 zeigt am Beispiel eines Hotel- oder Mietobjektverwaltungssystems, wie die IoT-Geräte, Terminals und die Cloud-Software für eine Unterkunft integriert sind.

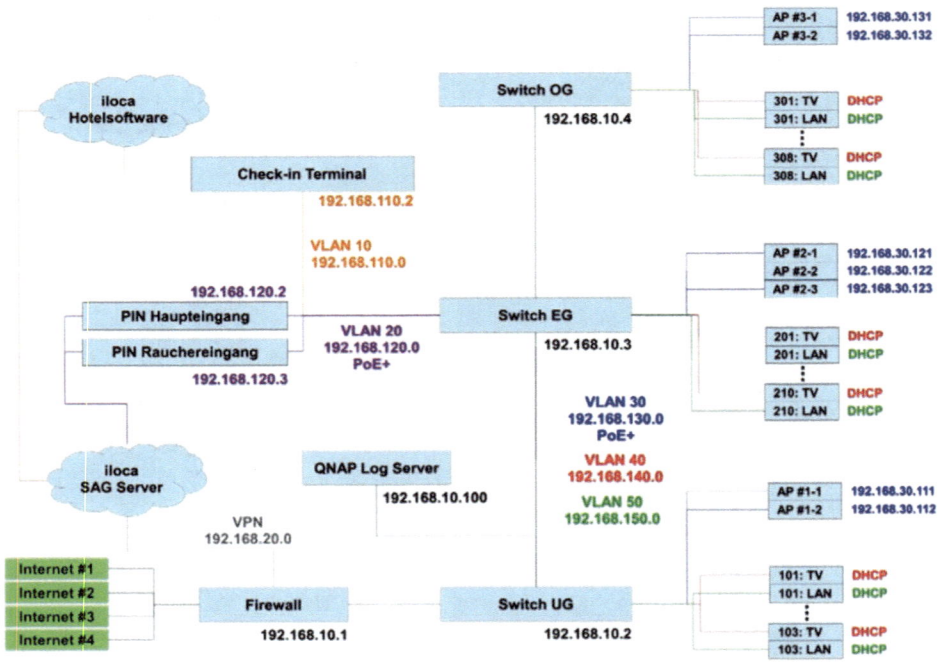

Abb. 13.4 Datenfluss im Ökosystem von BHB, ILOCA, RANLOX-IoT-Geräten sowie Kunden (Mit freundlicher Genehmigung BHB Bodensee GmbH, 2024, All Rights Reserved)

Die Abbildung illustriert den Datenfluss und die Netzwerkstruktur der verschiedenen Datenerfassungsquellen, verarbeitenden Systeme sowie Sicherheitskomponenten.

Für die Kundenorientierung ist die Nutzung von Daten von entscheidender Bedeutung, um einen Mehrwert zu schaffen. Durch die Erkennung von Kunden bei Wiederholungsbuchungen und die automatische Bereitstellung ihrer kundenspezifischen Merkmale kann ein Vertrauensverhältnis aufgebaut werden. Kunden erhalten dadurch einen gewissen Wiedererkennungswert und können möglicherweise mit wenig Interaktion zum Abschluss geführt werden. Darüber hinaus können dem Kunden automatisch Rabatte angeboten werden, um seinen Zufriedenheitsfaktor zu erhöhen. Die Einführung von IoT-Daten hat die Spielregeln dabei erheblich verändert.

Im Vergleich zu traditionellen Buchungssystemen bietet die Ergänzung um IoT-Daten mehrere entscheidende Vorteile:

- Echtzeit-Datenverfügbarkeit: die intelligenten Schließsysteme liefern kontinuierlich aktuelle Daten zu Belegung, Zugang und Nutzung der Mietobjekte. Dies ermöglicht eine sofortige Reaktion auf Kundenanfragen und betriebliche Anforderungen.
- Automatisierung und Effizienz: IoT-Systeme können viele manuelle Prozesse automatisieren. Beispielsweise werden Check-ins und Check-outs durch intelligente

Schließsysteme automatisiert, was sowohl für die Kunden als auch für die Anbieter Zeit und Aufwand spart.
- Datenintegration: IoT-Daten können nahtlos in die Cloud-Plattform integriert werden, was eine End-to-End-Lösung bietet, die Arbeitsabläufe optimiert, Kosten senkt und den Umsatz steigert.
- Personalisierung und Kundenerkennung: Durch die Erkennung von wiederkehrenden Kunden und die automatische Bereitstellung ihrer bevorzugten Einstellungen und Merkmale kann ein höheres Maß an Kundenzufriedenheit und Loyalität erreicht werden.
- Proaktive Wartung und Sicherheitsmanagement: IoT-Sensoren können potenzielle Probleme frühzeitig erkennen, wie z. B. notwendige Wartungsarbeiten oder Sicherheitsrisiken, wodurch präventive Maßnahmen ergriffen werden können.

Für die interne Wertschöpfungskette sind diverse Daten von hoher Bedeutung. Sie werden für die Fakturierung generiert und sind jederzeit für betriebswirtschaftliche Auswertungen abrufbar. Die Statistiken aus den Daten liefern wichtige Erkenntnisse zu Handlungsbedarf und Änderungsnotwendigkeiten in der Betriebsorganisation sowie für die externe Kommunikation.

Einige wichtige Auswertungen umfassen:

- Umsätze nach Zeiträumen und Regionen
- Besucherfrequenz und Stammkundenverhalten
- Nationalitäten der Gäste und Präferenzen für bestimmte Mietobjekte
- Buchungsverhalten bei unterschiedlichen Veranstaltungen und Wetterbedingungen
- Kalkulation von Risiken wie nicht beglichene Rechnungen oder vorzeitig abgereiste Gäste

Basierend auf diesen Erkenntnissen müssen organisatorische Anpassungen vorgenommen und Entscheidungen getroffen werden, um die Betriebsabläufe kontinuierlich zu verbessern.

Zusammenfassend resultiert Data Sharing im dargestellten Ökosystem in:

- Mehr Agilität und Flexibilität
- Mehr Umsatz
- Höherer Gästezufriedenheit
- Zeitersparnis
- Verbesserter Kontrolle
- Steigerung der Rentabilität
- Einfacher Integration und Wartbarkeit

13.2.2 Vertrauen und Datensicherheit

Der Aufbau von Vertrauen zwischen dem Endkunden und dem Buchungsportal gestaltet sich in der heutigen Zeit als herausfordernd. Dies wird vor allem durch die anfällige und gestörte Internetkultur sowie den stark zunehmenden Missbrauch von Daten und Angriffe auf Bezahlmechanismen beeinflusst. Auch Täuschungsmanöver seitens der Anbieter beeinträchtigen das Kundenverhalten und die Vertrauensbildung erheblich.

Um Vertrauen aufzubauen, ist eine seriöse Anbieterplattform von entscheidender Bedeutung. Offene Kommunikationsmöglichkeiten, sowohl online als auch telefonisch, sowie die Bereitschaft zur Beantwortung von Fragen und Anliegen spielen eine wesentliche Rolle. In diesem Dienstleistungssektor darf der persönliche Bezug nicht fehlen, da es sich nicht um den simplen Kauf oder Verkauf von Waren handelt. Ein persönlicher Ansatz ist oft wirkungsvoller als lange Beschreibungen, die oft nicht gelesen werden.

Die Datensicherheit ist ein übergreifendes Thema, das auch für diese spezielle Anwendung von großer Bedeutung ist. Es ist wichtig, nur die notwendigen Daten zu erheben und dabei auf Auswahlmechanismen wie Dropdown-Menüs und automatische Ergänzungsmasken zurückzugreifen, um die Datenmenge gering zu halten und Inkonsistenzen zu vermeiden. Die Integrität der Daten hat höchste Priorität.

Für den Aufbau von Vertrauen setzen die Partner auf zertifizierte Schnittstellen, sichere Bezahlmechanismen und Backend-Systeme sowie transparente Archivierungssysteme. Diese werden durch Firewalls und stets aktuelle Virenschutzsoftware geschützt.

Um das Vertrauen weiter zu stärken, spielen auch die Sicherheit der IoT-Schlösser und das Vertrauen in die Datenerfassung an den Schlössern eine entscheidende Rolle. Die Gewissheit, dass die Schlösser zuverlässig und sicher sind, vermittelt den Kunden ein Gefühl der Sicherheit und schafft Vertrauen in die Buchungsplattform. Die Datenerfassung an den Schlössern sollte transparent und datenschutzkonform erfolgen, um Bedenken hinsichtlich des Datenschutzes zu begegnen.

13.2.3 Kultur

In der sich stetig verändernden Landschaft der Beherbergungsbranche ist die Entwicklung einer datenorientierten Kultur von entscheidender Bedeutung für die kontinuierliche Fortentwicklung des Geschäftsmodells. Unternehmen wie BHB Bodensee und ILOCA haben erkannt, dass Daten einen immensen Wert darstellen, der erst durch Zusammenarbeit (Data Sharing) und Technologie lohnend gefördert wird. Eine datenorientierte Kultur der beteiligten Ökosystempartner hat zu Innovationsschüben in der Prozess- und Produktentwicklung geführt und hat dazu beigetragen, dass Investitionen in Datenverfügbarkeit, -management und -nutzung in einem neuen Licht betrachtet werden.

13.2.4 Recht und Governance

Die frühzeitige Auseinandersetzung mit der Erfassung von Datenströmen und -sammlungen, bereits im Rahmen der Machbarkeitsstudien, hat dazu geführt, dass die Partner dieses Thema in den Kooperationsvereinbarungen festgelegt haben. Rechtliche Anforderungen und Fragen zwischen den Parteien im Zusammenhang mit einer operativ handhabbaren Data Governance zum Umgang mit Daten standen dabei im Fokus. Die Einhaltung von Datenschutzbestimmungen, die Sicherheit der Datenübertragung und -speicherung sowie die Regelung von Zugriffsrechten sind zentrale Aspekte, die in den Verträgen und Vereinbarungen berücksichtigt sind. Die Auswirkungen des Data Act auf das IoT-Angebot, insbesondere auf das Schließsystem, sowie auf die Cloud, werden nun intensiv diskutiert. Es ist absehbar, dass KMU-spezifische Bestimmungen des Data Act über (insbes. Art. 7 Abs. 1) für die Unternehmen aus dieser Fallstudie allerdings eine gewisse Erleichterung bedeuten.

Die klare Definition der Verantwortlichkeiten und Pflichten in der Data Governance der Ökosystempartner untereinander erachteten die Partner zudem als wesentliche vertrauensbildende Maßnahme. Diesen wichtigen Klärungsprozess haben die Partner frühzeitig erkannt und aktiv vorangetrieben. Dabei kamen entscheidende Festlegungen zutage, die nicht nur das aktuelle Geschäftsmodell ermöglicht haben, sondern es auch zukunftsfähig (insbesondere mit Blick auf das EU-Datenrecht) gemacht haben.

13.3 Schlussfolgerung und Ausblick

Unternehmen wie BHB Bodensee, ILOCA und ihre Partner erkennen zunehmend, dass eine Kultur, die auf Daten basiert, einen entscheidenden Wettbewerbsvorteil bietet. Durch die geschickte Integration von IoT-Schlosssystemen und Cloud-Plattformen konnten sie effiziente Lösungen schaffen, die nicht nur ihre betrieblichen Abläufe optimieren, sondern auch die Zufriedenheit ihrer Kunden steigern. Die Bewältigung der Herausforderungen im Zusammenhang mit dem Data Sharing Framework erfordert jedoch nicht nur technische Expertise, sondern auch ein tiefes Verständnis von Kundenbedürfnissen.

Neben technologischen Aspekten spielt auch das Vertrauen eine entscheidende Rolle. Die Transparenz bei der Datenerfassung über IoT-Devices ist von entscheidender Bedeutung, um das Vertrauen der Kunden zu stärken. Eine datenorientierte Kultur fördert nicht nur Innovation, sondern ermöglicht es auch Unternehmen, eine langfristige Beziehung zu ihren Kunden aufzubauen, indem sie deren Bedürfnisse und Präferenzen besser verstehen.

Die frühzeitige Auseinandersetzung mit rechtlichen Fragen im Rahmen der Datenverarbeitung und -nutzung sowie die Festlegung klarer Governance-Strukturen zwischen den Ökosystempartnern verhindern aufwendige Produkt- und Prozessänderungen zu einem späten Zeitpunkt. Diese Maßnahmen sind nicht nur der Grundstein, um den sich verdichtenden regulatorischen Vorgaben gerecht zu werden, sondern schaffen auch die Basis für eine vertrauensvolle Zusammenarbeit.

Weiterführende Literatur

1. Guestline GmbH. https://www.guestline.com. Zugegriffen: 5. Juni 2024.
2. ILOCA Systems GmbH Hotelsoftware. https://www.iloca-hotelsoftware.de & https://support.iloca.de/hc/4685-iloca-hotelsoftware-info-material/. Zugegriffen: 5. Juni 2024.
3. RANLOX UG (haftungsbeschränkt). https://www.ranlox.de & https://support.ranlox.de/hc/3624-ranlox-informationen/. Zugegriffen: 5. Juni 2024.

Markus Hanser ist Tischlermeister mit langjähriger Erfahrung im Türen-, Küchen- und Gastronomieeinrichtungsbau sowie deren individueller Gestaltung. Als Geschäftsführer einer Personalunterkunftsvermittlung modernisiert und saniert er familiengeführte Immobilien und optimiert diese für die ganzjährige Vermietung an Unternehmen. Dabei kombiniert er traditionelles Handwerk mit digitalen IoT-Services, um den wachsenden Anforderungen moderner Personalunterkünfte gerecht zu werden.

Manuel Treiterer hat Wirtschaftsrecht und Legal Management (LL.M.) an der Hochschule für Technik, Wirtschaft und Gestaltung in Konstanz studiert. Sein Studium beinhaltete einen Auslandsaufenthalt an der Harvard University, Boston, USA, mit dem Schwerpunkt Managerial Finance. An der HTWG Konstanz lehrt Herr Treiterer im Bereich IT- und Datenschutzrecht. Parallel zu seiner akademischen Tätigkeit ist Herr Treiterer in einer spezialisierten Boutiquekanzlei für IT- und Datenschutzrecht tätig. Dort unterstützt er Mandanten insbesondere bei der Gestaltung und Umsetzung komplexer Verträge für Technologie- und IT-Einführungsprojekte in den Bereichen ERP, IoT und XaaS (Cloud). Darüber hinaus zählen die Vertragsverhandlung sowie die betriebswirtschaftliche Betrachtung und Bewertung rechtlicher Maßnahmen zu seinen Kompetenzen.

14 Fallstudie Cleanfix – vernetzte Reinigungsroboter für Qualität und Effizienz

Remo Höppli, Roger Kaiser, Jürg Meierhofer, Petra Kugler und Helen Vogt

Zusammenfassung

Die Cleanfix Reinigungssysteme AG entwickelt Reinigungsmaschinen für geschäftliche Kunden. Um den kontinuierlich steigenden Ansprüchen der Kunden und dem globalen Konkurrenzdruck gerecht zu werden, hat Cleanfix die Innovation in den letzten gut zehn Jahren auf zunehmend automatisierte Reinigungsroboter fokussiert. Diese sind mit Sensoren ausgerüstet und können über eine Cloud vernetzt werden, was den Kunden höhere Leistung und Qualität wie auch einen höheren Automatisierungsgrad und somit Effizienz ermöglicht. Damit einher geht die ganze Palette an Fragestellungen: Wie können die Kunden überzeugt werden, dass sich die cloudbasierte Vernetzung der

---

R. Höppli
Earlybyte, Zürich, Schweiz
E-Mail: remo.hoeppli@earlybyte.ch

R. Kaiser
Cleanfix Reinigungssysteme AG, St. Gallen, Schweiz
E-Mail: roger.kaiser@cleanfix.com

J. Meierhofer (✉) · H. Vogt
ZHAW Zürcher Hochschule für Angewandte Wissenschaften, Zürich, Schweiz
E-Mail: juerg.meierhofer@zhaw.ch

H. Vogt
E-Mail: helen.vogt@zhaw.ch

P. Kugler
OST Ostschweizer Fachhochschule, St. Gallen, Schweiz
E-Mail: petra.kugler@ost.ch

© Der/die Autor(en), exklusiv lizenziert an Springer-Verlag GmbH, DE, ein Teil von Springer Nature 2025
P. Kugler et al. (Hrsg.), *Data Sharing für KMU*,
https://doi.org/10.1007/978-3-662-71209-2_14

Reinigungsroboter lohnt? Wie führt man die Kunden an die neuen Lösungen heran, und wie lässt sich das Vertrauen der Kunden in den Wert und die Sicherheit der Lösung schaffen und erhalten? Dieser Beitrag beschreibt, welche Schritte Cleanfix auf dieser Reise unternimmt.

14.1 Vorstellung Fallstudie Cleanfix

14.1.1 Firmengeschichte

Die Firma Cleanfix Reinigungssysteme AG (Reinigungsmaschinen aus Schweizer Produktion, o. J.) wurde im Jahr 1975 gegründet und hat seitdem einen beeindruckenden Weg in der Reinigungsbranche zurückgelegt. Heute ist Cleanfix mit gut 100 Mitarbeitern in der Schweiz und etwa 200 Mitarbeitern international mit Niederlassungen in Europa wie auch Indien vertreten. Hinzu kommt ein globales Netz an Handelspartnern für den weltweiten Vertrieb.

Von Anfang an war das Ziel des Unternehmens, hochwertige Reinigungslösungen, die den Bedürfnissen der Kunden gerecht werden, zu entwickeln und herzustellen. Dafür legte Cleanfix einen starken Fokus darauf, sowohl die Entwicklung als auch die Produktion der Reinigungsmaschinen intern zu betreiben. Mit der Zeit baute Cleanfix so ein umfassendes Produktportfolio auf, bestehend aus einer Vielzahl von Geräten für die effiziente Gebäudereinigung. Dabei ermöglichte die interne Fertigung eine strikte Qualitätskontrolle und Flexibilität bei der Anpassung an sich ändernde Marktbedürfnisse. Durch kontinuierliche Weiterentwicklung und einen starken Fokus auf Qualität hat sich Cleanfix zu einem weltweit anerkannten Marktführer in der Entwicklung und Herstellung von Reinigungsmaschinen etabliert (We are Cleanfix, 2024) (siehe Abb. 14.1).

Mit dieser von Innovation geprägten Firmengeschichte konnte Cleanfix bereits im Jahr 2009 mit dem Robo 40S den ersten industriellen Reinigungsroboter auf den Markt bringen. Der für die automatisierte Reinigung großer Sporthallen konzipierte Roboter markierte einen weiteren Meilenstein. Er initiierte den Beginn der Cleanfix Robotiksparte, die seither kontinuierlich fortschreitet und sich weiterentwickelt (We are Cleanfix, 2024).

14.1.2 Auf dem Weg zu smarten Reinigungsrobotern

Die Nutzungserfahrung des Robo 40S und das Bedürfnis, nicht nur große rechteckige Hallen, sondern auch komplexere Flächen wie Korridore und Lager zu reinigen, führten bei Cleanfix zur nächsten Evolutionsstufe in der Robotik. Mit der Einführung des RA660 Navi betrat Cleanfix erfolgreich das Feld der intelligenten Navigation in der Reinigungsrobotik. In Zusammenarbeit mit BlueBotics, einem Schweizer Pionier in der Indoor-Navigation für Automated Guided Vehicles (AGV), wurde der RA660 Navi auf Basis der

Abb. 14.1 Cleanfix Reinigungsroboter. (Foto: Mit freundlicher Genehmigung Cleanfix AG, 2024. All Rights Reserved)

Autonomous Navigation Technology (ANT) von BlueBotics entwickelt. Mit Hilfe von ANT war es erstmals möglich, die zu reinigende Umgebung zu kartografieren und so auch in komplexe Flächen effizient zu navigieren. Details zur Sensortechnik und Navigation sind beschrieben in (Die Autonomous Navigation Technology (ANT) von BlueBotics, 2024; Rayner, 2021). Die so automatisierte Reinigung erschloss durch die vom Roboter erfassten Informationen ein bisher ungenutztes Potenzial für die Darstellung und Dokumentation der Reinigung. Ursprünglich als eigenständiges System konzipiert, wurde der RA660 Navi in einem nächsten Schritt in Zusammenarbeit mit dem Schweizer Software-Start-up Earlybyte in einen Cloud-Service integriert. Dadurch konnten die umfassenden Daten zentral für die weitere Nutzung bereitgestellt werden. Die Einführung einer neu entwickelten, mobilen Anwendung komplettierte das Portfolio und ermöglichte es, mithilfe der zentralen Daten die unbeaufsichtigte Reinigung für das Facility Management transparent zu machen. So konnte die Reinigungsqualität nicht nur sichtbar, sondern auch anhand von Fakten nachgewiesen werden.

Jedes Erreichen eines neuen Levels in der automatisierten Reinigung führte für Cleanfix zur Möglichkeit, zusätzliche Kundenbedürfnisse zu adressieren, die darauf abzielten, die Standards der Kundenerfahrung in der Reinigungsbranche weiter zu erhöhen. Um die

Vision der zukünftigen automatisierten industriellen Reinigung zu realisieren, arbeitete das Cleanfix-Projektteam erneut mit BlueBotics und Earlybyte zusammen, um auf Basis des RA660 Navi den nächsten Evolutionsschritt in Angriff zu nehmen: den RA660 Navi XL.

14.1.3 Hoch automatisierte Reinigung durch Cloud und Data Sharing

Der RA660 NAVI XL stellt einen signifikanten Fortschritt im Bereich der automatisierten industriellen Reinigung dar. Dieser Reinigungsroboter ist mit einer erweiterten Batteriekapazität und einem vergrößerten Wassertank ausgestattet, was längere Betriebszeiten ermöglicht und die Effizienz bei der Reinigung großer Flächen steigert. Die neue Ladestation des RA660 NAVI XL ermöglicht nicht nur das autonome Laden des Roboters, sondern auch das automatische Befüllen mit Wasser und das Entleeren von Schmutzwasser, was den Reinigungsprozess weiter automatisiert. Durch die Integration eines größeren Touchscreens wird die lokale Bedienung des Roboters intuitiver. Eine Tablet-Applikation erlaubt nicht nur die Fernsteuerung des Reinigungsroboters, sondern liefert auch Echtzeitberichte über den Fortschritt der Reinigung. Umfassende Reinigungsberichte, einschließlich detaillierter Reinigungskarten, gewährleisten eine gründliche Qualitätskontrolle (siehe Abb. 14.2). Der neu entwickelte Reinigungsplaner ermöglicht eine höhere Automatisierung der Reinigung, indem er Reinigungsmissionen ohne menschliche Interaktion startet. Um die zukünftige Funktionalität zu gewährleisten, setzt der RA660 NAVI XL auf Over-The-Air-Updates, um die einfache Nachrüstung weiterer Funktionen zu ermöglichen und sicherzustellen, dass das Gerät stets auf dem neuesten Stand der Technologie bleibt, auch nach dem Kauf (Professional Scrubberdryer Cleaning Robot | RA660 Navi XL, o. J.).

Eine weitere Neuheit im Bereich der automatisierten Reinigung ist die Integration des RA660 Navi XL in das Flottenmanagement ANT-Server von BlueBotics. Dadurch wird der Betrieb im Verbund mit anderen autonomen Lagerfahrzeugen möglich, so das komplette Lagerhäuser automatisiert werden können. Die Koordination durch den ANT-Server ebnet den Weg, dass die Fahrtwege der Lagerfahrzeuge automatisch für die Reinigung blockiert und später wieder freigegeben werden können. Die Reinigungsroboter und Lagerfahrzeuge können sich so selbstständig im ganzen Gebäude bewegen, Fahrstühle benutzen und automatische Türen öffnen (ANT server – Fahrauftrags- & Flottenmanagement-Software für FTS, 2020; BlueBotics, ANT Broschüre, 2024).

Dank eines fortschrittlichen Automatisierungsgrads erleben die Kunden mit dem RA660 Navi XL eine noch mühelosere Handhabung. Die Einführung neuer Reinigungsmodi macht den Roboter noch vielseitiger einsetzbar. Dies führt nicht nur zu einer Reduktion manueller Schritte seitens des Reinigungspersonals, sondern gewährleistet auch höhere Flexibilität und verbesserte Sauberkeit. Darüber hinaus liefern die generierten Daten eine fundierte Grundlage für das Qualitätsmanagement, was die Gesamteffizienz

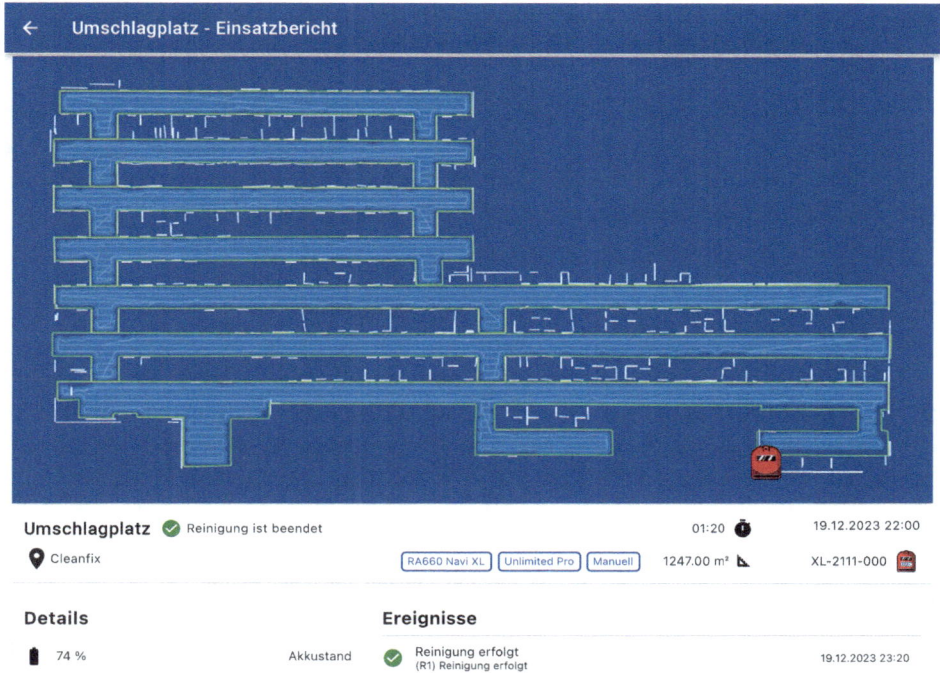

Abb. 14.2 Grundrissplan eines zu reinigenden Gebäudes. (Bild: Mit freundlicher Genehmigung Cleanfix AG, 2024. All Rights Reserved)

des Reinigungsprozesses weiter steigert und die Benutzererfahrung der automatisierten Reinigung wiederholt auf ein neues Level anhebt. Beispiele für generierte Daten sind: gereinigte Fläche, Reinigungsdauer, Batteriestand vor und nach der Reinigung, Aufteilung der Reinigungsdaten in Zonen, Karte der gereinigten Fläche inklusive Trajektorien, während der Reinigung aufgetretene Events wie z. B. „leerer Tank", „leere Batterie" etc., Fehlerprotokolle, Stand- und Ladezeiten.

Mit dem zukunftsweisenden RA660 Navi XL werden die Potenziale noch lange nicht vollends ausgeschöpft. Die Einführung einer vernetzten Plattform eröffnet neue Horizonte in den Bereichen Predictive Maintenance, verbessertes Verbrauchsmanagement, datengetriebene Produktentwicklung sowie datenbasierte Serviceangebote wie z. B. Reinigung als Dienstleistung und Analytics. Dies erweitert nicht nur die Möglichkeiten des Reinigungsroboters, sondern schafft auch Raum für zukünftige Innovationen in der Reinigungsbranche. Der RA660 Navi XL bleibt somit nicht nur eine wegweisende Lösung, sondern ebnet der Partnerschaft von Cleanfix, BlueBotics und Earlybyte auch den Weg für fortlaufende Entwicklungen und Verbesserungen in der automatisierten, industriellen Reinigung.

14.2 Beleuchtung der 5 Dimensionen des Data Sharing Framework am Cleanfix-Ökosystem

In diesem Abschnitt werden die 5 Dimensionen des Data Sharing Framework im Cleanfix Case diskutiert und interpretiert. Dabei steht am Anfang der Überlegungen, dass Cleanfix mit dem traditionellen Reinigungsgerät bereits in langer Tradition vom Kundennutzen ausgehend Wert erzeugt und diese Wertschöpfung laufend ausbaut.

14.2.1 Wert von Daten für die Ökosystemakteure

Cleanfix bewegt sich mit den direkten und indirekten Kunden sowie Partnern in einem Businessökosystem, das in Abb. 14.3 dargestellt ist. Die Verbindungen zwischen den Akteuren bezeichnen die Werteflüsse, wobei die Pfeilrichtung den hauptsächlichen Wertefluss durch datengetriebene Services darstellt. Auch in die Gegenrichtung der Pfeile können Werteflüsse, u. a. in Form von Zahlungen, aber auch Services laufen. Im Fokus der nachfolgenden Beschreibung der Akteure stehen die Bedürfnisse, welche potenziell durch Anwendung von Daten für Services abgedeckt werden können.

Wenn durch intelligente Reinigungsmaschinen und ihre Umsysteme die Hauptakteure in der Erledigung ihrer Aufgaben („Jobs") unterstützt werden und dabei ihre Hürden („Pains") (Osterwalder et al., 2014) abgeschwächt oder beseitigt werden, dann schafft die technische Lösung mit ihren Daten Wert. Durch eine Bereitstellung von intelligenten Reinigungssystemen auf Basis vernetzter Reinigungsmaschinen in verschiedenen Formen unterstützt Cleanfix mithilfe der Partner Bluebotics und Earlybyte die Facility Manager

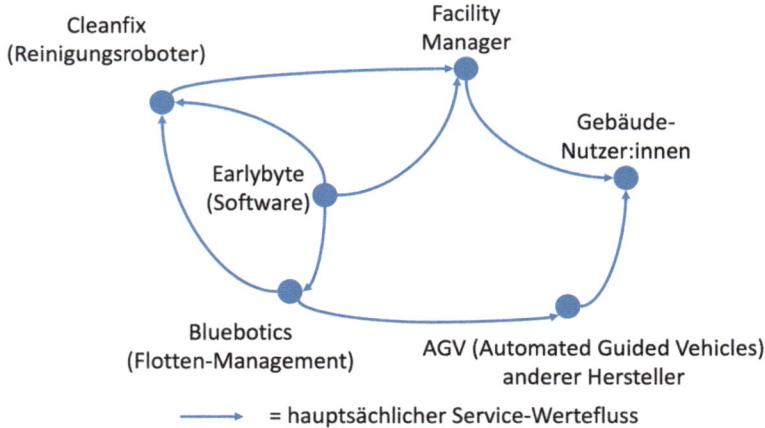

Abb. 14.3 Wertschöpfungsökosystem von Cleanfix und Partnern sowie Kunden. (Eigene Darstellung)

und letztendlich die Nutzer:innen von Gebäuden in diesem Sinne. Bluebotics und Earlybyte wiederum unterstützen Cleanfix in den zentralen „Jobs". Die Diskussion um den Nutzen der Reinigungssysteme für die Kunden steht im Zentrum des Verkaufs- und Angebotsprozesses, welcher zentral ist für die Kunden (fallweise die Facility Manager oder die Gebäudenutzer:innen) Je nach Kundenfall steht die quantitative Berechnung des Nutzens zur Diskussion.

Für die in diesem Text zentralen Akteure „Gebäudenutzer:innen", „Facility Manager" und „Cleanfix" werden im Folgenden die wesentlichen Bedürfnisse und Herausforderungen („Jobs" und „Pains") aufgeführt. Daraus lässt sich erkennen, wie Cleanfix und die Partner Wert erzeugen für das Businessökosystem.

Gebäudenutzer:innen

Gebäudenutzer:innen sind auf hochwertige Reinigungslösungen angewiesen, um ihre Arbeit effizient ausführen zu können. Dabei ist Rund-um-die-Uhr-Sauberkeit von großer Bedeutung. Sauberkeit ist ein kontinuierlicher Prozess, d. h., Gebäude müssen jederzeit gepflegt sein, um ein hochqualitatives Arbeits- oder Produktionsumfeld zu schaffen. Zudem müssen je nach Kundenanforderungen betreffend Compliance Reinigungsnachweise erbracht werden, was erst durch die Kartografierung möglich wurde. So kann die gereinigte Fläche in sogenannten Heat-Maps hervorgehoben werden, um die Reinigung besser sichtbar zu machen. Diese dienen der Einhaltung von Vorschriften und Standards, z. B. in Produktions- oder Laborumgebungen. Die Bereitstellung der Reinigungslösungen soll in der Regel durch den Facility Manager im Auftrag der Gebäudenutzer:innen erfolgen.

Facility Manager

Durch das Teilen und Nutzen von Daten entsteht für den Facility Manager die Möglichkeit, die Bedürfnisse der Gebäudenutzer:innen besser abzudecken, insbesondere für das datenbasierte Management der Reinigungsqualität. Facility Manager haben ihrerseits spezifische Bedürfnisse betreffend Reinigungssysteme. Hohe Qualität und Effizienz sind für sie von großer Bedeutung. Daher benötigen sie Reinigungssysteme, die nicht nur qualitativ hochwertig sind, sondern auch effiziente Prozesse ermöglichen. Moderne Reinigungssysteme sollten automatisiert sein und Funktionen wie das Laden, Wasserbefüllen und Tankentleeren umfassen. Eine Echtzeitüberwachung des Reinigungsfortschritts ist wichtig, insbesondere für Personal, das nicht vor Ort ist. Die Benutzeroberfläche der Reinigungssysteme soll einfach und intuitiv gestaltet sein. Zudem müssen Facility Manager effiziente Methoden haben, um nachzuweisen, dass die Reinigung durchgeführt wurde und welche Qualitätsstandards sie erfüllt. Moderne Systeme sollten auch für anspruchsvolle Bereiche wie Korridore und Lager geeignet sein. Die Ansprüche an die Reinigungsbranche entwickeln sich ständig weiter, und Facility Manager müssen mit steigenden Anforderungen Schritt halten. Die Reinigungssysteme sollten zuverlässig über längere Zeiträume hinweg arbeiten können.

Anhand der Reinigungskarten kann analysiert werden, ob die Zonen optimal aufgeteilt sind. Die Gebäudenutzer:innen oder das Facility Management können darauf aufbauend bestimmen, welche Flächen bewirtschaftet werden. Zudem kann die Richtung der Reinigungsfahrten optimiert werden, wodurch der Roboter weniger oft wenden muss und die Effizienz massiv erhöht wird. In Zukunft werden Reinigungssysteme eine zunehmend wichtige Rolle bei der Automatisierung von Gebäuden spielen, beispielsweise in Lagerhäusern. Die Vermeidung von Kollisionen mit anderen autonomen Fahrzeugen, die für eine Lagerlogistik im Einsatz stehen, ist entscheidend. Schließlich müssen Facility Manager eine Flotte von Reinigungsfahrzeuge effizient verwalten können.

Damit wird ersichtlich, dass durch Teilen von Daten im Ökosystem gemäß Abb. 14.3 die Aufgaben und Bedürfnisse der Facility Manager besser abgedeckt werden können, da damit primär die Effizienz gesteigert wird und auch die stetig ansteigenden Bedürfnisse der Gebäudenutzer:innen besser adressiert werden können.

Cleanfix
Cleanfix als Herstellerin der Reinigungsroboter nimmt eine zentrale Stelle im Ökosystem ein. Durch die gegenseitige Wertschöpfung zieht Cleanfix indirekt Nutzen aus der Wertschöpfung für die übrigen Akteure, insbesondere für die Facility Manager und die Gebäudenutzer:innen. Zusätzlich kann Cleanfix Daten aus vernetzten Reinigungssystemen nutzen, um Nutzungsverhalten und Kundenbedürfnisse zu ermitteln und damit fortschrittliche Reinigungssysteme zu entwickeln. Zudem ermöglicht das Teilen und Nutzen von Daten Cleanfix, ihren Kunden Reinigung als professionelle Dienstleistung anzubieten. Das Unternehmen möchte in zunehmendem Maße intelligente Dienstleistungen („Smart Services") wie prädiktive Wartung („predictive maintenance") anbieten. Das Ziel ist dabei immer, möglichst innovative und prozesssichere Reinigungssysteme und Lösungen zu entwickeln und neue Markttrends frühzeitig zu erkennen, um auch in Zukunft konkurrenzfähig sein zu können.

14.2.2 Vertrauen und Datensicherheit

Der Vertrauensaufbau zwischen den Kunden und Cleanfix inkl. Partner ist im Neukundenprozess sowie bei bestehenden Kundenbeziehungen zentral. Besondere Bedeutung hat dabei die Datensparsamkeit (Hofmann, 2016) des Reinigungssystems, welches einerseits sehr wenige Daten aus dem operativen Umfeld der Kunden benötigt und erhebt und andererseits diese auch nur in für betriebliche Zwecke benötigtem Umfang in die Cloud überträgt. Im Wesentlichen handelt es sich dabei um Daten über den Grundriss der Reinigungsfläche, welche für die Bewegungssteuerung sowie das Nachladen, Befüllen und Entleeren der Reinigungsroboter notwendig sind (Abb. 14.2). Zentral für die Vertrauensbildung ist, dass die Reinigungsroboter über keine Kamera verfügen und somit sensitive Daten über Personen oder Objekte bei den Kunden ausgeschlossen sind.

Auch die Datensicherheit spielt in diesem Kontext eine wichtige Rolle. Kunden müssen sich darauf verlassen können, dass ihre Daten sicher und vor unbefugtem Zugriff geschützt sind. Um dieses Vertrauen zu festigen, sind umfassende Maßnahmen zur Gewährleistung der Datensicherheit erforderlich. Die Datensicherheit entspricht den Standards und „best practices" und berücksichtigt in jedem Fall die Kundenanforderungen („corporate security"), was für die Vertrauensbildung ein Muss ist. Cleanfix bietet zudem Neukunden Pilotprojekte im Sinne von „try-and-buy" an, was den Vertrauensaufbau unterstützt. Referenzprojekte könnten systematischer für die Vertrauensbildung genutzt werden. Zudem ist eine klare Vereinbarung über den technischen Netzwerkzugang des Reinigungssystems im Rahmen der Firmennetzwerke bei den Kunden erforderlich. So können die Firmenkunden entscheiden, ob das Cleanfix-Reinigungssystem über ihre angestammte Netzwerkinfrastruktur mit der Cloud kommunizieren oder ob diese Kommunikation technisch getrennt über ein Mobilfunknetz zu erfolgen hat.

Cleanfix strebt damit kontinuierlich danach, das Vertrauen seiner Kunden zu stärken und zu bewahren, insbesondere der Gebäudenutzer:innen. Der fortlaufende Prozess der Vertrauensbildung ist auch eng mit der Überzeugung der Akteure im Ökosystem verbunden, den geschaffenen Wert anzuerkennen und in der Nutzung dieser Daten einen klaren Vorteil für sich zusehen.

14.2.3 Kultur

Die Datenkultur ist bei Cleanfix und ihren Partnern BlueBotics und Earlybyte wie im Rahmen des Ökosystems beschrieben deutlich fortgeschritten. Die Unternehmen erkennen den Wert der Daten, haben spezialisiertes Wissen dazu aufgebaut und kooperieren intensiv im Ökosystem. Insbesondere über die durch Earlybyte im Betrieb unterstützte Cloudplattform ist der Datenaustausch institutionalisiert und etabliert. Kundenseitig besteht durch die Vielfalt des Marktes eine deutliche Heterogenität die Datenkultur betreffend. Insbesondere bei industriell geführten Kundenunternehmen mit starkem Kostenfokus besteht eine hohe Bereitschaft zur Nutzung von Daten, wenn sie der Effizienzsteigerung dienen, womit der Rückschluss auf die Datenbewertung wiederum im Zentrum steht. Andererseits gibt es auch Kundensegmente mit eher traditionellen Bedürfnissen, die in erster Linie an der Kernleistung eines Reinigungssystems interessiert sind und nicht ohne Weiteres für das Teilen und Nutzen von Daten offen sind.

Für Cleanfix, Earlybyte und BlueBotics hat die Etablierung einer datenorientierten Kultur somit wesentliche Vorteile gebracht. Sie erkennen den Wert ihrer eigenen Daten und nutzen diese aktiv, um neue Produkte und Services zu entwickeln, mit denen sie für ihre Kunden und in der Folge auch für sich selbst gesteigerten Nutzen schaffen.

14.2.4 Recht und Governance

Unternehmen, die auf Robotiklösungen setzen, stehen generell vor der Herausforderung, die Daten, die von ihren Robotern generiert werden, effizient zu verwalten und zu speichern und dabei gleichzeitig ihre Governance betreffend Datenhaltung und -übertragung einzuhalten. In diesem Zusammenhang ergeben sich verschiedene Aspekte, die es zu berücksichtigen gilt.

Kunden stellen berechtigterweise die Frage, auf welchen Servern ihre Daten gespeichert werden. Bei der Cleanfix-Reinigungslösung wird diese Frage in ihrer Tragweite deutlich abgeschwächt, weil es sich nebst Daten über erbrachte Reinigungsleistungen im Wesentlichen um Grundrissdaten der Reinigungsfläche handelt (Abb. 14.2), nicht aber um Personendaten und auch nicht um Kamerabilder, wie sie z. T. bei anderen Herstellern erfasst werden.

Daten, welche in die Cloud übertragen werden, sind klar deklariert und separiert von lokal gehaltenen Daten. Mit den Kunden besteht eine individuelle und transparente Übereinkunft über die Erhebung, Übertragung, Haltung und Nutzung der Daten. Einige Unternehmen bevorzugen die Speicherung auf eigenen Infrastrukturen, um die Kontrolle über ihre Daten zu behalten und möglichen cloudbasierten Risiken zu entgehen. Allerdings ist dies nicht immer praktikabel oder technisch umsetzbar und führt zu Einschränkungen der Serviceleistungen.

Cleanfix bietet die Möglichkeit reiner Intralogistikimplementierungen, bei denen keine externen Zugriffe erforderlich sind. Diese können komplett auf kundeneigener Infrastruktur („on premise") betrieben werden. Dies ist vor allem im Betrieb mit anderen automatisierten Lagerfahrzeugen (AGV) und einer vollintegrierten Gebäudeinfrastruktur wie ansteuerbaren Liften, Türen und vernetzten Brandmeldeanlagen interessant. Dies schränkt jedoch den Nutzen des Reinigungsroboters in Bezug auf die dynamische Kontrolle via Standard-App und Reporting über diese ein. Der Intralogistikbetrieb ist im Vergleich zur Standalone-Cloud jedoch aufwendiger, da die entsprechende Hardware für den Betrieb durch den Kunden gestellt werden muss und gewisse Anpassungen an der Betriebsumgebung notwendig sein können. Dies macht die Cloudlösung vor allem für weniger komplexe Installationen mit nur einem Reinigungsroboter ohne Abhängigkeiten attraktiv. Als dritte Alternative besteht die Möglichkeit, den Roboter ohne Intralogistik und ohne Cloud komplett offline zu nutzen. Dies würde jedoch einen weitgehenden Verzicht auf fortgeschrittene Funktionalitäten und Nutzen bedeuten.

Vertraglich unterscheidet Cleanfix zwischen Testvereinbarungen („Sandbox-Vereinbarung") mit den Kunden und solchen für den längerfristigen Betrieb. Vereinbarungen betreffend On-Premise, Cloud-Speicherung oder Offlinenutzung sowie der Umfang des Data Sharing werden mit Kunden individuell getroffen. Dabei müssen deren spezifischen Anforderungen, Risiken und Geschäftsziele berücksichtigt werden. Cleanfix und ihre Partner haben auch künftige Gesetzgebungen im Auge, u. a. den Einfluss des EU Data Act (Eckardt & Kerber, 2024), und bereiten sich systematisch darauf vor. Somit sind Aktivitäten aus allen vier Phasen des Phasenmodells erkennbar.

14.3 Schlussfolgerung und Ausblick

Die vorliegende Fallstudie zeigt auf, wie sich Cleanfix, ausgehend von klassischen Reinigungsmaschinen, zu einem Unternehmen mit einer Robotiksparte gewandelt hat, welche als tragende Säulen für das Zukunftsgeschäft datenbasierte Produkte und vor allem auch Dienstleistungen entwickelt und vertreibt. Der Weg wurde dabei iterativ, d. h. in zahlreichen Lernschritten, vollzogen. Der Aufbau eines Partnerökosystems mit Earlybyte und BlueBotics ist dabei von zentraler Bedeutung. Dank diesen Partnerschaften wurde diese Entwicklung überhaupt erst ermöglicht. Damit wurde aber auch die Notwendigkeit und gleichzeitig Voraussetzung für den Datenaustausch geschaffen. Durch die Einbindung der bei den Kunden (d. h. den Gebäudenutzer:innen bzw. den Facility Managern) betriebenen Reinigungsroboter in das Datenökosystem entstehen wesentliche Mehrwerte für die Kunden und somit auch die Anbieter.

Gleichzeitig gehen damit die gewachsenen Herausforderungen betreffend Vertrauen, Sicherheit und Governance einher. Der von Cleanfix und ihren Partnern gewählte Weg ist pragmatisch gewählt und den Möglichkeiten von KMU angemessen. Zukünftige Entwicklungen könnten einerseits in Richtung einer weitergehenden Formalisierung und Standardisierung gehen, u. a. in Bezug auf die Berechnung der Mehrwerte für kundenseitige Business Cases, aber auch betreffend Kundenbewirtschaftung oder Vertragswesen. Das Vertragswesen wird künftig insbesondere durch den neuen EU Data Act maßgeblich beeinflusst werden. Cleanfix hat sich deshalb für die Beteiligung an einem neuen internationalen Forschungsprojekt zu diesem Thema entschieden, um die aus dem EU Data Act entstehenden Herausforderungen und Chancen proaktiv nutzen zu können.

Literatur

ANT server – Fahrauftrags- & Flottenmanagement-Software für FTS. (2020, August 19). https://bluebotics.com/de/autonomous-navigation-technology/ant-server-fleet-software/

BlueBotics, ANT Broschüre. (2024). BlueBotics.

Die Autonomous Navigation Technology (ANT) von BlueBotics. (2020, August 19). https://bluebotics.com/de/autonomous-navigation-technology/

Eckardt, M., & Kerber, W. (2024). Property rights theory, bundles of rights on IoT data, and the EU Data Act. *European Journal of Law and Economics*. https://doi.org/10.1007/s10657-023-09791-8

Hofmann, K. (2016). Datenschutz in der Industrie 4.0. In R. Obermaier (Hrsg.), *Industrie 4.0 als unternehmerische Gestaltungsaufgabe: Betriebswirtschaftliche, technische und rechtliche Herausforderungen* (S. 171–187). Springer Fachmedien. https://doi.org/10.1007/978-3-658-08165-2_11

Osterwalder, A., Pigneur, Y., Bernarda, G., & Smith, A. (2014). *Value Proposition Design: How to Create Products and Services Customers Want.* John Wiley & Sons.

Professional Scrubber-dryer Cleaning Robot | RA660 Navi XL. (o. J.). Abgerufen 1. Februar 2024, von https://cleanfix-robotics.com/products/ra660-navi-xl/

Rayner, R. (2021, Oktober 5). Konturnavigation erklärt: Scan Matching vs. Feature Matching | BlueBotics. https://bluebotics.com/de/konturnavigation-erklaert-scan-matching-vs-feature-matching/

Reinigungsmaschinen aus Schweizer Produktion. (o. J.). Abgerufen 7. Februar 2024, von https://www.cleanfix.ch/de

We are Cleanfix. (2024). Cleanfix Reinigungssysteme AG. https://www.cleanfix.com/downloads/produktuebersichten-image/cleanfix_infobroschuere-en.pdf

Remo Höppli ist Geschäftsführer bei Earlybyte und Experte in den Bereichen Systemintegration, Cloud-Services und Softwareentwicklung. Durch seine Arbeit in verschiedenen IT-Bereichen hat er ein breites Know-how von der Entwicklung bis hin zum Betrieb und der Wartung von Softwarelösungen aufgebaut. Mit einem klaren Fokus auf kundenzentrierte, zweckmäßige und intuitive Applikationen setzt er Technologie gezielt ein, um Mehrwert und Effizienz zu schaffen. Seine Leidenschaft liegt darin, komplexe Herausforderungen in praktische und effektive Ergebnisse zu verwandeln.

Roger Kaiser ist Leiter der Robotik-Abteilung bei der Cleanfix Reinigungssysteme AG, die er über die vergangenen 4 Jahre auf- und ausgebaut hat. Mit seinem Wissen aus der Wirtschaftsinformatik und seinem technischen Hintergrund in Industrie und Anlagenbau treibt er die Entwicklung smarter Reinigungstechnologien voran. Er verbindet technisches Know-how mit praktischer Erfahrung, um innovative Lösungen zu entwickeln und die Robotik bei Cleanfix erfolgreich weiterzuentwickeln.

Jürg Meierhofer ist Leiter der Expert Group „Smart Services" der Data Innovation Alliance und Studienleiter Industrie 4.0 (MAS) und Smart Services (CAS) an der ZHAW Zürcher Hochschule für Angewandte Wissenschaften. Die Gestaltung datengetriebener Service-Wertschöpfung zieht sich als roter Faden durch seine Tätigkeit. Nach verschiedenen Führungspositionen im Dienstleistungsbereich lehrt und forscht er seit 2014 an der ZHAW. Er hat an der ETH Zürich promoviert und an der Universität Fribourg einen EMBA erworben.

Petra Kugler beschäftigt sich als Professorin für Strategie und Management an der OST – Ostschweizer Fachhochschule in St. Gallen, Schweiz, mit der Frage, warum Unternehmen anders und erfolgreich sind. Seit 25 Jahren untersucht sie das Zusammenspiel von Strategie, Management und Innovation. Häufig spielen dabei digitale Technologien eine zentrale Rolle. Ihr aktuelles Interesse gilt Big Data und künstlicher Intelligenz in Unternehmen und wie diese in Werte transferiert werden können. Dazu braucht es ein neues Verständnis von Organisationen und wie diese wertschöpfend tätig sind. Petra Kugler promovierte an der Universität St.Gallen (HSG) und war in der Werbung tätig. Auslandsaufenthalte halfen ihr dabei, neue Perspektiven einzunehmen. Sie erhielt u. a. ein Stipendium des Schweizerischen Nationalfonds für ein Forschungsjahr an der University of California, Berkeley, und war an einer japanischen Skischule tätig.

Helen Vogt ist Dozentin für Innovations- und Produktmanagement an der Zürcher Hochschule für Angewandte Wissenschaften (ZHAW) in Winterthur. Die ausgebildete Materialwissenschaftlerin verfügt über umfangreiche Erfahrungen im Business Development und im industriellen Produktmanagement von Schweizer und internationalen Unternehmen. An der ZHAW leitet sie den Studiengang Master in Product Management und engagiert sich in der Weiterbildung im Bereich des Innovationsmanagements. Ihre Forschungsschwerpunkte sind Kreislaufwirtschaft und Entrepreneurship mit Fokus auf die Entwicklung von nachhaltigen Geschäftsmodellen.

Fallstudie Daten- und Informationssicherheit

15

Martin Dobler

> **Zusammenfassung**
>
> Der Beitrag zeigt Datenaustausch und IT-Sicherheit für Unternehmen unter dem Gesichtspunkt der Sicherheit und Vertrauen als Basis für einen erfolgreichen Datenaustausch zwischen Akteuren auf. Der Beitrag beschreibt die Fallstudie des fiktiven Unternehmens Oberseeblick Maschinenbau GmbH, welche die Umsetzungsmöglichkeiten von IT-Sicherheit in einem KMU in der Bodenseeregion aufzeigen soll. Im Fallbeispiel wird davon ausgegangen, dass skalierbare Ansätze für den Datenaustausch umfassende Sicherheitsstrategien erfordern. Etablierte Sicherheitsstandards wie ISO 27002 und das NIST Cybersecurity Framework können dabei eine Orientierung bieten, wobei kritische Infrastruktur zusätzliche Sicherheitsmaßnahmen notwendig machen. Die Fallstudie erweitert diese etablierten Ansätze um ein Data Sharing Framework, welches die Abstimmung unterschiedlicher Sicherheitsstrategien über Unternehmensgrenzen hinweg fokussiert. Die Grundlage für die Notwendigkeit des Data Sharing Framework ist in einer Risikoeinschätzung begründet und unterstützt die Identifizierung von Sicherheitsbedenken. In weiterer Folge wird ein kollaborativer Ansatz mit IKT-Expert:innen und Praktiker:innen genutzt, um konkrete Maßnahmen zu entwickeln, welche auf Best Practices basieren und so den Einstieg erleichtern. Zielgruppe dieses Beitrags sind (mittelständische) Unternehmen, die Daten miteinander austauschen möchten, sowie IT-Sicherheitsbeauftragte und Praktiker:innen im Bereich Datenaustausch. Der Text gibt einen umfassenden Überblick

M. Dobler (✉)
FHV Fachhochschule Vorarlberg, Vorarlberg, Österreich
E-Mail: martin.dobler@fhv.at

über die wichtigsten Aspekte der IT-Sicherheit für den Datenaustausch im Beispielunternehmen Oberseeblick Maschinenbau GmbH. Er ist sowohl für Unternehmen als auch für IT-Expert:innen relevant.

Beim Datenaustausch zwischen Unternehmen sind Sicherheit und Vertrauen ein Grundpfeiler für die langfristige erfolgreiche Umsetzung der geteilten oder einzelnen Unternehmensziele (Gadatsch & Mangiapane, 2017). Die Modellierung des Datenaustausches hat bisher auf bewährten Methoden beruht, insbesondere auf rollenbasierten Systemen oder globalen Sicherheitsrichtlinien, wie bspw. in Algarín & Demurjian, 2014 beschrieben. Eine Skalierbarkeit dieser Systeme und Methoden auf eine Vielzahl von Akteuren erfordert weiterreichende Ansätze, die sich vor allem auf das Management der Sicherheitsanforderungen inklusive solider Sicherheitsstrategien beziehen.

Ein ganzheitliches Data Sharing Framework muss die Möglichkeit bieten, die mitunter unterschiedlichen Strategieansätze der Akteure auf einen gemeinsamen Nenner zu bringen. Dies ist elementar, um einen reibungslosen und effizienten Datenaustausch zu gewährleisten, und stellt die Kernpunkte Sicherheit, Privatsphäre und Integrität der freigegebenen bzw. geteilten Daten in den Mittelpunkt. Als Grundlage für die Etablierung einer Notwendigkeit zur (vertieften) Betrachtung von IT-Sicherheitsthemen kann eine Risikoeinschätzung dienen, wie zum Beispiel in Seibold, 2014, oder Venkatraman, 2011, beschrieben wird.

Idealerweise wird ein kollaborativer Co-Creation-Ansatz verfolgt, der relevante Sicherheitsstandards berücksichtigt und IKT-Expert:innen sowie Praktiker:innen in die Umsetzung einbezieht. So können die Komplexitäten und Feinheiten einer integrierten Datenkette bestmöglich gemeistert werden. Zu Beginn der Umsetzung einer Data-Sharing-Strategie können Best Practices zur Erreichung der oben genannten Ziele ausreichend sein, insbesondere wenn der Zeitdruck hoch ist (z. B. bei einer raschen Markteinführung). Längerfristig ist ein geordneter Prozess jedoch notwendig.

In diesem Beitrag beschreiben wir deshalb ein fiktives Beispiel (Case Study), welches sich aus den Erkenntnissen der Er- und Überarbeitung des Data Sharing Framework ergeben hat. Die Methodik, wie die Case Study erstellt wurde, wird im nächsten Abschnitt beschrieben. Im Anschluss leiten wir aus den Phasen des Data Sharing Framework konkrete Beschreibungen der fiktiven Fallstudie ab. Das Phasenmodell des Data Sharing Framework wird in einem separaten Abschnitt für jede Phase angewendet, und eine Analyse von Hindernissen sowie Schlussfolgerungen und ein Ausblick runden den Beitrag ab.

Auf die Nennung konkreter Unternehmen wurde in diesem Beitrag – teilweise auch auf direkten Wunsch der Unternehmen – bewusst verzichtet, um einerseits die Reputation der Unternehmen nicht zu gefährden und andererseits die Unternehmen nicht mit Sicherheitsbedenken zu exponieren.

15 Fallstudie Daten- & Informationssicherheit

15.1 Erstellung einer exemplarischen, fiktiven Fallstudie

In diesem Beitrag wird die Erstellung einer anonymisierten, fiktiven Use Study zur Umsetzung von IT-Sicherheit in KMU der Bodenseeregion länderübergreifend beschrieben. Die Case Study basiert auf empirischen Resultaten und Gesprächen, welche im Rahmen des Data Sharing Framework für KMU erfasst wurden. Die Methodik umfasste verschiedene Methoden, insbesondere Workshops, Interviews, Prozessanalysen und die Analyse komplexerer Transport- und Produktionsketten (Supply Chains), an denen KMU beteiligt sind.

In Zusammenarbeit mit regionalen Wirtschaftsförderungen und Entwicklungsagenturen wurden Workshops mit Unternehmen und KMU aus der Bodenseeregion durchgeführt. Die Workshops fokussierten sich auf die Themen Herausforderungen der IT-Sicherheit in KMU, aktuelle Trends und Entwicklungen im Bereich der IT-Sicherheit sowie bewährte Praktiken und Lösungen für die Umsetzung von IT-Sicherheit.

Die Ergebnisse der Workshops wurden anonymisiert und aggregiert, um Rückschlüsse auf einzelne Unternehmen zu vermeiden, und wurden als Grundlage für die Erstellung von Fragenkatalogen und Fragebögen für qualitative und quantitative Umfragen sowie Interviews verwendet.

In diesem Kontext wurden leitfadengestützte Interviews mit Sicherheitsbeauftragten, Praktiker:innen und Prozessverantwortlichen aus KMU der Bodenseeregion geführt.

Die Interviews fokussierten sich auf die Themen der spezifischen Herausforderungen der IT-Sicherheit in der jeweiligen Branche und die Umsetzung sowie den Reifegrad der angewandten Sicherheitsmaßnahmen und -prozesse. Als zentraler Teilbereich wurden die Erfahrungen der Teilnehmenden mit der Umsetzung von IT-Sicherheit im transnationalen Kontext geführt. Die Interviews wurden anonymisiert transkribiert und codiert, um die Vertraulichkeit der Daten zu gewährleisten.

Abschließend wurden in Zusammenarbeit mit ausgewählten KMU exemplarische Sicherheitsprozesse analysiert. Die Analyse der Prozesse fokussierte sich auf die Aspekte des Prozesses der Identifizierung von Schwachstellen und Optimierungspotenzialen in den Sicherheitsprozessen und der Bewertung der Angemessenheit der Sicherheitsmaßnahmen.

Darüber hinaus haben wir, wo immer möglich, ein spezielles Augenmerk auf Supply-Chain-Analysen gelegt, insbesondere dann, wenn größere Unternehmen in der Bodenseeregion ansässig sind und es um die Einbindung regionaler und lokaler KMU und die damit verbundenen erweiterten IT-Sicherheitsanforderungen geht. Supply-Chain-Analysen fokussieren sich auf die speziellen Anforderungen an die IT-Sicherheit in der Lieferkette (Bestellprozesse, Track and Tracing, Echtzeitdaten der Produktion usw.), Praktiken und Prozesse für die kollaborative Sicherstellung der IT-Sicherheit in der Lieferkette sowie die speziellen Herausforderungen und Chancen im Zusammenhang mit der IT-Sicherheit in der Lieferkette.

15.2 Beschreibung der Fallstudie

Die Oberseeblick Maschinenbau GmbH ist ein mittelständisches Unternehmen (KMU) mit rund 90 Mitarbeitenden am Firmensitz in Lindau am Bodensee. Das Unternehmen stellt hoch spezialisierte Maschinen für die Herstellung von Holzprodukten her. Die Produktpalette umfasst unter anderem automatisierte Säge-, Fräs-, Hobel- und Bohrmaschinen oder Kombinationen davon.

Der Kundenstamm des Unternehmens umfasst überwiegend kleine und mittelständische Unternehmen aus der Bodenseeregion, aber auch einige internationale Großkunden in Europa und Übersee. Eine Besonderheit des Unternehmens ist die starke regionale Verankerung, die sich insbesondere im Marketing als Bodensee-Unternehmen widerspiegelt. Die Mitarbeitenden kommen aus der Region und kennen daher die Bedürfnisse der lokalen Kunden und die regional verfügbaren Ressourcen. Das Unternehmen legt Wert auf maßgeschneiderte Maschinenprodukte, die auf die individuellen Bedürfnisse der Kunden zugeschnitten sind.

Die Oberseeblick Maschinenbau GmbH sieht die Konkurrenz aus Übersee als Herausforderung. In den letzten Jahren wurden daher größere Investitionen in den Bereichen Innovation, Fortschritt, Infrastruktur, Prozesse und Personal getätigt. Darüber hinaus wird kontinuierlich in Forschung und Entwicklung investiert, um am Puls der Zeit zu bleiben.

Die Mitarbeitenden der Oberseeblick Maschinenbau GmbH sind hoch qualifiziert und motiviert. Sie arbeiten in einem dynamischen und innovativen Umfeld. Das Unternehmen bietet seinen Mitarbeitenden vielfältige Entwicklungsmöglichkeiten und ein attraktives Arbeitsumfeld.

Darüber hinaus will die Oberseeblick Maschinenbau GmbH in den nächsten Jahren weiterwachsen und neue Märkte erschließen. Das Unternehmen plant die Erweiterung der Produktpalette vor allem im Bereich der Integration von computergestützter Automatisierung von Bearbeitung in seinen Maschinen. Damit soll die kollaborative Herstellung von Holzprodukten im Rapid Prototyping ermöglicht werden. Die Prototypen umfasst sogenannte One-of-a-Kind-Produkte, also Produkte, die immer kundenspezifisch gefertigt werden und somit keine Massenware darstellen. Das Prototyping bezieht sich auf kleinere Holzprodukte von (Spezial-)Brettern über Möbel bis hin zu Lösungen für den Hausbau.

Der Kundenstamm des Unternehmens schätzt die lokale Verankerung, die kurzen Wege und die schnelle Anpassungsfähigkeit an sich ändernde Anforderungen. Als nachteilig werden jedoch der Rückstand bei der Innovation, die geringe Integrierbarkeit der hergestellten Maschinen mit anderen Produktionsmaschinen sowie eine hohe Preisstruktur genannt.

15.2.1 Risikoanalyse – Bewertung und Kategorisierung und Minimierung von IT-Sicherheitsrisiken

In einer Risikoanalyse der Oberseeblick Maschinenbau GmbH wurden verschiedene IT-Sicherheitsrisiken identifiziert, die bewertet, kategorisiert und minimiert werden müssen, um den reibungslosen Betrieb und die Integrität des Unternehmens in Hinblick auf die Datensicherheit zu gewährleisten. Dazu wurden die Risiken intern eruiert und anschließend mit Kunden, Zulieferern und Dienstleistern abgeglichen. Die Integrität des Unternehmens in diesem Bereich setzt sich einerseits aus dem Bestreben zusammen, den Kunden sichere Produkte und Dienstleistungen anbieten zu können, und andererseits Compliance-Anforderungen von Großkunden gerecht zu werden. Darüber hinaus sollen die Ansätze veröffentlicht werden und einen zusätzlichen Mehrwert im Bereich des Marketings darstellen sowie ein Alleinstellungsmerkmal am Markt bringen. Der letztgenannte Mehrwert soll durch die Transparenz der Maßnahmen sowie durch eine kontinuierliche Neuanalyse und Neubewertung der relevanten Risiken erreicht werden.

Die identifizierten Risiken beinhalten unter anderem die folgenden Risikokategorien:

Bedrohung durch Cyberangriffe:
Die hoch spezialisierten Maschinen, die das Unternehmen produziert und die immer mehr digitale und vernetzte Komponenten (Chips, Mikrocontroller, Steuerrechner, Steuerungssoftware etc.) enthalten, sind über eine Vielzahl von Angriffspunkten anfällig für Cyberangriffe. Dazu zählen neben klassischen Cyberangriffen auch Malware oder Phishing. Das Risiko in dieser Kategorie besteht primär in der Störung von Produktionsprozessen. Im erweiterten Fall sind auch sensible Kunden- und Produktionsdaten (Prozessdaten, Know-how der Oberseeblick Maschinenbau GmbH sowie ihrer Kunden) gefährdet.

Herausforderung: Obwohl eine robuste IT-Sicherheitsstrategie, regelmäßige Schulungen der Mitarbeitenden zur Erkennung von Phishing-E-Mails, der Einsatz von Firewalls und Antivirenprogrammen sowie regelmäßige Updates von Software und Betriebssystemen durchgeführt werden, ist die Komplexität und Kompliziertheit der IT-Sicherheit über Unternehmensgrenzen hinweg signifikant. Die Risiken müssen deshalb auch außerhalb des Unternehmens gemindert werden.

Datenschutzrisiken:
Mit der zunehmenden Forderung von Kunden und Partnerbetrieben nach Digitalisierung und digitaler Transformation sowie der geplanten Erweiterung der Produktpalette der Oberseeblick GmbH um die computergestützte Automatisierung ihrer Maschinen besteht das Risiko, dass sensible Kunden- und Produktionsdaten unzureichend geschützt werden. Das Risiko von Datenschutzverletzungen kann das Vertrauen der Kunden gefährden.

Herausforderung: Die Herausforderung des Datenschutzrisikos liegt insbesondere in der Inkompatibilität der Datenschutzanforderungen über Ländergrenzen hinweg (vgl. Bodenseeregion: EU-Staaten (Deutschland, Österreich)/EWR-Staaten (Liechtenstein) Nicht-EU-Staaten (Schweiz)). Der laufende Versuch einer Angleichung der Schweiz an EU-Datenschutzstandards, der teilweise schleppend verläuft, verstärkt die Komplexität zusätzlich. Neue EU-Gesetze zu Maschinendaten (vgl. Data Act und KI-Verordnungen) bilden neue Herausforderungen. Obgleich die Oberseeblick Maschinenbau GmbH versucht, ihre Ansätze zu Datenschutz und -integrität überdurchschnittlich hochzuhalten, stellen die sich kontinuierlich ändernde Gesetze sowie Compliance-Anforderungen in diesem Bereich als Kernherausforderung dar, da sie laufende rechtliche und organisatorische Änderungen implizieren, die wiederum neue technologische Lösungen als Notwendigkeit nach sich ziehen können.

Risiko von Lieferkettenunterbrechungen:
Da das Unternehmen eine Vielzahl von (IT-)Komponenten sowie Maschinenteile, aber auch Rohmaterialien von Lieferanten bezieht, besteht das Risiko von Lieferkettenunterbrechungen aufgrund von Cyberattacken auf eigene ERP-Systeme, aber auch auf IT-Logistiklösungen von Lieferanten und Dienstleistern.

Herausforderung: Die zentrale Herausforderung besteht darin, alle beteiligten Lieferanten und Dienstleister in Bezug auf Datensicherheit zu prüfen. Insbesondere bei einer Diversifizierung der Lieferantenbasis, um Lieferkettenunterbrechungen zu verringern oder Kosten zu vermindern, explodiert die Komplexität der IT-Sicherheitsprüfung der Partnerunternehmen.

Mangelnde Transparenz der Integration in IT-Netzwerken der Kunden sowie Integration mit anderen Produktionsmaschinen: Der Markt für hoch spezialisierte Produktionsmaschinen verlangt eine kontinuierliche Integration mit Maschinen und IT-Systemen anderer Hersteller. Als Produzent der Maschine hat man wenig Einfluss auf die Umgebung, in welcher die Maschinen eingesetzt werden.

Herausforderung: Die Herausforderung besteht darin, dass die IT-Sicherheit als zentraler Bestandteil der Maschine in der Forschung und Entwicklung mitgedacht werden muss. Fremde Daten sowie die IT-Netzwerke der Kunden müssen immer als kompromittiert angesehen werden, da im schlimmsten Fall keine (präventiven) Sicherheitsmaßnahmen außerhalb der eigenen Maschine angenommen oder vorgeschrieben werden können.

15.2.2 Implikationen aus Normen und Standards

Der unternehmensübergreifende Datenaustausch erfordert eine solide und vertrauenswürdige IT-Sicherheitsstrategie als unverzichtbares Fundament. Die Oberseeblick

Maschinenbau GmbH hat sich hierfür mit einer Reihe von Normen und Standards auseinandergesetzt.

Als Fundament wurden bekannte Methoden des Managements von IT-Sicherheit aus Lehrbüchern und der gelebten Praxis in der Region entnommen. Neben diesem Fundament wurde die Notwendigkeit eines kontinuierlichen Abgleichs und der Zusammenarbeit mit allen beteiligten Akteuren erkannt, insbesondere um einen gemeinsamen Nenner für unterschiedliche Strategien zu finden.

Als Grundlage können etablierte Sicherheitshandbücher dienen, wie beispielsweise ISO/NIST Standards wie ISO/IEC 27002:2022 (ISO, 2022) sowie das NIST Cybersecurity Framework 2.0 (CSF; National Institute of Standards und Technology, 2024), der IT-Grundschutz in Deutschland (Bundesamt für Sicherheit in der Informationstechnik, o. J.) oder das österreichische Informationssicherheitshandbuch (Österreichisches Bundeskanzleramt & A-SIT, 2023). Für europaweite Ansätze kann auf die Strategien und Berichte von ENISA (European Union Agency for Cybersecurity) zurückgegriffen werden (ENISA, o. J.). Zukunftsthemen zu IT-Sicherheit kann man der Studie Cybersecurity: Systematisierung, Forschungsstand und Innovationspotenziale entnehmen (Latzenhofer et al., 2021).

Allgemein muss bei der Entwicklung von Ansätzen zur Daten- und Informationssicherheit noch speziell auf Besonderheiten kritischer Infrastruktur eingegangen werden. Bei der Entwicklung von Sicherheitsansätzen für den Datenaustausch, die kritische Infrastruktur einbezieht, können weitere relevante regulatorische, organisatorische und technische Maßnahmen erforderlich sein. Kritische Infrastruktur wird in der Regel von staatlicher Seite definiert und umfasst klassischerweise Verkehrsinfrastruktur, Energie- oder Wasserversorgung. Im weiteren Sinne können auch die medizinische Versorgung, das Finanzwesen, die Ernährung und die Internet-Infrastruktur zur kritischen Infrastruktur gezählt werden. Es empfiehlt sich daher, im konkreten Fall zu prüfen, ob involvierte Akteure eine Relevanz in Bezug auf kritische Infrastruktur aufweisen. Aktuelle Trends und ein State of the Art zu kritischer Infrastruktur kann Rudel & Lechner, 2018 entnommen werden.

Im Fall der Oberseeblick Maschinenbau GmbH wurde identifiziert, dass aufgrund des Produktportfolios des Unternehmens eine Beschäftigung mit kritischer Infrastruktur nicht notwendig ist. Es wird nicht ausgeschlossen, dass sich dies in den nächsten Jahren ändert, allerdings wird die Wahrscheinlichkeit dafür aufgrund der Nutzung der produzierten Maschinen als gering betrachtet.

Das vielversprechendste Modell wurde in der Nutzung des BIS IT-Grundschutz gesehen, der für den Abgleich mit internen Sicherheitsstrategien herangezogen wurde. Das österreichische Informationssicherheitshandbuch wurde als vielversprechend erachtet, jedoch aufgrund der Örtlichkeit des Unternehmers als relevante Compliance-Anforderung für Partnerunternehmen in Österreich ausgeschlossen.

Um einen Risikoabgleich über die gesamte Lieferkette und mit Partnerunternehmen durchführen zu können, wurden Ansätze des NIST CSF sowie der ENISA genutzt, insbesondere Themen des Cybersecurity-Lebenszyklus, die Erstellung von kollaborativen, praxisorientierten Richtlinien, die Strukturierung der Organisation von IT-Sicherheit sowie die Nutzung von Kategorisierungen/Maßnahmenkatalogen (von technischen Maßnahmen wie Firewalls über Mitarbeitendenschulungen bis hin zu Managementzertifizierungen wie ISO).

15.2.3 Einsatz von Best Practices

Für die Selektion von Best Practices für IT-Sicherheit hat das Team der Oberseeblick Maschinenbau GmbH eine Analyse von Branchenstandards, regulatorischen Anforderungen und vor allem der aktuellen Bedrohungslandschaften der Organisation durchgeführt. Es wurde eine Reihe von Best Practices ausgewählt, um bei der Umsetzung der unternehmensübergreifenden IT-Sicherheitsstrategie zu helfen und die eigenen Richtlinien vervollständigen zu können.

Die Best Practices wurden nach folgenden Kriterien ausgewählt:

Relevanz für die Bedrohungslandschaft:
Aktuelle Bedrohungen und Angriffstrends in der Branche und in der Region wurden identifiziert und Berichte über Sicherheitsvorfälle, Bedrohungsakteure und Schwachstellen analysiert.

Sortierung nach Relevanz der Risiken:
Im Abgleich mit der durchgeführten Risikobewertung wurden spezifische Risiken und Schwachstellen im Unternehmen identifiziert und anschließend nach ihrer Bedeutung sortiert und nach Wichtigkeit gereiht. Auf dieser Grundlage wurde die Liste unter Berücksichtigung einer Reihe von Faktoren, einschließlich technischer, betrieblicher, organisatorischer und menschlicher mit Best Practices angepasst.

Abgleich mit Sicherheitsstandards und Compliance-Anforderungen:
Die relevantesten Best Practices wurden auch nach der Nutzung von Standards (vor allem ISO 27002, BSI IT-Grundschutz) sortiert, um eine Vergleichbarkeit mit dem eigenen Unternehmen herstellen zu können. Diese Sortierung erfolgt neben anderen Kriterien primär auf einer Einschätzung der Anwendbarkeit der Best Practices (Größe der Unternehmen, Maturity der IT-Sicherheit, Branche, Standort u. a.).

Konsultation mit internen und externen Expert:innen:
Die vorsortierte Liste wird mit internen Expert:innen sowie Akteuren der IT-Sicherheit abgeglichen. Im Anschluss werden externe Berater:innen und Partnerunternehmen hinzugezogen, um sinnvolle Einblicke, Fachkenntnisse, aber auch potenzielle Erweiterungen (Kenntnisse über Blind-Spots der untersuchten Best Practices) zu gewinnen. Die Konsultation dient auch dazu, mögliche Fallstricke und Probleme während der Implementierung der Sicherheitsstrategie frühestmöglich zu erkennen.

15.2.4 Sensibilisierung für Sicherheit

Die zentrale Herausforderung der Oberseeblick Maschinenbau GmbH bei der Sensibilisierung besteht in der Erweiterung der Sensibilisierungsmaßnahmen auf andere Unternehmen und Akteure im Datenökosystem. Interne Sensibilisierungsmaßnahmen sind im Rahmen einer IT-Datenschutz- und/oder IT-Sicherheitsstrategie planbar und umsetzbar, unternehmensübergreifend muss hier entweder auf Compliance (bspw. mittels Verträgen zur verpflichtenden Umsetzung der Maßnahmen) oder alternativ auf eine kooperative, freiwillige Umsetzung gesetzt werden. Letzteres ist aufgrund der Marktmacht und Größe des Unternehmens die bevorzugte Variante der Oberseeblick Maschinenbau GmbH.

Ansätze zur Sensibilisierung des Unternehmens sind daher die aktive Bildung von Partnerschaften und Netzwerken im Datenökosystem, um gemeinsame Sicherheitsrichtlinien oder -initiativen umzusetzen. Durch den Austausch von Bedrohungsinformationen und Schulungsressourcen kann im Ökosystem voneinander gelernt werden und so die Sensibilisierung für IT-Sicherheitsbedrohungen gezielt gefördert werden. Längerfristig plant die Oberseeblick Maschinenbau GmbH in Zusammenarbeit mit ausgewählten Partnerunternehmen den Aufbau von Information Sharing and Analysis Centers (ISACs), wie sie z. B. von ENISA beschrieben werden, und (informellen) (Online-)Netzwerken, wie z. B. IT-Sicherheitsstammtische oder unternehmensübergreifende Workshops.

15.3 Sicherheitsbetrachtungen im Phasenmodell des Data Sharing Framework

Im Folgenden werden die Sicherheitsbetrachtungen im Phasenmodell des im Rahmen des Data Sharing Framework beschriebenen Vorgehensmodells anhand der Oberseeblick Maschinenbau GmbH erläutert. In dem Modell werden Sicherheitsbetrachtungen in verschiedenen Phasen analysiert, um KMU ein Prozessmodell bieten zu können, welches umfassende und effektive Informationssicherheit gewährleistet. Der folgende Abschnitt der Fallstudie konzentriert sich auf die zeitabhängigen Sicherheitsbetrachtungen des Modells, beginnend mit der Sensibilisierung und weiterführend über die Vorbereitung, Implementierung bis hin zur Anpassung und Skalierung von Sicherheitsmaßnahmen. Jede Phase zielt darauf ab, die Sicherheit im Umgang mit Daten und Informationen zu verbessern und potenzielle Risiken zu minimieren. Besonders wichtig ist es, alle Phasen iterativ zu durchlaufen und auf Aktualität und regelmäßige Anpassungen im Sinne eines kontinuierlichen Verbesserungsprozesses zu achten. Wenn alle Phasen durchlaufen wurden, kann optional noch der Reifegrad der einzelnen Teilbereiche festgestellt werden. Der Reifegrad kann helfen, Verbesserungsprozesse in den einzelnen Phasen des Frameworks anzustoßen.

15.3.1 Phase 1: Sensibilisierung

In der Sensibilisierungsphase liegt der Fokus zum einen auf der Identifikation aller relevanten (Schlüssel-)Partner:innen und Datenstakeholder, zum anderen auf der Identifikation der jeweiligen Sicherheitsbedenken der Partner:innen und Datenstakeholder.

Am Beispiel der Oberseeblick Maschinenbau GmbH wurden bereits im letzten Kapitel bestehende interne und externe Sensibilisierungsmaßnahmen beschrieben. Zur Vervollständigung dieser Phase sollte das Unternehmen noch folgende Schritte systematisch durchführen:

1. **Identifikation von (Schlüssel-)partnern**
   In diesem Schritt identifiziert die Oberseeblick Maschinenbau GmbH Partner im Datenökosystem, welche für die Hauptprozesse (Einkauf, Verkauf, Fertigung) und das Tagesgeschäft für das Kernportfolio des Unternehmens (Holzmaschinen) zuständig sind. Hierbei werden zunächst nur die Schlüsselpartner ausgewählt, um die Komplexität der Erfassung weiterhin gering zu halten und die Replizierbarkeit der Problemstellung sowie Sicherheitsbedenken für spätere Betrachtungen zu gewährleisten.
2. **Identifikation von Datenstakeholdern**
   Analog zu den Schlüsselpartnern werden die Datenstakeholder identifiziert. Datenstakeholder sind hierbei Unternehmen, Personen oder Einrichtungen, die ein (berechtigtes) Interesse an den anfallenden Daten haben. Im Fall der Oberseeblick Maschinenbau GmbH sind dies Akteure aus der Supply Chain (Transportunternehmen, Materiallieferanten) sowie Unternehmen, die Ersatzteile und Wartungsleistungen für die Maschinen anbieten. Eine weitere Klasse von Datenstakeholdern umfasst Hersteller von Maschinen, die in Verbindung mit den Maschinen von Oberseeblick Maschinenbau GmbH eingesetzt werden und im gleichen Produktionsumfeld genutzt werden. Schließlich sind öffentliche Einrichtungen zu nennen, insbesondere solche, die ein Interesse an Arbeitsschutzmaßnahmen haben, aber auch solche, für die verpflichtende Meldungen über Umweltschutz- und Finanzdaten gemacht werden müssen.
3. **Identifikation von Sicherheitsbedenken der (Schlüssel-)Partner**
   Sobald die Schlüsselpartner identifiziert sind, kann damit begonnen werden, die Sicherheitsbelange der Schlüsselpartner zu identifizieren, zu katalogisieren und für die weitere Verwendung aufzubereiten. Im Falle der Oberseeblick Maschinenbau GmbH betrifft dies die Kategorien Datenaustausch zwischen Maschinen, Daten der Steuerungscomputer, Daten beim Design der Maschinen sowie des Einkaufsprozesses und Daten von produktbegleitenden Dienstleistungen.
4. **Identifikation von Sicherheitsbedenken der Datenstakeholder**
   Analog zu der Identifikation der Sicherheitsbedenken der Schlüsselpartner kann mit der Identifikation der Sicherheitsbedenken der Datenstakeholder begonnen werden.

Zusätzlich zu den oben genannten Kategorien werden hier die Sicherheitsbedenken um den regulatorischen Datenaustausch, Dienstleistungsanbieter sowie allgemeine Metadaten inklusive Nachhaltigkeitsdaten erweitert.

15.3.2 Phase 2: Vorbereitung

Nachdem ein umfassendes Verständnis der involvierten und betroffenen (Daten-)Stakeholder gewonnen und potenzielle Risiken identifiziert wurden, besteht der nächste Schritt darin, eine Sicherheitsstrategie zu entwickeln (oder die bestehende Strategie zu überarbeiten). Dies erfordert die Identifizierung konkreter Schutzmaßnahmen, wobei ein bedeutender Teil auf präventive Maßnahmen entfällt, die sicherstellen, dass Sicherheitsprobleme von vornherein vermieden werden.

1. **Identifikation von Schutzmaßnahmen**
   In diesem Schritt werden auf der Grundlage der identifizierten Sicherheitsmaßnahmen und der Risikoanalyse Schutzmaßnahmen festgelegt. Die Kategorien sind analog zu den Kategorien, welche in Phase 1 ermittelt wurden. Die Identifikation wird im Fall der Oberseeblick Maschinenbau GmbH in Zusammenarbeit mit (externen) technischen (Sicherheits-)expert:innen und -berater:innen durchgeführt, da diese Erfahrung im Umgang mit der Identifikation, aber auch mit sogenanntem Penetration-Testing von IT-Umgebungen haben.
2. **Aufsetzen eines Monitoringsystems (Kennzahlen, Abgleich, Soll-/Ist-Schutzmaßnahmen)**
   Als zweiter Punkt wird in dieser Phase ein Monitoringsystem, basierend auf den Partnern, Stakeholdern, identifizierten Bedrohungen, aber auch Schutzmaßnahmen aufgebaut. Die Kennzahlen erlauben im Fall der Oberseeblick Maschinenbau GmbH primär die Kontrolle und den Abgleich über den Umsetzungsgrad der Schutzmaßnahmen und die Abdeckung/Minderung von identifizierten Risiken. Das Monitoringsystem wird vom Unternehmen in Auszügen auch mit ausgewählten Partnerunternehmen geteilt, um die Sicherheitsvorhaben transparent zu machen und die Sensibilisierung im gesamten Datenökosystem zu fördern.

15.3.3 Phase 3: Implementierung

Die Implementierungsphase besteht zum einen aus der Umsetzung aller definierten Schutzmaßnahmen, zum anderen aus der Einführung des Monitoringsystems. Während der Implementierungsphase ist insbesondere auf folgende Punkte zu achten: Testen, Ressourcenallokation, Kommunikation, Compliance und Dokumentation.

1. **Monitoringsystem in laufenden Betrieb bringen**
   In Phase 3 wird das Monitoringsystem vor der Implementierung der Schutzmaßnahmen in den laufenden Betrieb gebracht. Im Fall der Oberseeblick Maschinenbau GmbH wird das Monitoringsystem zunächst in Form einer Microsoft-Excel-Liste eingeführt. Mit zunehmender Komplexität und steigender Anzahl der Beteiligten ist jedoch der Einsatz einer dedizierten Softwarelösung anzustreben. Wichtig ist in diesem Fall, dass zwischen den Kenngrößen der Sicherheitsmaßnahmen im eigenen Unternehmen und den unternehmensübergreifenden Kennzahlen im Datenökosystem unterschieden wird. Kennzahlen und -größen, die im Fall der Oberseeblick Maschinenbau GmbH spezifisch für das Data Sharing Framework identifiziert wurden und von Beginn an gemessen werden sollen, sind unter anderem das Verhältnis der verhinderten Vorfälle, die Reaktionszeit, die Anzahl der falsch-positiven und -negativen Ereignisse, die Mean-Time-To-Detect, die Mean-Time-To-Acknowledge, die Tage bis zum Einspielen eines Patches, die Anzahl der überwachten Geräte, die implementierten Schutzmaßnahmen sowie die Compliance mit den Updateprozessen.
2. **Implementierung von Schutzmaßnahmen**
   In dieser Phase wird auch mit der Implementierung von Schutzmaßnahmen begonnen. Für die Implementierung hat die Oberseeblick Maschinenbau GmbH ein internes Team beauftragt, welches sich kontinuierlich mit den vorher identifizierten Schlüsselpartnern austauscht. Wichtig in dieser Phase ist die unmittelbare Integration des Monitoringsystems zur Ermittlung der Umsetzungskennzahlen.

15.3.4 Phase 4: Adaption und Skalierung

In der vierten Phase, der Adaption und Skalierung, geht es um die kontinuierliche Anpassung und Verbesserung der Sicherheitsmaßnahmen, um mit den sich ständig ändernden Bedrohungen und Anforderungen Schritt zu halten. Das Monitoringsystem wird in dieser Phase genutzt, um erste Ergebnisse und Analysen auswerten zu können.

1. **Monitoringsystem anpassen und skalieren**
   Nach dem Aufsetzen des Monitoringsystems und der Implementierung der Schutzmaßnahmen müssen die Kennzahlen laufend an die aktuellen Gegebenheiten angepasst werden. Hierzu hat die Oberseeblick Maschinenbau GmbH einen Serientermin (ggf. auch als Tagesordnungspunkt im IT-Sicherheits-Jour-Fixe) eingerichtet, um die laufende Anpassung und Skalierung sicherzustellen. Die Skalierung des Monitoringsystems erfolgt auf Basis der Aufnahme von (Schlüssel-)Partnern in das Datenökosystem, was je nach Komplexität bzw. Kompliziertheit eine Überarbeitung des Monitoringsystems auslösen kann (Teil eines Change-Management-Prozesses).
2. **Ggf.: Prozess automatisieren**
   Die größte Herausforderung für die Oberseeblick Maschinenbau GmbH stellt die Automatisierung der Messung der Kennzahlen dar. Da dies einen erheblichen monetären

und personellen Aufwand bedeuten würde, wurde hier vorerst darauf verzichtet. Durch die Einführung einer Softwarelösung (im Gegensatz zu einer Microsoft-Excel-Liste) zur Messung der Kenngrößen des Monitoringsystems könnte in Zukunft ein hoher Automatisierungsgrad erreicht werden.

15.4 Schlussfolgerungen und Ausblick

Sicherheit und Vertrauen bilden die Grundlage für einen erfolgreichen Datenaustausch zwischen Unternehmen. Die Fallstudie des fiktiven Unternehmens Oberseeblick Maschinenbau GmbH zeigt, wie IT-Sicherheit in einem KMU umgesetzt werden kann. Skalierbare Ansätze für den Datenaustausch erfordern umfassende Sicherheitsstrategien. Etablierte Standards wie ISO 27002 und NIST Cybersecurity Framework bieten Orientierung. Kritische Infrastrukturen erfordern zusätzliche Sicherheitsmaßnahmen, wenn sie in ein Ökosystem oder Partnernetzwerk eingebunden sind. Die Fallstudie erweitert diese etablierten Ansätze um ein Data Sharing Framework, das die Koordination unterschiedlicher Sicherheitsstrategien über Unternehmensgrenzen hinweg ermöglicht. Die Grundlage für die Notwendigkeit des Data Sharing Framework wird in einer Risikoeinschätzung begründet. Als grundlegendes Modell wurde ein kollaborativer Ansatz mit IKT-Expert:innen und Praktiker:innen gewählt, um die Entwicklung konkreter Maßnahmen auf Basis von Best Practices umzusetzen. Als Zielgruppe wurden hierbei mittelständische und Großunternehmen rund um den Bodensee gewählt, die als Akteure Daten untereinander austauschen wollen. Darüber hinaus wurden IT-Sicherheitsbeauftragte und Praktiker:innen im Bereich Datenaustausch in die Phasen des Data Sharing Frameworks einbezogen, um konkrete Maßnahmen zu entwickeln. Der Beitrag bietet somit einen umfassenden Überblick und eine Zusammenfassung der wichtigsten Kernpunkte, die im Rahmen des Data Sharing Framework bei der Umsetzung von IT-Sicherheitsbetrachtungen für den Datenaustausch zu beachten sind.

Als Ausblick kann gesagt werden, dass die Weiterentwicklung des Data Sharing Framework und dessen Anpassung an die Anforderungen der aktuellen technischen und organisatorischen Trends unabdingbar ist. Die im Unternehmen eingesetzten Lösungen und Managementansätze sollten kontinuierlich weiterentwickelt und insbesondere auch an die sich ändernden Anforderungen der beteiligten Akteure angepasst werden. Längerfristig ist auch die Sensibilisierung für IT-Sicherheit beim Fallbeispiel und seinen Partnern zu berücksichtigen. Dies kann auch implizieren, dass die Bedeutung der IT-Sicherheit für den Datenaustausch stärker an alle Unternehmen in der Region und an die Öffentlichkeit kommuniziert werden muss. Nicht zuletzt ist eine Förderung von Forschung und Entwicklung notwendig, da diese sich bisher noch nicht ausreichend mit nicht technischen Aspekten im Bereich der IT-Sicherheit für den Datenaustausch beschäftigt hat.

Abschließend sei gesagt, dass Datenaustausch und IT-Sicherheit für Unternehmen wichtige Themen sind. Mit den richtigen Maßnahmen können Unternehmen den Datenaustausch sicher und vertrauenswürdig gestalten.

Literatur

Bundesamt für Sicherheit in der Informationstechnik. (o. J.). *IT-Grundschutz*. Bundesamt für Sicherheit in der Informationstechnik. Abgerufen 13. März 2024, von https://www.bsi.bund.de/DE/Themen/Unternehmen-und-Organisationen/Standards-und-Zertifizierung/IT-Grundschutz/it-grundschutz.html?nn=128656

De la Rosa Algarín, A., & Demurjian, S. A. (2014). An approach to facilitate security assurance for information sharing and exchange in big-data applications. In *Emerging trends in ICT security* (S. 65–83). Morgan Kaufmann.

ENISA. (o. J.). ENISA. Abgerufen 26. März 2024, von https://www.enisa.europa.eu

Gadatsch, A., & Mangiapane, M. (2017). IT-Sicherheit: Digitalisierung der Geschäftsprozesse und Informationssicherheit. *Springer Fachmedien*. https://doi.org/10.1007/978-3-658-17713-3

ISO. (2022). *ISO/IEC 27002:2022*. ISO. https://www.iso.org/standard/75652.html

Latzenhofer, M., Schauer, S., Sommerer, N., & Zieser, M. (2021). Cybersecurity: Systematisierung, Forschungsstand und Innovationspotenziale (*Institut für Technikfolgen-Abschätzung (ITA) & AIT Austrian Institute of Technology*, Hrsg.). https://www.parlament.gv.at/dokument/fachinfos/zukunftsthemen/Cybersecurity-Endbericht_2021-12-17.pdf

National Institute of Standards and Technology. (2024). The NIST Cybersecurity Framework (CSF) 2.0 (NIST CSWP 29; S. NIST CSWP 29). *National Institute of Standards and Technology*. https://doi.org/10.6028/NIST.CSWP.29

Österreichisches Bundeskanzleramt, & A-SIT (Hrsg.). (2023). *Österreichisches Informationssicherheitshandbuch* (4.4.0). https://www.sicherheitshandbuch.gv.at/#all

Rudel, S., & Lechner, U. (Hrsg.). (2018). *IT-Sicherheit für Kritische Infrastrukturen – State of the Art: Ergebnisse des Förderschwerpunkts IT-Sicherheit für Kritische Infrastrukturen ITS/KRITIS des BMBF* (1. Aufl.). Professur für Wirtschaftsinformatik: Universität der Bundeswehr München.

Seibold, H. (2014). *IT-Risikomanagement*. De Gruyter. https://books.google.at/books?id=I2LpBQAAQBAJ

Venkatraman, S. (2011). A Framework for ICT Security Policy Management. In E. E. Adomi (Hrsg.), *Frameworks for ICT Policy: Government, Social and Legal Issues*. IGI Global. https://doi.org/10.4018/978-1-61692-012-8

Martin Dobler ist Informatiker mit dem Fokus auf Mobilität, insbesondere Logistik, sowie IT-Sicherheit in verteilten Netzen. Martin Dobler war an einer Vielzahl EU-geförderter Projekte (Interreg-Programme und 7. Rahmenprogramm FP7) beteiligt, unter anderem als Technical Manager und Dissemination Manager. Seit Mai 2023 leitet Martin Dobler das Innovationslabor Sustainable Mobility Lab unter Beteiligung von 18 Organisationen der Bodenseeregion (D-A-CH-LI-Gebiet). Er unterrichtete zudem an der Fachhochschule Vorarlberg und in Schloss Hofen unter anderem Softwareentwicklung, IT-Produkt- und Servicemanagement sowie Modellierung von cyberphysischen Systemen. Vor seiner Zeit an der FHV war Martin Dobler für die V-Research als Forscher und Softwareentwickler tätig, unter anderem für FFG-teilfinanzierte Projekte im Bereich der Logistik und Simulation.

Fallstudie Grüninger Mühlen

16

Philipp Marquart, Helen Vogt, Petra Kugler und Jürg Meierhofer

Zusammenfassung

In dieser Fallstudie wird ein aktuelles Entwicklungsprojekt zwischen Grüninger Mühlen und Bühler Group vorgestellt. Die Studie beleuchtet, wie der kollaborative Datenaustausch entscheidend zur Verbesserung der betrieblichen Effizienz, der Produktqualität und der Innovation bei Grüninger Mühlen beigetragen hat. Insbesondere wird auf die entscheidende Rolle von Vertrauen, Kultur, Governance und IT-Sicherheit innerhalb der Partnerschaft eingegangen. Die Fallstudie hebt die Herausforderungen und die umgesetzten Lösungen hervor und bietet Einblicke in das Potenzial der gemeinsamen Nutzung von Daten zur Förderung von Wettbewerbsvorteilen und nachhaltigem Wachstum.

P. Marquart
Willi Grüninger AG, St. Gallen, Schweiz
E-Mail: philipp.marquart@grueningermuehlen.ch

H. Vogt (✉) · J. Meierhofer
ZHAW Zürcher Hochschule für Angewandte Wissenschaften, Zürich, Schweiz
E-Mail: helen.vogt@zhaw.ch

J. Meierhofer
E-Mail: juerg.meierhofer@zhaw.ch

P. Kugler
OST Ostschweizer Fachhochschule, St. Gallen, Schweiz
E-Mail: petra.kugler@ost.ch

© Der/die Autor(en), exklusiv lizenziert an Springer-Verlag GmbH, DE, ein Teil von Springer Nature 2025
P. Kugler et al. (Hrsg.), *Data Sharing für KMU*,
https://doi.org/10.1007/978-3-662-71209-2_16

16.1 Grüninger Mühlen – ein schweizerisches Familienunternehmen

Grüninger Mühlen wurde 1936 in Flums, Kanton St. Gallen Schweiz, gegründet und hat sich auf die Herstellung von hochwertigen und spezialisierten Getreideprodukten spezialisiert. Während es 1936 noch 306 Getreidemühlen in der Schweiz gab, sind es heute nur noch knapp 50 (Grüninger Mühlen, o. J.). Trotz stagnierender Nachfrage auf dem Brotmarkt ist das Familienunternehmen stark gewachsen und verarbeitet jährlich rund 23.000 t Brotgetreide zu über 200 verschiedenen Produkten, siehe Abb. 16.1.

Grüninger Mühlen produziert an zwei Standorten in Flums. Im Jahr 2010 wurde in der Nähe des Bahnhofs Flums ein modernes Werk mit einer täglichen Mahlleistung von 120 t in Betrieb genommen, das mit einem hohen Automatisierungsgrad rund um die Uhr arbeitet. Die Mühlen setzen auf individuelle Kundenwünsche mit computergesteuerten Rezepturen und kontinuierlicher Qualitätsüberwachung. Eine weitere Mühle („Dorf"), die nach einem Großbrand 1974 wieder aufgebaut wurde, verarbeitet ebenfalls bis zu 50 t Getreide pro Tag, darunter Mehlmischungen, Spezialitäten und Saatmehle.

Alle Produktionsstätten der Grüninger Mühlen sind nach den International Featured Standards Food (IFS) zertifiziert und garantieren ein Höchstmaß an Lebensmittelsicherheit sowie Transparenz und Rückverfolgbarkeit ihrer Produkte. Im hauseigenen Labor

Abb. 16.1 Grüninger Mühlen, Standort Flums. (Foto: Mit freundlicher Genehmigung Grüninger Mühlen, 2024. All Rights Reserved)

werden Rohstoffe und Endprodukte auf ihre Qualität geprüft, in der Versuchsbäckerei werden neue Produkte entwickelt und bestehende getestet. Grüninger Mühlen betreibt auch eine Futtermühle, die jährlich über 20.000 t Flurina-Mischfutter für Nutztiere herstellt. Die Futtermittelproduktion basiert auf dem Swiss Feed Production Standard (SFPS, o. J.). Darüber hinaus wird seit 1986 eine eigene Sammelstelle in Chur betrieben, wo jährlich fast 2000 t Getreide von regionalen Produzenten abgeholt werden. Dabei wird besonderer Wert auf regionale und zertifizierte Rohwaren gelegt.

16.1.1 Die Bedeutung von Temperaturdaten für die Qualitätssicherung in der Getreideverarbeitung

Jährlich werden weltweit mehr als 2 Mrd. Tonnen Getreide verarbeitet, davon rund 600 Mio. Tonnen Weizen (Wenbin, 2018). Insbesondere Walzenstühle (Zerkleinerungsmaschine, in der das Mahlgut zwischen rotierenden Walzen aufgebrochen und zerrieben wird) gewinnen als zentrale Einrichtungen in der Mehlproduktion zunehmend an Bedeutung und stellen das Herzstück und die Schlüsselausrüstung für verschiedene Mahlprozesse dar. Die Mahlwalze, als zentrales Element des Walzenstuhls, spielt eine entscheidende Rolle für die Qualität und die Eigenschaften des erzeugten Mehls.

Die richtige Einstellung der Mahlwalze entscheidet über Qualität und Ertrag des Mahlguts. Während des Mahlprozesses kann eine hohe Druckkraft zwischen zwei Walzen zu starker Reibung und damit zur Entstehung von Reibungswärme führen. Diese Wärmeentwicklung ist in erster Linie auf Faktoren wie Geschwindigkeitsunterschiede zwischen den schnellen und langsamen Walzen, Walzendurchmesser, Walzenlänge, Walzenabstand und den Druck zwischen den Walzen zurückzuführen. Darüber hinaus nehmen die Glatt- und Riffelwalzen (welche zum Quetschen und zum Brechen des Mahlguts eingesetzt werden) während des Betriebs kontinuierlich Wärme auf. Dies führt zu einem progressiven Anstieg der Oberflächentemperatur der Mahlwalzen, was wiederum eine erhöhte Temperatur im Mahlgut erzeugt. Ist das Mahlgut zu warm, wirkt sich das direkt negativ auf die Produktqualität aus, ein großer Teil der Nährstoffe im Mahlgut wird zerstört, ebenso wird der Ertrag reduziert. Eine zu hohe Temperatur verkürzt auch die Lebensdauer der Walzen erheblich.

Um diesen negativen Auswirkungen vorzubeugen, sind die Unternehmen auf geschultes Personal angewiesen, das die Walzen regelmäßig manuell kontrolliert und zeitaufwendige Laboranalysen durchführt, um Abweichungen von den zulässigen Betriebsparametern wie Temperatur und Vibration zu vermeiden (Ruppert & Noel, 2021). Dies bedeutet im Umkehrschluss, dass die Walzenstühle nie unbeaufsichtigt arbeiten können, was wiederum die Produktionskosten deutlich erhöht.

16.2 Die Mühlen werden smart

Die Geschichte der Firma Grüninger Mühlen ist geprägt von kontinuierlichem Wachstum und technischen Erweiterungen, mit Meilensteinen wie dem Kauf verschiedener Mühlen, dem Bau neuer Anlagen und der starken Erweiterung ihrer Kapazitäten. Prägend für die heutige Produktion war der Neubau der hochmodernen Mühle in Flums Bahnhof im Jahr 2010, welche in enger Zusammenarbeit mit dem Hauptlieferanten, der Firma Bühler Group (Bühler, o. J.a) realisiert wurde, wie in Abb. 16.2 zu sehen.

Die Walzenstühle wurden seit 2010 kontinuierlich verbessert und erweitert. Im Jahr 2017 wurde ein neues Steuerungssystem für die Walzenstühle eingeführt, und damit fiel der Startschuss für die Digitalisierung der gesamten Produktionsanlage am Standort Flums. Die Grüninger Mühlen waren weltweit die ersten, die das Produktionsleitsystem „Mercury MES" der Bühler Group zur intuitiveren Steuerung ihrer Anlagen einführten (Bühler, 2018).

Die Bühler Group, ein führender Anbieter für Prozesstechnologie für die Lebensmittel- und Futtermittelindustrie, hat eine Zusammenarbeit mit Grüninger Mühlen initiiert. Ziel war es, neue digitale Services zu entwickeln, um den Mahlprozess noch sicherer und effizienter zu gestalten. Dazu gehören Dienstleistungen wie Ertrags- und Energiemanagementsysteme, Fehler- und Stillstandsanalysen, Temperatur- und

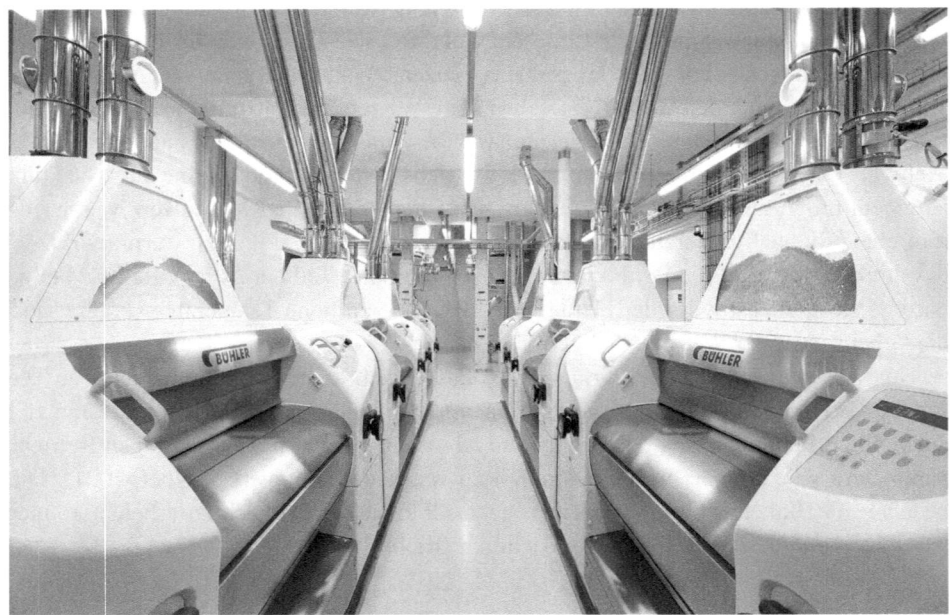

Abb. 16.2 Walzenstühle, Standort Grüninger Mühlen (Foto: Mit freundlicher Genehmigung Grüninger Mühlen, 2024. All Rights Reserved)

Vibrationsmanagement sowie die Erfassung von OEE(Overall Equipment Effectiveness)-Kennzahlen. Diese neuen Services sollen vor allem in den Märkten angeboten werden, in denen ein großer Fachkräftemangel herrscht. Diese Märkte sind auch in zunehmendem Maße vom Klimawandel betroffen, der zu wachsenden Problemen bei der Verfügbarkeit und Qualität von Getreide führt, und benötigen daher Instrumente zur Sicherung der Erträge.

Für die Entwicklung dieser Services war die Gewinnung relevanter Prozessdaten unerlässlich. In einem initialen Schritt wurden Sensoren in den Walzenstühlen implementiert, um sowohl die Temperaturverteilung als auch die Vibrationen der Walzen präzise zu erfassen. Diese Daten wurden anschließend an die Bühler-IoT-Plattform, bekannt als Bühler Insights, übertragen und dort durch Bühler-Experten analysiert (Bühler, o. J.b). Diese Analyse ermöglichte es, den Temperaturverlauf der Walzenstühle detailliert darzustellen und kontinuierlich zu überwachen. In Abb. 16.3 sieht man eine beispielhafte Temperaturverteilung. Die 8 Messpunkte (0–8) stehen für 8 Messstellen in einer Mahlwalze.

Weitere Sensoren messen die Stromaufnahme sowie den Energieverbrauch im gesamten Vermahlungsprozess. Der aktuelle Energieverbrauch (kW pro Tonne Mehl) ist ein guter Indikator, um zu zeigen, ob der Prozess optimal eingestellt ist, ob Filter verstopft

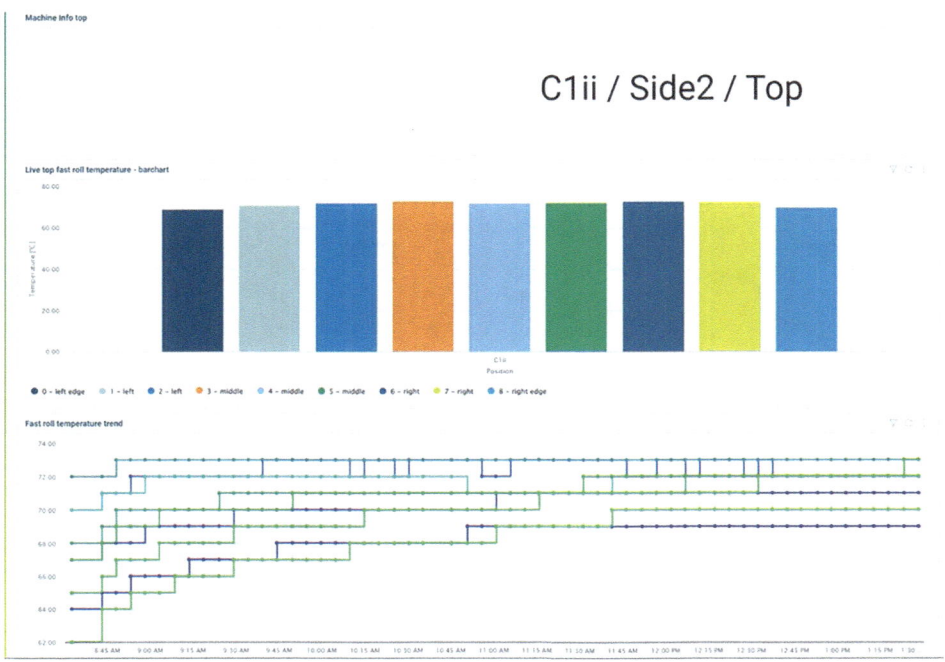

Abb. 16.3 Temperaturverlauf eines Walzenstuhls der Grüninger Mühlen (Abbildung: Mit freundlicher Genehmigung Grüninger Mühlen, 2024. All Rights Reserved)

sind oder ob nicht operierende Anlagen noch im Stand-by-Modus eingeschaltet sind. Diese Werte werden mit einfachen Dashboards visualisiert, sodass die Produktionsmitarbeitenden jederzeit einen Überblick über die wichtigsten Kennwerte haben. In Abb. 16.4 ist ein Dashboard beispielhaft abgebildet: Im obersten Bereich sind die Betriebszeiten sowie geplante und ungeplante Ausfallzeiten dargestellt. Der mittlere Bereich zeigt die unterschiedlichen Mehlrezepte und dazugehörigen Produktionszeiten. Im untersten Bereich wird der aktuelle Energieverbrauch pro Rezept aufgeführt.

Die zentralen Prozessparameter, einschließlich der aktuellen Verfügbarkeit und des Durchsatzes, werden in Echtzeit auf den Dashboards visualisiert (siehe Abb. 16.5). Die Produktqualität wird durch die Inlineerfassung (Messung im Fertigungsprozess) diverser Variablen wie Ertrag, Feuchtigkeit, Mineralstoff- und Proteingehalt sowie Wasseraufnahme bewertet und zu einem aggregierten Kennwert zusammengefasst. Dies ermöglicht es den Produktionsmitarbeitenden, sich jederzeit rasch einen umfassenden Überblick über den aktuellen Zustand des Prozesses zu verschaffen.

Bei Überschreitung eines Messwertes über einen vordefinierten Schwellenwert hinaus erhält der Produktionsmitarbeitende eine Pushbenachrichtigung. Dies ermöglicht eine zeitnahe Anpassung der Maschineneinstellung, um den Prozess zu optimieren. Solche Anpassungen sind entscheidend, um sowohl die Produktqualität als auch den Ertrag zu sichern und zu verbessern.

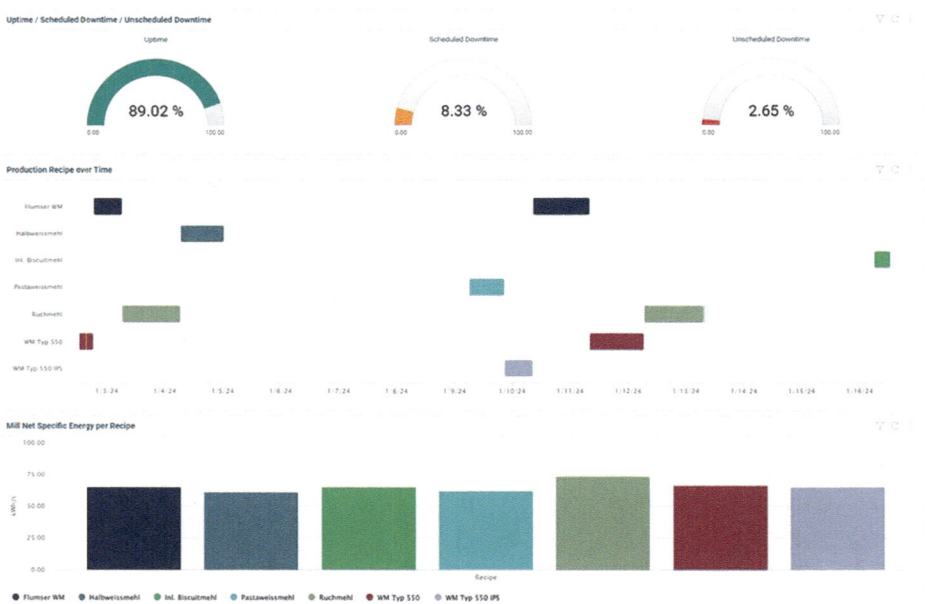

Abb. 16.4 Dashboard für das Energiemanagementsystem (Abbildung: Mit freundlicher Genehmigung Grüninger Mühlen, 2024. All Rights Reserved)

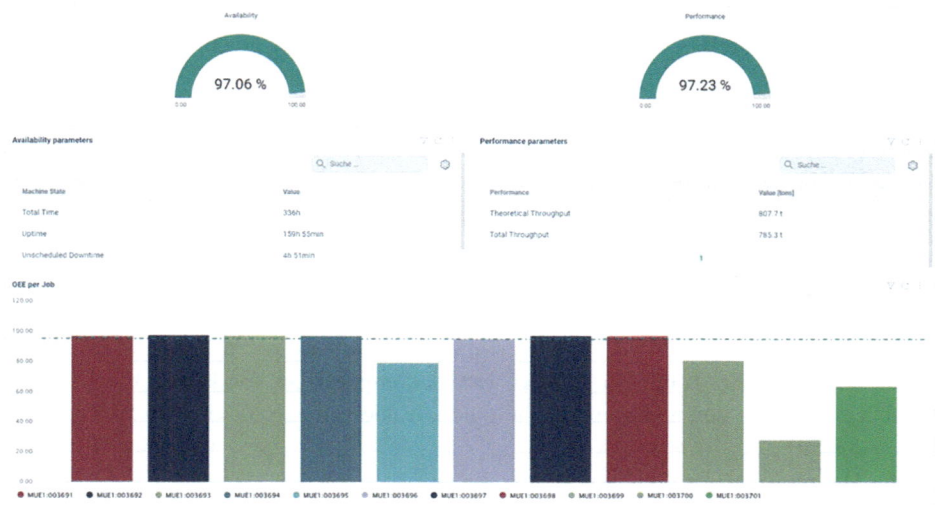

Abb. 16.5 Overall Equipment Effectiveness (Abbildung: Mit freundlicher Genehmigung Grüninger Mühlen, 2024. All Rights Reserved)

So hat die Partnerschaft mit der Bühler Group bei Grüninger Mühlen zu erheblichen Fortschritten in der Digitalisierung und Automatisierung geführt. Durch die Einführung eines gemeinsam entwickelten Temperatur- und Vibrationsmanagementsystems (TVM) und weiterer datenbasierter Dienste konnten Produktionsprozesse optimiert, die Produktqualität verbessert und Ressourcen effizienter genutzt werden.

16.3 Treiber und Barrieren für das Teilen von Daten im Grüninger Ökosystem

Die Datenteilung im geschäftlichen Kontext konfrontiert Organisationen mit verschiedenen technischen, rechtlichen und kulturellen Herausforderungen. Als Entwicklungspartner ist Grüninger Mühlen maßgeblich daran beteiligt, die neuen, datengestützten Services der Bühler Group sorgfältig zu testen und ein umfassendes Feedback aus Anwendersicht zu geben. Für den Erfolg eines solchen Co-Creation-Projekts, bei welchen Daten zwischen Partnern geteilt werden, sind verschiedene Perspektiven wichtig, wie bereits in Kap. 3, Datengetriebene Organisationskultur, aufgezeigt. In den folgenden Abschnitten wird erörtert, wie diese verschiedenen Perspektiven die Partnerschaft zwischen Grüninger Mühlen und der Bühler Group beeinflussen.

16.3.1 Einfluss der Kultur auf die Datenteilbereitschaft in einem Ökosystem

Eine fundamentale Bedingung für die Initiierung dieser Kooperation war die aufgeschlossene und proaktive Haltung der Geschäftsführung der Grüninger Mühlen, die bereits in der Frühphase den potenziellen Wert der Zusammenarbeit als hoch einschätzte. Ein wesentlicher Treiber für diese Entscheidung war die Erkenntnis, dass durch die Digitalisierung der Produktionsanlagen eine Steigerung der Prozesseffizienz erzielt werden könnte, was wiederum eine Umverteilung der Ressourcen auf andere kritische Bereiche wie die Bearbeitung von Kundenanliegen und die Entwicklung von Strategien ermöglichen würde. Entscheidend in diesem Zusammenhang war die technologische Zusammenarbeit mit der Bühler Group: Als Entwicklungspartner von Bühler hat Grüninger Mühlen Zugang zu den neuesten Technologien, was einen entscheidenden Wettbewerbsvorteil darstellt.

Die Haltung und die Bereitschaft der Belegschaft spielten eine entscheidende Rolle für die Intensivierung und den Erfolg der Kooperation. Die Mitarbeitenden der Grüninger Mühlen haben eine ausgeprägte Technologieaffinität, was sich in einer großen Offenheit gegenüber dem Testen und Bewerten neuer Technologien manifestiert. Die Rückmeldungen der Belegschaft bezüglich der Art und des Umfangs der Datenerhebung, der Gestaltung der Informationspräsentation bis hin zur Entwicklung intuitiver Dashboards waren von zentraler Bedeutung, um nutzerzentrierte Services zu entwickeln. Am Standort Flums sind zudem ein Labor sowie eine Versuchsbäckerei integriert, was eine zeitnahe Überprüfung der Resultate verschiedener Prozessoptimierungen, basierend auf Sensordaten, ermöglichte.

Die kulturelle Affinität zwischen zwei Unternehmen, die sich als gleichberechtigte Partner in der Entwicklung neuer Dienstleistungen engagieren, stellt einen signifikanten Faktor für den Erfolg ihrer Kooperation dar. Diese Affinität manifestiert sich in der Fähigkeit, gemeinsame Entscheidungen zu treffen und eine effektive Kommunikation zu pflegen, die durch eine gemeinsame Sprache erleichtert wird und das Risiko von Missverständnissen minimiert. Die effiziente Übermittlung von Ideen und Feedback wird durch ein gemeinsames Verständnis und dem gegenseitigen Respekt für die jeweiligen Arbeitsmethoden gefördert, wodurch die Zusammenarbeit sowohl effektiver als auch produktiver gestaltet wird. Eine ähnliche kulturelle Basis kann zudem die Innovationskraft ankurbeln, indem sie ein Umfeld des gegenseitigen Vertrauens schafft, welches wiederum ein sicheres Feld für kreatives Denken und experimentelle Ansätze bietet. In diesem Kontext dient die kulturelle Passung als essenzieller Schlüssel zum Erfolg der Partnerschaft, indem sie nicht nur die operative Effizienz steigert, sondern auch eine solide Grundlage für langfristige und fruchtbare Zusammenarbeit legt.

16.3.2 Welchen Wert haben Daten für den jeweiligen Partner?

Die Müllerei ist eine Mengenbewirtschaftung, bei der es darum geht, eine bestimmte Produktionsmenge unter Einhaltung strenger Qualitätsanforderungen und mit möglichst geringem Ressourcenaufwand zu realisieren (Bühler, 2018). Insbesondere für industrielle Abnehmer und im Exportsektor ist der Verkaufspreis von signifikanter Bedeutung. Aus diesem Grund stellt eine kontinuierliche Reduktion der Betriebskosten einen entscheidenden Wettbewerbsvorteil dar und gewährleistet eine nachhaltige Erfolgsposition im Markt.

Im Rahmen des Projekts mit Bühler gelang es den Grüninger Mühlen, den Grad der Digitalisierung und Automatisierung ihrer Produktionsanlagen signifikant zu steigern. Die Umstellung auf einen kontinuierlichen 24/7-Schichtbetrieb, bei dem Mitarbeitende für 8 h direkt vor Ort sind und die Anlagen für die verbleibenden 16 h autonom operieren, ermöglichte eine erhebliche Steigerung der Produktionsausbeute bei unveränderter Qualität und gleichbleibendem Personalbestand. Diese Anpassung führte zu einem deutlichen Kostenvorteil. Die Digitalisierung und Automatisierung der Anlagen bedeuteten für die Grüninger Mühlen eine erhebliche Vereinfachung der Produktionsprozesse und eine Reduktion der erforderlichen Wartungszeiten im Vergleich zu konventionellen Systemen. Durch die Entwicklung einer neuen webbasierten Schnittstelle ist es den Produktionsmitarbeitenden nun möglich, die Anlage nicht nur von festen Bedieneinheiten, sondern von jedem Ort im Werk aus über Tablets und Smartphones präzise zu steuern, was eine flexible und effiziente Anpassung der Produktionsparameter ermöglicht.

Nicht weniger wichtig als die finanziellen Vorteile sind aus Sicht der Familie Grüninger die hohe Transparenz betreffend Prozess- und Produktsicherheit. Durch die Implementierung von übersichtlichen Dashboards und Inline-Qualitätsmessungen im kontinuierlichen 24-h-Betrieb ist es möglich, Unregelmäßigkeiten im Produktionsprozess schnell zu identifizieren. Dies ermöglicht das frühzeitige Ergreifen von Maßnahmen, um Betriebsunterbrechungen vorzubeugen. Das neu eingeführte Produktionsleitsystem etabliert bei Grüninger Mühlen neue Standards in Bezug auf Produktsicherheit und Rückverfolgbarkeit, indem es eine lückenlose Überwachung und Steuerung der Produktionsabläufe gewährleistet.

Durch die fortschreitende Digitalisierung erfahren sowohl die Produktionsleitung als auch die Geschäftsleitung eine partielle Entlastung von operativen Aufgaben. Diese Ressourcen- und Kostenentlastung überwiegt die in die Digitalisierung getätigten Investitionen mittelfristig bei Weitem. Der Begriff „Peace of Mind" wurde in diesem Kontext als Stichwort genannt und repräsentiert einen nicht zu unterschätzenden Vorteil. Er symbolisiert die durch die Digitalisierung erlangte geistige Entlastung und Sicherheit, welche es Führungskräften ermöglicht, ihre Aufmerksamkeit von täglichen Betriebsabläufen auf langfristige und strategische Ziele zu verlagern.

Für die Bühler Group stellt die Kooperation mit einem innovativen Implementierungspartner einen wesentlichen Faktor dar, um neue Technologien zu erproben und digitale Dienstleistungen zu entwickeln. Insbesondere der intensive Dialog mit den Produktionsmitarbeitenden der Grüninger Mühlen hat es Bühler ermöglicht, genau zu identifizieren, welche Prozess- und Messdaten für spezifische Angebote erforderlich sind und wie diese Daten auf eine einfache und nutzerfreundliche Weise visualisiert werden können, um nutzerzentrierte Lösungen zu schaffen. Einige der heute von Bühler angebotenen neuen Services, wie das Yield Management System, die Analyse von Fehlern und Ausfallzeiten sowie das Management von Temperatur und Vibrationen, einschließlich der Überwachung von Bewegungen, Vibrationen und der Temperatur am Plansichter, wurden in Kooperation mit den Grüninger Mühlen entwickelt oder signifikant verbessert. Diese Zusammenarbeit unterstreicht die Bedeutung der Datenteilung für die Entwicklung digitaler Lösungen.

16.3.3 Vertrauen in einem Ökosystem

Auch wenn eine grundsätzliche Offenheit für die Datenteilung vorhanden ist, so werden Daten nicht automatisch mit jedem Partner in einem Ökosystem geteilt. Vielmehr ist der Aufbau einer Vertrauensbasis erforderlich, um einen Austausch zu ermöglichen, der sowohl effizient als auch für beide Seiten vorteilhaft ist. Die Literatur unterstreicht, dass die Art und Dauer der Beziehung zwischen den beteiligten Parteien eine signifikante Rolle bei der Entwicklung von Vertrauen spielen, wie in Kap. 2, Vertrauen in Business-Ökosystemen, dargelegt. Im spezifischen Fall der Grüninger Mühlen und Bühler Group trifft dies zu. Die Bühler Group fungierte über Jahre hinweg als Hauptlieferant für die wesentlichen Produktionsanlagen der Grüninger Mühlen und etablierte sich somit als ein bedeutender und langjähriger Geschäftspartner, was eine solide Grundlage für den vertrauensvollen Datenaustausch zwischen den Unternehmen bildete.

Die Reputation der beteiligten Unternehmen nimmt eine zentrale Rolle ein, insbesondere wenn es um die Kooperation bei der Datenteilung geht. Für die Grüninger Mühlen resultiert die Zusammenarbeit mit einem international anerkannten Unternehmen wie der Bühler Group in einem positiven Effekt auf ihre Marktsichtbarkeit. Kunden von Bühler werden zum Standort Flums eingeladen, um die Implementierung digitaler Services direkt zu erleben, was entscheidend zum Aufbau von Vertrauen in diese neuen Technologien beiträgt – ein wesentlicher Schritt in einer traditionell geprägten Branche wie der Müllerei. Diese Strategie fördert nicht nur das Vertrauen in digitale Innovationen, sondern unterstreicht auch die Vorreiterrolle der beteiligten Unternehmen bei der digitalen Transformation in ihrem Sektor.

Eine weitere wichtige Voraussetzung zur Steigerung des Vertrauens zwischen Partnern in Bezug auf die Datenteilung ist eine ausgeprägte Transparenz bezüglich der Intention hinter der Datenteilung (Benedech et al., 2023). Es ist von grundlegender Bedeutung, dass für alle beteiligten Parteien eindeutig ersichtlich ist, welche Daten zu welchem

Zweck beziehungsweise für welchen Anwendungsfall geteilt werden. Unternehmen, die erstmalig Daten mit Partnern teilen, initiieren diesen Prozess typischerweise mit einem spezifischen Use Case und entwickeln auf der Basis der initialen Erfahrungen im Verlauf der Kooperation weitere Projekte. Diese schrittweise Annäherung ermöglicht eine kontinuierliche Vertrauensbildung und fördert die Kollaboration durch eine klar definierte und transparent kommunizierte Zielsetzung der Datennutzung.

Im ersten Projekt der Kooperation der Grüninger Mühlen mit der Bühler Group diente die Messung von Temperatur und Vibrationen an den Walzenstühlen als initialer Use Case. Basierend auf diesen Erfahrungen wurden sukzessive weitere Dienstleistungen entwickelt, darunter ein Energiemanagementsystem sowie die Visualisierung zentraler Prozesskennzahlen.

Ein gemeinsames Ziel in Bezug auf den Zweck der Datenteilung ist wichtig, um das Vertrauen zwischen den Partnern zu stärken. Unternehmen, die offenlegen, wie sie Daten nutzen, können besser auf Bedenken hinsichtlich des Datenschutzes und der Datensicherheit eingehen. Dies führt zu einer größeren Bereitschaft zur gemeinsamen Nutzung von Daten, da die Partner sicher sein können, dass ihre Daten ethisch und verantwortungsvoll behandelt werden. Transparenz bei der Datennutzung ist daher ein Schlüsselfaktor für eine effektive und nachhaltige gemeinsame Datennutzung.

16.3.4 Legal, Governance, und IT Security

Die Herstellung von Mehl und Futtermitteln unterliegt sehr strengen internationalen Richtlinien. Gerade in der voll- oder teilautomatisierten Produktion ist eine hohe Prozesssicherheit entscheidend, die nachweislich überprüfbar sein muss. Grüninger Mühlen ist, wie viele Lebensmittelhersteller, nach den International Feature Standards (IFS Food) zertifiziert. Dieser Standard gilt für Lieferanten auf allen Stufen der Lebensmittelverarbeitung nach der landwirtschaftlichen Produktion.

Die IFS Food Standards werden regelmäßig revidiert, um neuen Technologien und Anforderungen im Lebensmittelbereich Rechnung zu tragen, und es ist absehbar, dass die Anforderungen an die Prozesssicherheit in Zukunft weiter verschärft werden. Für Grüninger Mühlen war deshalb klar, dass sie noch mehr in die aktive Prozesskontrolle investieren müssen. Die Kooperation mit der Bühler Group stellt in diesem Zusammenhang einen wesentlichen Faktor dar, um den fortlaufend sich wandelnden gesetzlichen Anforderungen auch zukünftig entsprechen zu können.

Im Kontext des Datenaustauschs zwischen Unternehmen stellt die Gewährleistung der Datensicherheit für alle beteiligten Parteien eine fundamentale Prämisse für eine effektive Kooperation dar. Zu diesem Zweck haben die Bühler Group und Grüninger Mühlen ein Rahmenabkommen vereinbart, das sowohl den Umfang als auch die Dauer des Projekts regelt.

Im Verlauf des Entwicklungsprojekts verbleiben die Daten im Eigentum der Bühler Group. Sämtliche Daten bezüglich Produktion und Lieferanten werden sowohl lokal im Leitsystem als auch in einem separaten Back-up-System sowie in der firmeneigenen Cloud „Bühler Insights" gespeichert (Bühler, o. J.b). Mit Erreichen des Serienstands wird eine Spezifikation der Datenzugehörigkeit sowie eine Festlegung der Preisgestaltung für die neu entwickelten Dienstleistungen erforderlich.

Zur Sicherstellung der Datensicherheit unterzog die IT-Abteilung von Grüninger Mühlen das Leitsystem zunächst einer internen Prüfung, gefolgt von einem Security Audit durch ein externes Unternehmen. Die Überprüfung der IT-Sicherheit erfolgt seither in jährlichen Abständen durch externe Dienstleister. Darüber hinaus etablierte Grüninger Mühlen die Position eines Datenschutzbeauftragten und implementierte regelmäßige Schulungen für die Mitarbeitenden. Das neue Schweizer Datenschutzgesetz, das 2023 in Kraft getreten ist und die Verarbeitung personenbezogener Daten regelt, findet auf alle Lieferanten Anwendung, die Daten im Auftrag von Grüninger Mühlen verarbeiten (Schweizer Eidgenossenschaft, 2022).

16.4 Die schrittweise Implementierung datenbasierter Dienstleistungen

Ein weiteres Ergebnis des Forschungsprojekts war die zeitabhängige Betrachtung mit Blick auf den Entwicklungsprozess von datenbasierten Dienstleistungen und Produkten, welche typischerweise einem mehrphasigen Prozess folgen (Benedech et al. 2023). In der Initialphase solcher Kooperationen ist die Sensibilisierung aller Stakeholder für das Projekt von großer Bedeutung, um genügend Aufmerksamkeit für das Vorhaben zu generieren. Im spezifischen Kontext der Grüninger Mühlen stellte die Ermittlung relevanter und attraktiver Anwendungsfälle den kritischen Ausgangspunkt dar. Basierend darauf wurden die zu teilenden Daten im Vorfeld klar definiert, um der Bühler Group die notwendigen Informationen für die Entwicklung automatisierungsspezifischer Dienstleistungen bereitzustellen. Zudem war eine frühzeitige Implementierung von Sicherheitsmaßnahmen ausschlaggebend, um den Datenschutz bereits in der Anfangsphase des Projekts zu garantieren. Die Etablierung einer neuen Position eines Datenschutzbeauftragten erhöhte die Sensibilisierung für die Relevanz des Datenschutzes innerhalb der gesamten Organisation.

In einem zweiten Schritt wurden alle betroffenen Stakeholder in gemeinsamen Workshops mit dem Projekt vertraut gemacht sowie die Bedürfnisse der verschiedenen Stakeholder, bezogen auf die Digitalisierung und Automatisierung, ermittelt. Danach haben Grüninger Mühlen und Bühler Group gemeinsam einen Plan ausgearbeitet, wie die Anlagen angebunden und welche digitalen Produkte in welcher Reihenfolge entwickelt werden sollten. Anhand der vorab identifizierten Use Cases konnte der Mehrwert einer solchen Zusammenarbeit für Grüninger Mühlen konkret aufgezeigt werden, ein wichtiger Schritt, um das Management und die beteiligten Mitarbeitenden von der Notwendigkeit des Projekts zu überzeugen.

In der darauffolgenden Phase des Projekts wurden die technischen und rechtlichen Rahmenbedingungen für die gemeinsame Nutzung der Daten festgelegt und in einem Rahmenvertrag fixiert. Erst nachdem diese Vorarbeiten abgeschlossen waren, wurde das erste Pilotprojekt gestartet. Pilotprojekte zeichnen sich durch ihre hohe interne Wirkung aus, weshalb eine sorgfältige Steuerung und kontinuierliche Kommunikation der Projektfortschritte von großer Bedeutung waren. Diese strategische Vorgehensweise ermöglichte es, das Vertrauen sowohl in die beteiligten Unternehmen als auch in die Stabilität der Partnerschaft zu stärken. Aufgrund des Erfolges dieses Pilotprojekts konnten anschließend weitere Entwicklungsinitiativen zwischen der Bühler Group und den Grüninger Mühlen etabliert werden, welche bis zum aktuellen Zeitpunkt fortbestehen.

16.5 Daten als Basis für nachhaltige Geschäftsmodelle bei Grüninger Mühlen

Im Zuge der verschiedenen Datenteilungsprojekte hat sich bei der Grüninger Mühlen ein signifikant gesteigertes Bewusstsein für den Wert von Daten herausgebildet. Es wurde seitens der Geschäftsleitung erkannt, dass die Entwicklung innovativer Geschäftsmodelle nicht allein durch den Austausch von Daten mit Zulieferern, sondern auch durch die Teilung von Daten mit den Endkunden ermöglicht wird.

Ein zentraler Aspekt der Differenzierung für die Grüninger Mühlen liegt in der Positionierung als nachhaltig agierendes Unternehmen. Eine zunehmende Anzahl von Kunden legt Wert darauf, die CO_2-Emissionen ihrer Lieferkette zu kennen, was ein entscheidendes Kriterium für die Etablierung langfristiger Geschäftsbeziehungen darstellt. Die Reduktion von CO_2-Emissionen entlang der gesamten Wertschöpfungskette ist hierfür eine fundamentale Anforderung. Vor diesem Hintergrund initiierte Grüninger ein Pilotprojekt zur ökologischen und ökonomischen Optimierung der eigenen Logistikprozesse, wie nachfolgend erläutert.

Grüninger Mühlen beliefert seine Kunden mittels einer firmeneigenen Lkw-Flotte, siehe Abb. 16.6. Dabei wird das Getreide direkt in die Getreidesilos der Kunden geliefert.

Bisher erfolgten diese Lieferungen auf Basis individueller Bestellungen, was zu zahlreichen Teillieferungen und Leerfahrten führte. Das Ziel des neuen Projekts war die Implementierung eines prognosebasierten Liefersystems, um Lieferungen effizienter zu bündeln, die Lkw-Auslastung zu optimieren und eine verbesserte Gesamtplanung sowie Ressourcennutzung zu realisieren. Durch den Einsatz von Radartechnologie zur Erfassung der Füllstände in den Getreidesilos ausgewählter Kunden ermöglicht dieses System eine präzise Kalkulation optimaler Liefermengen und -zeitpunkte. Dies führt zu einer höheren Auslastung der Lastwagen, der Vermeidung von Leerfahrten und einer signifikanten Reduktion des CO_2-Fußabdrucks der Logistik. Kunden profitieren durch diesen Service von einer gesteigerten Produktverfügbarkeit und dem Wegfall manueller Bestellprozesse, was die Fehleranfälligkeit reduziert. Die optimierte Kapazitätsauslastung ermöglicht Grüninger

Abb. 16.6 Lkw-Flotte der Firma Grüninger Mühlen (Abbildung: Mit freundlicher Genehmigung Grüninger Mühlen, 2024. All Rights Reserved)

Mühlen zudem eine Senkung der Transportkosten, was einen direkten Kostenvorteil für die beteiligten Kunden darstellt.

Mit solchen neuen datenbasierten Dienstleistungen gelingt es Grüninger Mühlen nicht nur, seine Emissionen deutlich zu reduzieren, sondern auch eine starke Kundenbindung in einem wettbewerbsintensiven Marktumfeld zu etablieren.

16.6 Innovation durch Datenteilung und Digitalisierung

Grüninger Mühlen hat durch die Partnerschaft mit der Bühler Group bedeutende Fortschritte in Digitalisierung und Automatisierung gemacht, was ihnen einen klaren Wettbewerbsvorteil verschafft. Durch die Einführung eines gemeinsam entwickelten Temperatur- und Vibrationsmanagements (TVM) sowie weiterer datenbasierter Dienstleistungen konnten sie ihre Produktionsprozesse optimieren, die Produktqualität verbessern und Ressourcen effizienter nutzen. Dank dieser Entwicklungen zählt Grüninger Mühlen heute zu den innovativsten Getreideherstellern in Europa. Für die Bühler Group bietet die Zusammenarbeit die Möglichkeit, neue Technologien unter realen Bedingungen zu testen und weiterzuentwickeln, um das Produkt- und Serviceangebot zu verbessern und ihre Position als führender Anbieter von Prozesstechnologien in der Industrie zu stärken.

Literatur

Benedech, R., Dobler, M., Kugler, P., Meierhofer, J., Meyer, J., Strittmatter, M., Treiterer, M., & Vogt, H. (2023). Data sharing Framework für KMU. Abschlussbericht Interreg AVH.

Bühler (o. J.a). Bühler Group. https://www.buhlergroup.com. Zugegriffen: 2. Febr. 2024

Bühler (o. J.b). Bühler Insights. https://www.buhlergroup.com/global/de/services/digital-services/buhler-insights.html. Zugegriffen: 15. Febr. 2024

Bühler (2018). New Factory Automation System Mercury MES. Youtube. https://www.youtube.com/watch?v=VUTaAznKlNA. Zugegriffen: 15. Febr. 2024

Grüninger Mühlen (o. J.). www.grueningermuehlen.ch. Zugegriffen: 23. Jan. 2024

Ruppert, G., Noel, A. (2021). Gauging temperature and vibrations for better performance. https://millermagazine.com/blog/gauging-temperature-and-vibrations-for-better-performance-3948). Zugegriffen: 23. Jan. 2024

Schweizer Eidgenossenschaft (2022). Bundesgesetz über den Datenschutz. https://www.fedlex.admin.ch/eli/oc/2022/491/de. Zugegriffen: 15. März 2024

SFPS (o. J.). Swiss Feed Production Standard. https://www.vsf-mills.ch/de/positionen/sfps/?oid=95&lang=de. Zugegriffen: 20. März 2024

Wenbin, W. (2018). Thermal phenomenon and analysis of grinding machine's milling roller. millingandgrain.com/thermal-phenomenon-and-analysis-of-grinding-machines-milling-roller-19743/. Zugegriffen: 15. Februar 2024

Philipp Marquart, geboren am 14. Februar 1997 in Flums, begann seine berufliche Laufbahn mit einer Lehre als Müller EFZ in der Fachrichtung Lebensmittel. Im selben Jahr errang er den Sieg beim renommierten Mühlenmasters in Hohberg und holte diese Auszeichnung erstmals in die Schweiz.

Nach seiner Ausbildung bildete sich Philipp Marquart zum Müllermeister und diplomierten Müllereitechniker SMS weiter. Bereits mit 20 Jahren übernahm er die Rolle des Produktionsleiters bei den Grüninger Mühlen, und mit 23 Jahren wurde er Mitglied der Geschäftsleitung der Willi Grüninger AG.

Heute, mit 27 Jahren, ist er als Mitglied der Geschäftsleitung für die Produktionsleitung und IT verantwortlich und engagiert sich mit Leidenschaft für die Weiterentwicklung des Familienunternehmens.

Helen Vogt ist Dozentin für Innovations- und Produktmanagement an der Zürcher Hochschule für Angewandte Wissenschaften (ZHAW) in Winterthur. Die ausgebildete Materialwissenschaftlerin verfügt über umfangreiche Erfahrungen im Business Development und im industriellen Produktmanagement von Schweizer und internationalen Unternehmen. An der ZHAW leitet sie den Studiengang Master in Product Management und engagiert sich in der Weiterbildung im Bereich des Innovationsmanagements. Ihre Forschungsschwerpunkte sind Kreislaufwirtschaft und Entrepreneurship mit Fokus auf die Entwicklung von nachhaltigen Geschäftsmodellen.

Petra Kugler beschäftigt sich als Professorin für Strategie und Management an der OST – Ostschweizer Fachhochschule in St.Gallen, Schweiz, mit der Frage, warum Unternehmen anders und erfolgreich sind. Seit 25 Jahren untersucht sie das Zusammenspiel von Strategie, Management und Innovation. Häufig spielen dabei digitale Technologien eine zentrale Rolle. Ihr aktuelles Interesse gilt Big Data und künstlicher Intelligenz in Unternehmen und wie diese in Werte transferiert werden können. Dazu braucht es ein neues Verständnis von Organisationen und wie diese wertschöpfend tätig sind. Petra Kugler promovierte an der Universität St.Gallen (HSG) und war in der Werbung tätig. Auslandsaufenthalte halfen ihr dabei, neue Perspektiven einzunehmen. Sie erhielt u. a. ein Stipendium des Schweizerischen Nationalfonds für ein Forschungsjahr an der University of California, Berkeley und war an einer japanischen Skischule tätig.

Dr. Jürg Meierhofer ist Leiter der Expert Group „Smart Services" der Data Innovation Alliance und Studienleiter Industrie 4.0 (MAS) und Smart Services (CAS) an der ZHAW Zürcher Hochschule für Angewandte Wissenschaften. Die Gestaltung datengetriebener Servicewertschöpfung zieht sich als roter Faden durch seine Tätigkeit. Nach verschiedenen Führungspositionen im Dienstleistungsbereich lehrt und forscht er seit 2014 an der ZHAW. Er hat an der ETH Zürich promoviert und an der Universität Fribourg einen EMBA erworben.

17

Fallstudie Swiss WashTech: Daten im Ökosystem teilen, Innovationen ermöglichen und kulturellen Wandel anstoßen

Petra Kugler, Helen Vogt und Jürg Meierhofer

Zusammenfassung

Die Fallstudie „Swiss WashTech" zeigt auf, wie der Weg von einem etablierten KMU hin zu einem Technologieunternehmen gelingen kann, ohne die Identität und Kultur des Unternehmens aufzugeben. Die Swiss WaschTech hat sich von einem Hersteller mechanischer Waschmaschinen hin zu einem Produzenten hochwertiger Waschgeräte entwickelt. Daten und das Teilen von Daten in einem Ökosystem stehen dabei zunehmend im Mittelpunkt der Wertschöpfung. Die Fallstudie diskutiert daraus entstehende Chancen wie Produkt-, Service- und Geschäftsmodellinnovationen. Zudem zeigt der Beitrag verständlich auf, welche wichtigen Fragen sich ein Unternehmen auf dieser Reise stellen muss, insbesondere im Hinblick auf die Veränderung der Organisationskultur und auf die Stärkung von Vertrauen im Unternehmen und im Ökosystem.

P. Kugler (✉)
OST Ostschweizer Fachhochschule, St. Gallen, Schweiz
E-Mail: petra.kugler@ost.ch

H. Vogt · J. Meierhofer
ZHAW Zürcher Hochschule für Angewandte Wissenschaften, Zürich, Schweiz
E-Mail: helen.vogt@zhaw.ch

J. Meierhofer
E-Mail: juerg.meierhofer@zhaw.ch

17.1 Swiss WashTech: Vom mechanischen Betrieb zum Technologieunternehmen

Die Swiss WashTech ist ein mittelständisches Schweizer Unternehmen (KMU), das nahe des Bodensees im thurgauischen Weinfelden ansässig ist. Seit dem Gründungsjahr 1949 sind Waschmaschinen das Kerngeschäft des Unternehmens. Gegründet wurde die Swiss WashTech von Carl Weber, der in den Nachkriegsjahren zunächst mechanische Waschmaschinen mit Handkurbel, dann elektrische Waschmaschinen für Haushalte in der Region baute und diese vertrieb. Heute stehen Hochleistungsgeräte im Zentrum der Produktion, die an gewerbliche und industrielle Kunden im gesamten Bodenseeraum und darüber hinaus geliefert werden. Typische Kunden sind Spitäler, Hotels und Gastgewerbe, Industriebetriebe oder Dienstleister für diese Organisationen.

Dank stetigem Wachstum beschäftigt das Unternehmen heute 240 Mitarbeitende, und noch immer ist die Swiss WashTech zu 100 % in Familienbesitz. Geführt wird das Unternehmen nun seit gut 5 Jahren in dritter Generation von Michael Weber, dem Enkel des Unternehmensgründers. Michael Weber war es auch, der die Bezeichnung des Traditionsunternehmens von „Carl Weber Waschmaschinen" in „Swiss WashTech" überführte. Nach mehr als 60 Jahren erfolgreicher Historie des Unternehmens war dies notwendig, denn vieles hat sich seit den Anfangsjahren verändert. Heute spielen neue, vor allem digitale Technologien eine wichtige Rolle für das Unternehmen. Der Einbau von Sensoren ermöglicht es heute, große Mengen an Daten zu sammeln, zu speichern und auszuwerten. Das Unternehmen hat sich so vom ehemaligen Handwerksbetrieb kontinuierlich zu einem Technologieunternehmen weiterentwickelt, bei dem Daten im Zentrum der Wertschöpfung stehen. Aktuell spielt Michael Weber auch mit dem Gedanken, den nächsten Schritt zum Einsatz von künstlicher Intelligenz zu gehen, quasi als Fortführung der Arbeit mit Daten.

Doch diese Entwicklung war nicht im Alleingang möglich. Vielmehr wurden zahlreiche Gespräche mit Kunden, Technologieunternehmen oder auch mit regionalen und nationalen Organisationen geführt, denn viele Daten entstehen gerade an der Schnittstelle zwischen verschiedenen Organisationen. Häufig können Rohdaten erst durch eine Zusammenführung der Daten, die bei unterschiedlichen Unternehmen gewonnen werden oder dezentral gespeichert sind, wertschöpfend genutzt werden. Viele Daten mussten also zuerst mit anderen Unternehmen und Organisationen geteilt werden, und letztlich begann der Aufbau eines Ökosystems, der noch immer andauert. Gemeinsam können die Unternehmen, die Teil des Ökosystems sind, deutlich bessere Leistungen anbieten, als dies für jedes Unternehmen alleine möglich wäre. Welche Fragen sich beim Aufbau eines Datenökosystems stellen und welcher potenzielle Nutzen daraus entstehen kann, wird nachfolgend am Beispiel des Ökosystems um die Swiss WashTech aufgezeigt.

17.2 Wettbewerb zwischen Tradition und Veränderung

Die ersten beiden Generationen der Familie, vertreten sowohl durch den Großvater Carl Weber als auch durch Michaels Vater, profitierten vom wachsenden Wohlstand und der stabilen Situation in der Schweiz. Doch zeigte sich einerseits schon in der zweiten Generation seit Beginn der 1980er-Jahre, dass sich der Wettbewerb schwieriger gestaltete. Dies wurde vor allem durch die zunehmende Marktmacht international agierender Großunternehmen deutlich, die Haushaltsgeräte zu einem deutlich tieferen Preis anbieten konnten. Andererseits gab es auch immer wieder technische Neuerungen, vor allem im Rahmen der Digitalisierung, die ebenfalls durch die großen Wettbewerber schneller und umfassender aufgegriffen und umgesetzt wurden. Diese technischen Neuerungen betrafen die Ausstattung und damit die Qualität der Geräte, zudem wurden digitale Prozesse eingeführt, die deutlich effizienter und schneller waren. Die Swiss WashTech geriet so sowohl in puncto Effizienz und Kosten als auch, und das war noch wichtiger, im Hinblick auf die Qualität und technische Vorreiterrolle der Waschgeräte zunehmend unter Druck. Vor diesem Hintergrund fiel um die Jahrtausendwende auch der Entscheid, dass sich das Unternehmen von der Zielgruppe „Haushalte" abwandte und sich neu auf qualitativ hochwertige, technisch führende Geräte für den gewerblichen Bedarf konzentrierte. Nur durch diesen Schritt war es möglich, die Produktion im Hochpreisland Schweiz zu halten. Denn der Preisdruck war bei den privaten Kunden noch stärker zu spüren als bei den gewerblichen Kunden.

Schon bald nachdem Michael Weber die Geschäftsleitung des Familienunternehmens übernommen hatte, war ihm klar, dass sein Großvater und sein Vater, die ehemaligen „Patrons" im Hause, viel Herzblut in die stetige Entwicklung des Unternehmens gesteckt hatten. Aber nun war eine neue Zeit angebrochen, und viele Selbstverständlichkeiten der vergangenen Jahrzehnte lösten sich auf. So wurde es zunehmend schwierig, mit den Preisen und der Kostenstruktur der großen Wettbewerber mitzuhalten. Gleichzeitig veränderten sich auch die Erwartungen und Anforderungen der Geschäftskunden. Viele waren nicht mehr bereit, für die außerordentliche Qualität der Swiss-WashTech-Geräte auch einen hohen Preis zu bezahlen. Das Unternehmen profitierte zwar von etablierten, langjährigen Beziehungen zu einem treuen Kundenstamm, jedoch veränderte sich auch deren Situation. Bei einigen Kunden fand ein Generationenwechsel in der Leitung statt, oder die finanzielle Situation war angespannt, sodass auch langjährige Geschäftskunden abwanderten.

Michael Weber sah in dieser Entwicklung auf dem Markt und im Hinblick auf den Wettbewerb jedoch auch eine große Chance: Warum sollten nur die Großunternehmen von den technischen Neuerungen profitieren? Viele Vorteile müssten doch auch in einem KMU zu realisieren sein. Vor allem die Nutzung von Big Data war vielversprechend, einerseits, um herauszufinden, welche Prozesse und Leistungen für die Kunden effizienter gestaltet werden können. Andererseits würde die Analyse von Daten auch innovative Produktneuerungen, Services oder sogar Geschäftsmodelle ermöglichen. Dies war auch eine Möglichkeit, um die bisherige Qualitätsführerschaft aufrechtzuerhalten. So hatte Michael Weber im Sinne, genauer zu verstehen, wann und wie die Kunden die Waschgeräte im Einsatz haben. Das Wissen konnte dabei helfen, die Waschgeräte kontinuierlich weiterzuentwickeln und zu verbessern. Ebenfalls konnte er sich vorstellen, bessere Services, wie zum Beispiel vorausschauende Wartung (Predictive Maintenance) anzubieten, welche gerade für gewerbliche Kunden oft den Unterschied beim Kaufentscheid eines Gerätes ausmachten. Denn der Ausfall eines oder mehrerer Geräte war ein Szenario, welches die Kunden unbedingt vermeiden wollten.

Doch sowohl im eigenen Unternehmen als auch im Hinblick auf die Zusammenarbeit mit externen Partnern waren noch zahlreiche Voraussetzungen zu schaffen, um Daten zu nutzen. Im Unternehmen stellten sich zunächst Fragen zum Selbstverständnis, zur Kultur und zu den notwendigen Kompetenzen der Mitarbeitenden der Swiss WashTech. Zugleich wurde klar, dass Daten erst dann großflächig erhoben und analysiert werden konnten, wenn externe Partner wie Kunden, Software- und Plattformdienstleister oder sogar potenzielle Wettbewerber mit an Bord geholt werden konnten. Es galt, die erhobenen und analysierten Daten zu teilen und die so gewonnenen Erkenntnisse in neue Werte zu transferieren. Für das unabhängige Familienunternehmen war dies eine neue, bisher kaum angedachte Situation.

17.3 Organisationalen und kulturellen Wandel einleiten – aber wie?

Die Swiss WashTech war noch weit davon entfernt, ein digitales oder datengetriebenes Unternehmen zu sein. Es fehlte im gesamten Unternehmen, in der Geschäftsleitung, bei den Kadermitarbeitenden und bei allen anderen Mitarbeitenden an einem Bewusstsein dafür, was es hieß, mit Daten zu arbeiten. War es doch bisher immer die Devise des Vaters und des Großvaters gewesen, „Qualität verpflichtet". Produktverbesserungen, neue Produkte oder veränderte Prozesse und Services wurden erst auf den Markt gebracht, wenn sie nahezu perfekt waren und ein Abbild der schweizerischen Ingenieurskunst, man war stolz auf jedes neue technische Meisterwerk. So gab es wenige Reklamationen von den Kunden, aber der bisherige Entwicklungsprozess war für das neue Wettbewerbsgeschehen, welches durch die Dynamik der digitalen Welt geprägt war, viel zu langsam.

Im Vergleich zu einem Großunternehmen waren die Hürden zur Nutzung der neuen Technologien, insbesondere von Big Data, für ein mittelständisches Unternehmen wie die Swiss WashTech jedoch viel höher. Denn es fehlte an grundlegenden Erfahrungen zur Erhebung und Auswertung von Daten: Lohnte sich ein Engagement mit Daten tatsächlich, konnte man einen Wertezuwachs überhaupt berechnen? Wie lange würde es dauern, bis Werte aus den Daten erschaffen werden konnten? Schnell war auch klar, dass es bei der Analyse und Nutzung von Big Data nicht nur um ein umfangreiches Excel-Sheet ging, sondern um sehr große Mengen an Daten, die gespeichert und ausgewertet werden mussten. Ebenso war es notwendig, die Waschgeräte flächendeckend mit Sensoren auszustatten, über welche die Daten kontinuierlich erfasst werden sollten.

Zwar war es schnell möglich, Sensoren in die Waschgeräte einzubauen, aber es blieben dennoch etliche Unklarheiten zu klären: Wo sollte die große Datenmenge gespeichert werden, inhouse, bei einem externen Provider, in der Schweiz, im Ausland? Welche Daten waren dabei eigentlich relevant? Sollte man nun möglichst viele Daten auf Vorrat sammeln und speichern oder eher gezielt vorgehen? Gerade wenn es um Produkt- und Serviceinnovationen ging, war noch gar nicht klar, wonach man eigentlich suchte. Was, wenn wichtige Daten dabei vergessen wurden, die möglicherweise erst in der Zukunft von Bedeutung waren?

Auch fehlte es am notwendigen Wissen und an den notwendigen Kompetenzen im Umgang mit Daten. Welche Kompetenzen braucht es, um diese Technologien wertschöpfend einzusetzen? Wer sollte die Daten auswerten? Bislang konnten viele Mitarbeitende zwar mit einfachen Excel-Auswertungen umgehen, aber es gab keine Person im Unternehmen, die über die Kenntnisse und die Erfahrung von „Data Scientisten" zur Auswertung von „Big Data" verfügte. Nur dann, wenn die Analyse der Daten professionell vorgenommen wurde, konnten auch verlässliche strategische und operative Folgerungen abgeleitet werden. Wie sollte den Mitarbeitenden kommuniziert werden, dass Daten und statische Analysen eine wichtigere Rolle im unternehmerischen Alltag erhalten sollten? Viele waren mit Zahlen weniger vertraut, und noch immer wurden etliche Entscheide intuitiv getroffen, ganz im Sinne der ehemaligen Patrons.

Eine neu geschaffene Stabsstelle eines Chief Data Officers, die direkt mit der Geschäftsleitung zusammenarbeitet, war für den Anfang eine sinnvolle Lösung. Doch war es gar nicht so einfach, die Stelle mit einer qualifizierten Person zu besetzen, welche ausreichend Kenntnisse und Erfahrung zu Data Science und künstlicher Intelligenz mitbrachte. Zwar gab es viele qualifizierte Personen, doch häufig überstiegen deren Gehaltsforderungen die Möglichkeiten der Swiss WashTech. Andere qualifizierte Kandidaten oder Kandidatinnen (vor allem junge Personen) zogen eine Position in den städtischen Metropolen wie Zürich, Stuttgart oder Genf dem Thurgau vor. Michael Weber hatte noch seit seiner Studienzeit Kontakte zu ehemaligen Studienkollegen und -kolleginnen, die nun an Hochschulen tätig waren. Er begriff, dass junge Nachwuchskräfte viele KMU, die im B2B-(Business to Business)-Bereich tätig sind, gar nicht kannten. Dabei war gerade die neue, dynamische und offene Kultur, die bei der Swiss WashTech etabliert werden konnte, besonders spannend für potenzielle junge Bewerber und Bewerberinnen. Die Möglichkeit, innovativ tätig zu sein, ebenso wie die Möglichkeit, flexibel teilweise vom Homeoffice aus für das Unternehmen zu arbeiten, war ebenso überzeugend wie die Möglichkeit, dass auch junge und neue Mitarbeitende sich schnell proaktiv in das Unternehmensgeschehen einbringen konnten. Über gemeinsame Studienprojekte gelang es, eine junge Data Scientistin für das Unternehmen zu gewinnen.

17.4 Zusammenarbeit mit externen Partnern braucht Vertrauen

Neben den unternehmensinternen Veränderungen ging es auch darum, externe Stakeholder für das Sammeln, Auswerten und vor allem das Teilen von Daten zu gewinnen. Die Kunden (oft Klein- und Kleinstunternehmen mit wenigen Mitarbeitenden) würden dabei eine zentrale Rolle einnehmen. Was würden die Kunden zu einer solchen Kooperation sagen? Schnell war klar: Daten zu sammeln ging nur mit dem Einverständnis und der Unterstützung der Kunden, bei welchen die Geräte vor Ort im Einsatz waren. Wie konnte man die Kunden mit ins Boot holen, um die gewonnenen Daten zu teilen? In diesem Zusammenhang diskutierten die Mitglieder der Geschäftsleitung der Swiss WashTech auch, ob außerdem Dienste von Drittunternehmen notwendig waren, zum Beispiel eine digitale Plattform oder ein Softwareunternehmen. Dabei stellte sich die zentrale Frage, welches Risiko generell eingegangen wurde, wenn wichtige Daten mit anderen Unternehmen geteilt werden. Bestand so nicht die Gefahr, dass das Unternehmen mit den Daten eine wichtige Quelle des eigenen Wettbewerbsvorteils hergab? Wie konnte sichergestellt werden, dass solche unternehmerischen Schätze nicht von aktuellen oder potenziellen Wettbewerbern genutzt wurden?

Vor dem Hintergrund der zahlreichen offenen Fragen, die mit dem Erheben, dem Teilen und der Analyse von Rohdaten verbunden waren, bestand im Unternehmen eine große Unsicherheit, ob sich der Aufwand überhaupt lohnen würde oder ob man nicht ein zu großes Risiko eingehen würde, insbesondere als KMU. Michael Weber erkannte, dass es zunächst Vertrauen, kleine Erfolge und viel Überzeugungsarbeit brauchen würde, um die Führungskräfte und, in einem zweiten Schritt, auch alle anderen Mitarbeitenden und die Kunden ins Boot zu holen. Was zunächst so einfach aussah, wurde bei näherer Betrachtung zu einem großen Projekt des organisationalen und kulturellen Wandels im Unternehmen, der einige Jahre beanspruchen würde. Doch gab es eine Alternative?

Eine Lösung bestand schließlich darin, zunächst ein sechsmonatiges Pilotprojekt mit wenigen ausgewählten Kunden zu starten. Dazu wurden ausgewählte Geräte mit Sensoren ausgestattet und ausgewählte Rohdaten erhoben. Zur Wunschliste gehörten Daten zum Nutzungsverhalten der Geräte (z. B. Häufigkeit der Nutzung, Wäschemenge, Temperatur, Dosierung Waschmittel); zum Zustand der Geräte (z. B. Verschleiß von Verbrauchsteilen wie Wasserschlauch, Verschmutzung oder Verkalkung, Energie- und Wasserverbrauch) oder der Wäsche (z. B. Beschädigung des Gewebes, starke Verschmutzung); aber auch zu aktuellen Wasserdaten (z. B. Härtegrad, Temperatur).

In der Diskussion mit den Kunden entstand auch die Idee, den Datenaustausch nicht direkt zwischen den Parteien vorzunehmen, sondern über eine digitale Plattform. So konnte der potenzielle Missbrauch der zum Teil sensitiven Daten besser kontrolliert und das wechselseitige Vertrauen weiter gestärkt werden. Die digitale Plattform wurde von einem Softwareunternehmen angeboten, welches auch die technischen Aufgaben übernahm.

Michael Weber selbst nahm in diesem Projekt eine wichtige Rolle ein. Er diskutierte unermüdlich, wie wichtig das für viele Mitarbeitende eher „sperrige" Thema Daten für das Unternehmen war und welchen Nutzen man sich aus dem Projekt erhoffte. Er wurde so selbst zum Botschafter für die neue strategische Richtung und warb bei formellen und informellen Gesprächen für Zustimmung und Unterstützung der Mitarbeitenden im Unternehmen. Interessanterweise spielten die Außendienstmitarbeitenden eine ebenso bedeutsame Rolle darin, das Thema Daten bei den Kunden auf die Agenda zu setzen. Denn viele Außendienstmitarbeitende waren langjährige Mitarbeitende, die für die Zuverlässigkeit und für gute, vertrauensvolle Beziehungen zwischen den Kunden und der Swiss WashTech standen. Ihr Wort hatte bei vielen Kunden ein großes Gewicht. Sofern die Außendienstmitarbeitenden davon überzeugt werden konnten, dass das gemeinsame Pilotprojekt mehr Chancen als Risiken bot, konnten auch viele Kunden von der Idee überzeugt werden.

17.5 Daten ermöglichen Effizienz, Produkt-, Service- und Geschäftsmodellinnovationen

Eine Auswertung der während des Pilotprojekts gewonnenen Daten führte schon bei den ersten Analysen zu unerwarteten Erkenntnissen. Denn es zeigte sich, dass die Geräte vor Ort bei den Kunden auf sehr unterschiedliche Art und Weise genutzt wurden. Immer wieder kam es vor, dass die Waschmaschinen bei den Wäscheservices in Spitälern oder Betrieben aus dem Gastgewerbe und den Hotels nur teilweise beladen wurden, was sowohl aus ökologischen Gründen als auch aus ökonomischen Gründen nicht optimal ist. Zudem wird die zu reinigende Wäsche bei solchen Waschgängen deutlich stärker beansprucht. Auch konnten große Unterschiede bei der zugesetzten Menge an Waschmittel festgestellt werden. Offensichtlich fehlte es bei den Mitarbeitenden, welche die Geräte bedienten, entweder am Wissen, wie die Geräte optimal zu bedienen sind, oder es herrschten unterschiedliche Rahmenbedingungen vor, die einen Einfluss auf die Nutzung hatten. In wenigen Fällen war es zudem möglich, dass ein technischer Defekt vorlag, der mithilfe der Daten erkannt wurde, im besten Falle noch vor dem eigentlichen Auftreten des Mangels.

Insgesamt konnten ein kollektiver Lernprozess angestoßen und gemeinsam mit den Kunden wertvolle Erfahrungen gewonnen werden. Die Swiss WashTech lernte aus den Daten, ihre Kunden und die jeweiligen Waschsituationen besser zu verstehen. Dazu war es jedoch notwendig, mehr über die Gründe für die unterschiedliche Nutzung der Geräte zu erfahren, wie zum Beispiel Situationen, welche für die Mitarbeitenden der Kunden belastend sind, mangelndes Wissen beim Personal vor Ort, eine hohe Auslastung der Geräte oder andere Gründe, welche auf die Rahmenbedingungen oder auf die Personen zurückzuführen waren, welche die Geräte bedienten.

Die gewonnenen Erkenntnisse ermöglichen es der Swiss WashTech unmittelbar, innovative Services, Produktentwicklungen sowie Ideen für neue Geschäftsmodelle hervorzubringen. Im Bereich der Services konnten unter anderem Schulungen angeboten werden, welche aufzeigten, wie das beste Waschergebnis bei gleichzeitiger Optimierung von ökologischen und ökonomischen Aspekten erzielt werden kann. Dabei konnte gezielt auf die Situation beim jeweiligen Kunden eingegangen werden. Die Swiss WashTech bot als neue Serviceleistung regelmäßige Tagesseminare vor Ort in Weinfelden an, um die optimale Nutzung der Geräte zu schulen. Was zunächst vor allem als Service für die Kunden gedacht war, entpuppte sich schnell auch als wertvolle Lösung, um Kundenbeziehungen zu stärken und auf informellem Wege von anstehenden Veränderungen der Kundenunternehmen zu erfahren oder weitere wertvolle Anliegen und Hinweise zur Situation vor Ort zu erfahren. Die Kunden lernten wiederum, die Geräte effizienter zu nutzen, und sie profitierten von verbesserten Leistungen, welche die Swiss WashTech anbieten konnte.

Zudem wurden neu Video Remote Services bei allfälligen Reparaturarbeiten angeboten, dies unter Zuhilfenahme von Mobiltelefon und Videocall. Diese ermöglichten es den spezialisierten Servicemitarbeitenden, kleinere Schäden an den Geräten zu begutachten, ohne vor Ort zu sein. In einigen Fällen konnten kleinere Reparaturen sogar von den Mitarbeitenden vor Ort ausgeführt und die Servicekosten deutlich gesenkt werden. Mittelfristig war auch der Einsatz von Virtual-Reality-Brillen denkbar, jedoch erschienen die verfügbaren Lösungen zum aktuellen Zeitpunkt noch zu unausgereift für den praktischen Einsatz. Beide Seiten profitierten letztlich von der Zusammenarbeit sowie dem Austausch und der Auswertung der Daten.

Für alle Geräte wurde in der Folge neu ein Dashboard installiert, welches die wichtigsten Parameter der Geräte anzeigte. Zudem werden heute alle Geräte mit Sensoren ausgestattet, die rund um die Uhr oder während der Gerätenutzung zahlreiche Arten von Rohdaten erheben. Andere Produktinnovationen waren bei ausgewählten Modellen integrierte Laserscanner, welche Auskunft über den Zustand der Waschladungen geben konnten. Beschädigte Wäscheteile oder hartnäckige Verschmutzungen konnten so einfach entdeckt und beseitigt werden. Die Daten zeigten darüber hinaus auf, dass einige Kunden die Hochleistungsgeräte weniger häufig als vorgesehen nutzten und so pro Waschladung deutlich höhere Kosten entstanden. Diese Erkenntnis wurde im Managementteam der Swiss WashTech aufgegriffen, diskutiert, und eine Lösung wurde in einem neuen Pay-per-Wash-Bezahlmodell gefunden. Statt die hochwertigen und hochpreisigen Geräte ausschließlich an Kunden zu verkaufen, blieben diese im Besitz des Unternehmens, und die Kunden bezahlten für jeden getätigten Waschgang. So konnte nach und nach eine ganz neue Kundengruppe erschlossen werden, kleinere Hotels und Gastrobetriebe, die sich die teuren Geräte nicht ohne Weiteres leisten konnten. Anhand dieses Beispiels zeigte sich, dass der Übergang vom bisherigen zu einem neuen Bezahl- und Geschäftsmodell nicht immer einfach oder reibungslos verläuft. Denn die neue Lösung kannibalisiert möglicherweise bisherige Ertragsströme, und neue Ströme sind noch unsicher. Der Swiss WashTech gelang es, die Umsatzeinbußen je Kunde dadurch zu kompensieren, dass eine neue Kundengruppe erschlossen werden konnte.

Da die Geräte der Swiss WashTech sehr hochwertig und langlebig sind, kam es immer wieder zu Situationen, in welchen Kunden ein neues, größeres oder leistungsfähigeres

Gerät erwerben wollten, obwohl das bisherige Gerät noch voll funktionsfähig war. Dies wurde auch anhand der geteilten Daten sichtbar, sodass die Swiss WashTech proaktiv auf die betroffenen Kunden zuging und mehr über die Beweggründe der Kunden erfuhr. So entstand in der Folge die Idee, gebrauchte Geräte von den Kunden zurückzukaufen, diese aufzubereiten und entweder als generalüberholte (sog. „refurbished") Geräte günstiger wieder zu verkaufen oder an die Kunden zu verleihen. Diese Lösung, die auf der Idee der Kreislaufwirtschaft aufbaut, trägt einerseits zur Nachhaltigkeit bei. Andererseits ermöglicht sie es auch, mit tieferen Preisen die neue Kundengruppe zu bedienen, vor allem kleine Unternehmen, für die ein neues Gerät der Swiss WashTech zu kostspielig ist. Für die Swiss WashTech bedeutete dieser Schritt wiederum, dass eine neue Kundengruppe erschlossen werden konnte.

17.6 Fragen zum Wert der Daten, zur Sicherheit und zu rechtlichen Regelungen

Insbesondere die Analyse des Wassers bot das Potenzial, zahlreiche weitere Erkenntnisse über dessen genauen Zustand zu erlangen. Außer dem Kalkgehalt des Wassers war es auch denkbar, potenzielle Verunreinigungen oder die Stärke der enthaltenen Virenlast zu erkennen. Nicht alle der potenziell möglichen Erkenntnisse aus den verfügbaren Daten waren für die Swiss WashTech aktuell von Nutzen.

Daher stellte sich die Frage, ob es möglich wäre, einen Teil der Rohdaten oder der analysierten Daten zu verkaufen und so zusätzliche Erträge zu generieren. Wer konnte an den Daten interessiert sein, welche für die Swiss WashTech selbst von geringer Bedeutung waren, die aber einfach oder als Nebenprodukt erhoben werden konnten? Kamen städtische Einrichtungen infrage oder andere Unternehmen? In diesem Zusammenhang stellte sich eine neue Frage: Wie sollte man den Wert von Daten bestimmen, die zum Verkauf standen? Schließlich lagen im Unternehmen keine Erfahrungswerte vor, und ein Marktwert, an dem man sich orientieren konnte, war auch nicht bekannt. Möglicherweise konnte der Wert über den potenziellen Nutzen solcher Daten angenähert werden. Wie in Beitrag 4 „Den Wert von Daten bestimmen" diskutiert, müsste dazu in erster Linie mit potenziellen Interessenten oder Interessentinnen für diese Daten in deren Geschäftskontext ermittelt werden, welchen Nutzwert potenzielle Services auf Basis dieser Daten erbringen könnten. Gespräche und Kontakte in diese Richtung sind allerdings erst am Entstehen.

Grundsätzlich bestand auch eine Möglichkeit darin, zusätzlich zum bestehenden Geschäft mit den Waschmaschinen auch ein oder mehrere neue Geschäftsfelder auf der Grundlage der verfügbaren Daten zu bearbeiten und so zu diversifizieren. Zwar war dies eine spannende Option, die in der Geschäftsleitung diskutiert wurde. Jedoch entschied Michael Weber, dass das Unternehmen in den kommenden Jahren ein mittelständisches Familienunternehmen mit dem bestehenden Fokus auf Waschgeräte bleiben sollte. Das mit einer Diversifikation verbundene Risiko sollte zum aktuellen Zeitpunkt nicht getragen werden. Es war jedoch beruhigend, dass aus der Auswertung der Daten grundsätzlich neue Geschäftsoptionen entstehen konnten. In der heutigen schnelllebigen Zeit war es durchaus denkbar, dass eine solche Option mittelfristig attraktiv wurde. Die Daten halfen also auch, strategische Szenarien für das Unternehmen frühzeitig durchzuspielen und besser auf mögliche Veränderungen vorbereitet zu sein.

Frühzeitig erkannte die Swiss WashTech die Bedeutung der Datensicherheit für eigene und Kundendaten, einschließlich Auswertungs- und Sensordaten. Die Herausforderung lag in der sicheren Speicherung, Übertragung und Auswertung dieser Daten, um materiellen und Reputationsverlust zu vermeiden. Trotz erster technischer Sicherheitsmaßnahmen in der Entwicklungsabteilung fehlte eine unternehmensweite Strategie, die auf bestehenden Richtlinien basierte. Das Unternehmen sah sich generell mit dem Konflikt zwischen Sicherheit und Agilität konfrontiert. Je flexibler die Daten genutzt werden konnten, umso größere Sicherheitsrisiken mussten eingegangen werden.

Mit der Erwägung, Daten zu teilen, mussten darüber hinaus rechtliche Fragen geklärt werden. Die Swiss WashTech beauftragte Rechtsberater, stieß jedoch auf interne Informationsdefizite. Eine Dateninventur schaffte Klarheit über die Datenerfassung und -verarbeitung im Unternehmen. Diese Transparenz ermöglichte es, rechtliche Fragen präzise zu beantworten und gezielte Maßnahmen zu ergreifen, einschließlich der Anpassung datenschutzrechtlicher Dokumente und der Einführung neuer Verträge.

Die implementierte Dateninventur und das Rechtemanagement verbesserten nicht nur die interne Übersicht, sondern bereiteten die Swiss WashTech auch besser auf regulatorische Anforderungen vor und unterstützten Entscheidungen bezüglich der Datenüberlassung und -nutzung.

17.7 Schlussfolgerungen und Ausblick

Die Fallstudie konnte aufzeigen, wie sich das Schweizer Unternehmen Swiss WashTech von einem traditionellen mechanischen Betrieb zu einem technologiegetriebenen, digitalen Unternehmen entwickelt hat, und welche Fragen sich einem etablierten KMU auf diesem Weg stellen. Die Erfassung, Analyse und das Teilen von Daten mit wichtigen Stakeholdern im Ökosystem spielen dabei eine zentrale Rolle. Mithilfe von Daten, die anhand von mit Sensoren ausgestatteten Waschgeräten gewonnen werden, gelingt es der Swiss WashTech, kontinuierlich innovative Produkte, Services oder Geschäftsmodelle hervorzubringen, die direkt an den Bedürfnissen der Kunden ansetzen.

Die Basis dieser Entwicklung bildet ein Pilotprojekt, bei dem Daten über die Nutzung, den Maschinenzustand und die Wasserqualität gesammelt wurden. Die daraus abgeleiteten Erkenntnisse ermöglichten u. a.:

- einen höheren Kundennutzen durch neue Angebote wie Remote Services und personalisierte Schulungen oder Beratung zu etablieren,

- eine Expansion in neue Märkte mit dem Pay-per-Wash-Modell, das ein neues Kundensegment kostensensibler Betriebe anspricht und gleichzeitig Nachhaltigkeit und die Kreislaufwirtschaft fördert,
- höhere betriebliche Effizienz und geringere Umweltbelastung durch ein neuartiges Wäschemonitoring und Optimierung von Wasserverbrauch der Waschgeräte.

Diese Innovationen optimierten nicht nur die Betriebseffizienz und die Nachhaltigkeit, sondern erweiterten auch die Marktreichweite und den Kundenstamm des Unternehmens. Die Swiss WashTech setzt damit neue Branchenstandards in Nachhaltigkeit und Effizienz und stärkt so ihre Wettbewerbsfähigkeit.

17.8 Methode

Die Fallstudie wurde anhand von Daten und Erkenntnissen verfasst, die im Rahmen des explorativen, interdisziplinären Forschungsprojektes „Data Sharing Framework" gewonnen wurden. Das Projekt, welches von 2020 bis 2023 lief, zielte darauf ab, die Ursachen zu erforschen, die Unternehmen – als Teil eines Business-Ökosystems – dazu bewegen, Daten zu teilen oder dies zu unterlassen. Dabei wurden fünf Schlüsselperspektiven eingenommen: eine datengetriebene Unternehmenskultur, Vertrauen zwischen den Unternehmen, der wahrgenommene Wert der Daten, Sicherheitsaspekte sowie rechtliche Rahmenbedingungen. Diese Faktoren wurden sowohl einzeln als auch in ihrem Zusammenspiel hinsichtlich ihrer Bedeutung für den Datenaustausch untersucht.

Zur Gewinnung der erforderlichen Daten führte das Projektteam zunächst eine umfassende Literaturrecherche durch. Anschließend wurden in den Ländern der DACH-Region (Deutschland, Österreich, Schweiz) sowohl qualitative als auch quantitative Datenerhebungen durchgeführt. Im Rahmen der qualitativen Untersuchung wurden im Frühjahr und Sommer des Jahres 2021 halbstrukturierte Interviews mit 20 Personen aus 15 verschiedenen Unternehmen geführt. Diese Personen repräsentierten sowohl Datennutzer (produzierende Unternehmen) als auch Datenanbieter (Kunden dieser Unternehmen) und unterstützende Organisationen (z. B. Plattformen, Software- und Hardwareanbieter), die jeweils Teil eines Datenökosystems um ein Unternehmen der Maschinenindustrie waren. Alle Befragten nehmen führende Rollen in datenbezogenen Projekten ihrer Unternehmen ein. Die geführten Interviews wurden aufgezeichnet, transkribiert und mittels qualitativer Inhaltsanalyse (Atteslander et al., 2023; Mayring, 2022) ausgewertet, um Hypothesen zu bilden.

Die qualitative Erhebung wurde durch eine quantitative Onlineumfrage ergänzt, die zwischen November 2022 und Januar 2023 ebenfalls in der DACH-Region durchgeführt wurde. Von den insgesamt 288 ausgefüllten Fragebögen wurden 96 aufgrund einer zu kurzen Bearbeitungszeit von der Analyse ausgeschlossen. Die Ergebnisse dieser Umfrage dienten dazu, die aus den Interviews gewonnenen Erkenntnisse zu überprüfen und zu erweitern.

Die in diesem Beitrag beschriebene Fallstudie ist ein fiktives Beispiel, welches sich nicht auf ein konkretes, sondern auf Erkenntnisse aus mehreren Datenökosystemen bezieht. Es wird also kein konkretes Datenökosystem beschrieben, sondern ein hypothetisches Ökosystem, welches typische Situationen, Fragestellungen, Ermöglicher und Hürden zum Teilen von Daten in einem KMU veranschaulicht. Viele KMU realisieren eher einzelne Maßnahmen statt eines ganzheitlichen Ansatzes auf dem Weg zu einem datengetriebenen Unternehmen. Anhand dieser kompilierten Fallstudie soll daher aufgezeigt werden, welche Fragen und Möglichkeiten ein ganzheitlicher Ansatz bieten kann.

Danksagung

Das Projekt „ABH097 Data Sharing Framework" wurde im Rahmen des Interreg-VI-Programms „Alpenrhein-Bodensee-Hochrhein" (DE/AT/CH/LI) unterstützt, dessen Mittel vom Europäischen Fonds für regionale Entwicklung (EFRE) und der Schweizerischen Eidgenossenschaft bereitgestellt werden. Die Geldgeber haben keinen Einfluss auf das Studiendesign, die Datenerhebung und -analyse, die Entscheidung zur Veröffentlichung oder die Erstellung des Beitrags. Informationen zum Projekt siehe https://www.data-sharing-framework.eu/.

Literatur

Atteslander, P., Ulrich, G.-S., & Hadjar, A. (2023). *Methoden der empirischen Sozialforschung* (14. Aufl.). Schmidt.

Mayring, P. (2022). *Qualitative Inhaltsanalyse: Grundlagen und Techniken* (13. Aufl.). Beltz.

Petra Kugler beschäftigt sich als Professorin für Strategie und Management an der OST – Ostschweizer Fachhochschule in St. Gallen, Schweiz, mit der Frage, warum Unternehmen anders und erfolgreich sind. Seit 25 Jahren untersucht sie das Zusammenspiel von Strategie, Management und Innovation. Häufig spielen dabei digitale Technologien eine zentrale Rolle. Ihr aktuelles Interesse gilt Big Data und künstlicher Intelligenz in Unternehmen und wie diese in Werte transferiert werden können. Dazu braucht es ein neues Verständnis von Organisationen und wie diese wertschöpfend tätig sind. Petra Kugler promovierte an der Universität St.Gallen (HSG) und war in der Werbung tätig. Auslandsaufenthalte halfen ihr dabei, neue Perspektiven einzunehmen. Sie erhielt u. a. ein Stipendium des Schweizerischen Nationalfonds für ein Forschungsjahr an der University of California, Berkeley, und war an einer japanischen Skischule tätig.

Helen Vogt ist Dozentin für Innovations- und Produktmanagement an der Zürcher Hochschule für Angewandte Wissenschaften (ZHAW) in Winterthur. Die ausgebildete Materialwissenschaftlerin verfügt über umfangreiche Erfahrungen im Business Development und im industriellen Produktmanagement von Schweizer und internationalen Unternehmen. An der ZHAW leitet sie den Studiengang Master in Product Management und engagiert sich in der Weiterbildung im Bereich des Innovationsmanagements. Ihre Forschungsschwerpunkte sind Kreislaufwirtschaft und Entrepreneurship mit Fokus auf die Entwicklung von nachhaltigen Geschäftsmodellen.

Dr. Jürg Meierhofer ist Leiter der Expert Group „Smart Services" der Data Innovation Alliance und Studienleiter Industrie 4.0 (MAS) und Smart Services (CAS) an der ZHAW Zürcher Hochschule für Angewandte Wissenschaften. Die Gestaltung datengetriebener Servicewertschöpfung zieht sich als roter Faden durch seine Tätigkeit. Nach verschiedenen Führungspositionen im Dienstleistungsbereich lehrt und forscht er seit 2014 an der ZHAW. Er hat an der ETH Zürich promoviert und an der Universität Fribourg einen EMBA erworben.

GPSR Compliance

The European Union's (EU) General Product Safety Regulation (GPSR) is a set of rules that requires consumer products to be safe and our obligations to ensure this.

If you have any concerns about our products, you can contact us on ProductSafety@springernature.com

In case Publisher is established outside the EU, the EU authorized representative is:

Springer Nature Customer Service Center GmbH
Europaplatz 3
69115 Heidelberg, Germany

Batch number: 08668255

Printed by Printforce, the Netherlands